Gay und Kathlyn
Hendricks

# Die neue
# Körpertherapie

Persönlichkeitsentwicklung
durch Integration von Körper
und Emotionen

Aus dem Amerikanischen von
Marie-Therese Hartogs
und Ursula Rahn-Huber

# Widmung

Wir widmen dieses Werk der Erinnerung an William Blake, der schon vor 200 Jahren von der körperzentrierten Revolution gewußt und ihre heutige Blütezeit vorausgesagt hat.

30 Jahre ist es nun her, seit uns die im folgenden zitierte Passage aus dem Buch *Die Hochzeit von Himmel und Hölle* vor ein Rätsel stellte. Was mochte sie nur bedeuten? Heute, nachdem wir jahrzehntelang mit den Energien unseres Körpers in Resonanz gewesen sind und bei vielen Menschen miterleben konnten, wie diese ihren eigenen sprudelnden Quell der Weisheit entdeckten, spüren wir endlich deren wahre Bedeutung bis tief in unsere Zellen hinein:

Alle Bibeln oder heiligen Schriften sind die Ursachen für folgende Irrtümer gewesen:
1. Daß der Mensch zwei wirklich existierende Prinzipien hat, nämlich einen Körper & eine Seele.
2. Daß Energie, das Böse genannt, allein vom Körper kommt & Vernunft, das Gute genannt, allein von der Seele.
3. Daß Gott den Menschen bis in alle Ewigkeit dafür strafen wird, wenn er seinen Energien folgt.
Doch im Gegensatz dazu ist folgendes wahr:
1. Der Mensch hat keinen von seiner Seele getrennten Körper. Denn was Körper genannt wird, ist nur ein Teil der Seele, der von den fünf Sinnen wahrgenommen wird, den Hauptzugängen der Seele innerhalb der Zeitlichkeit.
2. Energie ist das einzige Leben und kommt aus dem Körper, und Vernunft ist die Schranke oder äußere Begrenzung der Energie.
3. Energie ist ewige Freude.

Wir sind stolz, daß unser Buch anläßlich des 200. Jahrestages der Verkündung dieser prophetischen Worte erscheint.

# Inhalt

# Danksagung

Bei der Entwicklung unserer Methode der körperzentrierten Therapie im Laufe der letzten 20 Jahre hatten wir die Ehre und das Vergnügen, die Bekanntschaft einiger der wohl herausragendsten Menschen auf dieser Erde machen zu dürfen. Auf unseren Wegen in die Gefilde der Geist-Körper-Heilung haben uns immer wieder sowohl die geistige Reife als auch die große Herzlichkeit dieser Menschen, von denen einige heute nicht mehr unter uns weilen, tief bewegt. Ihnen schulden wir großen Dank: Mary Whitehouse, Jack Downing, Moshe Feldenkrais, John Pierrakos, Thomas Hanna, Alexander Lowen, Fritz Perls und Ida Rolf. Besonders verpflichtet fühlen wir uns dem Werk von Wilhelm Reich, der uns zuerst auf den Geist-Körper-Pfad brachte, indem er uns für die Kraft der Atmung und Bewegung sensibilisierte.

Wir möchten Dr. Loic Jassy Dank sagen für seine jahrelange unschätzbare Hilfe. Ein Dankesgruß ergeht ebenfalls an Amy Glovin, Sandra Hill, Haven Thomas sowie Helen und Chris Hendricks für ihre gute Arbeit und Assistenz bei Dutzenden von Seminaren und Workshops. Den vielen hundert Absolventen unserer Fortbildungskurse gilt unser uneingeschränkter Dank. Wir können gar nicht genug unterstreichen, daß wir unsere Methode ohne deren Beitrag und Feedback nie hätten entwickeln können!

Der Direktorin unseres Instituts, Kathy Allen, sind wir ganz besonders dankbar für das liebevolle Licht, das sie jeden Tag in unser Leben trägt. Als Autoren schätzen wir uns glücklich über die Führung und Betreuung durch Sandy Dijkstra, unsere Agentin, die wahre Wunder vollbracht hat, sowie durch Toni Burbank, deren enormer redaktioneller Weitblick das Schreiben dieses Buches zu einem reinen Vergnügen gemacht hat.

Für die liebevolle Unterstützung unserer Familie können wir mit Worten unseren Dank kaum zum Ausdruck bringen. Unseren Eltern, Polly und Bob Swift sowie Norma Hendricks, und unseren Kindern Chris und Amanda zollen wir tiefe Wertschätzung für die Liebe und den Raum, den sie uns immer gegeben haben. Eine glückliche Familie zu haben und das zu tun, was wir gerne machen, bedeutet Leben in höchster Potenz, und wir sind jeden Tag aufs neue dankbar dafür.

# Vorwort

## Eine Revolution in der Heilung

Die Menschen verlieren langsam ihre Gefühle. Ich weiß aus erster Hand, daß sie nicht einmal sagen können, wo in ihrem Körper das emotionale Zentrum ihres menschlichen Seins liegt. Die körperliche Wahrnehmung der Gefühle – das Verspüren der Emotionen – ist ihnen verlorengegangen. Und durch das Fehlen dieser Fähigkeit stellt sich eine Fülle von Übel und Leid ein.

Seit über 20 Jahren helfen Gay und Kathlyn Hendricks den Menschen dabei, ihre Gefühle zu erleben und mehr Wohlbefinden zu erlangen. Sie haben solche besonderen Fähigkeiten dabei entwickelt, daß man sie überall als die Therapeuten der Therapeuten hinstellt. Nun haben sie wieder ein wunderbares und ungeheuer wichtiges Buch über ihren Ansatz zur Heilung geschrieben. *Die neue Körpertherapie* sehe ich als einen Wendepunkt in der Fachwelt an: Hier wird der Grundstein für den Schritt der Psychotherapie in das 21. Jahrhundert gelegt. Es ist der erste Sprung in der Therapie seit vielen, vielen Jahren.

Zweifelsohne war ein solcher Schritt vonnöten. Als spezialisierter Neurologe für Kopf- und Allgemeinschmerzen bin ich täglich Zeuge des Leids, das entsteht, wenn der Mensch den Kontakt zu seinen Gefühlen verliert. Woche für Woche kommen die Patienten in meine Praxis und klagen über verwirrende und erschreckende Empfindungen in ihrem Körper. Um ihnen helfen zu können, muß ich nicht nur den Schmerz hinterfragen, sondern auch alle anderen Gefühle, die diesem vorausgingen oder ihn begleiteten. Die Menschen empfinden diesen Prozeß als sehr schwierig. Viele haben dermaßen die Berührung zu ihrem Körper verloren, daß sie nur noch den

Schmerz als seine einzige Aussage registrieren und erkennen können.

Meine Patienten haben Angst, einen Tumor oder gar multiple Sklerose zu haben. Sie sind frustriert, weil die ihnen verabreichten Medikamente so wenig geholfen haben, oder beunruhigt wegen der Nebenwirkungen oder eventueller Suchtgefahren. Sie trauern um den Verlust ihrer Lebensfreude. Doch sie sprechen nur sehr vage über diese Gefühle, sind eher argwöhnisch oder gar ausgesprochen widerwillig. Sie fürchten, ich würde versuchen, ihnen ihre Gefühle als Hirngespinste auszureden. Sie haben sich so weit von sich selbst entfernt, daß sie ihre Gefühle überhaupt nicht mehr als real oder gar berechtigt ansehen.

Glücklicherweise kann man Gefühle wiederentdecken, und ist dies gelungen, fühlt sich der Mensch gleich gesünder – sowohl in geistiger als auch in körperlicher Hinsicht. Der große Wert von Gay und Kathlyn Hendricks' Buch besteht darin, daß es uns verrät, wie man das macht. Mit grenzenloser Hingabe und Begeisterung führen sie uns schrittweise durch den Prozeß der Wiederanfreundung mit unserem Körper. Sie haben einen neuen Begriff geprägt – *gegenwärtigen* – um den alten, jedoch längst vergessenen Vorgang des Fühlens wieder neu für uns entstehen zu lassen.

## Warum haben wir den Kontakt zu unserem Körper verloren?

Um die Wichtigkeit dieses Buches beurteilen zu können, muß man um die Bedeutung der Gefühle in der Geschichte der Heilung wissen. In der heutigen modernen Zeit lenken soziale, kulturelle und sogar wissenschaftliche Interessen und Kräfte unsere Aufmerksamkeit vielfach von den in unserem Körper lebenden Gefühlen weg. Die Wissenschaft untersucht im

Normalfall nur solche Dinge, die objektiv, das heißt allgemein wahrnehmbar, meßbar und quantifizierbar sind. Gedanken, Gefühle und Empfindungen wurden ins Abseits gedrängt, weil sie subjektiv und schwer zu fassen sind. Viele Wissenschaftler behaupten heutzutage sogar, daß Gefühle eigentlich gar nicht existieren.

In der Psychologie hat man die Gefühle ganz besonders ignoriert. Obwohl man meinen möchte, die Psychologie sei das Studium der Gedanken und Gefühle, hat sich die Fachwelt doch schon Ende des 19. Jahrhunderts von diesen Themen abgewandt. Fast ein halbes Jahrhundert lang hat man sich nur auf das Verhalten – also etwas Sichtbares und damit Meßbares – konzentriert. Erst im ausgehenden 20. Jahrhundert haben einige Psychologen die kognitiven Theorien und Therapien wiederentdeckt, und sie versuchen nun, dem Denken wieder den gebührenden Platz in der Psychologie einzuräumen.

Auch diejenigen Psychologen, die sich mit Emotionen befassen, haben die Gefühlskomponente ignoriert, das heißt die Art, wie der Mensch jene Emotionen in seinem Körper erlebt. Eine entscheidende Spaltung trat Mitte der zwanziger Jahre auf, als der berühmte Harvard-Physiologe Walter Cannon die in allen Standardwerken der Psychologie verankerte James-Lange-Theorie der Gefühle verwarf. Nach dieser Theorie sind die Empfindungen unserer Muskeln und inneren Organe die Quelle und Ursache aller Gefühle. Cannon verwarf diese Ansicht und suchte seine Sichtweise durch ein berühmtes Experiment zu bestätigen. Er injizierte mehreren Harvard-Studenten Adrenalin in die Venen und befragte sie anschließend nach ihren Emotionen und Empfindungen. Die Studenten beschrieben verschiedene Empfindungen, erwähnten jedoch keinerlei spezifische Emotionen wie Angst oder Wut. Cannon zufolge sei damit der Beweis erbracht, daß Körperempfindungen nicht die Ursache von Emotionen sind. Er prägte den berühmten Begriff *Kampf-oder-Flucht-Reak-*

*tion* in der Bedeutung einer allgemeinen körperlichen Erregung, die gleich sei, ob man nun kämpfe oder fliehe. Viele moderne Theoretiker haben sich auf die Seite Cannons geschlagen. Sie ignorieren die Gefühlskomponente der Emotion und konzentrieren sich statt dessen auf Verhalten und Kognition.

Natürlich gibt es auch Ausnahmen. In den sechziger Jahren wurde im Rahmen der humanistischen Revolution in der Psychologie von Carl Rogers, Fritz Perls, Abraham Maslow und anderen einem breiten Publikum die Notwendigkeit vor Augen geführt, mit den Gefühlen in Berührung zu treten und sie zum Ausdruck zu bringen. Ziel der Therapie war ihrer Ansicht nach die Befreiung des Menschen von seinen sozialen Tabus, so daß die authentischen Gefühle dahinter zutage treten konnten. Jene Theoretiker klärten auch grundsätzlich den Unterschied zwischen Fühlen und Denken. Sie wiesen darauf hin, daß die Aussage »Ich habe das Gefühl, daß...« zumeist ein Äquivalent sei zu »Ich denke, daß...«. Nur durch ein geschicktes therapeutisches Manöver konnte man das Augenmerk des Klienten von seinen Glaubenssätzen auf seine Gefühle verlagern. Wenn jemand beispielsweise berichtete, daß sein Chef unfair sei, forderte der Therapeut ihn auf, sich darauf zu konzentrieren, welche Gefühle diese mangelnde Fairneß in ihm hervorriefe. Diese Therapeuten waren auf dem richtigen Weg, hatten jedoch etwas ganz Wesentliches übersehen. Sie waren der Ansicht, daß ihre Klienten wüßten, wie sie sich fühlten, gesellschaftlich aber zu stark konditioniert seien, um ihre Gefühle zu akzeptieren. Sie gingen davon aus, daß ihre Klienten nur Unterstützung und Ermunterung benötigten, um ihre Gefühle zum Ausdruck zu bringen. Das jedoch setzt zuviel voraus: Man kann ein Gefühl nicht artikulieren, wenn man nicht weiß, daß man es hat.

Wir Ärzte haben auf unzählige Weisen zu dem Problem

beigetragen. Generell neigen wir dazu, nach einem Leiden als Erklärung für so gut wie jede Fehlfunktion zu suchen. Wir halten Ausschau nach einer Infektion, einem Tumor oder einer angeborenen Abnormität der Körperchemie. Wenn wir nichts Derartiges entdecken können, verweisen wir nur allzu gerne auf die schwachen Nerven oder den so geläufigen und für alles verantwortlichen Streß. Werden Gefühle überhaupt anerkannt, betrachtet man sie häufig als *Symptome* einer Krankheit. Somit wird aus einem depressiven Gefühl das Symptom einer durch angeborene Abnormität in der Gehirnstruktur verursachten Krankheit. Kommen Patienten zu uns mit Symptomen von Herzjagen, Schweißausbrüchen oder Zittern, ordnen wir umfangreiche Tests im Hinblick auf mögliche Hormon- oder Stoffwechselstörungen an. EKGs und Belastungstests werden im Hinblick auf eventuell vorhandene Herzleiden gemacht. Wenn alle Tests negativ ausfallen, fassen wir die Möglichkeit ins Auge, daß der Betreffende unter einem Angstsyndrom leiden könnte. Es ist höchst unwahrscheinlich, daß der Arzt auf den Gedanken kommt, das Symptom seines Patienten sei effektiv auf ein Gefühl zurückzuführen. Gewöhnlich kommt es uns erst recht nicht in den Sinn, nach den Begleitumständen und Hintergründen – wie beispielsweise einer bevorstehenden Nervenprobe – zu fragen, die die Gefühle auslösen.

Nicht nur in der Psychologie und Medizin werden Gefühle einfach ignoriert, sondern auch in der Gesellschaft. Gefühle repräsentieren unseren animalischen Aspekt, der den Gegenpol zur Vernunft bildet und von dieser gezügelt wird. Folglich bringen wir unseren Kindern wenig über Gefühle und ihre Bedeutungen bei. Die einzigen Gefühle, die allgemein zur Sprache kommen, sind der Harn- und Stuhldrang. Kinder werden gründlich dahingehend unterrichtet, das Gefühl einer vollen Blase zu erkennen und zu wissen, was dann zu tun ist. Wir nennen dies Toilettentraining, doch das ist eine Fehlbezeichnung: Kein Kind hat Schwierigkeiten, die Toilette zu finden oder zu erkennen, was für einen Zweck sie hat. Das Problem besteht darin, ihm beizubringen, wann es sie benutzen soll. Der Schlüssel zum erfolgreichen Toilettentraining liegt darin, das Kind zu lehren, eine innere Regung zu erkennen. Leider unterlassen wir es, unseren Kindern den Weg dorthin und Umgang mit all den anderen Gefühlen ebenso gründlich nahezubringen. Oftmals tun wir sogar das genaue Gegenteil.

## Wie können wir unsere Gefühle wiederbekommen?

Bis vor kurzem gab es noch keine systematischen Therapiemethoden, die uns lehren, wie man auf die Gefühle im Inneren unseres Körpers hört, um so den Kontakt zu unseren Gefühlen wiederherzustellen. An unserer Klinik in La Jolla in Kalifornien haben wir in den letzten zehn Jahren mit mehr als 5000 Kopfschmerz- und Allgemeinschmerz-Patienten zu tun gehabt. Das Kernstück unserer Behandlungsmethode ist, diesen Patienten beizubringen, wieder zu ihren Gefühlen zu finden. In dem Maß, wie sie lernen, Gefühle wie Wut und Angst voneinander zu unterscheiden, finden sie zurück zu einem Leben ohne Medikamente und Schmerz. Unsere Mitarbeiter nehmen gemeinsam mit Studenten der Universität von Kalifornien in San Diego an einem Forschungsprojekt teil, das die wissenschaftliche Erfassung und Auswertung der uns so unvertrauten Welt der Gefühle zum Ziel hat. Unsere Absicht ist, die Gefühle in den Mittelpunkt der Allgemeinmedizin zu stellen.

Gay und Kathlyn Hendricks sind Pioniere in diesem neuen Bereich der Wissenschaft. An ihrem Institut in Colorado Springs leisten sie in aller Stille einige der innovativsten Arbeiten auf dem Gebiet der Psychologie. Ihre zentralen Themen sind die Bereiche Ehe und Partnerschaft sowie die körperzentrierte Psychotherapie. Sie gehören mittlerweile zu den führenden Fachleuten auf beiden Gebieten. Inzwischen haben sie so viele Therapeuten ausgebildet, daß ihr Werk heute eine wichtige Stelle in der gesamten Psychotherapie einnimmt. Wir können also hoffen! *Die neue Körpertherapie* ist das erste Buch, in dem ausführlich beschrieben wird, wie man Körper und Gefühle als Weg der Heilung und Mittel zum psychospirituellen Wachstum nutzen kann. Mit Gay und Kathlyn Hendricks wird dies zum reinen Vergnügen – das ist ihre besondere Gabe.

*David R. Hubbard, Jr., M. D.*
Leiter des Neurologischen Zentrums
für Kopf- und Allgemeinschmerzen,
Universität von Kalifornien, San Diego.

# Teil I

# Die körperzentrierte Therapie

# 1
## Im Fluß des Lebens:
## Die körperzentrierte Therapie als ein
## Weg des Erwachens

Mr. Duffy lebte in einer
gewissen Entfernung
von seinem Körper.
*James Joyce*

In diesem Buch stellen wir eine Heilweise vor, die gleichzeitig auch eine Lebensweise ist. Sie mit Ihnen teilen zu dürfen, empfinden wir als ein so großes Glück, daß der Bediener der Tastatur beim Schreiben dieser Zeilen sein Herz vor Freude laut schlagen hört. Die Gedanken und Prozesse, die in diesem Werk behandelt werden, haben unser Dasein so total verändert, daß wir unser Leben als unvollendet ansehen würden, wenn wir sie der Welt vorenthalten müßten. Mit unserer Arbeit wenden wir uns an zwei Zielgruppen: Therapeuten, die Neuem gegenüber aufgeschlossen sind und damit als Vorreiter in ihrem Berufsstand gelten, sowie Laien, die nach Wachstum streben und nach wirksamen Mitteln und Wegen der Heilung suchen. Wir haben die Philosophie und Techniken, so gut und detailliert wir konnten, beschrieben und glauben, daß sowohl der Laie als auch der Fachmann sie ohne weiteres nutzen kann.

Das Buch erscheint in einer Zeit noch nie dagewesener Therapiemüdigkeit. Auf unseren Schreibtischen landen Zeitschriften mit Titelgeschichten wie »Macht die Therapie uns zu Kin-

dern?« oder »Hilft uns die Therapie tatsächlich?« Manchen der
vorgebrachten Kritiken kann man leicht entgegentreten. Dies
gilt vor allem für Beiträge der Massenmedien, in denen Therapien wie die Arbeit mit dem inneren Kind, die Arbeit der Män-
nerbewegung oder sonstige Wachstumstechniken vorgestellt
werden und dann versucht wird, diese in Mißkredit zu bringen
und die damit arbeitenden Menschen lächerlich zu machen.
Der zynische Unterton vieler dieser Kritiker zeugt von psychi-
scher Unreife: Sie haben schlichtweg noch nicht genug an sich
selbst gearbeitet, um ernst genommen zu werden.

Es gibt aber noch eine andere Richtung der Kritik, die es
sehr wohl verdient, daß man sich Gedanken darüber macht.
Manch eine kritische Beobachtung kommt von den Kollegen
selbst oder aus dem Lager der Fachjournalisten – von Menschen also, die schon sehr viel an sich gearbeitet haben.
Wenn sie statistisch nachweisen, daß die Therapie wohl kaum
ein besserer Heiler sei als die Zeit selbst, so kann man ein
solches Argument nicht einfach vom Tisch fegen. Sie erinnern uns daran, daß es nur dann sinnvoll ist, in die Psyche
eines Menschen einzudringen, wenn dies zu einem besseren
Handeln und damit letztlich zu besserem sozialem Verhalten
in der Welt führt. Sie verweisen auf Klienten, die sich her-
vorragend im Fachjargon auszudrücken verstehen, ohne irgendeine erkennbare Veränderung in ihrem Wohlbefinden
oder ihrer Produktivität zu zeigen. Kritiker wie diese sind
stets wertvoll, nützlich und hilfreich. Sie zwingen uns Fachleute nämlich dazu, uns selbst immer wieder kritische Fragen
zu stellen. Wir haben uns mit solchen Fragen auseinandergesetzt, und die Antworten haben dazu geführt, daß wir
einen ganz neuen Weg hin zu Wachstum und Veränderung
erschließen konnten: den körperzentrierten Therapieansatz,
den wir in diesem Buch beschreiben.

Die allerwichtigsten Kritiker aber sind unsere Klienten selbst,
mit denen wir tagtäglich in der Praxis zu tun haben; ihnen

müssen wir unsere ungeteilte Aufmerksamkeit schenken. Wir haben in der Tat mehr über Mängel und Fehler der Therapie und Möglichkeiten zur Korrektur durch unsere eigenen Klienten gelernt als von unseren Fachkollegen. In der ersten Sitzung fragen wir gewöhnlich nach bisherigen Erfahrungen mit der Therapie und warum sich der Betreffende für unsere körperzentrierte Arbeit interessiert. Da unser Ansatz und die körperzentrierte Lehre, aus der er sich ableitet, relativ neu sind, haben fast alle Klienten bereits andere traditionelle Gesprächstherapien oder auch neuere Formen, wie die Neurolinguistische Programmierung (NLP) oder Hypnotherapie, versucht. Wir möchten dann natürlich herausfinden, warum sie jene Wege des Wachstums nicht weiter beschreiten wollen. Fast alle bemängeln folgendes: Durch die Gesprächstherapie hätten sie zwar Einblick und Verständnis gewonnen, doch im allgemeinen habe sich keine direkte oder erwähnenswerte Veränderung in ihrem Alltagsleben eingestellt. Um es mit den Worten eines unserer Klienten auszudrücken: »Es hat lange gedauert, und doch ist eigentlich nichts passiert.« Solche Negativäußerungen haben wir zu Hunderten registriert, und unserer Meinung nach liegt darin ein echtes Problem. Die körperzentrierte Therapie bietet hier eine wirkliche Alternative.

Der erfahrene Anwender der körperzentrierten Therapie wird kaum Beschwerden darüber hören, daß es jemandem zu lange dauert. Der große Vorteil dieser Therapie liegt nämlich darin, daß sie direkt auf den Schauplatz des Lebens zugeht, dorthin, wo die somatischen Probleme anstehen. Mit fortschreitender Arbeit erleben die Menschen von einem Augenblick zum nächsten echte Verschiebungen und Veränderungen in ihrem inneren Erfahren. Und das alles spielt sich in einem geradezu atemberaubenden Tempo ab. Unsere Klienten berichten zuweilen, daß die Veränderungen so unmittelbar auftraten, daß es ihnen schwerfiel, damit Schritt zu halten. Warum der

Ansatz so schnell Früchte trägt, wird klar, wenn wir die Strategien im einzelnen darlegen.

Ein weiterer Punkt der Kritik unserer Klienten ist der, daß die Therapie einem Machtgefälle zwischen Klient und Therapeut Vorschub leistet. Wenn wir uns als Heiler in irgendeiner Weise über unsere Klienten stellen, wird diese Ungleichheit auf uns zurückfallen und uns Probleme schaffen. Es liegt etwas sehr Verführerisches in der Machtposition des Therapeuten. Es tut gut, angehimmelt zu werden und über ein solch wirksames »Wundermittel« zu verfügen. Die Tatsache, daß die Menschen oft verletzt sind, wenn sie zum erstenmal zu uns kommen, macht sie reif für eine Abhängigkeit vom Therapeuten. Doch wehe dem Therapeuten, der in die Falle gerät, zu viel Verantwortung für das Wohl seines Klienten zu übernehmen! Da lauert das immer weiter ausufernde Feld der Rechtsstreitigkeiten über Fehlbehandlungen. All diese Prozesse beruhen letztendlich auf nachgewiesenem oder angeblichem Mißbrauch von Klienten durch die Therapeuten, denen sie ihr Vertrauen geschenkt hatten.

Bei der körperzentrierten Therapie gehen wir das Machtproblem auf zwei radikale Weisen an. Zum einen legen wir das Know-how der Heilung direkt in die Hände unserer Klienten: Wir bringen ihnen die neun hier in diesem Buch dargelegten Strategien bei, damit sie sie allein zu Hause praktizieren. Der Therapeut ist Lehrer und Heiler zugleich. Die Weitergabe der Heilungstechniken an den Klienten macht diesen weniger abhängig vom Therapeuten, der Quelle, aus der sie kommen. Zum anderen gehen wir gleich von der ersten Sitzung an intensiv auf das Thema der Verantwortlichkeit ein. Insbesondere lehren wir, daß jeder die hundertprozentige Verantwortung für alles trägt, was ihm zustößt. Und wir erwarten von unseren Klienten, daß sie diese Prinzipien aktiv anwenden und sich in jeder Lebenslage aus der geliebten Rolle des Opfers befreien lernen.

Eine weitere immer wieder auftauchende Frage ist die, ob eine Therapie überhaupt notwendig sei. Manche Menschen meinen, Probleme würden schließlich und letztlich von selbst verschwinden, so wie auch unbehandelte Wunden oftmals mit der Zeit verheilen. Zugegeben, viele auch noch so ernste Schwierigkeiten können sich in der Tat ganz einfach im Verlauf des Lebens auflösen. Auf alle in diesem Buch vorgestellten Techniken kann man letztendlich auch allein kommen. Die körperzentrierte Therapie greift die fundamentalen Lebensprozesse auf und stellt sie ganz bewußt in den Mittelpunkt der Aufmerksamkeit, um so den Heilungsprozeß zu beschleunigen. Man kann beispielsweise am Ende selbst herausfinden, wie man durch Konzentration auf den Atem die Flugangst überwinden kann, doch es dauert eine ganze Weile, bis wir in eigener Regie darauf kommen. Die körperzentrierte Therapie kann dazu beitragen, den natürlichen Heilungsprozeß abzukürzen. Eine unserer Klientinnen lehnte es bis zu ihrem 57. Lebensjahr ab zu fliegen und konnte dann nach einer einzigen intensiven Therapiesitzung ein Flugzeug besteigen. Im Gespräch stellte sich heraus, daß das Leben selbst jahrelang versucht hatte, sie dazu zu bringen, sich hinzusetzen, sich auf das Problem zu konzentrieren und zu lernen, dieses in den Griff zu bekommen. Doch sie hatte das Naheliegendste einfach nicht getan: Ihre Widerstände hatten sie davon abgehalten, sich dem Fluß des Lebens anzupassen. Als sie schließlich mit ihrem Fall zu uns kam, lernte sie tief durchzuatmen und dem Fluß zu folgen. Danach hatte sie keine Angst mehr vor dem Fliegen.

## Das zentrale Problem

Die körperzentrierte Therapie ist deswegen so erfolgreich, weil sie ein grundlegendes Problem des Lebens löst. Bei der Beschreibung dieses Problems bitten wir den Leser, sich immer vor Augen zu führen, daß wir aus direkter, klinischer und praxisbezogener Sicht sprechen und nicht rein philosophisch. Wir haben fast 20 000 Einzelpersonen und etwa 1500 Paare behandelt, die mit diesem Problem gerungen haben, und den größten Teil unseres eigenen Lebens damit verbracht, unsere Schwierigkeiten in bezug auf dieses Problem zu klären. Das zentrale Problem lautet: In den ersten Lebensjahren vollzieht sich beim Menschen eine Trennung zwischen »Fühlen« und »Denken« – eine Spaltung von Körper und Geist also. Die Botschaften unseres Körpers (was wir gerade fühlen oder möchten) werden vom Verstand ignoriert oder verdrängt. Es gibt gewichtige Gründe für das verstandesmäßige Ausschalten jener Körperbotschaften: der Wunsch nach Anerkennung, das Bedürfnis, alles unter Kontrolle zu haben, und letztendlich der Drang zu überleben. Doch durch das Ignorieren oder Leugnen der Körperbotschaften gehen diese nicht weg; sie gelangen einfach auf krummem Weg an die Oberfläche. Sie manifestieren sich in körperlichen Verkrampfungen, in Schmerzen, in Atemstörungen, in Gesten und sonstigen Bewegungen sowie in den allgemein anerkannten Formen von Traum, Fantasie und Kommunikation. Am schmerzhaftesten kommen sie in unangebrachten Verhaltensweisen zum Ausdruck, die uns selbst und anderen nur Leid zufügen. Beziehungen leiden, und aus dem Tanz sich liebender Geschöpfe entwickelt sich ein Gewirr verlorener Seelen, die sich hinter Masken verbergen.

Zur besseren Veranschaulichung des Problems möchten wir folgenden klinischen Fall heranziehen. Wir arbeiteten eine Zeitlang sehr intensiv mit einer 24jährigen Frau, die wir Jenny nennen wollen. Jenny litt unter heftigen Kopfschmerzen. Sie hatte schon viele Ärzte konsultiert, vom Neurologen bis hin zum Chiropraktiker, doch ihre Kopfschmerzen hielten an. Bei näherer Untersuchung der Zusammenhänge stellte sich ganz klar heraus, daß sie ein lebendes Beispiel für das war, was wir als das zentrale Problem bezeichnen. Ihr Vater und ihre Mutter hatten eine leidvolle Scheidungsaffäre durchgestanden, als Jenny noch in den Kindergarten ging; ihr Vater war dann in einen anderen US-Bundesstaat gezogen. Jenny hatte ihn immer sehr vermißt, doch geglaubt, daß es ihre Mutter sehr kränken würde, wenn sie diese Gefühle zeigte. Ihre Mutter war böse auf Jennys Vater, und jegliches Erwähnen seines Namens ließ sie völlig außer Fassung geraten, besonders wenn ein freundlicher oder gar zärtlicher Unterton mitschwang. So verbarg Jenny ihre Trauer und ihre Sehnsucht. Der Akt des Verbergens dieser zärtlichen Gefühle brachte ihren Verstand und Körper in Uneinigkeit zueinander. Der Körper sagte: »Das hier fühle ich«, während der Verstand ihr einredete: »Besser nicht«. Wenn Jenny einen Schutzengel gehabt hätte, hätte dieser ihr geraten: »Es ist in Ordnung, so zu fühlen und es auszudrücken – außer im Umkreis deiner Mutter.«

Der Streß, die Gefühle zu verbergen, machte Jennys Körper krank: Kopfschmerzen setzten ein und kamen und gingen bis zu ihrem 24. Lebensjahr. Die tief in ihrem Inneren vollzogene Spaltung verursachte nicht nur Kopfschmerzen, sondern beeinträchtigte auch ihre Beziehungen zu ihren Mitmenschen. Sie fühlte sich meistens zu Männern hingezogen, die unerreichbar für sie waren, und wurde furchtbar böse auf sie, wenn sie nicht für sie da waren. Sie spielte ihre Beziehung zu ihrem Vater noch einmal nach und bediente sich dabei der Wut der Mutter als Reaktion auf ihr Alleingelassensein. Ihre wirklichen Sehnsüchte waren vergraben unter einer Decke von Zorn, der nicht einmal ihr eigener war.

Doch was sie schließlich von ihren Kopfschmerzen befreite, war der mutige Schritt hin zur Wiederverbindung mit ihrer somatischen Erfahrung, dem körperlichen Empfinden ihrer Gefühle also. Über mehrere Monate hinweg lernte sie, genau darauf zu achten, was sie unmittelbar vor dem Auf-

treten der Kopfschmerzen empfand. Zuerst bemerkte sie
gewöhnlich nur Wut, später entdeckte sie, daß der Wut im
allgemeinen ein Gefühl von Trauer und Sehnsucht voraus-
ging. Sie wußte überhaupt nicht, wie sie dieses Gefühl zum
Ausdruck bringen sollte, doch sie hatte eine Menge Übung
darin, ihre Wut zu zeigen (ihre Mutter hatte ihr ja oft
genug Modell dazu gestanden). Ein Teil ihrer Aufgabe
bestand also darin zu lernen, wie man den Zorn richtig
zum Ausdruck bringt, und zwar so, daß man sich selbst
voll verantwortlich dafür erklärt und keinem anderen die
Schuld zuweist. Was letzten Endes ihre Kopfschmerzen
aufhören ließ, war die wiedergewonnene Verbindung zur
Sehnsucht in ihrem Körper. Und nachdem sie gelernt hatte,
diese zu fühlen und zu akzeptieren, stellte sie den Kontakt
zu ihrem Vater wieder her. Sie betrachtete ihn nicht länger
durch den Filter der Gefühle ihrer Mutter, sondern ging
von sich aus auf ihn zu. Auch ihre Beziehungen zu den
Männern insgesamt entwickelten sich positiver, denn sie
versuchte nicht länger, in ihnen eine Vaterfigur zu sehen.
Nach einem mit viel Leid gepflasterten langwierigen Umweg hatte sie die rechte Richtung wiedergefunden.
Wenn innere Spaltungen, wie in Jennys Fall, nicht geheilt
werden, führen diese zu einem totalen Verlust der Verbindung mit unserem Sein – der *Essenz*, wie wir sie in diesem
Buch nennen. Die Essenz ist der Teil von uns, der uns zu
dem macht, was wir wirklich sind. Es ist der Raum in
unserem Körper, wo das »Ich« wohnt. Nehmen wir ihn
weg, so wissen wir nicht, wer wir sind. Verlieren wir unsere
Verbindung zur Essenz, so werden wir mit nichts zufrieden
sein. Der Mensch muß ständig – das heißt von einem
Augenblick zum nächsten – körperlich die Essenz wahrnehmen, um wirklich glücklich zu sein. Haben wir keine Verbindung zur Essenz – der authentischen, somatischen Erfahrung von uns selbst –, so werden wir wahrscheinlich mit

einer Vielzahl von absolut untauglichen Methoden nach Wiederherstellung unserer Ganzheit suchen. Nirgends auf der Welt gibt es einen Ersatz für das körperliche Empfinden der Essenz.

Ein von Millionen beschrittener, jedoch tragischer Weg ist die Flucht in den Konsum von Substanzen: Nahrung, Alkohol, Drogen. Auf die eine oder andere Weise sind Sucht oder Eßstörung krankhafte Versuche, mit künstlichen Mitteln ein gutes Gefühl in unserem Körper zu erzeugen – das heißt, die Verbindung zur Essenz wiederherzustellen. Die Essenz ist das offene, weite Gefühl in unserem Körper, in dem alle anderen Phänomene ruhen. Wenn wir mit der Essenz in Verbindung stehen, können wir unangenehme Gefühle wie Müdigkeit, Angst oder Zahnweh empfinden – *und uns dennoch gut fühlen*. Die Essenz steht über diesen Dingen. Mit wachsender Verbindung lernen wir, zwischen der Essenz als solcher und allen anderen Phänomenen zu unterscheiden. Dieses Paradox, sich gut zu fühlen, auch wenn man sich schlecht fühlt, ist ein Charakteristikum der Essenz.

Eine zweite Sackgasse ist die Jagd nach materiellen Dingen – der Versuch, mit der Essenz in Verbindung zu treten, indem man Symbole von ihr erwirbt. Bei Befragung in einer großen Einkaufsstraße antworteten die meisten, daß sie überhaupt nicht wüßten, was sie dort kaufen wollten. Mit anderen Worten, sie befanden sich im Konsumrausch, ohne das geringste Ziel vor Augen zu haben! Die Werbeindustrie ist sich dieser Tatsache sehr wohl bewußt und bedient sich ihrer auf höchst subtile Art und Weise.

In der Ehe- und Partnerschaftstherapie begegnet uns ein dritter sinnloser Versuch zur Wiederherstellung der verlorenen Verbindung zur Essenz: der Versuch nämlich, durch enge Anlehnung an einen anderen zu sich selbst zu finden. Eine gesunde Beziehung erkennt man immer daran, daß jeder der Partner die Essenz im eigenen Selbst und im anderen respek-

tiert und ehrt. Doch solche Beziehungen sind äußerst selten.
Wir finden eher Beziehungen, die man wie Alkohol benutzt:
das heißt, die Beziehung »betäubt« die Partner und entfernt
sie immer weiter von ihrem eigenen Selbst, anstatt die Kreativität im anderen zu erwecken und zu fördern. Paare tun dies
auf vielfältige Weise: Sie ignorieren ihre eigenen Gefühle und
Bedürfnisse, nur um dem anderen zu gefallen. Sie lassen ihre
eigenen kreativen Kräfte ungenutzt und stellen den anderen
in den Vordergrund. Oder sie vergeuden alle Energie in
Machtkämpfen und Versuchen, den anderen zu unterjochen,
und opfern dabei ihre eigene Beziehung zu sich selbst. Ihre
Verstrickung in Beziehungs- oder Familiendramen läßt sie
immer mehr vergessen, wer sie eigentlich sind.

Im Fernsehen wurde kürzlich eine Gruppe von Madonna-
Imitatoren gezeigt, junge Frauen, die darauf warteten, Einlaß
zu einem Madonna-Konzert zu bekommen. Sie waren alle
gleich angezogen, im Stil ihres Idols mit gebleichtem Haar,
schreiendem Make-up und Spitzenkorsagen. Ein scharfsinni-
ger Interviewer fragte eines der Mädchen, ob ihre Madonna-
Imitation sie davon abhielte herauszufinden, wer sie wirklich
sei: »Sollte dies nicht eher eine Zeit in Ihrem Leben sein, wo
Sie auf Entdeckungsreise gehen, um herauszufinden, worin
Ihr ureigener, ganz persönlicher Beitrag zur Welt besteht?«
Die junge Frau schüttelte irritiert ihren Kopf. »Sie scheinen
überhaupt keine Ahnung zu haben«, sagte sie. »Ich *bin*
Madonna und nichts anderes.« Dieses Beispiel ist vielleicht
extrem, doch es erinnert uns daran, daß jeder von uns ein
Opfer der von ihm gewählten Rollen werden kann und dann
vergißt, daß es ja nur Rollen sind.

Praktisch gesehen besteht also das zentrale Problem darin,
daß die Menschen immer mehr ihre Fähigkeit verlieren, ihre
wirklichen somatischen Erfahrungen zu erkennen und diese
offen zum Ausdruck zu bringen. Die Gesprächstherapie kann
das zentrale Problem in der Tat verschlimmern. Jenny hatte

versucht, über ihre Probleme zu sprechen, doch ihre Kopfschmerzen gingen davon nicht weg. Sie wurden eher stärker.
Sie war in der Welt ihrer Vorstellungen gefangen und hatte
keine Verbindung mehr zu ihren Körpergefühlen. Ihrer Meinung nach hatten die Gespräche mit ihrem Therapeuten, den
sie durchaus als einfühlsam und fürsorglich empfunden hatte,
sie nur ständig auf der Ebene ihrer Vorstellungen (also im
Kopf) gehalten, sie jedoch niemals mit ihren Gefühlen (also
dem Körper) in Berührung gebracht. Die Schmerzen gingen
erst weg, als sie gelernt hatte, auf eine neue Weise mit ihren
Körpergefühlen umzugehen.

## Die Lösung

Die körperzentrierte Therapie bietet eine wirksame und direkte Lösung für das zentrale Problem. Durch gezielte Arbeit
mit Bewegungs-, Atmungs- und Spannungsmustern hilft der
Therapeut seinen Klienten, die Geist-Körper-Spaltung aufzu-
heben und zu heilen. Als unmittelbare Belohnung erleben
diese ein großartiges Gefühl der Lebendigkeit und Vitalität
sowie des körperlichen Wohlbefindens. Ein spürbares Gefühl
des Einsseins löst das ungute Gefühl des Bruchstückhaften ab.
Dieses Gefühl der Einheit hat seinen Ursprung im Körper
und wird somit auch im Körper als äußerst angenehm empfunden. Der Therapeut braucht nicht zu fragen, ob der
Prozeß positiv verläuft: Er kann es am Gesicht des Klienten
ablesen.
Für den Klienten ist wichtig, daß er sich am Ende jeder
Sitzung besser fühlt als zu deren Beginn; doch das ist nur einer
der Vorteile der körperzentrierten Arbeit. Wenn die körperzentrierte Therapie zu greifen beginnt, empfinden die meisten Menschen neuen Zugang zur Kreativität. Gay spielte als
kleiner Junge oft an einem Bach, der durch den Hof seines

Elternhauses führte. Er hatte dabei mit Steinen einen Damm
gebaut, um zu sehen, wie sich das Wasser seinen Weg bahnte.
Manchmal verschwand das Wasser im Boden, dann wieder
schuf es sich selbst ein neues Bett. Genauso verhält es sich mit
der Kreativität. Solange unser fundamentaler Kontakt mit der
Essenz verschüttet oder gestört ist, bleibt unsere Kreativität
im verborgenen oder wird in falsche Richtungen geleitet bzw.
von anderen Aktivitäten total verdrängt. Sobald der Fluß
wiederhergestellt ist, kommt auch die Kreativität zurück. Es
bewegt uns stets aufs neue, wenn Klienten nach Jahren wieder
Zugang zu ihrer Kreativität finden.

## Der körperzentrierte Ansatz im Überblick

Bereits in sehr jungen Jahren verlieren die meisten unter
uns den Kontakt zur *Essenz* – zu jenem Teil von uns, der
nichts ist als reines Sein, der weite Raum also, in dem alle
unsere Gedanken und Gefühle ruhen –, weil *irgend etwas
passiert*, das *überwältigende Gefühle* in uns auslöst. Das, was
da passiert, ist oftmals ein Verlust oder eine unerträgliche
Bindung, die Angst, Trauer oder Wut mit sich bringt. Um
mit diesen Gefühlen fertig zu werden, legen wir uns eine
»Persona« (aus dem Lateinischen: *persona* bedeutet Maske)
oder mehrere »Personas« zu. Jede Persona bezweckt zwei
Dinge – Anerkennung aus unserem Umfeld zu erzielen und
uns vor dem Schmerz unserer überwältigenden Gefühle zu
schützen. Durch den Filter unserer Persona betrachten wir
die Welt mit anderen Augen. Anstatt die Dinge so zu sehen,
wie sie wirklich sind, sehen wir unsere *Projektionen*. Und
genau hier wird eine körperzentrierte Behandlung ganz
wichtig, denn solche Personas sind das falsche Selbst, und
sie rufen das falsche Selbst der anderen auf den Plan. Unsere
Personas verdecken die Essenz und verursachen so eine

fundamentale Spaltung in uns selbst. *Ist diese Spaltung erst in Kraft, zeigt sie sich im Atemmuster, in der Körpersprache, in physischen Symptomen, in psychischen Störungen sowie in Problemen in unserem Umgang mit anderen.* Der in der Deutung der Sprache von Körper und Atem erfahrene Therapeut ist in der glücklichen Lage, dem Menschen schnell und effektiv zur Wiedererlangung seines Geburtsrechtes zu verhelfen – seiner tiefen inneren Verbindung zur Essenz.

Jede gute Therapie ist in ihrer tieferen Form eigentlich eine Studie der Beziehungen. Gewiß sollte der Beziehung zwischen dem Therapeuten und seinem Klienten höchste Priorität eingeräumt werden – denn ohne sie geht gar nichts. Doch der Erfolg einer jeden Therapie beruht auf dem Wandel in der Qualität der inneren Einstellung. Kopfschmerzen verschwinden, sobald der unter ihnen Leidende aufhört, sie zu bekämpfen, und statt dessen auf die Botschaft seiner Schmerzen hört. Furcht löst sich auf, wenn der verängstigte Mensch sich diesem Gefühl gegenüber öffnet, anstatt dessen Existenz hartnäckig zu verleugnen. In beiden Fällen wird uns der Schmerz in einem neuen Gewand gezeigt. Der Kopfschmerz kann durchaus daher rühren, daß der betroffene Mensch immer wieder versucht vorzugeben, er sei nicht verärgert oder wütend; sein Ärger oder Zorn hält unter Umständen so lange an, wie er vorgibt, ihn nicht zu haben. Verschiebt sich aber die innere Einstellung dahingehend, daß er das Leben annimmt, wie es ist, anstatt sich daran festzuklammern, wie er es haben möchte, dann wandeln sich Schmerz und krank machende Emotionen von allein.

Worin also besteht die Essenz einer guten Beziehung und Therapie? Das Geheimnis liegt in einem Wort: *Aufmerksamkeit.* Die Gefühle im Innern muß man hören und erkennen und nicht zum Schweigen bringen. Die Botschaft eines verspannten Nackens muß man aufnehmen, nicht ignorieren oder verleugnen. Das scheue innere Selbst muß durch ständige Wachheit und Aufmerksamkeit hervorgelockt werden. Wir haben unser inneres Selbst so lange als das andere in uns gesehen, daß viele Menschen heutzutage »auf Kriegsfuß« mit ihm leben. Bei einigen nimmt das innere Selbst die Persona eines trotzigen zweijährigen Kindes an, das Chaos anrichtet und durch Schmerz Aufmerksamkeit fordert. Bei anderen igelt es sich in mürrisches Schweigen ein und macht uns taub und leer im Innern, wo eigentlich doch Freude herrschen sollte.

Schon in sehr früher Kindheit verlassen wir die Welt des inneren Fühlens und Empfindens und wenden uns der visuellen Welt der äußeren Erscheinungen zu. Der sich auftuende Spalt kann schädliche Folgen für uns haben, und erst nach seiner erfolgreichen Überbrückung werden wir erleichtert aufatmen können. Einer unserer Klienten hat diesen Spalt einmal in einem Anfall dichterischer Kreativität, wie er uns zuweilen überkommt, den »Urschmerz der Dualität« genannt. Als Kind hatte er eine Spaltung erfahren – er war gefangen in dem Konflikt zwischen seinem wirklichen Sein und dem, was seine Familie von ihm erwartete –, und noch Jahrzehnte danach fühlte er den Schmerz jener Spaltung in seinem Körper.

## Forschung und Entwicklung

Die in diesem Buch vorgestellten Prinzipien beruhen auf zwei verschiedenen Forschungs- und Entwicklungsmethoden. Zum einen führten wir genaue Aufzeichnungen über einige tausend Sitzungen körperzentrierter Therapie mit positivem Verlauf. Wir forschten dabei vor allem nach den Gemeinsamkeiten, die mit dem Durchbruch auf seiten unserer Klienten im Zusammenhang standen. Und zum anderen taten wir etwas, das vielleicht langweilig klingen mag, sich aber in Wirklichkeit als unendlich faszinierend erwies: Wir werteten Hunderte von Stunden hinweg Videoaufnahmen von Sitzungen aus und hielten dabei Ausschau nach jenen kleinen Momenten, die zu einer Besserung der Symptome oder einer erhöhten Lebendigkeit führten. Danach beschäftigten wir uns fast drei Jahre damit, die unwesentlichen Dinge herauszufiltern sowie die Daten zu sortieren und zu kondensieren. Was blieb, ist das unserer Meinung nach absolut Wesentliche. Der überwiegende Teil der Daten stammt aus Sitzungen, die wir selbst therapeutisch betreut haben. Darüber hinaus haben wir auf Material aus Behandlungen unserer Studenten und leitenden Mitarbeiter zurückgegriffen. Unter unserer Regie konnten in den letzten 20 Jahren etwa 500 Therapeuten unterwiesen und angeleitet werden. So hatten wir reichlich Gelegenheit, die Therapie nicht nur vom Fahrersitz, sondern auch vom Rücksitz aus zu beobachten.

## Grenzen und Möglichkeiten der körperzentrierten Therapie

Nicht alle Schwierigkeiten können mit Hilfe der von uns angewandten Prinzipien und Techniken gelöst werden. Einige Leiden lassen sich auf bestimmte Mikroben zurückverfolgen, andere Probleme wiederum werden durch die Genstruktur weitergegeben und treten erst in der unglückseligen dritten oder vierten Generation auf. Solche Fälle gehören in den Zuständigkeitsbereich der Allopathie, das heißt der heutigen Lehrmedizin. In diesem Buch heilen wir weder Malaria noch Depressionen, die auf Störungen im biochemischen Haushalt zurückzuführen sind.

Aber nur allzuoft überlappen sich die Bereiche der traditionellen Medizin mit denen der Psychologie. Und genau hier

beginnt die Wiederentdeckung der tiefgreifenden Verbindung zwischen Geist und Körper. In der Geschichte der
Heilung hat man erst in jüngster Zeit Geist und Körper als
etwas Getrenntes angesehen. Die zunehmende Bedeutung
und Vorrangstellung der allopathischen Medizin Ende des
19. und Anfang des 20. Jahrhunderts verursachte eine sich
ständig weiter entwickelnde Spaltung in diesem Bereich. Die
allopathische Medizin machte so großartige und wunderbare
Sprünge nach vorne – sie befreite die Menschheit von den
Geißeln der Kinderlähmung, Tuberkulose und Pocken –, so
daß es nur eine Frage der Zeit schien, bis alle Probleme und
Leiden unter Kontrolle gebracht werden könnten. Dies geschah natürlich nicht. Statt dessen hat man dem Geist und
den Gefühlen in der Medizin heute wieder großen Stellenwert
eingeräumt. Allwöchentlich landen immer mehr Berichte auf
unseren Schreibtischen, wonach selbst die subtilsten Körpersysteme auf Veränderungen in Verhaltensweisen und Gefühlen reagieren.

Nehmen wir einmal dieses Beispiel: Eine Frau kam zur ersten
Therapiesitzung in unsere Praxis. Sie war eine jener außergewöhnlichen Schönheiten, ein Star also. Sie meinte: »Die Leute
erzählen mir immer wieder, daß ich mit meinen Gefühlen in
Berührung treten müsse, doch ich weiß, ehrlich gesagt, nicht,
warum. Es ging mir ganz gut in den vergangenen 30 Jahren,
ohne daß ich auch nur einen Deut auf meine Gefühle gegeben
hätte.« Daraufhin fragten wir sie, warum sie denn eigentlich
gekommen sei. »Oh«, meinte sie und ihre Augen wurden
plötzlich ganz glasig, »ich habe so ein lähmendes Engegefühl
in meiner Brust. Das tut so schrecklich weh, daß ich schon
dachte, mit meinem Herzen sei etwas nicht in Ordnung.
Doch der Kardiologe hat mir versichert, daß meinem Herzen
nichts fehle. Er räumte lediglich ein, daß mein Zwerchfell so
verspannt sei, wie er es noch nie gesehen habe.« Durch
minutiöse und mutige Hinterfragung konnte sie schon bald

herausfinden, daß die von ihr empfundene Enge jene Wand war, die sie gegen ihre Gefühle aufgebaut hatte. Ihr Kummer über Ereignisse in ihrem Leben war so groß gewesen, daß sie ihn nur mit aller Kraft hatte unterdrücken können. An- und Verspannung bestimmte fortan ihr Leben und lenkte ihre Aufmerksamkeit von den eigentlichen Dingen weg. Nun war sie über 30, und die Fassade, die sie ein Leben lang als Schutzmauer gegen verborgene Gefühle aufgebaut hatte, fing allmählich an zu bröckeln. Der Körper machte sich schließlich auf seine drastische Art und Weise bemerkbar, indem er sich der Sprache von Verspannung und Schmerz bediente, um mit dem störrischen und stolzen Bewußtsein des Geistes zu kommunizieren. Als die Klientin endlich hinhörte, was er denn zu sagen habe, wurde sie dank der wiederhergestellten Verbindung wieder gesund. Nachdem sie es geschafft hatte, sich ihren Gefühlen wieder zu öffnen, verlangsamte sich ihr durchschnittlicher Puls um zehn Schläge pro Minute.

Aufgrund unserer jahrzehntelangen Arbeit mit Menschen können wir der Welt heute folgende wichtige Heilsbotschaft verkünden: Hört auf die Stimme der Wahrheit in eurem Inneren, und all eure Probleme werden verschwinden! Seht die Dinge, wie sie sind, und sprecht sie aus, wie sie sind, dann wird das Leben eine fantastische Einheit erlangen! Entzieht ihr euch jedoch der Wahrheit und würgt ihre Ausdrucksform ab, so wird eine ganze Litanei von Leid, Kummer und verlorenen Gelegenheiten auf euch zukommen. Wir sagen nicht, daß dies einfach ist. In einer Hinsicht ist es das zwar, doch eine stetige Verbindung zur Wahrheit im Inneren aufzubauen und zu unterhalten kommt im wahrsten Sinne des Wortes einer Radikalkur gleich. Das Ergebnis ist von unschätzbarem Wert, aber der Weg dahin erfordert einen gewaltigen Bewußtseinssprung, wie wir ihn nur selten im Leben tun.

Ein 50jähriger Börsenmakler namens Martin klagte bei seinem ersten Termin in unserer Praxis im wesentlichen über zwei Probleme. Seit einigen Monaten fühlte er sich lustlos, niedergeschlagen und deprimiert; gleichzeitig litt er hin und wieder unter heftigen Schmerzen zwischen den Schulterblättern. Sein Arzt konnte rein organisch nichts finden, und so hatte er ihm muskelentspannende Beruhigungsmittel wie Valium und ein Antidepressivum verschrieben. Martin hatte die Medikamente einige Tage lang genommen, doch er fühlte sich nicht wohl dabei. Seine Frau als gesundheitsbewußte Aerobiclehrerin hatte ihm schwere Vorwürfe wegen der Medikamenteneinnahme gemacht, zumal es sich ihrer Meinung nach bei ihm um ein rein psychisches Problem handelte. Zu seiner ersten Therapiesitzung kam er zwar freiwillig, jedoch äußerst skeptisch, so wie wir es vielfach bei Menschen beobachten, die es nicht gewohnt sind, ihre körperlichen Probleme auf psychologischem Weg anzugehen.

Ein aufmerksamer Therapeut kann bereits in den ersten Augenblicken des Kontaktes zu seinem Klienten viele Dinge beobachten, die für das Problemverständnis und seine Behandlung erforderlich sind. Bei Martin fielen uns gleich in der ersten Minute mehrere Schlüsselfaktoren in seinem Auftreten auf. Es lag etwas Entschuldigendes und Rechtfertigendes in seiner Art, uns mitzuteilen, wie sehr er es schätze, daß wir uns Zeit für ihn nähmen. Ein diametral entgegengesetzter Typus hätte in dieser Situation vielleicht einen eher feindseligen Spruch auf den Lippen, etwa nach dem Motto: »So, Sie sind also der Seelenklempner?« oder »O.k., wollen mal sehen, was Sie für mich tun können.« War Martin vielleicht in allen Bereichen seines Lebens eher der sich entschuldigende-rechtfertigende Typus, auch seinen Gefühlen gegenüber? Was war der Preis für diese apologetische Fassade?

Solche Fragen hatten wir im Hinterkopf, als wir weitermachten. Seine Stimme war ruhig im Ausdruck, die gesamte Erscheinung zurückhaltend. Jede seiner Gesten strahlte Bescheidenheit, Beherrschung und Verbindlichkeit aus.

Doch da war noch die Sache mit seiner linken Wange. Schon bei unserer ersten Begegnung war uns die Asymmetrie von Martins Kinnbacken aufgefallen. Die rechte Seite war ganz normal, aber auf der linken zeigte sich eine größere Verzerrung in seiner Persona des allzeit Bescheidenen. Die Wangenmuskeln wölbten sich derart vor, als ob er einen Kaugummi im Mund habe. Wir sprechen hier von einem »emotionalen Leck«, einer Stelle also, an der unterdrückte Emotionen aus dem Unbewußten hervorbrechen. Bescheidene Menschen haben normalerweise keine sehr ausgeprägte Wangenmuskulatur, und schon gar nicht nur auf einer Seite. Bei der isolierten Betrachtung dieser einen Stelle ohne Analyse der zugrundeliegenden Persona könnte man meinen, es handele sich hier um Wut, wie sie von einem nicht sonderlich feinfühligen Charakterdarsteller auf der Bühne zur Schau getragen wird. Die Analogie zum Schauspieler sollten wir gut im Gedächtnis behalten. Denn wir alle sind Schauspieler, die Rollen gelernt haben, um zu überleben und Anerkennung (und sei es auch nur negativer Art) in dem zuweilen brutalen und herausfordernden Spiel des Lebens zu finden. Zum Glück für uns und die Welt stehen unsere Rollen im großen Ganzen unter einem guten Stern. Ohne Frage jedoch überdecken unsere Rollen immer unser wirkliches Sein. Und gelegentlich fügen uns diese Rollen auch großes Leid zu. Hin und wieder verletzen wir damit nicht nur uns selbst, sondern auch andere. Dann aber müssen wir von der Bühne abtreten oder werden durch Rechtsmechanismen, die unsere Gesellschaft für solche Fälle bereithält, zum Abtreten gezwungen.

Der Therapeut sieht sich nun folgender Herausforderung gegenüber: Menschen mit Schmerzen wissen nicht, daß sie eine Rolle spielen. Sie *spielen* keine Rolle; sie sind selbst zu ihrer Rolle *geworden*. Es existiert keine Trennung zwischen Person und Persona. Die Maske ist hohl, es fehlt die Essenz, das wirkliche Sein. Für den Therapeuten stellt sich also das

Problem, seinem Klienten Zugang zur Essenz zu verschaffen
– dem Ort also, an dem alle unsere Rollen und Handlungen
festgehalten, jedoch nicht bewertet werden; und dies, obwohl
der Klient oftmals schon einen Großteil des Lebens hinter sich
und längst seine jeweilige Rolle mit seinem eigentlichen Ich
verwechselt hat.

Martin erwachte rechtzeitig, denn er schien mit seiner Rolle
am Ende zu sein, wie dies fast immer in der Lebensmitte oder
bereits davor geschieht. Zur Mitte des Lebens hin bekommen
die Kräfte des wirklichen Seins mehr und mehr Auftrieb; es
wird offensichtlich, daß der Botschaft des Körpers mehr
Beachtung geschenkt werden muß. Als Martin uns in apolo-
getischer Form seine Lustlosigkeit und Rückenschmerzen
schilderte, rieb er sich unbewußt seine vorgewölbte linke
Wange. Wir unterbrachen ihn nicht, um ihn zu fragen, warum
er dies tat. Unsere oberste Aufgabe ist, dem Klienten zu helfen
– nach dem *Warum* fragen wir später. Doch wir forderten ihn
mitten in seiner Geste auf, sich noch stärker die Wange zu
reiben.

»Martin, Sie reiben sich immer wieder über die Wange –
versuchen Sie bitte, diese Geste etwas zu verstärken«, baten
wir ihn. Das war unsere erste therapeutische Maßnahme auf
dem Weg zur Heilung seiner Körper-Geist-Spaltung. Eine
Person dazu zu bringen, ihr Bewußtsein für eine ihr bislang
unbewußte Handlung zu schärfen, ändert bereits das gesamte Muster. Es gibt dafür wohl verschiedene Ansätze;
unseres Erachtens hat sich die Intensivierung bzw. Verstärkung einer Handlung am besten bewährt. Es erfordert ein
wenig Mut sowohl für den Klienten als auch für den Therapeuten. Eine solche Erfahrung kann man nur in der Praxis
eines Therapeuten machen, nirgendwo anders. Im normalen
Leben würde die Mutter sagen: »Martin, hör endlich auf,
dir dauernd die Wange zu reiben!« Wo sonst als in der
Therapie kann ein Symptom wie das Reiben einer Wange

so vorurteilslos und aus echtem Interesse heraus gezielt angesprochen werden?

Wie jemand in einem solchen Moment reagiert, ist überaus aufschlußreich. Martin könnte versuchen, seine Hand zu verstecken, so als ob er dabei ertappt worden wäre, etwas Falsches gemacht zu haben. Er könnte sofort abstreiten, daß seine Wange auch nur das Geringste mit irgend etwas zu tun hätte. Was aber tat Martin? Er entschuldigte sich: »Oh, es tut mir leid. Ich habe gar nicht gemerkt, daß ich das getan habe.« Nun war die Zeit reif für unseren zweiten therapeutischen Eingriff: »Martin, Sie entschuldigen sich andauernd. Spüren Sie einmal in das darunterliegende Gefühl hinein«, forderten wir ihn auf. Damit hatten wir Martin eine zweite Gelegenheit gegeben, innerhalb von Sekunden die Geist-Körper-Kluft zu überbrücken. Es ist offensichtlich, wie sehr dieser Eingriff dem ersten glich, als wir Martin auf das Reiben seiner Wange aufmerksam machten. Diesmal wählten wir jedoch eine weitere Perspektive: Ein ganzer Seinsbereich wurde einer eingehenden Untersuchung unterzogen.

Momente wie diese haben elektrisierende Wirkung. Die Menschen brechen zuweilen in Wut aus, wenn sie sich bei etwas »ertappt« fühlen. Das nämlich, was sie zu verbergen suchen, erscheint dadurch wie eine Leuchtreklame weithin erkenn- und sichtbar. In Martins Fall hatten wir Erfolg – oder besser gesagt, Martin war mutig genug, die Gelegenheit beim Schopf zu fassen und eine Brücke über seine Geist-Körper-Kluft zu schlagen. Plötzlich brach er in Tränen aus. Und selbst während er vor sich hinschluchzte, entschuldigte er sich noch für seine Tränen. Wir waren neugierig zu erfahren, wem gegenüber er sich in seiner Kindheit dauernd so entschuldigt hatte. Seinem Tonfall nach zu urteilen schien er sich irgendwie an seinen Vater zu wenden. Wir sprachen unsere Vermutung aus: »Es klingt so, als ob Sie sich Ihrem Vater gegenüber entschuldigen, Martin.« Daraufhin schluchzte er noch heftiger und erwiderte: »Ich mußte mich bei meinem Vater *andauernd* entschuldigen.«

Unsere dritte Bitte an Martin: »Erinnern Sie sich bitte an das erste Mal, als Sie dies taten.« Daraufhin holte er eine Begebenheit in sein Gedächtnis zurück, die für ihn eine ganz große Bedeutung hatte. Er stand am Bett seines Vaters, der krebskrank dahinsiechte. Martin war bemüht, seine Traurigkeit zu verbergen, doch er war erst neun Jahre alt, und so vermochte es sein Körper noch nicht. Seine Rolle, seine Maske war noch nicht fest genug etabliert. Er brach in Tränen aus. Sein Vater bat ihn, mit dem Weinen aufzuhören, und wurde dann sogar böse, weil Martin seine Tränen nicht unter Kontrolle bringen konnte. Schließlich hielt er seinen Kummer mit einer Reihe von Gedankengängen im Zaum: »Wie kann ich nur so fühlen? Es ist Vater, der leidet, nicht ich. Ich muß Stärke zeigen, damit er nicht noch mehr leidet. Wenn ich stark genug bin, muß er vielleicht gar nicht sterben. Wenn ich meine Gefühle gut genug tarne, wird er sicherlich froh und glücklich sein. Vielleicht wird mein Vater sogar am Leben bleiben, wenn ich mein wahres Ich vor ihm verstecke.«

Hier werden wir Zeugen bei der Geburt einer Maske. Der kleine Martin denkt: »Ich habe nicht das Recht, so zu empfinden, wie ich empfinde. Bitte entschuldigt, daß ich so bin, wie ich bin. Mein wirkliches Wesen hat in dieser Welt keinen Platz.« Von nun an muß er jedes innere Erlebnis durch diesen Filter betrachten. Seine authentische Erfahrung muß zurechtgerückt und aufbereitet werden, bevor er sie der Welt präsentiert. Der Bruchteil einer Sekunde, den er für all diese Überlegungen benötigt, reicht aus, ihn von der Gegenwart zu entfernen. Seinen Körper und seine Gefühle läßt er hinter sich; nun ist der Geist am Zuge. Er hat eine Form für sein gespaltenes Dasein gefunden und kommt damit 40 Jahre lang gut zurecht. Seine Lebensfreude ist zwar erheblich eingeschränkt, doch er überlebt zumindest.

Im Verlauf der Therapie konnte Martin wieder eine Brücke hin zu seinem Körper schlagen; die von uns angewandten Techniken hierzu erklären wir in einem späteren Zusammenhang. Dies alles bewerkstelligte er übrigens innerhalb kürzester Zeit. Schon nach sechs Sitzungen verlor sich seine depressive Niedergeschlagenheit und Lustlosigkeit; auch die Rückenschmerzen verschwanden. Das Leben meinte es wieder gut mit ihm.

Wir haben mit dem einfachen Beispiel von Martin begonnen, weil es die Möglichkeiten unserer Therapie klar und deutlich veranschaulicht. Dies sollte jedoch auf keinen Fall zu der Schlußfolgerung verleiten, daß sich die körperzentrierte Therapie immer so einfach gestaltet. In Martins Fall war sie von so schnellem Erfolg gekrönt, weil alles planmäßig verlief. Der Klient war willig (die Grundvoraussetzung), und eine Menge anderer Variablen fügten sich reibungslos ineinander. Normalerweise gibt es jedoch immer irgendwo eine Komplikation – wenn nicht gar ein Dutzend davon –, die die Arbeit nicht auf solch bilderbuchhafte Weise fortschreiten läßt.

Wir werden derartige Komplikationen später noch genauer unter die Lupe nehmen; zunächst aber müssen wir das Problem an sich in all seinen Facetten und Abstufungen verstehen.

## Die Flucht vor der Erfahrung

Bei allem, *was ist*, gegenwärtig zu sein, birgt so viel Kraft in sich, daß wir uns dieser Präsenz oft nicht länger als den Bruchteil einer Sekunde aussetzen wollen. Im folgenden einige der Hauptformen und -mittel, auf die wir Menschen zurückgreifen, um uns nicht der Gegenwart stellen zu müssen:

– *Somatisierung*. Wir legen uns ein körperliches Leiden zu, um unsere Aufmerksamkeit (und die der anderen) von unseren Gefühlen abzulenken.

– *Fehlzuschreibung*. Wir geben einer Sache »dort draußen« die Schuld an etwas, das eigentlich »hier innen drin« liegt. Wir schreiben unsere Kopfschmerzen den Tiraden unseres Chefs zu und sehen nicht, daß wir unsere Nackenmuskeln ständig in Erwiderung seiner Tiraden anspannen.

– *Erklärung*. Einige Menschen verstricken sich in langatmige Erklärungen über ihre Gefühle. Ob diese Erklärungen nun hilfreich und gut sind oder auch nicht – und meistens sind sie es nicht –, sie dienen allesamt dazu, die Aufmerksamkeit von der wirklichen Erfahrung des Gefühls wegzulenken. Nach mehr als 20jähriger Therapiearbeit haben wir hierzu eine Maxime geprägt: »Man regt sich niemals über den Grund auf, den man zu haben glaubt.«

– *Rechtfertigung*. Anstatt zu den Empfindungen von Zorn zu stehen, werden die Menschen häufig zu Verfechtern ihres Zornes in dem festen Glauben, daß er die einzig richtige Antwort auf das Leben sei. Sie sind ständig bemüht, ihren Standpunkt zu rechtfertigen, anstatt sich einfach bewußtzumachen, daß ihre Schultern verspannt und sie zornig sind. Rechtfertigung ist eine Verteidigungsstrategie gegen das Aufdecken wahrer Gefühle und ihrer Hintergründe. Wenn wir sie rechtfertigen, müssen wir nicht tiefer in unser Inneres eindringen.

– *Vorstellungen*. Jede Vorstellung kann uns von der Unmittelbarkeit unserer Gefühle entfernen. Der Mensch, der sich einsam fühlt, kann dieser Einsamkeit entfliehen, indem er sich die Inhalte eines Kühlschrankes ausmalt. Vorstellungen sind symbolische Bilder von Dingen oder die Bedeutungen, die wir ihnen beimessen. Lenken wir die Aufmerksamkeit auf ein Gefühl, wie beispielsweise eine uns den Hals zuschnürende Empfindung von Trauer, so gelangen wir jenseits der

Vorstellungswelt auf eine Ebene, die nicht den geringsten Symbolcharakter hat.

– *Seifenoper.* Viele von uns inszenieren immer wiederkehrende Dramen in unserem Leben, die so vorhersehbar sind, als würden sie wie bei einem Musikautomaten per Knopfdruck abgerufen. Drückt man B-13, kommt das »Unschuldige Opfer« hervor; C-12 ruft den »Besorgten Retter« auf den Plan. Diese Rollen sind Mittel zur Flucht vor den authentischen Gefühlen, die der Handlung zugrunde liegen. Mit anderen Worten, solange wir in der Wiederholung des Dramas verweilen – wobei wir gewöhnlich davon ausgehen, daß wir alles richtig und irgend jemand anders alles falsch macht –, werden wir niemals herausfinden, was wirklich dahintersteckt.

– *Logik.* Vernunft ist wunderbar und hat ihren angestammten Platz im Leben, doch übermäßige Vernünftelei kann eine ungeheure Barriere für die Gefühle darstellen. Anstatt diese einfach zuzulassen, halten wir an und analysieren sie.

– *Kritische Hinterfragung.* Viele von uns haben für jeden Augenblick eine Frage parat: Ist das die richtige Erfahrung – die nämlich, die ich haben sollte? Viele verstricken sich derart im Hinterfragen und Beurteilen ihrer eigenen Gefühle und der Gefühle der anderen, daß in ihrem Inneren kein Platz mehr für sie selbst bleibt.

Wie sich diese Flucht vor der Erfahrung niederschlägt, wollen wir an einem Beispiel aus Gays Kindheit verdeutlichen:

»Als ich aufwuchs, war Zorn *das* unakzeptable Gefühl in meiner Familie. Damals hatte ich das natürlich nicht erkannt; erst nach langer Arbeit an mir selbst konnte ich mir überhaupt ein genaues Bild von dem machen, was als Kind um mich herum passierte. Sobald irgendwo Zorn aufflammte, reagierte meine Umwelt auf sehr unterschiedliche Art und Weise darauf. Meine Mutter zündete sich für gewöhnlich eine Zigarette an, während mein Bruder sich zum Schlafen

zurückzog. Ich aß. Als ich in der achten Klasse war, wog
ich etwa 130 Kilogramm. Ich stopfte große Mengen Eis,
Pommes frites und Cola in mich hinein, um so mein ge-
quältes und verkümmertes Innenleben zum Schweigen zu
bringen. Das war meine Art der Somatisierung, also des
Umdirigierens eines emotionalen Problems in ein körperliches. Das physische Problem tritt sodann in den Vordergrund und entzieht damit dem dahinterliegenden, schmerz-
verursachenden Problem jegliche Aufmerksamkeit. Ich war
mit meiner Somatisierung derart erfolgreich, daß ich nicht
die geringste Ahnung davon hatte, wie zornig ich eigentlich
war; meine Fettsucht war mir allerdings sehr wohl bewußt.
Ich dachte von früh bis spät daran und meine Familie ebenso.
Weil sich alles um mein Übergewicht drehte, gelang es auch
meiner Familie, ihre Augen vor den unter der Oberfläche
brodelnden Emotionen zu verschließen.
Ich wollte Vorstellungen, Erklärungen, Rechtfertigungen
und die Logik heranziehen – und das alles auf einmal; dies
waren die Versuche meines Geistes, mit meinen Emotionen
fertig zu werden. Wenn der Druck der Gefühle zu groß
wird, wo suchen wir dann unsere Zuflucht, wenn nicht im
Verstand?! Die kühle Welt der Vorstellungen bringt uns
irgendwie Erleichterung. Sie ist ein Ort des Rückzugs, wohin
wir uns verkriechen, während der Körper sein destruktives
Programm weiter abspult oder sich bestenfalls regeneriert.
Ich nahm Zuflucht im Wissen. Ich glaubte, alles zu wissen,
oder zumindest gab ich es vor. Ich setzte eine Miene hoch-
näsiger Verachtung für die Welt auf; eigentlich hätte man
darüber lachen können, denn ich war ja schließlich erst in
der achten Klasse, wenn das Ganze nicht so widerwärtig
und unausstehlich gewesen wäre. Ich somatisierte auch mit
meinen Augen und verschanzte mich hinter einer auffälligen
Brille mit dicken Gläsern. Heute weiß ich, daß ich damals
somatisierte, denn als ich mich später als Erwachsener mei-

nen Gefühlen gegenüber öffnete, besserte sich mein Sehvermögen schlagartig.

Die Seifenoper bestand darin, daß ich das Problem über Jahre hinweg immer neu inszenierte. Und das hervorstechendste Merkmal einer Seifenoper ist es ja gerade, daß ein Problem immer und immer wiederkehrt, ohne daß ein wirklicher Durchbruch zu einer neuen Form des Seins gelingt. So weit war es also mit mir gekommen. Mal nahm ich ein paar Pfunde ab, mal legte ich wieder ein paar Pfunde zu. Sogar in Zeiten relativer Schlankheit verfolgten mich die Gedanken ans Essen und an mein Gewicht auf Schritt und Tritt.

Erst Ende 20 kam ich dann in Berührung mit den wirklichen Problemen und Gefühlen, die ich hinter meiner Fettsucht zu verbergen suchte. Ich lernte, Zorn und Ärger zuzulassen, ohne sie zu beurteilen, ihnen zu entfliehen oder sie anderweitig schmerzvoll auszudrücken. Ich lernte, mit Einsamkeit umzugehen – sowohl mit der primären Einsamkeit in meiner Kindheit als auch mit den Gefühlen der Einsamkeit in meinem jetzigen Leben – und diesmal ohne davor wegzulaufen und in die offenen Arme des Kühlschranks zu rennen.«

Wenn wir unser Geburtsrecht als Menschen beanspruchen wollen, müssen wir auch unsere ganze Fähigkeit daransetzen, das zu *sein*, was wir sind und was ist. Sonst nämlich sind wir immer nur auf der Flucht. Auf der Flucht vor uns selbst gibt es kein Einssein – wir sind *zwie*gespalten und müssen uns einem Heilungsprozeß unterziehen, um wieder *ganz* zu werden. Der Übergang vom Fliehen zum Sein erfordert viel Mut. Doch in unseren persönlichen Erfahrungen und der jahrelangen Arbeit mit vielen Klienten sind wir zu der Erkenntnis gelangt, daß nichts im Leben uns in eine solche Hochstimmung versetzt wie gerade dieser Prozeß. Entlang des Weges lauern natürlich Prüfungen, doch am Ende steht der Lohn der Mühen in Form von Liebe, Energie, Klarheit und Kreativität. Als Mensch befriedigen uns letztendlich nur der volle Ausdruck unserer Kreativität und die volle Entfaltung der Persönlichkeit derer, die um uns sind.

## Gegenwärtig sein

Je stärker wir an uns selbst und mit anderen Weggefährten arbeiteten, desto mehr faszinierte und ermutigte uns die Einfachheit und Schlichtheit des Prozesses. Noch vor 20 Jahren suchten wir den »festgefahrenen« Klienten aus dem Schlamm zu ziehen, heute hingegen fordern wir ihn direkt auf, die Erfahrung des Festgefahrenseins zuzulassen. Und wie durch einen Zauber verfliegt die Ausweglosigkeit, und herein strömt Kreativität. Von außen betrachtet, sieht es so aus, als ob das Nichts-Tun den Prozeß beschleunigt habe. Doch wie selten tun wir eigentlich nichts, das heißt sind einfach gegenwärtig, absichtslos und ohne äußeren Druck!

Für viele von uns bedeutet »nichts« etwas Negatives: Depression, Leere, Finsternis, Hoffnungslosigkeit. Doch das wahre »Nichts« ist völlig frei von diesen Belastungen. Es ist offener Raum – reines Bewußtsein –, ausgestattet mit absolutem Potential, dem Potential für alles. Um auf das James-Joyce-Zitat zu Anfang dieses Kapitels zurückzukommen, »Mr. Duffy lebte in einer gewissen Entfernung von seinem Körper«: Ist unser Bewußtsein einen Schritt entfernt von uns, so sind wir in zwei Teile gespalten – sind nicht hier und nicht dort. Wenn wir uns aber darauf einlassen, bei allem *gegenwärtig zu sein*, was auch immer sein mag, wird die Kluft überbrückt, und wir werden wieder eins. Dieses Versprechen und Potential steht hinter der körperzentrierten Therapie. Das Offenwerden durch bloßes Sein – nicht mehr und nicht weniger – gibt den Blick frei auf alles. Wie sagte schon der Poet Kabir: »Viele wissen, daß der Regentropfen in den

Ozean eingeht; nur wenige wissen, daß der Ozean in den Regentropfen eingeht.«

Der Mensch flieht vor seinen Erfahrungen, als wären sie die Pest. Doch in Wahrheit flieht er vor seiner eigenen kreativen Kraft und Göttlichkeit. Ganz am Anfang unserer Tätigkeit hatten wir eine erfreuliche Überraschung. Mutige Menschen geben sich häufig einem übermächtigen, negativen Gefühl wie Wut oder Trauer hin, zuweilen über ein uraltes Ereignis, das bereits unter vielen Schichten Lebensmüll vergraben wurde. Zwangsläufig würde sich dies in ein ebenso starkes positives Gegenteil wandeln, wenn der betreffende Mensch bereit wäre, das Gefühl lange genug unbeirrt aufrechtzuerhalten. Wut würde sich in Vergebung kehren, Trauer in Freude, Trennung in Einheit mit der Schöpfung. Wir sind zu der Einsicht gelangt, daß uns nichts vom göttlichen Teil des Lebens trennt als ein hauchdünner Schleier – der Schleier unserer Anschauungen und Vorstellungen.

Alles ist in dem einen Universum miteinander verbunden; Trennendes entsteht nur durch die Aktivität unseres Geistes. Wir behaupten keinesfalls, daß irgend etwas nicht in Ordnung sei mit der Trennung. Sie hat ihren Stellenwert, unter gewissen Umständen sogar ihren Überlebenswert. Der Mensch muß zu Beginn seines Daseins lernen, die giftigen Pilze von den ungiftigen zu unterscheiden und das Raubtier vom möglichen Haustier. Nur wer durch und durch Mystiker ist, würde in der Vereinigung mit einem eiskalten Platzregen eine Glückseligkeit verspüren. Doch unser menschlicher Hang zum Perfektionismus hat uns derart zum Trennen befähigt, daß wir nicht mehr eins mit uns selbst, eins mit anderen und eins mit dem Universum an sich sind. Der Preis, den wir bezahlen, ist einfach viel zu hoch: Durch Trennung vermeiden wir zwar ein wenig Schmerz, doch gleichzeitig verlieren wir dadurch auch unsere immanente Kreativität und unsere natürliche Verbindung zum Göttlichen.

In diesem Buch beleuchten wir insbesondere, wie es zu einer Integration kommt. In der Therapie bedeutet Integration die Strukturierung von Einzelaspekten unseres Selbst zu einem harmonischen Persönlichkeitsbild. Das lateinische Ursprungswort *integrare* beinhaltet nicht nur das Zusammenfügen von Einzelteilen, sondern auch die Erneuerung, Wiederherstellung und Einbeziehung des unberührten Teils unseres Selbst zu einem größeren Ganzen. Dieser unberührte Teil unseres Selbst, den wir Essenz nennen, ist das Ziel des Prozesses. Die eigene Essenz unmißverständlich und von einem Augenblick zum nächsten zu verspüren, das ist der Sinn und Zweck unserer Methodik der körperzentrierten Therapie. Eine ganzheitliche Therapie muß die gesamte Palette der menschlichen Erfahrung in ihr Konzept einbeziehen – von ihren praktischen bis hin zu ihren mystischen Aspekten. Menschen auf der Suche nach Veränderung haben zumeist relativ bescheidene Ziele. Sie möchten sich einfach von einem Augenblick zum nächsten besser fühlen und die Schmerzen, die sie haben, lindern. Sie möchten die Angstzustände, die ihren Körper willkürlich überkommen, endlich loswerden. Sie möchten den bleiernen Mantel der Depression, der schwer auf ihrer Brust lastet, heben. Sie möchten irgendwie Ordnung und Frieden in Geist und Seele bringen, während sie durch die Wirrungen einer lebensverändernden Situation, wie beispielsweise eine Scheidung, gehen. Sie möchten wissen, was sie wirklich wollen, oder gar, ob es überhaupt richtig ist, etwas zu wollen. Zunächst kann die körperzentrierte Therapie unmittelbare und sofortige Hilfe bei derartigen Alltagssorgen und -problemen liefern. Aus unseren Unterlagen und den Aufzeichnungen, die wir in über 20 000 Sitzungen gemacht haben, können wir ableiten, daß in 95 Prozent aller Fälle unsere Klienten sich beim Verlassen der Praxis körperlich und seelisch besser fühlen als bei Beginn der Behandlung. Der große Vorteil der körperzentrierten Arbeit liegt darin, daß wir effektiv spüren können, wie sich von einem Augenblick zum nächsten ein positiver Wandel in den Körpergefühlen manifestiert.

Doch eine der erfreulichsten Entdeckungen bei unserer Arbeit zeigte sich darin, daß genau die gleichen Prozesse, die ein scheinbar profanes Problem wie eine Depression linderten, unseren Klienten zusätzlich spirituelles Wachstum bescherten. Am Ende einer intensiven Therapiesitzung sagte ein ganz und gar unmystischer Zahnarzt zu uns: »Das Merkwürdige aber kam hinterher, als ich zu meiner Praxis zurückfuhr und dort mein Auto parkte. Ich dachte nochmals an den Zorn, an dem wir gearbeitet hatten. Sie hatten sich bemüht, mich dahin zu bringen, ihn zuzulassen, bei ihm zu sein und hineinzuatmen, meinen Atem gleichsam hindurchzuschicken, tief in meinen Bauch hineinzuatmen und meine Aufmerksamkeit darauf zu lenken, wo ich noch Zorn in meinen Armen und Schultern fühlte. Plötzlich gewahrte ich einen Umschwung, einen Wandel in meinem Körper, und in dem Moment blitzte ein Gedanke in mir auf. Ich konnte Jane [seine Exfrau] vergeben! Diese Möglichkeit hatte ich nie zuvor in Erwägung gezogen! Ich konnte ihr ganz einfach verzeihen! Wie kam ich vom Empfinden des Zornes blitzartig dazu, ihr zu vergeben? Ich weiß es bis heute noch nicht. Aber ich saß da in meinem Wagen, und Friede kam auf mich herab, ein Gefühl, wie ich es nie zuvor gekannt hatte.«

## Vorschau

Beim Weiterlesen des Buches wird man auf die hierin vorgestellten neun Strategien stoßen: gegenwärtigen, atmen, bewegen, verstärken, die Wahrheit zum Ausdruck bringen, erden, manifestieren, lieben und Verantwortung übernehmen. Wir präsentieren sie in dieser Reihenfolge, weil sie sich in der körperzentrierten Therapie so nacheinander entfalten. Als Beispiel führen wir den Fall einer Klientin an, die über den Tod ihres Sohnes nicht hinwegkam. Gleich zu Beginn forderten wir Susan auf, bei ihrer Trauer zu bleiben – sie einfach zu fühlen. Sie hatte dies bisher nie getan – vorgeschoben wurden Geschäftigkeit und Sorge um andere –, und so empfand sie die wenigen Augenblicke, in denen sie ihrer Trauer volle Aufmerksamkeit schenken konnte, wie eine Befreiung. Dieses Vorgehen nennen wir *gegenwärtigen*. Um ihre Fähigkeit zu steigern, bei ihrer Trauer zu bleiben, forderten wir Susan auf, ihren *Atem* in dieses Gefühl hineinzuschicken, den Körper damit aufzufüllen und es dann herauszuatmen. Während sie jene ungewöhnliche Prozedur absolvierte, ballten sich ihre Fäuste, eine *Bewegung*, die häufig vorhandenen Zorn oder Ärger signalisiert. Wir forderten sie also auf, etwaigen Zorn oder Ärger zuzulassen. Es war tatsächlich Zorn vorhanden, und Susan lenkte ihren Atem auch dort hinein. Wir ersuchten sie, die Bewegungen und das Atmen zu *verstärken*, beides zu übertreiben und so voll in ihr Bewußtsein zu bringen. Als nächstes sprudelten ganz spontan eine Reihe von *Wahrheiten* aus ihr hervor. Da gab es Leute, denen sie sagen mußte »Ich bin zornig« und »Ich bin traurig«, und eine Vielzahl anderer Botschaften wollte ebenfalls heraus. Da wir uns allmählich dem Ende der Sitzung näherten, verbrachten wir eine gewisse Zeit damit, Susan zu *erden*, das heißt, die Einsichten in einen Aktionsplan umzusetzen. Wir ließen sie Ziele setzen und Handlungen planen, damit das, was sie gelernt hatte, *manifest* würde. Susan hatte gelernt, zu *lieben* sowie die *Verantwortung* für jenen Teil ihres Seins zu tragen, den sie zuvor nicht als ihr eigen angesehen hatte.

In den Upanischaden wurde schon vor Jahrtausenden niedergelegt: Was wir in unserem eigenen Körper nicht finden

können, werden wir auch sonst nirgends finden. Mit Hilfe der
körperzentrierten Therapie können wir diese Philosophie in
die Praxis umsetzen und vollen Zugang zu ihr finden. Wir
werden eine theoretische Erläuterung der Prinzipien und eine
Reihe praktischer Techniken geben sowie Beispiele aus der
angewandten Praxis zu einschlägigen Problemen, mit denen
jeder Heiler tagaus, tagein konfrontiert ist. Unsere Ausführungen sind eine Mischung von Vortrag, Metapher, Beispiel
und technischem Detail. Wir bitten den Leser, ja ersuchen ihn
förmlich, alles selbst auszuprobieren. Atmen Sie das Buch ein,
wenn Sie es lesen! Tanzen Sie es, wenn Sie darüber nachdenken! Seien Sie mit Ihrem Bauch dabei und gleichzeitig auch
mit Ihrem Kopf!
Der Augenblick der Erfahrung – wenn die ungeheure Kraft
der menschlichen Aufmerksamkeit auf die Wirklichkeit dessen
gerichtet wird, was der Mensch fühlt – ist ein Heilungsprozeß
im kleinen. Wenn es dazu kommt, dann geschehen Wunder.
In der körperzentrierten Therapie gibt es noch Wunder, und
sie geschehen immer wieder – manchmal mit einer derartigen
Regelmäßigkeit, daß wir ein Wunder fast als etwas Normales
hinnehmen.
Einmal kam eine Frau zu einer Einzelsitzung in unsere Praxis;
sie litt unter neurogener Taubheit. Im Verlauf der Sitzung
deckte sie einen Fall von sexueller Belästigung in ihrer Vergangenheit auf und erreichte eine gewisse Klärung des Problems. Wir haben häufig Zusammenhänge zwischen Hörpro-
blemen und sexuellem Mißbrauch feststellen müssen und
waren daher nicht überrascht, daß ein sexuelles Erlebnis ans
Licht trat. Ein Jahr später befanden wir uns auf einer Semi-
narreise an der Westküste Amerikas, und dieselbe Klientin
sprach uns in einer Pause an. Sie erzählte uns, daß schon zwei
Wochen nach der damaligen Behandlung ihr Hörvermögen
wieder vollständig hergestellt war. Wir lächelten freundlich
und nickten ihr zu.

Sie schien ein wenig irritiert über unsere Reaktion. »Vielleicht haben Sie mich nicht richtig verstanden«, wiederholte sie, »ich kann wieder richtig hören!«

Wir gaben ihr zu verstehen, daß wir ihre Mitteilung sehr wohl verstanden hatten und uns darüber freuten.

»Oh, ich hatte geglaubt, Sie würden sich mehr darüber freuen«, erwiderte sie.

Dieses offensichtliche Wunder, so fuhr sie fort, habe sie selbst so tief beeindruckt, daß es sie nun richtig enttäusche, uns nicht in Freudentänze ausbrechen zu sehen. Im weiteren Gespräch mit dieser jungen Frau fiel uns auf, daß wir in unserer körperzentrierten Therapiearbeit bereits so viele Wunder erlebt hatten, daß wir sie inzwischen gar nicht mehr richtig zu würdigen wissen. Im ersten Moment empfanden wir eine gewisse Schuld, doch dann wurde uns bewußt, daß gerade hierin das höchste Potential der körperzentrierten Therapie liegt: Beide, sowohl der Therapeut als auch der Klient, können auf einmal Wunder als etwas ganz Normales hinnehmen. Wenn die Therapie sich dem Fluß des Lebens selbst anpaßt, erleben wir Tag für Tag, was für ein reines Wunder das ist und welch wunderbare Dinge wir Menschen doch erreichen können.

# 2
# Theorie und Praxis der körperzentrierten Therapie: Ein neues Paradigma zur Heilung von Geist und Körper

Alle Dinge kommen aus dem Einen,
und das Eine aus allen Dingen.
*Heraklit*

Um zu beschreiben, nach welchen Prinzipien die körperzentrierte Therapie vorgeht, bedarf es eines neuen Paradigmas. Bei der Auswertung von Tonbandaufnahmen und schriftlichen Aufzeichnungen aus Hunderten von Therapiesitzungen erkannten wir, daß die von unseren Klienten erzielten Durchbrüche sich ihrer Art nach nur mit einem wesentlich vielschichtigeren Paradigma erklären ließen als dem, mit dem wir bis dahin gearbeitet hatten. Genauer gesagt, läßt sich unsere Methode anhand eines Quantenparadigmas erläutern. Was es mit diesem neuen Paradigma auf sich hat und inwieweit es in der körperzentrierten Therapie praktischen Ausdruck findet, soll im vorliegenden Kapitel beschrieben werden.

## Quantenwechsel

In der Therapie treten Quantenwechsel oder -sprünge zumindest in zwei wichtigen Situationen auf. Sie entstehen zum einen, wenn eine Person (bzw. ein Paar oder eine Familie)

von einer Sicht- bzw. Vorgehensweise in eine andere springt.
Vor einigen Jahren arbeiteten wir beispielsweise mit einem
Schriftsteller, der seit annähernd zwei Jahren an einer Schreib-
blockade litt. Nach einer Atemsitzung, in der er ein sexuelles
Mißbrauchserlebnis aus seiner Kindheit erneut durchlebte,
erfuhr er einen solchen kreativen Schub, daß er das Buch, mit
dem er gekämpft hatte, zu Ende bringen konnte. Die zweite
Art von Quantenwechsel tritt ein, wenn der Klient eine
fundamentale Gemeinsamkeit erkennt, die einem Konflikt
zugrunde liegt. Beispielsweise beobachten wir oft Paare, die
über irgendeine Frage in einen Machtkampf verstrickt sind.
So war bei einem Ehepaar ein Streit darüber entbrannt, ob
man ein Kind bekommen sollte oder nicht. Oberflächlich
betrachtet war es zu einer extremen Polarisierung gekommen
– er wollte absolut kein Kind haben, sie dagegen wünschte es
sich sehnlichst. Als die beiden unter die Oberfläche ihrer
diametral entgegengesetzten Auffassungen blickten, gelang-
ten sie zu einer Erkenntnis, die ihren Konflikt beendete. Sie
stellten fest, daß sie beide als Kind auf unterschiedliche Weise
verlassen worden waren. Dieses von beiden Partnern geteilte
Gefühl hatte sich als der treibende Faktor in der Auseinandersetzung erwiesen. Als sie sich nun in das ihren polarisierten
Auffassungen zugrunde liegende beiderseitige Gefühl hinein-
versetzten, kam es zu einer organischen Auflösung des Problems. Sie merkte, daß ihr Wunsch nach einem Kind gar nicht
mehr so dringlich war, er dagegen machte eine völlige Kehrt-
wendung. Als er sich damit auseinandersetzte, wie er als Kind
verlassen worden war, stellte er fest, wie sehr er sich eigentlich
wünschte, Vater zu werden. Er hatte sich wegen seiner 30
Jahre zurückliegenden Ängste gegen diese Rolle gewehrt. Es
war zu einem Quantenwechsel gekommen. Ein Jahr später
waren die beiden schon Eltern eines gesunden kleinen Jungen.
Zusammenfassend gibt es nach unserer Definition also zwei

Arten von *Quantenwechseln*. Das erste tritt ein, wenn der Klient von einer Sicht- bzw. Vorgehensweise in eine andere springt; der zweite ergibt sich, wenn der Betreffende die Vereinbarkeit vormals unvereinbarer Standpunkte erkennt. Beide Phänomene treten spontan und auf deutlich erkennbare Weise auf, wenn die im vorliegenden Buch dargestellten Strategien angewendet werden. Aus diesem Grunde sprechen wir von Veränderungen, die sich »im Fluß des Lebens« vollziehen. In den 25 Jahren, die wir auf dem Gebiet der Psychotherapie tätig waren, wurden wir Zeugen einer Verschiebung weg vom Newtonschen Modell hin zu einem Einsteinschen Paradigma. Eine Quantensicht bildete sich heraus, die sich in allen Bereichen des menschlichen Lebens niederschlägt. Zu verstehen, wie diese Paradigmen ineinandergreifen – und gelegentlich auch kollidieren –, kann für den Therapeuten von großem Nutzen sein.

## Von Newton zu Einstein

Dem Newtonschen Paradigma liegt der Gedanke zugrunde, daß jeder Aktion eine gleichwertige, entgegengesetzte Reaktion gegenübersteht. Eine Newtonsche Feststellung könnte etwa wie folgt lauten: »Wenn ich in die Nähe eines Aufzugs komme, fühle ich mich unwohl und bekomme Beklemmungen. Ich habe also Angst vor Aufzügen. Ich muß diese Angst loswerden oder Aufzüge meiden.« Die Verhaltenstherapie, die den Stimulus (den Aufzug) bzw. die Reaktion auf diesen Stimulus (das Gefühl der Beklemmung) zu ändern versucht, basiert auf der Newtonschen Sichtweise. Diese ist bis zu einem gewissen Punkt nützlich, kann aber auch großes Leid verursachen. Lassen Sie uns dies anhand eines konkreten Beispiels erläutern: Ein Ehepaar kommt mit einem bestimmten Problem, das es aus einem Newtonschen Verständnis heraus betrachtet, in die Therapie. Er sagt: »Sie nörgelt immer an mir herum, also bin ich natürlich nicht gern zu Hause.« Seiner Newtonschen Ansicht nach ist ihre Nörgelei die *Aktion*, die seine *Reaktion*, das Haus zu verlassen, auslöst. Sie sagt: »Er verbringt viel zuwenig Zeit mit mir, und er läßt seine Unterwäsche auf dem Fußboden herumliegen, also ist es ganz normal, daß ich ihn kritisiere.« Ihre Newtonsche Auffassung sagt ihr, daß seine Aktionen ihre Kritik auslösen. Beide empfinden sich als Opfer, jeder weist dem anderen die Schuld zu, und jede Aktion der einen Seite löst beim anderen eine entsprechende Reaktion aus. Die Situation erscheint auf den ersten Blick völlig klar und unmißverständlich, und wir haben oft erlebt, wie Menschen mit einer solchen fehlgeleiteten Betrachtungsweise schließlich vor Gericht endeten. Ein Psychotherapeut lernt gleich zu Beginn seiner praktischen Tätigkeit, über die Newtonsche Sicht hinauszublicken. Bei den Betroffenen selbst aber dauert dies oft länger, denn schließlich stecken diese ja gerade deswegen in ihrem Konflikt, weil ihre Paradigmen nicht mit ihrer jeweiligen Situation Schritt gehalten haben. Sie erfahren den Paradigmensprung wie einen Schlag, oftmals direkt in die Magengrube.

Die Lösung liegt in der Anwendung eines Einsteinschen oder eines Quantenparadigmas. Die Einsteinsche Sicht bietet wesentliche Vorteile, letztlich aber ist es das Quantenparadigma, das ein größtmögliches Spektrum an Veränderungsmöglichkeiten bietet. Die Einsteinsche Sichtweise erlaubt eine radikal neue Einschätzung der Situation, ohne direkte Lösungsmöglichkeiten anzubieten. Mit Hilfe des Quantenparadigmas gelangen wir auf eine Ebene, auf der sich der Konflikt völlig anders darstellt, so daß sich Möglichkeiten zu einem schnellen Wandel ergeben.

Die wohl wichtigste Erkenntnis, die uns Einstein hinterließ und die ein jeder von uns unbedingt verstehen sollte, läßt sich wie folgt zusammenfassen: Was wir in einer gegebenen Situation sehen und erfahren, hängt weitgehend davon ab, was wir selbst in diese Situation hineintragen. Während sich Menschen, die im Newtonschen Paradigma gefangen sind, vor allem damit befassen, was andere ihnen antun und wie sie darauf reagieren, gilt beim Einsteinschen Paradigma das Hauptaugenmerk den Eigenschaften, Absichten und Anforderungen, die der Betreffende selbst in die Situation einbringt. Der zuvor beschriebene Ehemann muß erkennen, daß er es ist, der sich selbst aufgrund seiner inneren Einstellung zur Kritik eine Umgebung nörgelnder Menschen schafft. In dem Maße, wie sich sein »innerer Kritiker« verändert, wird sich auch das Verhalten seiner Frau ändern. Er wird erkennen, daß er seine Gewohnheit, aus dem Haus zu laufen, mit in die Partnerschaft eingebracht hat und daß es auf den kindlichen Strategien, seiner dominanten Mutter aus dem Weg zu gehen, basiert. Sie ihrerseits muß erkennen, wie ihre Vergangenheit und ihre unbewußten Anforderungen es unvermeidbar machen, daß ihr Ehemann seine Unterwäsche auf dem Boden herumliegen läßt. Aus Einsteinscher Sicht lautet die Frage: Wie tragen meine derzeitigen unbewußten Absichten und meine früheren Prägungen zur Entstehung meiner gegenwärtigen Situation bei?

Die Newtonsche Sicht führt uns dahin, den Auslöser in der gegenwärtigen Situation zu suchen, um ein präzises Modell der Ereigniskette zu entwickeln. Ein Newtonsches Paradigma ist in der Psychotherapie nur bis zu einem gewissen Punkt nützlich – jenseits davon ist es mit verschiedenen gravierenden Beschränkungen verbunden. Funktioniert das Newtonsche Paradigma, erlaubt es uns, präzise Zuordnungen zu finden. Ein Newtonscher Durchbruch in der Therapie entsteht beispielsweise, wenn ein Klient erkennt, daß er, jedesmal wenn sein Chef ins Büro kommt, Wut empfindet, daß sich dann seine Bauchmuskulatur verkrampft und er in der Regel hinterher Bauchschmerzen bekommt. Dieses Paradigma kann jedoch zu falschen Schlüssen verleiten. Zum einen kann es für einen Klienten, der zu Selbstmitleid und Opferhaltung neigt, so aussehen, als habe der Chef die Bauchschmerzen verursacht. Er könnte dann, um das Beispiel fortzuführen, eine primär leidverursachende Strategie entwickeln, indem er versucht, andere zu ändern, damit er sich besser fühlt, oder darauf wartet, daß sich diese von selbst ändern. Zudem ermuntert uns das Newtonsche Paradigma nicht dazu, die sich aus unserer bisherigen Prägung und Erziehung ergebenden Erwartungen, die wir in eine Situation einbringen, mit zu berücksichtigen.

Wird ein Newtonsches Paradigma durch ein Einsteinsches ersetzt, so hat dies oft lebensverändernde und partnerschaftsrettende Konsequenzen. Folgendes Beispiel soll zeigen, wie sich die Beziehung eines Paares durch einen solchen Paradigmenwechsel verändern kann. Als Bruce und Joan, beide 40 und seit zehn Jahren verheiratet, zur Therapie kamen, hatten sie die Absicht, sich scheiden zu lassen, denn beide hatten genug von den endlosen Streitereien der vergangenen Monate. Er war groß und kräftig, wütend und aufbrausend. Sie kauerte in geduckter Haltung neben ihm. Bruces Aussage: Joan hatte sich während einer Reise auf eine kurze Affäre mit einem Arbeitskollegen eingelassen. Ihre Aussage: »Ich habe Bruce immer und immer wieder gebeten, mir zu verzeihen, doch er weigert sich konstant.« In ihren Augen war seine Wut völlig gerechtfertigt, und sie wünschte sich nur, daß er ihr ihre Untreue verzieh. Bruce war in den sechs Monaten, die seit der Affäre vergangen waren, entweder nicht fähig oder nicht bereit gewesen, Joan zu vergeben oder seine Wut loszulassen. Oberflächlich betrachtet hätte man meinen können, es handle sich hier um einen eindeutigen Fall von Opfer (er) und Täter (sie). So zumindest sahen es die beiden Betroffenen aus ihrer Newtonschen Sicht. Doch durch das Festhalten an dieser Sichtweise hatte sich die Situation nicht gebessert. Statt dessen waren die vergangenen sechs Monate eine reine Hölle an verbalen Beschimpfungen seinerseits und unterwürfigen, aber erfolglosen Versöhnungsversuchen ihrerseits gewesen. Wie oft Joan auch um Entschuldigung bitten und versprechen mochte, es nie wieder zu tun – Bruce beharrte stur auf seiner Position.

Während der ersten von insgesamt drei einstündigen Therapiesitzungen hörten wir uns aufmerksam an, was jeder der beiden über die Situation zu berichten hatte; anschließend fragten wir sie, ob sie beide zur Lösung des Problems bereit seien. Diese Frage ist von grundlegender Bedeutung, denn bei weitem nicht jeder, der zur Therapie kommt, tut dies, um eine Lösung für sein Problem zu finden. Manche wollen ihre eigene Position rechtfertigen, andere möchten beweisen, daß sie zwar nichts unversucht lassen, doch daß sowieso alles keinen Sinn hat. Aus diesem Grunde legen wir vor Beginn der Arbeit Wert darauf, uns zu vergewissern, daß beide Partner wirklich eine Lösung wollen. Nach gewissen anfänglichen Widerständen (»Wäre ich etwa hergekommen, wenn ich das Problem nicht lösen wollte?« und »Vielleicht, aber ich glaube kaum, daß es möglich ist!«) konnten wir schließlich von beiden ein klares Ja bekommen.

Nun stellten wir Bruce und Joan die Frage, ob die Problemsituation einer anderen Situation gleiche, die sie bereits früher erlebt hatten. Beide schüttelten automatisch den Kopf. Wir ließen nicht locker. Interessanterweise erinnerte sich Joan auf einmal, daß die Situation für ihren Mann gewisse Ähnlichkeiten aufwies. »Ja, natürlich«, sagte sie schließlich. »Seine beiden Exfrauen haben ihn wegen anderer Männer verlassen.« Er hatte also in der Tat zumindest zweimal zuvor eine ähnliche Situation erlebt. Damit begann ihr Newtonsches Verständnis der Situation dahinzuschmelzen. Gab es nun auch etwas in Joans Leben, das sie an die jetzige Situation erinnerte? Nach einigem Nachdenken rückte sie damit heraus, daß sie in ihrer früheren Ehe ebenfalls eine Affäre gehabt hatte.

»Das habe ich nicht gewußt«, meinte Bruce dazu. »Doch, doch«, sagte sie. »Ich wollte ihm eins dafür auswischen, daß er mich so schlecht behandelte.« Die Ehe ging schließlich in die Brüche, ohne daß die Affäre ans Licht gekommen war. Wir fragten nach weiteren Ereignissen, die Ähnlichkeiten mit der gegenwärtigen Situation aufwiesen. Keiner der beiden konnte sich darüber hinaus an etwas erinnern.

Damit war die erste Sitzung beendet. Mit der Aufforderung, sich zu Hause gemeinsam weitere Gedanken zu machen, vereinbarten wir einen neuen Gesprächstermin für den darauffolgenden Tag.

Auch in der zweiten Sitzung baten wir die beiden zunächst, sich an frühere Situationen zu erinnern, in denen Betrug und Verlassenwerden eine Rolle spielten. »Das einzige, woran ich mich erinnern kann, ist die Situation damals mit meiner Mutter«, sagte Bruce. Und was war damals geschehen? »Meine Mutter verließ meinen Vater, als ich sechs Monate alt war. Sie brannte einfach mit einem anderen Mann durch. Ich habe sie nie wieder gesehen.« Und er fuhr fort, daß sein Vater für den Rest seines Lebens voll Erbitterung gegen die Frauen und ihre Treulosigkeit gewettert und nie wieder geheiratet hatte oder auch nur mit einer anderen Frau ausgegangen war.

Joan kam aus einem sozialen Umfeld, in dem viel geschimpft und geflucht wurde; sie hatte sogar mit ansehen müssen, wie ihre Mutter in zwei aufeinanderfolgenden Ehen von ihrem Mann geschlagen wurde. Sie war zu der Auffassung gelangt, daß sie immer alles falsch machte und daß sie an jedem Problem, das auftrat, auf irgendeine Weise die Schuld trug. Dementsprechend hatte sie ganz natürlich, jedoch für sie völlig unbewußt, ihre erste Ehe so gewählt, daß sie körperlich mißhandelt wurde, und ihre zweite so, daß sie verbalen Beschimpfungen ausgesetzt war.

Es war kaum zu glauben. Wir hatten es hier mit zwei hochintelligenten Menschen zu tun, beides promovierte Akademiker und erfolgreich im Berufsleben, und doch war keinem aufgefallen, daß jeder von ihnen, ohne es zu wissen, eine Rolle im ganz persönlichen Drama seines Partners spielte. Wir erklärten, wie wir die Situation sahen: Er hatte sein Leben auf ein Ereignis ausgerichtet, das stattgefunden hatte, als er noch nicht einmal laufen konnte. Seine extremen Verlassenheitsängste wurden nur durch sein Verlangen überboten, die Situation immer und immer wieder erneut zu durchleben. Ging er eine Beziehung ein, so tat er dies in der Erwartung, daß man ihn verlassen würde.

Nachdem er erst einmal seine Rolle in diesem sich stets aufs neue wiederholenden »Skript« erkannt hatte, fiel ihm sofort eine ganze Reihe anderer Erlebnisse ein, bei denen es in wichtigen Beziehungen in seinem Leben zu Untreue gekommen war. Beide erkannten, daß sie hinter ihren sich gegenseitig bekämpfenden Personas eigentlich dieselben Gefühle teilten: die Angst, Einsamkeit, Verletztheit und Wut zweier Kinder, die vor langer Zeit einmal geliebt hatten und enttäuscht worden waren.

Diese Erkenntnisse führten zu einem Sprung von der Newtonschen zur Einsteinschen Sicht. Die Situation hatte sich nicht lösen lassen, solange die beiden sich immer wieder gegenseitig die Schuld an ihrem Problem zuwiesen. Er zweifelte nicht einen Augenblick daran, daß seine Wut durch ihre Untreue ausgelöst worden war. Sie war überzeugt, daß er ihr vergeben würde, wenn sie es nur immer und immer wieder versuchte.

Was sie schließlich aus ihrer verfahrenen Lage befreite, war der Durchbruch zu einer Einsteinschen Sicht. Sie mußten sich auf die Erwartungen und Anforderungen konzentrieren, die sie in die Situation einbrachten, und nicht darauf, auf welche Weise der andere ihnen unrecht getan hatte. Er erkannte, daß er die Erwartung, verlassen zu werden, mit in die Beziehung gebracht hatte und es nur eine Frage der Zeit war, bis sich diese manifestierte. Sie trug die Erwartung, etwas falsch zu machen, in die Beziehung hinein, und es war ebenfalls nur eine Frage der Zeit, bis sie tatsächlich einen Fehler machte.

Der nächste Wechsel von der Einsteinschen zur Quantenebene trat ein, als Bruce und Joan erkannten, daß sie hinter all ihren Projektionen und Personas dieselben Gefühle teilten. Sie fürchteten sich beide, doch sie verbargen ihre Angst auf unterschiedliche Weise: Bruce hinter einem Schwall von Vorwürfen und Joan hinter furchtsamer Nachgiebigkeit. Sie waren durch ihre gemeinsam empfundene Angst verbunden. Nachdem sie ihre diametral entgegengesetzten Personas durchdrungen hatten und auf eine gemeinsame Ebene gelangt waren, konnten sie im anderen einen Verbündeten sehen und nicht mehr einen Feind.

Im Falle von Bruce und Joan war das Ergebnis eindeutig positiv. Nicht nur, daß sich die partnerschaftliche Beziehung förmlich vor unseren Augen veränderte (Quantenwechsel) – in den folgenden Monaten kam es zu einer weiteren Wandlung. Beide erkannten, daß die ihnen innewohnende Essenz dem anderen gegenüber große Liebe empfand, ihre Personas dagegen permanent den Konflikt suchten. Wir gaben ihnen einige Übungstechniken zur körperzentrierten Therapie an die Hand, und bis heute ist das Ausgangsproblem nicht wieder aufgetreten.

Zu sehen, wie ein Mensch die Rolle des Opfers ablegt und die Verantwortung für sein eigenes dynamisches Lebensskript übernimmt, ist eine der bewegendsten Erfahrungen, die wir bei unserer Arbeit machen dürfen. Obgleich wir dies vieltausendmal in der Therapie miterleben konnten, berührt es uns stets aufs neue.

### Ein Quantenparadigma als Therapiegrundlage: das Vier-Komponenten-Modell im Überblick

In unseren Übungsseminaren arbeiten wir die vier Komponenten der menschlichen Psyche heraus, in denen die Schlüsselbereiche des neuen Paradigmas liegen: Essenz, Gefühle, Personas und Projektionen. Gelangt man von einer dieser Komponenten zur nächsten, kommt es zu einem Quantenwechsel in der Weltsicht (siehe Abbildung 1).

Bewegen wir uns in der Abbildung nach außen – hin zu den Projektionen –, so empfinden wir weniger Freiheit, Klarheit, Glück und Zufriedenheit. Bewegen wir uns dagegen nach innen – hin zur Essenz –, so empfinden wir mehr Freiheit, Klarheit, Glück und Zufriedenheit. In Beziehungen führt jeder Quantenwechsel in dieser Richtung zur *Beilegung von Konflikten*. Sind wir in einer Projektion gefangen, sehen wir also beispielsweise die Welt in einer bestimmten Weise, so gelangen wir mit hoher Wahrscheinlichkeit in eine verfahrene Lage. Bruce hatte sich in eine ausweglos erscheinende Situation gebracht, weil er davon überzeugt war, daß Joan ihn verlassen würde. Dies war seine Projektion auf Joan, und all seine Interaktionen mit ihr entsprangen dieser Erwartung. Der Konflikt wurde beigelegt, indem sich Bruce von seiner Projektion löste und sich der darunterliegenden Persona zuwandte. Als er erkannte, daß seine Gewißheit, von Joan verlassen zu werden, dadurch entstanden war, daß er in frühester Kindheit verlassen worden war, kam er zu einer völlig anderen Sichtweise. Ein weiterer wichtiger Schritt hin zur Lösung des Problems gelang ihm, als er Zugang zu den der Persona zugrundeliegenden Gefühlen fand. Sobald wir zur Gefühlsebene vordringen, lösen wir uns aus unserem verzweifelten Festhalten an der Persona, denn wir erkennen, daß diese nur eine von vielen möglichen Personas ist, die wir hätten annehmen können. Bis zu diesem

Augenblick hatten wir die Persona jedoch als real und notwendig empfunden.

Werfen wir nun einen kurzen Blick auf die vier Komponenten
unseres Modells. Die tiefste Ebene, zu der wir in uns selbst
und in unseren Klienten Zugang gewinnen können, ist das,
was wir als *Essenz* bezeichnen. Essenz (ein Begriff, der sich
vom lateinischen Wort *esse* = »sein« ableitet) bezeichnet das
fundamentale Wesen oder Sein einer Sache. Es handelt sich
dabei um das, was wir zutiefst in unserem Inneren tragen. Der
Begriff Essenz bezeichnet weiterhin eine konzentrierte Lösung von Geschmacks- oder Duftstoffen bzw. anderen Be-
standteilen der jeweiligen Ausgangssubstanz. Bei unserer Arbeit haben wir es mit Essenz in zwei verschiedenen »Ge-
schmacksrichtungen« zu tun. Zum einen gibt es die offenbar
tiefere Ebene der *universalen Essenz*. Es handelt sich hierbei
um ein klares, offenes, weites Gefühl, das mit dem gleichen
offenen Raum in anderen und im Universum selbst Verbundenheit empfindet. Es ist frei von jeglicher persönlichen
Färbung.

Aus unserer klinischen Arbeit wissen wir, daß ein Christ, der
mit der universalen Essenz in Verbindung steht, den weiten,
offenen Raum verspürt, der alle Religionen vereint. Die uni-
versale Essenz selbst ist jedoch frei von christlichen Einflüssen.
Der Buddhist empfindet denselben freien Raum ohne die
geringste buddhistische Prägung. Daneben gibt es die *persönliche Essenz*. In ihr fühlen wir das fundamentale, unveränder-
liche Etwas, das uns zu dem macht, was wir sind. Fühlt Sara
ihre persönliche Essenz, steht sie in Verbindung zu dem, was
sie auf ganz fundamentale Weise zu Sara macht. Steht Jim in
Kontakt zur persönlichen Essenz, so fühlt er, was sein eigent-
liches Wesen als Jim ausmacht. Kommen beide dagegen in
Berührung mit ihrer universalen Essenz, so gibt es keinen Jim
und keine Sara mehr.

Die meisten Säuglinge sind lebende Beispiele der Essenz. Sie

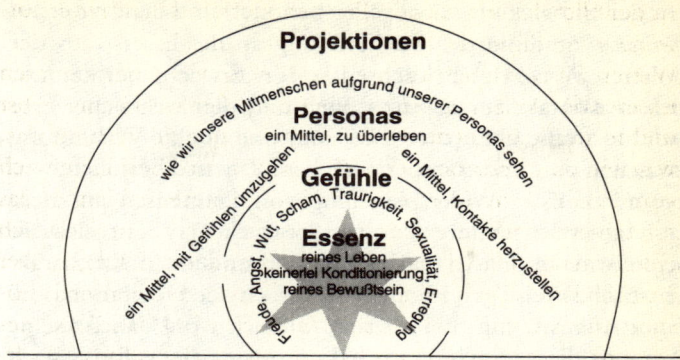

*Abbildung 1:* Die vier Komponenten der Psyche

stehen im völligen Einklang mit ihren körperlichen Empfindungen und sind in Berührung mit der ihnen eigenen Ganzheit. Sie drücken ihre Gefühle spontan mit den ihnen von der
Natur gegebenen Mitteln aus. Hält man sie im Arm, kuscheln
sie sich an. Sind sie müde, schlafen sie ein. Zudem ist für den
aufmerksamen Beobachter die persönliche Essenz des Säuglings erkennbar, also das, was dieses Baby von anderen Babys
unterscheidet. Vor kurzem hatten wir Gelegenheit, uns über
mehrere Tage hinweg eingehend mit Vierlingen zu befassen.
Auf den ersten Blick sah ein Kind aus wie das andere, doch
bereits nach einer Stunde wußten wir ganz genau, wer von
ihnen wer war; obschon die physischen Merkmale sehr ähnlich waren, waren die Persönlichkeiten so unterschiedlich wie
Tag und Nacht.
Anders als Erwachsene wissen Säuglinge natürlich nicht, daß
sie in Verbindung mit der Essenz stehen. Sie haben in diesem
Stadium noch nicht die Fähigkeit zur permanenten Selbstbe-
obachtung und -korrektur entwickelt. Der »Bewußtseins-
Philosoph« Ken Wilber unterscheidet zwischen dem *präper-
sönlichen* Stadium der Transzendenz, in dem sich das Baby

vor der Entwicklung seines Ego befindet, und dem *transper-sönlichen* Stadium der Rückbindung an die Essenz aus der höheren Warte des Erwachsenen. Ein Erwachsener kann in tiefem Kontakt zur Essenz stehen und dennoch sicher eine belebte Straße überqueren. Es kann eine direkte Verbindung zwischen prä- und transpersönlichem Zustand bestehen, wobei es zu einer Widerspiegelung von Elementen aus dem ersteren in den letzteren kommt. So streckt Gay beispielsweise seine Arme in Phasen tiefer Essenzverbundenheit auf charakteristische Weise gen Himmel aus. Nach der Meditation oder einer Atemsitzung fühlt er sich »einfach wohl dabei«, seine Arme in dieser Stellung zu halten. Als er eines Tages nach Florida fuhr, um dort das Haus seiner kurz zuvor verstorbenen Mutter auszuräumen, entdeckte er ein Foto, das ihn als Baby in ebendieser Haltung zeigte: Seine Arme hatte er nach oben ausgestreckt, und er sah aus wie ein fetter kleiner Buddha in Windeln.

Manche Babys hatten nicht das Glück einer derart klaren frühen Verbindung zur Essenz. Vielleicht bestand diese für kurze Zeit, wurde aber dann durch ein frühes Trauma unterbrochen. Wir haben miterlebt, wie Säuglinge von drogenabhängigen Müttern bei ihrer Geburt vor Verzweiflung schrien und über Monate hinweg kaum zu beruhigen waren. Es ist möglich, daß bei solchen unglücklichen Kindern der Essenzverlust bereits vor der Geburt eintritt. Es wurde nachgewiesen, daß ein Fötus stundenlang strampelt und aufgeregt erscheint, wenn seine Mutter Crack-Kokain geraucht hat.

Bei den meisten von uns ist die individuelle Essenz keinen derart starken toxischen Angriffen ausgesetzt gewesen; bei fast allen aber haben bestimmte Erlebnisse in der frühen Kindheit Gefühle ausgelöst, die wir nicht zu integrieren wissen. Sehr früh in unserem Leben ist vielleicht etwas geschehen, das Emotionen in uns ausgelöst hat – etwas, das zu übermächtig ist, um es verarbeiten zu können. Wir haben

Säuglinge gesehen, die kurz zuvor einen Elternteil verloren hatten. Sie waren zwar zu klein, um genau zu verstehen, was geschehen war, doch sie wußten, daß etwas geschehen war. Angst, Wut, Scham und Trauer sind starke Gefühle, die von den Ereignissen des Lebens ausgelöst werden können. Diese Gefühle sind oft so stark, daß sie die uns zugrundeliegende *Essenz* überschatten, jenen Teil von uns also, der frei, weit und offen ist und uns mit all unseren Mitmenschen verbindet.

Es gibt zweierlei Gründe, warum tiefempfundene Gefühle so überwältigend für uns sind. Sie vermitteln uns den Eindruck, als würden sie bis in alle Ewigkeit andauern und uns umbringen oder in Stücke zerreißen, wenn wir uns ihnen ganz öffnen. Auf die Frage, wovor sie sich am meisten bei ihrer tiefsten Angst, Wut oder Trauer fürchten, erhalten wir von allen Klienten immer wieder dieselbe Antwort: Wenn sie sich diesem Gefühl hingeben würden, müßten sie sterben oder verrückt werden. Es bedarf keiner akuten Traumata, um derart tief empfundene Gefühle auszulösen. Diese können sich ebensogut im Laufe der Zeit aufbauen.

Von den drei Gefühlen, die uns Menschen am meisten zu schaffen machen – nämlich Wut, Trauer und Angst –, ist es insbesondere die Angst, die uns tief berührt und unser ganzes Sein beherrscht. Sogar auf der physischen Ebene drückt sich bei den meisten von uns Angst viel *tiefer* im Körper aus als andere Gefühle. Wut fühlen die meisten von uns im Nacken, in den Schultern und im Stirnbereich, also in den oberen Körperpartien. Trauer macht sich meistens im Hals und im oberen Brustbereich bemerkbar. Angst dagegen empfinden wir in der Regel als ein kribbeliges, ungutes Gefühl im unteren Brustbereich und im Bauch. Im Laufe unserer Arbeit mit Klienten haben wir festgestellt, daß in der Wut eines Menschen immer auch Angst mitschwingt. Viele schützen sich vor ihren tieferen Ängsten, indem sie wütend werden; ihre Wut hält sie davon ab, mit dem tieferliegenden Gefühl in Kontakt zu treten. Das gleiche gilt oftmals für Trauer. Auch hier haben wir es oft mit einer versteckten Komponente von Angst zu tun. Neben dem an der Oberfläche erkennbaren Gefühl der Trauer müssen wir uns folglich immer auch mit der Angst auseinandersetzen.

Angst veranlaßt den Menschen dazu, sich zu verstecken oder anzugreifen. Haben wir Angst, so verbergen wir unsere Gefühle vor uns selbst und vor anderen. Ein Blick in jedes x-beliebige Biologiebuch zeigt, daß lebende Organismen sich unter Streß zusammenziehen, um ihre weichen, empfindlichen Teile zu schützen. Hält die Bedrohung an, gehen manche zum Gegenangriff über und »beißen zurück«. Andere unterdrücken den Impuls, »zurückzubeißen«. Im Extremfall kommen die, die »zurückbeißen«, hinter Gitter, und die, die es nicht tun, bekommen ein Magengeschwür.

Um mit diesen Gefühlen umgehen zu können, entwickeln wir sogenannte *Personas*, was, wie wir bereits wissen, soviel wie »Maske« heißt. Eine zweite Bedeutung des Begriffs hilft uns, noch besser zu verstehen, was damit gemeint ist: Im Lateinischen bedeutet *per* »durch« und *sonare* »tönen« oder »klingen«. Unsere Personas sind also die Masken, durch die hindurch wir uns artikulieren, damit unsere Umwelt uns erkennt.

Personas haben zwei Hauptfunktionen. Zum einen benutzen wir sie, um uns hinter ihnen zu verbergen und schwer einzuordnende Gefühle abzublocken; und zweitens geben sie uns das Instrumentarium an die Hand, das wir benötigen, um die Aufmerksamkeit der Menschen zu erlangen, die für uns überlebenswichtig sind. Wir können mehrere verschiedene Personas entwickeln, um mit unterschiedlichen Menschen und Situationen umzugehen. Wir können sogar eine Reihe von Personas in unserer Beziehung zu ein und demselben Menschen annehmen. Ein Kind wird vielleicht feststellen, daß es mit »krankes Kind« und »Unfallopfer« bei der Mutter Erfolg hat, der »Rebell« dagegen beim Vater ankommt.

Hier eine von unseren Seminarteilnehmern spontan zusammengestellte Liste der häufigsten Personas:

der kleine Professor
der Arbeitswütige/der Überkompetente
der Unbedarfte
der Delinquent
der Hingebungsvolle/der Überengagierte
der Dramenheld/die Dramenheldin
der Bindungsscheue
der Mißtrauische
der emotionale Amokläufer
abhängig/anhänglich
krank werden
Unfälle haben
sich ausklinken
sich zurückziehen/der Einzelgänger
den Harten spielen/der Verschlossene
das Opfer
Peter Pan
der Stoiker
der Fürsorgliche

Durch diese Personas hindurch sehen wir schließlich ein Zerrbild der Welt und unserer Mitmenschen. Hier kommen die *Projektionen* ins Spiel. Aus der Begrenztheit einer bestimmten Persona heraus projizieren wir auf die Leinwand der Welt, was wir dort sehen möchten. Wir fangen an, anstelle des wahren Selbst bzw. der Essenz die Bedürfnisse der Persona auf unsere Mitmenschen zu projizieren. Ein Mensch mit der Persona des Abhängigen sieht die Welt beispielsweise ganz anders als einer mit der Persona des Bindungsscheuen. Die

Persona des Abhängigen sieht auf der Welt lauter Menschen, an denen man sich anklammern kann, und solche, bei denen man das nicht kann. Für den Bindungsscheuen gibt es nur solche, die ihn in seiner Freiheit einschränken bzw. solche, die ihn nicht einschränken.

Diese Projektionen greifen in die Projektionen anderer ein, was eine Kommunikation von Essenz zu Essenz schwierig oder gar unmöglich macht. Interessanterweise veranlassen unsere Projektionen die anderen zu Verhaltensweisen, die uns stören. Zum Beispiel geht eine abhängige/anhängliche Frau vielleicht eine Beziehung zu einem Bindungsscheuen ein, weil ihre Persona solch einen Partner braucht, um ihre Rolle im »Skript« auszuleben. Möglicherweise hat sie ihre Persona entwickelt, um Zugang zu ihrem unnahbaren Vater zu bekommen. So ist ihre Persona anhänglich, obwohl sie sich unbewußt nach einem distanzierten Mann sehnt. Der Bindungsscheue braucht seinerseits vielleicht einen abhängigen/anhänglichen Partner, weil er sich die Rolle des Bindungsscheuen in frühester Kindheit als Reaktion auf seine überfürsorgliche Mutter zugelegt hat. Je lauter sie tönt: »Nie werde ich dich verlassen«, desto lauter tönt er: »Leg mir bloß keine Ketten an!« Beim Ineinandergreifen ihrer jeweiligen Personas verstricken sich die Menschen oft in einen Machtkampf, anstatt voneinander zu lernen. Die Interaktion zweier Menschen birgt die Chance, vom anderen zu lernen und sich zu einer ganzheitlicheren Persönlichkeit zu entwickeln. Kommt es jedoch zu einem Machtkampf zwischen den beiden Personas, geht diese Chance verloren.

Bei Erreichen des Erwachsenenalters haben wir uns bereits mit einem hochkomplexen Netz von Personas und Projektionen umgeben, die unseren Blick dafür verschleiern, wer wir wirklich sind und was wir in anderen sehen. Lassen Sie uns Eugene O'Neill zitieren, der über das, was das Leben uns antut, folgendes sagt:

Es geschieht, bevor du es merkst, und ist es erst einmal geschehen, dann bringt es dich dazu, noch etwas zu tun, bis sich schließlich alles und jedes zwischen dich und das, was du sein möchtest, stellt und du dein wahres Selbst für immer verloren hast.

Im Gegensatz zu dieser pessimistischen Ansicht konnten wir allerdings in vielen Fällen miterleben, wie Menschen aufwachen und ihre Verbindung zur Essenz wiederherstellen, so daß wir einen starken Glauben an die Unverwüstlichkeit des Menschen gewonnen haben.

Warum entwickeln wir überhaupt Personas? Letztendlich ist die Antwort immer die gleiche: Um zu überleben – nicht nur, um physisch zu überleben, sondern damit unsere Identität überlebt. In einer schmerzlichen oder verwirrenden Situation setzen wir eine bestimmte Persona ein, und es funktioniert. Also werden wir in unserem späteren Leben immer wieder Situationen schaffen, die jenem ersten Mal gleichen, wo wir durch Anwendung dieser Persona unsere Gefühle so erfolgreich unter Kontrolle hatten und bei unseren Mitmenschen Anerkennung fanden.

Doch die Menschheit ist über das Stadium des Überlebenskampfes hinausgelangt. Der gegenwärtige Stand der Evolution bietet uns Zugang zur Essenz. Der Drang, uns in der Essenz zu verankern, ist stark. Die Essenz ist auf die Einheit ausgerichtet. Während es der Persona um das schiere Überleben geht, sucht die Essenz ihre eigene Ausdrucksform: uns wieder ganz zu machen und allen unseren Handlungen Authentizität zu verleihen. So führt sie uns in Situationen, die dem früheren Ereignis ähneln, wo sie beschnitten wurde – dem Ereignis also, wo Zersplitterung die Stelle der natürlichen Einheit einnahm. Die Essenz in uns möchte, daß wir uns ganz und eins fühlen, und sie schickt uns immer und immer wieder in Situationen, in denen wir uns erneut mit ihr verbinden können. Durch diese beiden starken Motivationen – Überlebensdrang und Streben nach Ganzheitlichkeit – schaffen wir uns immer wieder die Gelegenheit, zwischen Einheit und Vielheit, Wahrheit und Zurückhaltung, Liebe und Leid zu wählen. Die Essenz will uns zum Licht führen, die Persona dagegen will uns nur die Nacht überstehen lassen. Beide sind wichtig, und beide gewinnen im Laufe der Jahre an Kraft und Dynamik, so daß wir als 30- oder 40jährige einem enormen Druck ausgesetzt sind.

## Essenz

Die Theorie von der Essenz gab es schon lange vor Aristoteles; dennoch hat sich die moderne Psychologie bislang überhaupt nicht damit befaßt. Essenz läßt sich außer durch direkte Erfahrung und persönliche Beobachtung nicht beweisen, und sie läßt sich folglich auch nicht mit den Methoden der modernen »harten Linie« der Psychologie erforschen. Einer unserer Professoren an der Stanford-Universität, Ernest Hilgard, unterteilte die moderne Psychologie in zwei Lager: eine »kaltherzige« und eine »warmherzige« Richtung. Essenz ist zweifellos Bestandteil der warmherzigen Schule. Doch Essenz ist weit mehr als nur ein Begriff. Nähert man sich ihr mit Sachverstand, birgt sie große klinische Relevanz und Heilkraft.

Nach unserer Definition ist Essenz jener Teil im Menschen, der offen, weit und frei von Konditionierungen ist. Essenz ist im Gegensatz zur Persönlichkeit zuinnerst mit dem Universum und den anderen Menschen verbunden. Sie ist reines Bewußtsein und als solches frei von jeglichem Streben. Wir haben festgestellt, daß unsere Arbeit in dem Maße an Effektivität und Tempo gewann, wie wir uns selbst fester in der Essenz verankerten. Es ist nicht schwer, mit der Essenz in

Kontakt zu treten. Wir müssen lediglich unser Augenmerk willentlich auf jedes unserer Gefühle richten, ohne irgend etwas sonst damit zu tun. Dies ist für viele leichter gesagt als getan. Wie schon Blaise Pascal bemerkte: »Das ganze Elend des Menschen kommt daher, daß er nicht still für sich allein in einem Zimmer sitzen kann.«

In unserer eigenen Ehe hatten wir im Laufe von mehr als einem Jahrzehnt ausreichend Gelegenheit, unsere gegenseitigen Projektionen zu beobachten und die Personas zu identifizieren, von denen diese Projektionen ausgingen. Durch die Erkundung der unseren jeweiligen Personas zugrundeliegenden Gefühle erhielt unsere Beziehung eine breite Basis gemeinsamer emotionaler Erfahrungen. Bei näherem Hinsehen haben wir zu unserer großen Überraschung und Freude festgestellt, daß wir viele der wesentlichen Gefühle gemeinsam haben. Wenn auch die Personas, die wir uns vor langer Zeit zugelegt haben, sehr verschieden sind, fühlen wir dennoch das gleiche. Wir haben beispielsweise beide gelegentlich Angst vor dem Alleinsein. Kathlyns Persona wird mit dieser Angst fertig, indem sie sehr geschäftig ist und sich mit Freunden umgibt; Gays Persona hingegen bringt ihn dazu, sich zurückzuziehen und ständig zu essen. Unter der Oberfläche aber reagieren wir beide auf das gleiche Gefühl.

Darüber hinaus haben wir festgestellt, wie extrem hilfreich tägliche Meditation und die Anwendung körperzentrierender Techniken wie Atemarbeit und Bewegungsübungen sind. Die Erkundung unserer Gefühle und praktische Anwendung solcher Techniken bringt uns täglich in Berührung mit unserer Essenz. Die Umsetzung dieser Prinzipien und Techniken steht für uns an erster Stelle, denn wir wissen, daß der Essenz stets die höchste Priorität eingeräumt werden muß. Ist unsere tägliche Verbindung mit der Essenz in uns stark und rein, so scheint alles im Leben reibungslos zu verlaufen. Geraten wir auf rauhere, steinigere Wegstrecken, wie dies von Zeit zu Zeit geschieht, so müssen wir mehr Zeit mit Meditation und Atemarbeit zubringen. Durch die Wiederherstellung unserer Essenzverbundenheit glätten sich unweigerlich immer wieder die Wogen in unserem Leben.

In dem Maße, wie wir selbst tiefer in der Essenz ruhten, wuchs unsere Fähigkeit, die Essenz im Partner und in unseren Mitmenschen zu erkennen. Essenz ist eine jener seltenen menschlichen Erfahrungen, die man in anderen um so deutlicher erkennt, je mehr man sie in seinem eigenen Inneren fühlt. Ist ihr eigenes Ich erst einmal tief in der Essenz verankert – so berichten die Therapeuten, die wir im Laufe der Jahre ausgebildet haben –, dann können sie ihren Klienten in immer kürzerer Zeit dabei helfen, sich selbst und ihre Beziehungen zu heilen. Dies liegt unserer Ansicht nach daran, daß Menschen, die die Essenz in sich selbst und anderen erkennen, in jeder einzelnen Zelle um das vereinigende Prinzip hinter allen Konflikten wissen. Da ist *ein Ort, zu dem wir heimkehren können*.

Wir müssen endlich erkennen, daß dieser Ort, zu dem wir heimkehren können, in uns selber liegt, zutiefst in unserem Inneren. Wir gelangen nicht dorthin, indem wir uns nach außen orientieren – wir müssen uns nach innen wenden! Manche Menschen unternehmen alles mögliche, um zur Essenz zu finden, außer sich ihrer inneren Welt zu öffnen. Sie versuchen, zur Einheit zu gelangen, indem sie Traumhäuser bauen, gemeinsamen Hobbys frönen, sich tausend Wünsche erfüllen, Kinder zur Welt bringen oder gemeinsam in Vereinen aktiv sind; all das aber ist zwecklos, solange die Verbindung zur inneren Essenz fehlt. Viele Menschen in unserem Kulturkreis sind krank im Herzen, weil sie alles haben, außer der Verbindung zur Essenz.

Wenn wir mit den geeigneten Werkzeugen intensiv genug an uns arbeiten, werden wir zu jenem Teil in uns gelangen, der nichts ist als reines Bewußtsein, frei von jeglichen Konditionierungen. Er *ist* einfach. Seit Jahrtausenden haben die Mystiker in unterschiedlichen Begriffen davon gesprochen, doch seine wahre Bedeutung haben wir erst als unerwartetes »Nebenprodukt« unserer Therapiearbeit schätzen gelernt. Wir weisen ausdrücklich darauf hin, daß wir von nichts sprechen, woran man glauben müßte. Ja, wir haben sogar festgestellt, daß der Glaube an die Essenz eine große Barriere auf dem Weg zu ihrer aktiven Erfahrung sein kann. Wir sprechen vielmehr über das lebendige, greifbare Gefühl der Essenz, die Wahrnehmung eines alles durchdringenden, weiten Raumes in unserem Inneren. Es gibt ihn auch in unseren Mitmenschen und überall im Universum. Daß er wirklich existiert, wissen wir aufgrund unserer direkten Erfahrung sowie der Beobachtung und der Berichte unserer Klienten. Während einer wirklich effektiven Therapie kommt es zu einer direkten Erfahrung der Essenz sowohl durch den Klienten als auch durch den Therapeuten. Bei unserer Arbeit ist Essenz eine aktive Erfahrung und kein Diskussionsgegenstand. Zu keiner Zeit fragen wir uns, ob es sie gibt oder nicht.

Wie nun empfindet man die Essenz? Eines Tages gab uns einer unserer Klienten kurz vor dem Ende seiner Therapiesitzung eine gute Beschreibung seiner körperlichen Wahrnehmung der Essenz. Er hatte sich einem tiefen Gefühl der Trauer über den Verlust seines Vaters geöffnet. Er hatte viele Tränen vergossen, als sein Gesicht plötzlich zu leuchten begann. Auf die Frage, was er fühle, antwortete er, daß er einen warmen, goldenen, offenen Raum in seiner Brust und im Hals spürte. Wir baten ihn, seinen Atem auch dorthinein zu lenken, und daraufhin fühlte er Wellen dieses weiten, offenen Gefühls in seinem Oberkörper. Zufällig lief die Videokamera während dieser Zeit, und wir gaben dem Klienten das Band als Inspiration für sein zukünftiges Leben mit nach Hause.

In Partnerschaften kann sich die Erfahrung der Essenz etwas anders gestalten. Eine Klientin meinte: »Essenz fühlt sich so an, als sähe ich plötzlich mich selbst und meinen Mann so, wie wir wirklich sind. Es gab nichts Gekünsteltes zwischen uns, und all unsere vermeintlichen Streitfragen lösten sich in Nichts auf. Wir wurden durch dieselbe verbindende Energie vereint, die auch alles andere in der Welt zusammenführt. Ich spürte die Gefühlsschichten, mit denen ein jeder von uns den anderen umhüllt hatte, und die Berge von Anschauungen und Glaubenssätzen, die uns oftmals trennten – doch im Inneren gab es nichts als die Klarheit der reinen Verbindung. Das war es, worum es in unserer Beziehung wirklich ging, und nicht all die Gefühle und Probleme und Ziele und so weiter.« Das ist die Essenz.

Die heilende Kraft solcher Momente kann gar nicht zu hoch eingeschätzt werden. Paare, die zur Ehetherapie kommen, haben oft schon seit Jahren keinen Augenblick der Essenzverbundenheit mehr gespürt. Selbst ein noch so kurzes Aufflackern kann wieder neues Leben in eine seit langem tote Beziehung bringen. Wir sind zu der festen Überzeugung gelangt, daß im Herzen eines jeden psychischen oder partnerschaftlichen Problems die Erfahrung von Essenz auf uns wartet. Deshalb räumen wir den Problemen der Menschheit heute sehr viel größere Heilungschancen ein als noch vor fünf oder zehn Jahren. Zugegeben, nicht bei jedem Problem liegt die Lösung in der Essenz, dennoch ist ihr Potential allgegenwärtig.

## Gefühle

Warum also nehmen wir die Essenz nicht öfter wahr? Wenn sie eine derart starke Kraft ist, wie kann sie dann so leicht verlorengehen? Paradoxerweise liegt in der Art des Verlorengehens der Schlüssel zur Wiederentdeckung. Früh im Leben, manchmal schon allzu früh, treten Gefühle auf, die die Essenz überschatten. Diese Gefühle bewirken eine katastrophale Kontraktion in uns und vermindern oder verhindern unser Essenzerleben. Es ist klar, daß der Auslöser für solche Gefühle sehr weit zurück liegen kann. Irgendwann im Verlaufe der Kindheit entstehen plötzlich oder schrittweise durch ein Erlebnis oder eine Reihe von Erlebnissen Gefühle, die stark genug sind, um die Essenz zu überwältigen. Dies kann in der Bindungsphase des ersten Lebensjahres oder später, beispielsweise während der Erkundungs-, der Selbstregulierungsoder Sexualentwicklungsphase, geschehen. Wann auch immer unsere Essenzverbindung verlorengeht, das Problem ist stets das gleiche. Stehen wir in Kontakt zur Essenz, *haben* wir zwar auch solche Gefühle, doch wir erleben sie im größeren Zusammenhang der Essenz: Aus unserer Verankerung in der Essenz heraus wissen wir, daß wir größer sind als unsere Gefühle. Verlieren wir dagegen unsere Essenzverbindung, so werden wir zu deren Sklaven.

Sind wir in der Essenz verankert und keimt in uns ein Gefühl (wie beispielsweise Wut oder Angst), so können wir es als Teil von uns annehmen. Haben wir keine Verbindung zur Essenz, so scheint dasselbe Gefühl uns zu dominieren. Um es in den Griff zu bekommen, halten wir es zurück und weichen der Situation aus. Diese Aktion führt zur Projektion. David, einer unserer Klienten, gab uns folgendes Beispiel: »Ich war auf einem Schulfest und wollte ein bestimmtes Mädchen zum Tanzen auffordern. Ich stand mehrere Minuten am Rande der Tanzfläche und versuchte, meine Angst zu überwinden. Plötzlich aber wurde diese so groß, daß ich mich wieder hinsetzte. Sofort fing mein Verstand an, Rechtfertigungen zu fabrizieren: Mädchen sind zum Fürchten; Mädchen sind schrecklich; ich wollte sowieso nicht mit ihr tanzen; sie hätte wahrscheinlich sowieso nein gesagt, wenn ich sie gefragt hätte, und so weiter. Gerade in diesem Augenblick kam mein Sportlehrer vorbei, dem meine Unentschlossenheit aufgefallen war. ›Komm, komm, das bißchen Angst wird dich nicht gleich umhauen‹, sagte er, ›geh trotzdem hin und versuch's! ‹ Ich war furchtbar verlegen, weil er mich ›erwischt‹ hatte, doch ich sprang auf und ging über die Tanzfläche zu ihr hinüber. Glücklicherweise nahm sie meine Aufforderung an, und ich mußte nicht den endlos langen Rückweg zur Seite der Jungen antreten.«

Dieses Beispiel hat uns eine Menge zu sagen. Davids Angst wurde größer als sein Ich – sie überwältigte seine Essenz –, und er zog sich zurück. In dem Moment, in dem er sich zurückzog, setzten die Projektionen ein. Sie hörten erst dann auf, als David sich seiner Angst stellte und trotzdem handelte. Durch diese Aktion bewies er, daß sein Ich größer als seine Angst war: Sie lebte in ihm, doch er lebte nicht in ihr. Sein Sportlehrer wußte intuitiv etwas, was der Volksmund so formuliert: »Was mich nicht umbringt, macht mich stark.«

Ein klassisches Beispiel hierzu trat während der Therapie eines jungen Ärztehepaares, Ellen und Mike, auf. Mike litt unter der Vorstellung, daß ihn Ellen verlassen würde, obwohl es keinerlei tatsächliche Hinweise darauf gab, daß sie dies beabsichtigte. Manchmal überkam ihn diese Angst zum Beispiel, wenn sie zum Einkaufen fuhr, bisweilen sogar, wenn sie nur den Raum verließ, um ins Badezimmer zu gehen. Wir baten Mike, sich das zugrunde liegende Gefühl der Verlassenheit zu vergegenwärtigen, so wie er es in seinem Körper empfand. Er beschrieb ein flaues Gefühl und einen engen Knoten hinter seinem Nabel. Als Arzt griff er oft zu Medikamenten wie Tagamet oder Pepto-Bismol, wenn ihn dieses Gefühl ergriff. Wir forderten ihn auf, in sich hineinzuspüren und zu erkunden, ob ihn das Gefühl an irgend etwas in seinem Leben erinnere. Mike brach in Tränen aus,

als er sich an etwas erinnerte, das ihm als Fünfjährigem
widerfahren war. Damals hatten seine Eltern ihn vom Spielen
zu sich gerufen, um »etwas Ernstes mit ihm zu besprechen«.
Genauer gesagt, sie forderten ihn auf, sich zu entscheiden,
mit wem von ihnen er zusammenleben wollte, wenn sie sich
trennen würden. Er war schockiert und wie vor den Kopf
geschlagen, als seine Eltern nacheinander zu ihm ins Zimmer
kamen und ein jeder ihm vortrug, warum gerade er der
bessere Elternteil sei. Seine Angst und Verwirrung hätten
kaum größer sein können. Eine derartige Situation ist un-
tragbar für ein Kind und löst mit nahezu absoluter Sicherheit
überwältigende Gefühle aus.
Wenn uns bei traumatischen Erlebnissen ein Schutzengel zur
Seite stünde, könnte seine Botschaft etwa so lauten: »Du
machst im Augenblick etwas Schreckliches durch. Du hast
Angst, bist verwirrt und wütend. Du mußtest die zeitlose Welt
der Essenz verlassen, um dich einer Erfahrung zu unterziehen, die du nicht unter Kontrolle hast. Die Gefühle, die du
in diesem Augenblick empfindest, sind wie Gewitterstürme.
Sie haben einen Anfang, eine Mitte und ein Ende. Das Beste,
was du im Moment tun kannst, ist, deine Gefühle zuzulassen,
bis sie weiterziehen. Atme mit ihnen, nimm an ihnen teil, bis
sie vorübergehen.«
Hätte Mike einen weisen Schutzengel neben sich gehabt,
so wäre er möglicherweise mit weniger emotionalem Ballast
aus der Erfahrung hervorgegangen, weil er sich damals auf
seine Gefühle eingelassen hätte. Statt dessen aber war er
allein mit seinen Eltern, die selbst emotional überfordert
und derart verstrickt in ihren eigenen Schmerz waren, daß
sie nicht bemerkten, welche Last sie ihrem fünfjährigen Sohn
aufbürdeten. Die schwierige Situation dauerte ein ganzes
Jahr an. Während dieser Zeit lernte Mike, daß er seiner
panischen Angst entkommen konnte, indem er sich in eine
Fantasiewelt zurückzog oder sich in sportliche Aktivitäten

stürzte. Beide Strategien holten ihn aus der schmerzlichen und verwirrenden Welt seiner Gefühle heraus. Mikes Hauptproblem war seine Angst, verlassen zu werden: Wer wird sich um mich kümmern, wenn Mutter und Vater sich trennen? Völlig zu Recht erkannte er, daß beide zu sehr mit ihrem eigenen Leid beschäftigt waren, um sich wirklich mit ihm zu befassen (und tatsächlich wurde er bei seinen Großeltern untergebracht, bis seine Eltern ihre Trennung vollzogen hatten). Seine Fantasien und sportlichen Aktivitäten erlaubten ihm zwar, die in seinem Körper fortbestehenden Gefühle vorübergehend zu transzendieren, wirklich überwinden aber konnte er sie dadurch nicht.

Dieses Beispiel zeigt, wie wir uns Personas schaffen, um mit Gefühlen umzugehen, die zu verwirrend oder überwältigend sind, um damit fertig zu werden. Mike benutzte eine Persona zum Umgang mit seinem Vater (sportliche Aktivitäten) und eine weitere zum Umgang mit seiner Mutter (Flucht in die Fantasiewelt). Mit seinem Vater unterhielt er sich über Sport, mit seiner Mutter über Ideen und Gedanken oder seine Träume von einer besseren Welt. Als Mike erwachsen wurde, erwiesen sich diese Strategien als weniger tauglich. Hatte er eine Auseinandersetzung mit Ellen, so flüchtete er oft in Fantasievorstellungen von anderen Frauen, die ihn besser behandeln würden. Diese Bilder distanzierten ihn von ebenjenen Gefühlen, die – hätte er sie zum Ausdruck gebracht – eine größere Nähe zu seiner Frau ermöglicht hätten. Außerdem wich er oft Konflikten aus, indem er zum Basketballüben in den Hof ging – eine Reaktion, die Ellen stets zu Kritik veranlaßte. Gerade die Personas, die ihm dabei geholfen hatten, seine leidvollen Kindheitserlebnisse zu überstehen, entpuppten sich nun als Hindernisse auf dem Weg zur Nähe. Um es mit den ironischen Worten eines unserer Klienten zu sagen: »Da habe ich nun die eine Hälfte meines Lebens damit zugebracht, mir all diese Personas

aufzubauen, und nun bin ich die andere Hälfte damit beschäftigt, sie wieder abzubauen.«

Die Welt der Gefühle ist unvorhersehbar, verwirrend und
schwer zu kontrollieren. Das liegt in der Natur der Gefühle.
Mit seinen Gefühlen umgehen zu lernen ist alles andere als
einfach. Manche Menschen hatten Glück, denn sie wuchsen
in einer Umgebung auf, in der man es als normal empfand,
Gefühle zu haben und offen darüber zu sprechen. In vielen,
ja vielleicht in den meisten Familien bringt man den Kindern
dagegen Strategien bei, die sich im späteren Leben als problematisch erweisen. In der Tat haben wir nie gelernt, wie
wir sinnvoll mit unseren Gefühlen umgehen können. Es
bleibt dem Leben überlassen – das oft der härteste Lehr-
meister ist –, uns den Lehrplan für den Umgang mit unseren
Gefühlen vorzuschreiben. Kein Wunder also, daß wir es
oftmals vorziehen, in der falschen Sicherheit unserer Personas zu verharren.

## Personas

Wenn eine Persona regiert, muß die Welt so geformt werden,
daß sie zu ihr paßt. Für die abhängige/anhängliche Persona
ist die Welt, wie gesagt, voll von Menschen, an denen man
sich anklammern kann, und solchen, an denen man das nicht
tun kann. Bei dieser Sichtweise werden viele der reichen
Möglichkeiten, die die Welt zu bieten hat, von vornherein
ausgeklammert. Für den Bindungsscheuen gibt es auf der
Welt lauter Menschen, die ihn in seiner Freiheit einschränken
wollen, oder solche, die ihm einen großzügigen Freiraum
einräumen. Wir sehen das, was wir glauben; und daß unser
Glaube unsere Wahrnehmungen formt, steht außer Frage.
In Versuchsreihen mit einem Tachistoskop (einem optischen
Gerät, das für einen Sekundenbruchteil ein Bild aufblendet

– gerade lange genug für eine unbewußte, nicht jedoch eine bewußte Wahrnehmung) stellte sich heraus, daß hungrige Versuchspersonen eine Banane aufblitzen sahen, obwohl das Bild in Wirklichkeit einen Bleistift zeigte. Wer eine volle Blase hat, der erkennt in dem Bleistift einen Hydranten. Wie wir die Realität sehen, hängt davon ab, wie es in uns aussieht.

In der Geschichte finden wir noch wesentlich überzeugendere Beispiele. Vor ein paar hundert Jahren lag ein Segelschiff laut Logbucheinträgen des Kapitäns etwa 300 Meter vor der afrikanischen Küste in einer Bucht vor Anker. Kein Europäer war je zuvor in diesen Teil der Welt gekommen, und der Kapitän wußte nicht, ob die Eingeborenen freundlich gesinnt waren. Er erwartete, daß der Anblick seines Schiffes eine Sensation für sie sein würde, und so ließ er weit vor der Küste ankern, um unangenehme Zwischenfälle zu vermeiden. Sehr zur Überraschung der Seeleute gingen die Dorfbewohner *drei Tage lang* ihrem gewohnten Leben nach, als wäre nichts geschehen; man schien das Schiff nicht einmal zu bemerken. Schließlich entdeckte ein im Wasser spielendes Kind die ungewöhnliche Silhouette und alarmierte die anderen. Die einzig plausible Erklärung für dieses Phänomen ist folgende: Die Dorfbewohner sahen das Schiff nicht, weil es nicht in ihre Weltanschauung paßte. Es bedurfte der noch nicht durch langen Kontakt mit den Anschauungsmustern der Gruppe verbildeten Aufmerksamkeit eines Kindes, um eine Öffnung für die neue Wahrnehmung zu schaffen.

Ein Mensch mit der Persona des Bindungsscheuen kommt in einen Raum und findet dort unter mehreren Anwesenden womöglich genau den einen Menschen, der den Bedürfnissen ebendieser Persona gerecht wird. Alles wäre in bester Ordnung, wenn er ausschließlich nach jemandem suchte, der ihm genügend Freiraum einräumt. Die verborgenen

Bedürfnisse der Persona schaffen jedoch oft Probleme. Vielleicht ohne sich dessen bewußt zu sein, sehnt sich der Bindungsscheue nach jemandem, der seine Persona herausfordert. Und so wird er sich womöglich aus allen Menschen im Raum gerade die Person aussuchen, die ihm zunächst seine Freiheit läßt, sich später aber mit zunehmender Intensität der Beziehung als anhänglich entpuppt. Wird er aus dieser Erfahrung lernen? Wenn er achtsam ist, wird er vielleicht denken: »Aus meiner Angst vor Nähe habe ich eine Beziehung zu jemandem geschaffen, der meinen Freiraum einengen wird. Was für eine einmalige Chance, meine Ganzheitlichkeit erfahren zu lernen!« Doch sehr viel wahrscheinlicher wird er sich sagen: »Weiber! Kaum läßt man sie näher an sich ran, und schon wollen sie einen ganz vereinnahmen. Ich habe die Nase voll! Ich mach' mich aus dem Staub!« So dreht sich das Rad, und er hat wieder eine Situation so lange gedreht und gewendet, bis sie in sein Skript paßt.

Es ist wichtig zu verstehen, daß jede Persona eine nützliche und eine problematische Seite hat. Die negative Seite tritt unter Streß zutage. Einer unserer Kollegen ist beispielsweise für eine Wohlfahrtsorganisation tätig. Eine seiner Personas, die er sich infolge von Mißbrauchserlebnissen während seiner Kindheit zugelegt hat, erlaubt es ihm, sich benachteiligten Menschen gegenüber besonders einfühlsam zu zeigen. Durch den sinnvollen Einsatz dieser Persona kann er auf höchst erfolgreiche Weise Menschen dabei helfen, sich aus dem Stadium der völligen Hilflosigkeit zu befreien und sich zu nützlichen Mitgliedern der Gesellschaft emporzuarbeiten. Unter Streß verfällt er dagegen oftmals in Selbstmitleid und in die Rolle des wehrlosen Opfers. Dann wirft er seiner Frau vor, sie habe Schuld daran, daß er in seinem Leben nicht mehr habe erreichen können.

Im folgenden geben wir Ihnen eine Übersicht über die geläu-

figsten positiven und negativen Seiten von Personas. Unter
*positiv* verstehen wir lediglich, daß diese Eigenschaften normalerweise Ergebnisse schaffen, die zu Glück und Zufriedenheit führen, anstatt Leid zu verursachen.

| positiv | negativ |
| --- | --- |
| hingebungsvoll | anhänglich |
| unabhängig | einzelgängerisch |
| selbstsicher | fordernd |
| gewissenhaft | obsessiv-zwanghaft |
| einfühlsam | Opfer |
| lebhaft | überspannt (Dramenheld/in) |
| zuverlässig | Spaßverderber |
| Heiler | Beschwichtiger |
| ätherisch | abgehoben |
| freiheitsliebend | bindungsscheu |

Es kommt immer darauf an, wie die Persona eingesetzt
wird. Wir geraten in Schwierigkeiten, wenn wir unsere
Personas dazu benutzen, um unsere Gefühle zu verbergen
oder »auf krummen Wegen« die Aufmerksamkeit auf uns
zu lenken. Oft setzen wir unsere Personas als Mittel zur
Verschleierung und Manipulation ein. Versagt eine bestimmte Persona in einer Situation, so legen wir sie zu allem
Übel nicht ab, sondern setzen sie statt dessen mit noch
mehr Nachdruck ein. Im Laufe der Zeit wird diese Strategie
immer unhaltbarer. Aber wohin sollen wir uns wenden?
Wenn wir nicht das Glück haben, durch eine Therapie oder
auf anderem Wege auf wertvolle psychologische Hinweise
zu stoßen, werden wir wahrscheinlich nie darauf kommen,
daß wir unseren Personas nur dann entkommen können,
wenn wir die wahren Gefühle finden, die diesen Personas
ursprünglich zugrunde liegen.

## *Zwei Kategorien von Personas*

In der Praxis hat sich eine Einteilung der Personas in zwei verschiedene Kategorien als sinnvoll erwiesen. Erstere, die wir hier Personas der 1. Kategorie nennen wollen, sind ihrer Art nach positiv. Mit ihrer Hilfe verschaffen wir uns auf eine im allgemeinen für uns selbst und unsere Mitmenschen angenehme Weise Anerkennung. Personas dieser Kategorie sind beispielsweise der Hilfsbereite, der Clevere und der Unbedarfte. Zweifelsohne handelt es sich auch hier um angelernte Rollen, doch diese sind relativ geradlinig und führen zu überwiegend positiven Konsequenzen. Es handelt sich um »gewinnende« Personas, denen man Anerkennung und Zustimmung entgegenbringt. Daneben gibt es die Personas der 2. Kategorie, die wir uns aneignen, um Schmerz zu vermeiden und unsere Gefühle zu kontrollieren. Beispiele für Personas der 2. Kategorie sind das kranke Kind, der Delinquent und der Hysteriker.

In der Regel setzen wir zunächst eine Persona der 1. Kategorie ein, und erst wenn diese nicht den gewünschten Erfolg bringt, greifen wir zum Repertoire der 2. Kategorie. Vor kurzem konnten wir in einem Supermarkt ein typisches Beispiel hierfür beobachten: Eine entnervte Mutter schob ihren bis oben voll beladenen Einkaufswagen vor sich her; mit an Bord war ein lebhafter Dreijähriger. Als die beiden am Regal mit den Backwaren vorbeikamen, fragte der Kleine in aller Höflichkeit: »Darf ich einen Keks haben?« Die Mutter war so in ihren Einkauf vertieft, daß sie seine Frage nicht zu hören schien. Wenige Augenblicke später sagte das Kind, diesmal bereits mit weinerlicher und etwas lauterer Stimme: »Ich möchte einen Keks!« Daraufhin reagierte die Mutter. Sie wandte sich ihm irritiert zu und sagte: »Sei still!« Nun fing der Kleine an zu heulen; er trampelte gegen den Wagen und schrie: »Ich will einen Keks! Ich will einen Keks! Ich will einen Keks!« Mit einem verzweifelten Seufzer holte die Mutter eine Tüte Kekse vom Regal und riß sie auf. »Hier«, sagte sie und drückte ihrem Sohn einen Keks in die Hand. »Wenn du nicht sofort aufhörst zu schreien, bekommst du garantiert keinen zweiten!« Und dann steckte sie sich selbst einen Keks in den Mund.

Der kleine Junge hatte zunächst eine Persona der 1. Kategorie eingesetzt, war dann jedoch schnell zur 2. Kategorie übergewechselt, nachdem die erste versagt hatte. Mit welcher wird er es wohl beim nächstenmal probieren? Interessant ist auch, daß seine Persona der 2. Kategorie auch bei seiner Mutter eine Persona der 2. Kategorie auslöste und beide dadurch in eine Spirale negativer Energie gerieten. Es ist ernüchternd zu beobachten, wie viele menschliche Interaktionen nach diesem Schema verlaufen. Begegnen sich zwei Menschen in der Regel auch zunächst auf der Ebene ihrer Personas der 1. Kategorie, so gleitet ihre Kommunikation oft schon sehr schnell in verbissene Verteidigungshaltungen der 2. Kategorie ab.

Manchmal werden dabei zwar die wahren Gefühle und Bedürfnisse zum Ausdruck gebracht, doch leider geschieht dies meist durch den Filter der Personas. Einer unserer Klienten wollte beispielsweise verhindern, daß sein Vater seine Mutter verließ. Sid – so sein Name – befürchtete, daß sich seine Eltern trennen würden (was sie letztendlich auch taten), und so übernahm er insgeheim die Verantwortung dafür, seinen Vater zu Hause zu halten, indem er die Personas des guten Jungen und des Unbedarften einsetzte. Wäre er in der Lage gewesen, seine wahren Gefühle unverfälscht zum Ausdruck zu bringen, hätte er zu seinem Vater gesagt: »Ich habe große Angst, daß du uns verläßt. Ich möchte, daß du hierbleibst. Ich brauche deine Liebe. Bitte geh nicht fort.« Doch wie wir alle wissen, sind es gerade die allereinfachsten und normalsten Gefühle, die wir am schwersten zum Ausdruck bringen können. Sid sagte sei-

nem Vater nichts dergleichen und unternahm statt dessen
große Anstrengungen, um Dinge zu tun, die seinem Vater
gefielen oder von denen er wußte, daß sie seine Aufmerksamkeit erregen würden. Obwohl er keine besondere sportliche Begabung hatte, trainierte er hart, um ins Baseball-
team seiner Schule aufgenommen zu werden. Es schien
jedoch, als würde sein Vater immer mehr an ihm auszusetzen finden, je mehr er sich bemühte. Schließlich verließ der
Vater seine Familie und zog in eine kleine Wohnung. Er
kam nicht einmal mehr zu den Baseballspielen. So gab Sid
seine Personas des guten Jungen und des Unbedarften auf
und schützte sich gegen den Schmerz dieses Verlustes mit
den Rollen des aufbegehrenden Jugendlichen und Drogenabhängigen. Dabei blieb es, bis ein erfahrener Schulpsycho-
loge ihm dabei half, seine Personas zu durchschauen und
Zugang zu seinen wahren Gefühlen zu finden.
Die folgende Übersicht veranschaulicht, wie sich die beiden
Persona-Kategorien und die ihnen zugrundeliegende authentische Ebene zueinander verhalten.

| Authentisch | Persona der 1. Kategorie | Persona der 2. Kategorie |
|---|---|---|
| klar zum Ausdruck gebrachte Gefühle und Bedürfnisse (ich habe Angst; ich bin wütend; ich brauche Hilfe) | sucht Anerkennung und Zustimmung | kontrolliert Gefühle und Mitmenschen, weist anderen die Schuld zu, rechtfertigt sich selbst (ich habe recht/du hast unrecht; meine Sichtweise ist die einzig richtige) |

John und Martha, ein Paar, mit dem wir vor einigen Jahren gearbeitet haben, führten endlose Auseinandersetzungen darüber, was man essen oder welches Restaurant man wählen sollte. Wenn einer der beiden den anderen zum Essen einlud, glitt ihre Unterhaltung sehr schnell in eine lautstarke Diskussion ab. Einmal nahmen wir die beiden auf Video auf, als diese sich während einer Therapiesitzung darauf zu einigen versuchten, wo sie an dem betreffenden Abend essen wollten. Die Sitzung fand am späten Nachmittag statt; John und Martha hatten also Hunger. Nachfolgend einige Auszüge aus ihrem Gespräch, jeweils mit unseren Kommentaren zu den einzelnen Aussagen.

Wir eröffneten das Gespräch mit einer spezifischen, sorgfältig gewählten Frage: »Welches Essen würde Ihnen heute abend besonders gut schmecken?« Bitte beachten Sie, daß man diese Frage nur beantworten kann, indem man seine Aufmerksamkeit nach innen richtet, dort die benötigte Information abfragt und dann die entsprechende Antwort formuliert. Doch weder Martha noch John kamen auf diese einfache Lösung. Statt dessen gaben sie uns einen Einblick in ihr problematisches Interaktionsmuster.

*Martha:* Wir gehen am Ende doch immer dorthin, wohin er gehen will.

Statt auf die von uns gestellte Frage antwortete Martha auf eine ganz andere. Ihre Antwort hätte gepaßt, wenn wir gefragt hätten: »Wohin gehen Sie Ihrer Ansicht nach immer?« Ihre Antwort brachte eindeutig Wut zum Ausdruck, jedoch nicht authentisch, sondern gefiltert durch eine Persona der 2. Kategorie. Sie sagte eigentlich: »Ich habe recht, und du hast unrecht.«

*John:* Warum machen wir es uns nicht leicht und gehen einfach irgendwo etwas essen? Wie wär's mit dem Italiener in der Soundso-Straße? Dort gibt es die Muschelsauce, die du so gerne ißt.

Nach wenigen Sekunden traten bereits die Personas der beiden auf den Plan. Martha hatte als auf Rache sinnendes Opfer vergangener Ungerechtigkeit und Unterdrückung sofort zu einer Persona der 2. Kategorie gegriffen. John hatte es zunächst mit einer seiner Lieblingspersonas der 1. Kategorie, dem zuvorkommenden Beschwichtiger, versucht. Durch den Filter ihrer Persona der 2. Kategorie wertete Martha seine besänftigenden Worte lediglich als einen erneuten Versuch der Unterdrückung.

*Martha:* Ich hab's ja gewußt! Immer mußt du alles entscheiden! Nur weil mir einmal die Muschelsauce geschmeckt hat, muß ich sie doch nicht jeden Tag essen. Kann ich nicht ein einziges Mal das essen, worauf ich Lust habe?!
*John:* Oh, mein Gott! Ich geb's auf. Lieber geh' ich hungrig zu Bett, als das noch einmal mitzumachen.

Er verschränkte seine Arme und zog sich so weit zurück, daß er nicht mehr im Blickfeld der Kamera war. Jetzt war auch er zu einer Persona der 2. Kategorie übergewechselt – er war jetzt der zurückgezogene Einzelgänger –, einer, der es zwar immer wieder versucht, den aber doch niemand versteht. Kein Wunder, daß die beiden solche Probleme miteinander hatten. Nach nur zwei oder drei Aussagen standen sie sich bereits Kopf an Kopf in den Verteidigungshaltungen ihrer Personas der 2. Kategorie gegenüber.
All unsere Personas stehen im Zusammenhang mit einer bestimmten Beziehung aus unserem bisherigen Leben; genauer gesagt, sie wurzeln in einem ganz bestimmten Augenblick. Nicht alle Menschen finden Zugang zu diesem Augenblick, doch an die Beziehung, die das Annehmen einer

bestimmten Persona ausgelöst hat, erinnert sich fast jeder. Im Falle von John und Martha zielte unser nächster Schritt also darauf ab, die ursprüngliche frühere Beziehung zu ergründen, die die beiden in der Gegenwart nachspielten. Wir überspringen nun einige Minuten im »Schlagabtausch« der beiden Personas.

*Wir:* Martha und John, wir möchten nun jedem von Ihnen eine Frage stellen. Martha, wer hat Sie vor langer Zeit unterdrückt, als Sie noch ein Kind waren? Und John, wem konnten Sie es niemals recht machen?

Diese Frage löste einen Durchbruch aus. Zum einen setzte sie, wie wir gehofft hatten, dem Streit ein Ende. Es fällt schwer, eine Auseinandersetzung in der Gegenwart ernst zu nehmen, wenn man erkennt, daß sie eigentlich auf etwas zurückzuführen ist, das Jahrzehnte zuvor geschah.
Martha sorgte für allseitige Überraschung, indem sie unvermittelt ihre schreckliche Beziehung zu ihren dominanten, narzißtischen Eltern erneut durchlebte und uns beschrieb. Aus reinem Überlebensdrang heraus hatte sie es im Laufe der Zeit ihrem Vater und ihrer Mutter überlassen, ihre Erfahrungen, Bedürfnisse und Gefühle für sie zu definieren. Dabei hatte sie eine lebenslange Abneigung in sich aufgestaut, die sie jetzt an John ausließ.
Aus Johns Sicht war Martha die Nachfolgerin seiner Stiefmutter, der er es nie hatte recht machen können. Sie war in sein Leben getreten, als er neun Jahre alt war; und als 13jähriger hatte er sich bereits völlig frustriert in sich selbst zurückgezogen. Er hatte Marthas Gesicht völlig mit dem Gesicht seiner Stiefmutter überlagert und bemühte sich weiterhin, ihr zu gefallen, in der gleichzeitigen Überzeugung, daß ihm dies ja doch nie gelingen würde.
Lassen Sie uns ein weiteres Stück des Gespräches übersprin-

gen und zu jenem Punkt kommen, an dem die beiden sich
von ihren Personas befreit hatten und die Wahrheit authentisch zum Ausdruck bringen konnten.

*Martha:* Ich habe Angst, nie ganz ich selbst zu sein. Mir
liegt so viel daran zu wissen, wer ich wirklich bin und
was ich wirklich will. Jedesmal, wenn wir dieses Re-
staurantspielchen spielen, habe ich eine entsetzliche
Angst, alles zu verlieren, was ich bis dahin gewonnen
habe.
*John:* So habe ich das noch nie betrachtet. Daß du Angst hast,
habe ich mitbekommen. Komischerweise habe auch ich
Angst. Ich habe Angst davor, daß du mir deine Liebe
entziehen könntest. Nein, mehr als das – ich habe Angst,
daß ich niemals die Art von Liebe erfahren werde, nach der
ich mich sehne.

Hinter den sich bekämpfenden Personas der 2. Kategorie und
den nach Zustimmung und Bestätigung suchenden Personas
der 1. Kategorie traten zwei authentische Persönlichkeiten
hervor, die beide Angst hatten. Bis zu diesem Zeitpunkt
hatten sie ihre Angst auf dem Umweg über ihre Personas und
nicht über die authentische Verbindung zu ihren wahren
Bedürfnissen und Gefühlen zum Ausdruck gebracht. Als sie
nun diese Last der Vergangenheit abstreiften, ergriff sie ein
auch für uns deutlich spürbares Gefühl der Begeisterung und
Befreiung.
Wann immer Vorwürfe bzw. der Wunsch nach Kontrolle oder
Anerkennung im Spiel sind, befinden sich die Beteiligten im
Bann ihrer Personas. Solange wir im Bereich der Personas
verharren, können wir keine echte Freiheit erfahren. Wir
verschieben lediglich die Liegestühle auf der dem Untergang
geweihten *Titanic.* Erst wenn wir den Sprung wagen, uns von
unseren Personas zu befreien, können wir den Nektar der

Authentizität kosten. Hinter all den Personas erwartet uns der »große Preis«.

### Die Vor- und Nachteile von Personas

Wenn unsere Klienten sich an die Aufgabe machen, ihre Personas zu identifizieren und zu erkunden, lassen wir sie in der Regel die Vor- und Nachteile abwägen, die mit der Beibehaltung der Personas verbunden sind. Worin bestand der ursprüngliche Zweck bzw. Vorteil der Persona? Welche Nachteile sind jetzt in Kauf zu nehmen? Steht jemand beispielsweise im Bann einer Einzelgänger-Persona, so hat ihm diese womöglich anfangs in schwierigen Situationen einen gewissen Freiraum verschafft. Einer unserer Klienten mit ebendieser Persona wuchs in einer großen Familie auf, in der er sich nur dadurch eine gewisse Privatsphäre verschaffen konnte, indem er stundenlang im Wald spazierenging. Zu Hause zog er sich oft in sich selbst zurück, um mit dem familiären Trubel um sich herum fertig zu werden. In seinem Fall bestand der ursprüngliche Vorteil der Einzelgänger-Persona in der Flucht vor Leid und Chaos bei gleichzeitiger Erlangung eines gewissen Maßes an vorübergehendem innerem Frieden. In seinem jetzigen Leben dagegen ist die Persona mit großen Nachteilen verbunden. Unser Klient trägt die Persona wie einen Wintermantel im Wohnzimmer. In Momenten, in denen Transparenz und Nähe gefragt sind – also beispielsweise wenn seine Frau ihn fragt: »Wie fühlst du dich im Augenblick?« –, findet er keinen Zugang zu der gewünschten Information.

Beim Lesen der nachfolgenden Liste der Vorteile von Personas werden Sie sich womöglich fragen, ob diese wirklich so vorteilhaft sind. Die Antwort lautet: Nein, sie sind es nicht. Selbst wenn eine Persona noch so gut funktioniert, überdeckt sie stets ein Stück Authentizität. Das wahrhaft Positive im Leben tritt erst dann zutage, wenn wir uns aus der Identifikation mit unseren Personas lösen, um wirklich authentisch agieren zu können. Von der Ebene der Personas aus betrachtet, ist ihre Beibehaltung dennoch mit gewissen Vorteilen verbunden. Hier die wichtigsten dieser Vorteile:

– Wenn wir von der Ebene einer Persona aus handeln, brauchen wir nicht kreativ zu denken. Wir laufen auf »Autopilot« und spulen unser altes Programm ab. Ebenso, wie ein Straßenbahnwaggon nicht aus der Schiene springen und einfach so in der Stadt herumfahren kann, hält uns die Persona in unseren gewohnten Interaktionsmustern fest.

– Wir brauchen nichts zu fühlen. Eine der Hauptaufgaben einer Persona besteht darin, uns von Gefühlen, die wir als besonders unangenehm empfinden, fernzuhalten. Ein Heranwachsender, der sich hinter der Persona des jugendlichen Delinquenten verbirgt, findet die Auseinandersetzung mit Richtern, der Polizei und Gefängniswärtern womöglich weniger schlimm als die schmerzliche Realität der authentischen Emotionen, die hinter seiner Persona liegen.

– Wir können andere Menschen ins Unrecht setzen. Es verschafft uns vorübergehende Befriedigung, mit dem Finger auf andere zu zeigen, besonders weil es uns davon abhält, uns mit uns selbst zu befassen und uns an die oftmals schwierige Aufgabe zu machen, die Verantwortung für eine bestimmte Angelegenheit zu übernehmen. Über andere zu urteilen ist wesentlich leichter, als sie zu verstehen oder sie als ebenbürtig anzuerkennen; und in vielen Kreisen ist dies zudem sozial wesentlich akzeptabler.

– Wir können unsere eigene Haltung oder Ansicht rechtfertigen bzw. die eines anderen entkräften. Rechtfertigung und Entkräftung bringen Menschen, die eine Vorliebe hierfür entwickelt haben, vorübergehende Befriedigung. Eine

Haltung oder Ansicht zu rechtfertigen ist wesentlich einfacher, als die dieser Haltung bzw. Ansicht zugrundeliegenden authentischen Gefühle in seinem Inneren zu erkunden.

Unser Klient Gary hatte sich hinter der Persona eines hintergangenen Opfers verschanzt. Er war der Ansicht, seine Mutter sei ihm gegenüber kalt und gleichgültig, seinem Bruder dagegen bringe sie sehr viel mehr Wärme entgegen. Gary brachte die verschiedensten Rechtfertigungen für seine Ansicht vor; unter anderem zeigte er uns eine Uhr, die seine Mutter ihm geschenkt hatte und die wesentlich weniger wertvoll war als diejenige, die sein Bruder als Geschenk erhalten hatte. Wir konfrontierten ihn mit dieser Rechtfertigung und forderten ihn auf, die hinter seiner Persona des hintergangenen Opfers verborgenen authentischen Gefühle aufzuspüren. Nach Überwindung gewisser anfänglicher Widerstände verließ er seinen Standpunkt und gelangte zu der Erkenntnis, daß er als Jugendlicher seiner Mutter und seinem Bruder all seine Liebe und sein Mitgefühl entzogen hatte. Damals hatte er sich ängstlich und verwirrt gefühlt; seine Mutter und sein Bruder schienen dagegen bestens im Leben zurechtzukommen. Nachdem er dies erkannt hatte, näherte er sich den beiden wieder von der Ebene seiner authentischen Gefühle aus und nicht mehr über seine Persona. Schon bald begegneten sich die drei wieder als gleichwertige Partner.

Wann immer wir eine Persona tragen, müssen wir einen Verlust an Authentizität in Kauf nehmen. Das Festhalten an Personas ist mit lang- und kurzfristigen Nachteilen verbunden. Diese sind im einzelnen:

– Wir kommen nicht dazu nachzudenken. Es gibt keine Möglichkeit zu neuer, kreativer Aktion, solange wir eine Persona tragen. Personas sind Teil eines oftmals vor langer

Zeit geschriebenen Skripts, und daher liegt ihnen ein festgelegtes, wiederkehrendes Muster zugrunde.
– Wir kommen nicht dazu zu fühlen. Personas überdecken unsere authentischen Gefühle und führen daher zu einem Verlust an Lebendigkeit. Alle Gefühle, sowohl die positiven als auch die negativen, entspringen ein und derselben Quelle. Blockieren wir den Durchfluß, um schmerzlichen Gefühlen zu entgehen, so können wir gleichzeitig auch keine angenehmen Gefühle mehr empfinden.
– Wir kommen nicht dazu, wahre Liebe zu erfahren. Solange wir von der Ebene der Personas aus agieren, können wir authentische Liebe weder geben noch empfangen.

Das Hauptproblem der Personas liegt allerdings darin, daß sie uns eine unrealistische Weltsicht aufzwingen. Erinnern wir uns an das Experiment mit dem Tachistoskop, bei dem ein hungriger Mensch eine Banane erkennt, wo ein satter Mensch einen Bleistift sieht. Der Hunger war echt, doch bei der Banane handelte es sich um die Projektion einer auf der nicht zugelassenen Realität des Hungers basierenden Einbildung. Dies müssen wir begreifen, wenn wir das menschliche Verhalten verstehen wollen. Befassen wir uns also eingehender mit dem Gebiet der menschlichen Projektionen.

## Projektionen

Wenn wir in Verbindung zur Essenz stehen, wissen wir um unsere Gefühle und Personas, ohne ihnen ausgeliefert zu sein. Verlieren wir dagegen den Kontakt mit dem weiten, offenen Raum in unserer Mitte, neigen wir dazu, unseren Gefühlen allzu großes Gewicht beizumessen. Haben wir Angst, erlaubt uns unsere Verbindung zur Essenz beispielsweise, diesem

Gefühl ins Auge zu sehen, anstatt davor davonzulaufen. Wir können dies deshalb, weil wir wissen, daß uns die Angst nicht zu überwältigen vermag, daß wir über einen Raum oder Rahmen verfügen, in dessen Grenzen wir sie halten können. Die Verbindung zur Essenz vermittelt uns auch dann ein Gefühl der inneren Ruhe, wenn es an der Peripherie gewisse Turbulenzen gibt.

Eine tiefe Essenzverbundenheit schafft gleichzeitig einen umfassenderen Kontext für das Spiel unserer Personas. Ist unsere Verbindung zur Essenz stark genug, so können wir unsere Personas benutzen, ohne von ihnen benutzt zu werden. Wenn wir, *ohne es zu wissen*, aus einer Persona heraus agieren, geht nicht nur unsere Essenzverbindung, sondern auch das der Persona zugrundeliegende authentische Gefühl verloren. Wenn wir von der Ebene einer Persona aus Projektionen schaffen, verlieren wir die grundlegende Tatsache aus den Augen, daß unsere persönliche Weltsicht einzig und allein auf ebendieser Persona beruht! Wir verteidigen oft erbittert unsere Projektionen, anstatt zu erkennen, daß es sich dabei lediglich um unsere Zerrbilder der Welt handelt. Kein Wunder, daß sich die zwischenmenschlichen Beziehungen derart problematisch gestalten. Und so stellte uns auch einmal einer unserer Seminarteilnehmer entsetzt die Frage, ob denn ein jeder von uns ständig etwas auf seine Mitmenschen projiziere. Nun, vielleicht nicht ständig, obgleich es uns auch zunächst so erscheinen mag, wenn wir die Allgegenwärtigkeit der Projektionen zum erstenmal erkennen.

Bei unseren Seminaren sprechen wir im Zusammenhang mit den menschlichen Projektionen gern vom Lassoprinzip – in Anspielung auf das Bild eines Cowboys mit seinem Seil. Stehen wir im Bann einer Persona, so müssen wir sozusagen mit dem Lasso Spielpartner einfangen, die die anderen Rollen in unserem Stück übernehmen. Entwischt jemand unserem Lasso, so müssen wir entweder jemand anderen einfangen oder den Geflüchteten mit noch mehr Nachdruck verfolgen.

Am meisten machen dem Menschen diejenigen Projektionen zu schaffen, die überhaupt nicht als solche zu erkennen sind. Wahrhaft vernichtende Folgen haben Projektionen, die uns glauben lassen: »So und nicht anders sieht die Welt wirklich aus.« Woche für Woche erleben wir in unserer Praxis, wie Projektionen dahinschmelzen. Unsere Klienten legen Projektionen wie »Frauen sind launisch« oder »Männer sind langweilig« mit der Erkenntnis ab, daß Verallgemeinerungen wie diese auf spezifischen Personas in ihnen selbst beruhten. So kann die Projektion »Frauen sind launisch« beispielsweise auf der Persona des verlassenen Mannes beruhen, wogegen eine weibliche Persona des kleinen Professors womöglich dazu neigt, Männer als langweilig zu empfinden. Diese Personas wurden ursprünglich aufgebaut, um mit den Gefühlen eines spezifischen Lebensabschnitts fertig zu werden. Dann wurden sie verallgemeinert, um die Zukunft zu bewältigen. Was dabei auf der Strecke blieb, war die Spontaneität.

Als Gay noch Student an der Stanford-Universität war, ging er oft zum Schwimmen in eines jener Bäder, in dem die Bahnen mit Hilfe von Linien auf dem Beckenboden markiert sind. Eines Tages war er wieder im Wasser, als plötzlich ein Mann mit ihm zusammenstieß. »Können Sie nicht aufpassen!« schimpfte dieser. »Warum bleiben Sie nicht in Ihrer Bahn?!« Völlig perplex blickte Gay auf den Grund des Beckens, um zu sehen, ob er tatsächlich von der Bahn abgekommen war. Doch nicht er, sondern der andere Mann war schräg geschwommen. Auch dieser hatte inzwischen bemerkt, daß er den Zusammenstoß verursacht hatte. Er überlegte einen Augenblick und sagte dann: »Die haben die Bahnen viel zu schmal gemacht.«

Es gibt jedoch nicht viele Projektionen, die so amüsant sind wie diese. Menschen, die in Projektionen gefangen sind, fügen einander großes Leid zu. Ein erfolgreicher Rechtsanwalt, der zu uns in die Therapie kam, beklagte sich beispielsweise, daß ihn die Menschen zeit seines Lebens ständig anlogen. Für ihn gab es auf der Welt nur zwei Arten von Menschen: solche, die ihn anlogen, und solche (äußerst seltenen), die ehrlich zu ihm waren. Nachdem er in sich gegangen war, erkannte er, daß diese Projektion auf einer seiner Personas beruhte. Mit anderen Worten: Er zog Menschen an, die in seine Projektion paßten. Seine Projektion hatte sogar seine Berufswahl beeinflußt. Als er der Sache weiter nachging, dämmerte ihm die Erinnerung, daß sein Vater ihn einmal in einer bestimmten Situation angelogen hatte, als er noch sehr jung gewesen war. Er hatte sich damals verraten und allein gefühlt. Aus dieser Situation heraus hatte er eine Persona entwickelt, die überkritisch auf Lügen reagierte. »Ihr könnt ruhig denken, daß ich zu mißtrauisch bin«, sagte er oft während seines Studiums zu seinen Mitstudenten. »Doch manchmal kann man nicht mißtrauisch genug sein!« Während er unter dem Einfluß seiner Persona stand, so meinte er später, hätte er vor Wut geheult, wenn ihm jemand gesagt hätte, daß sein Verhalten lediglich die Folge einer Persona sei. Nur mit Mut und Entschlossenheit gelang es ihm, sich nochmals auf die Gefühle einzulassen, die er damals empfunden hatte. Diese Gefühle bestanden in seinem Körper fort, wenn auch unter den vielen Schichten seiner glänzenden Persona verborgen. Indem er sich seinen Gefühlen gegenüber öffnete, konnte er seine Verbindung zur Essenz wiederherstellen.

### Die praktische Umsetzung des neuen Paradigmas

Im nächsten Kapitel werden wir uns den praktischen Anwendungsmöglichkeiten dieser neugewonnenen Sicht unserer Psyche zuwenden. Der von uns vorgeschlagene Ansatz der körperzentrierten Therapie läßt sich problemlos in eine klassische Gesprächstherapie einbauen. Die in diesem Buch beschriebenen Strategien können die traditionellen therapeutischen Tugenden – genaues Zuhören, Verständnis und Einfühlungsvermögen – nicht ersetzen. Wir sind beide froh um unsere klassische klinische Ausbildung, und ohne das dabei erworbene Fachwissen hätten wir unsere körperzentrierte Therapie in ihrer heutigen Form nicht entwickeln können. Unsere Strategien eröffnen vielmehr den Weg in eine neue Dimension – sie sind eine Vertiefung der traditionellen Techniken, durch die sich wesentlich schnellere Therapieerfolge erzielen lassen. Einige Formen von Körperarbeit wie Rolfing zielen darauf ab, die körperlichen Abläufe zu harmonisieren. Wenn die Psyche von dieser Art der physiologischen Integration profitiert, so ist dies natürlich nur begrüßenswert. Wir nähern uns dem Problem jedoch aus einer anderen Richtung. Wir fangen dort an, wo die meisten Menschen von sich aus beginnen: Bei einer verbalen Schilderung der Probleme, die unsere Klienten zu uns führt. Dabei hören wir mit größtmöglicher Aufmerksamkeit zu und beobachten die dabei auftretenden Reaktionen von Körpersprache und Atmung.

In den beiden folgenden Kapiteln zeigen wir, wie sich die körperzentrierte Therapie genau an der richtigen Stelle einsetzen läßt – nämlich genau dort, wo der Klient gerade ist.

# 3
# Die Quantenfragen:
# Schlüsselfragen
# zur schnellen Transformation

Verschiedene Schlüsselfragen ermöglichen uns den Wechsel von einer Seinsebene auf eine andere. Wir nennen sie Quantenfragen, weil der Mensch zu ihrer Beantwortung einen Quantenwechsel machen muß. Wir empfehlen allen Menschen, solche Fragen immer wieder zu stellen, wenn das Leben und seine besonderen Umstände eine Veränderung erfordern. Wir haben diese Fragen in der Therapie immer wieder angewandt und darüber hinaus Ärzte, Rechtsanwälte, Lehrer und sogar Kinder mit ihnen vertraut gemacht.

In den Quantenfragen liegt die Kraft, Menschen davor zu bewahren, sich auf einer Ebene festzufahren – sagen wir, auf der Ebene der Projektionen – und aus dieser Projektion heraus mit immer den gleichen Interpretationen gewissermaßen im Kreis herumzugehen. Es handelt sich um einen Quantensprung, wenn sich ein Klient der Tatsache bewußt wird, daß ein lebenslanges Muster eigentlich eine Projektion ist, einfach nur eine Weise, die Welt zu sehen. Beispielsweise hatte Gays Einzelgänger-Persona ihn viele Jahre hindurch förmlich beherrscht. Eine der Projektionen aus dieser Persona heraus war, daß man den Menschen nicht trauen könne. Mit dieser Einstellung ist er sicherlich auch vielen Menschen und Situationen begegnet, die dieses Bild der Welt bestätigt haben. Vor dem Durchbruch zu der Erkenntnis, daß es sich dabei nur um eine Projektion handelte, war er überzeugt gewesen, die Welt wäre *wirklich* so. Viele Jahre lang blieb er gefangen in dieser seiner Projektion.

Ein weiterer Durchbruch kam mit der Erkenntnis, daß diese Projektion aus einer Persona stammte, einer Rolle also, die er angenommen hatte, um in schwierigen Zeiten zu überleben. Der nächste Durchbruch, der auf ihn wartete, war die Entdeckung, daß sich hinter dieser Persona eine Reihe von Gefühlen in seinem Körper regten, auch wenn er diese vor Urzeiten schon unter Verschluß gebracht hatte. Diese Erkenntnis öffnete ihm das Tor zur letztendlichen Einsicht: daß er nämlich mehr war als seine Gefühle, daß er fest verbunden war mit dem Universum, das nichts ist als reine Essenz, als reines Sein. Wenn sich uns die Essenz nicht als theoretische Vorstellung, sondern als lebendige Erfahrung erschließt, verändert sich alles. Die Quantenfragen sind so konzipiert, daß wir dieses Ziel zuverlässig und keineswegs zufällig erreichen.

Obwohl jede Frage zunächst verbal gestellt wird, führen uns die Quantenfragen schnell über die Worte hinaus. In der körperzentrierten Therapie führen sie uns zu einem wichtigen Ziel: Stellt nämlich der Therapeut eine Frage, die beim Klienten einen Wechsel der Ebenen auslöst, *reagiert dessen Körper in einer Art und Weise, durch die der Therapeut äußerst wichtige Daten für sein weiteres Vorgehen gewinnen kann.* Atemmuster und Körpersprache verändern sich unbewußt allein dadurch, daß man über die Frage nachdenkt.

Betrachten wir folgenden Dialog aus Sherrys erster Sitzung im Rahmen einer körperzentrierten Therapie mit Kathlyn. Etwa 20 Minuten sind bereits vergangen; Sherry hat ausführlich beschrieben, daß sie sich von Männern nicht als gleichwertig behandelt fühlt.

*Kathlyn:* Wann haben Sie diese Erfahrung zum erstenmal gemacht?

*Sherry: (runzelt nachdenklich ihre Stirn, so als ob sie sich*

*krampfhaft zu erinnern versuche; unbewußt streicht sie sich
mit der rechten Hand über das Brustbein):* Ich weiß nicht
genau.

*Kathlyn:* Mir fällt auf, daß Sie beim Überlegen mit Ihrer Hand
Ihr Brustbein berührten. Vielleicht weiß Ihr Körper mehr
darüber als Ihr Verstand. Hören Sie auf das Gefühl in Ihrer
Brust. Stimmen Sie sich darauf ein.

*Sherry: (holt plötzlich tief Luft und beginnt zu weinen)* Ich
dachte an die vielen Male, wo man mich verletzt hat.

Die Quantenfrage »Wann haben Sie diese Erfahrung zum
erstenmal gemacht?« veranlaßte Sherry zu einem Wechsel
von der Ebene der Projektion zur dahinterliegenden Ebene
des Erlebens. Dies verwirrte zwar den Verstand, doch der
Körper, in dem sich das Problem gewissermaßen »im
Fleisch« manifestierte, ging geradewegs auf den Kern der
Sache zu.

Die wichtigste Quantenfrage lautet:

**Was geht im Augenblick in Ihnen vor?**

Diese Frage fördert immer wertvolle Informationen zutage.
Einerseits kann die Antwort darauf tatsächlich offenlegen,
was in dem Betreffenden gerade vorgeht, etwa wenn er
sagt: »Ich bin verärgert.« Solche Antworten werden unserer
Erfahrung nach allerdings selten gegeben, gerade wenn der
Klient erst am Anfang seines persönlichen Wachstums steht.
Weitaus wahrscheinlicher wird etwas anderes, viel Bedeut-
sameres aufgedeckt: die typische Verteidigungsstrategie des
Befragten. Wenn jemand beispielsweise für gewöhnlich
durch Intellektualisierung seine Schmerzen zu überspielen
sucht, dann wird seine Antwort auch jetzt intellektualisie-
renden Charakter haben. Wer zu einem paranoiden Weg
im Leben tendiert, wird der vorgenannten Frage mit Arg-

wohn oder gar Feindseligkeit entgegentreten. Wie dem
auch sei – die Frage verhilft uns stets zu aufschlußreichen
Enthüllungen.

Die nun folgenden Quantenfragen sind spezifischerer Natur
und zielen auf die Freisetzung von Informationen zu den vier
in Kapitel 2 behandelten Komponenten ab: Projektion, Persona, Gefühl und Essenz. Wohlbemerkt kommt der Therapieprozeß zumeist auch in Gang, ohne daß wir den Klienten
jemals mit theoretischen Begriffen wie »Projektionen« bela-
sten. Wenn wir bei unserer Arbeit auch stets aus unseren
theoretischen Quellen schöpfen, führen wir unsere Klienten
doch nur bei Interesse in das entsprechende Fachwissen ein.
Ein Verständnis der theoretischen Grundlagen ist oft hilfreich, wenn es darum geht, die Prinzipien auch außerhalb der
Therapie in die Praxis umzusetzen. Bisweilen aber sind unsere
Klienten ausschließlich an einer Aufarbeitung eines ganz spezifischen Problems im Rahmen der Therapie interessiert. Es
liegt uns fern, jemandem unsere Theorien und Vorstellungen
aufzwingen zu wollen; wir geben uns vielmehr die allergrößte
Mühe, sie jeweils in die Sprache zu übersetzen, die der Klient
verstehen kann.

### Die Projektionsfrage

Zu Beginn der Therapie müssen zunächst einmal die Projektionen des Klienten aufgedeckt und geklärt werden. Da wir
in der Regel überzeugt davon sind, daß unsere Projektionen
die Wirklichkeit widerspiegeln, kann der Therapeut nicht
einfach hergehen und fragen: »Wie sehen Ihre Projektionen
aus?« Wer diese Frage beantworten kann, hat höchstwahr-
scheinlich bereits aufgehört zu projizieren. Am schnellsten
findet man die Projektionen eines Klienten durch folgende
Fragestellung heraus:

## Was bereitet Ihnen Probleme?

Hören wir in einen kurzen Dialogausschnitt aus unserer ersten Sitzung mit Tim und Louise hinein:

*Wir:* Was genau bereitet Ihnen Probleme im Zusammenleben mit Ihrem Partner – was ist es, das in Ihnen den Wunsch entstehen läßt, sich scheiden zu lassen?

*Louise: (verzweifelter Seufzer)* Wo soll ich nur beginnen? Es ist einfach alles! Überall läßt er seine Sachen rumliegen; er macht den Toilettendeckel grundsätzlich nicht zu. Und dann vergißt er auch noch die Kreditkartenrechnung rechtzeitig zu bezahlen. Man kann sich eben überhaupt nicht auf ihn verlassen – er ist schlichtweg verantwortungslos.

*Tim: (die Fäuste ballend)* Nun hören Sie sich das an! Einmal habe ich vergessen, die Visa-Rechnung zu begleichen! Doch solche Vorhaltungen wie diese macht sie mir von morgens bis abends. Andauernd! Ich kann ihr nichts recht machen. Rein gar nichts.

Was hier gespielt wird, ist wieder ein Gefecht im nie endenden Kampf um die Frage, wer nun im Recht und wer im Unrecht sei. In der realen Welt der Therapie und der Beziehungen gibt es jedoch niemals derart simple Einteilungen. Niemand ist völlig im Recht oder völlig im Unrecht. Wir haben es vielmehr mit ineinandergreifenden, sich gegenseitig überlappenden Personas zu tun. Meistens steckt in jeder Projektion jedoch ein Quentchen Wahrheit. Tim hat womöglich die Kreditkartenrechnung nicht rechtzeitig beglichen. Doch Beziehungsprobleme lassen sich so einfach nicht lösen. Bei der weiteren Arbeit mit Louise und Tim wurde klar, daß Louises Persönlichkeit zur obsessiv-zwanghaften Seite des Spektrums neigte, während Tim eher der saloppen Art angehörte. Auf diese Partnerkombination sind wir im Laufe unserer Therapiearbeit hundertemal gestoßen. Häufig sucht sich ein nachlässiger Mensch einen ordnungsliebenden Partner aus und umgekehrt. Im Idealfall lernen beide wertvolle Dinge voneinander: der eine, seine Organisationsfähigkeiten zu verbessern, und der andere, die Dinge lockerer zu sehen und alles etwas leichter zu nehmen. Aber anstatt die unterschiedlichen Haltungen als eine Möglichkeit des Lernens zu nutzen, klagen sich viele Paare nur gegenseitig an.

Betrachten wir folgenden Dialogausschnitt, in dem Louise gerade ihre Persona erkundet:

*Wir:* Sie sind eine strenge Hüterin der Verantwortlichkeit und des Ordnungsprinzips. Wie sind Sie so geworden?

*Louise:* Von meiner Mutter habe ich es gelernt! Sie war Bibliothekarin. Wenn Sie meinen, ich rege mich über Tim auf, weil er so schlampig ist, dann hätten Sie einmal hören müssen, wie sie mit meinem Vater redete. Nicht ein Tag ging vorüber, ohne daß sie ihn wegen irgendeiner Schlamperei angebrüllt hätte.

*Wir:* Was empfanden Sie bei alledem?

*Louise:* Ich haßte es.

*Wir:* Wie möchten Sie es denn heute haben?

*Louise:* Ich möchte eben, daß alles immer hübsch und ordentlich ist, ohne daß ich mich vorher darüber aufregen muß.

*Wir:* Erkennen Sie nun, daß Sie Tim heute genauso behandeln wie Ihre Mutter damals Ihren Vater? Daß Sie also genau das tun, was Sie seinerzeit so sehr haßten?

*Louise:* Ja, ich mache eigentlich exakt das gleiche, was schon vor 30 Jahren nichts gebracht hat.

Ähnlich lagen die Dinge bei Tim. In seiner Kindheit war seine Mutter als Hüterin der Verantwortlichkeit aufgetreten. Sie half ihm aus der Bredouille, wenn er abgebrannt war. Sie bezahlte seine Strafzettel und rief bei seinem Boß an, wenn er zu müde war, zur Arbeit zu gehen. So hatte er nie ein Gefühl für Verantwortlichkeit und für die damit einhergehende gesunde Selbstachtung entwickeln können. Als er heiratete, hatte seine Mutter mit Louise sogar eine längere Unterredung darüber geführt, wie er seine Eier gekocht und seine Hemden gebügelt haben wollte.

Tim und Louise haben erkannt, daß gerade das, worüber sie sich bei ihrem Partner am meisten beschwerten – fehlendes Verantwortungsbewußtsein seinerseits und übertriebene Genauigkeit ihrerseits –, gerade die Dinge waren, die sie im anderen suchten. Solche Einsichten bringen uns in unserem persönlichen Wachstum weit nach vorn. Anstatt unser Augenmerk auf die Wirklichkeit des Problems zu richten – also auf die Frage, wer nun recht und wer unrecht hat oder ob jemand tatsächlich unverantwortlich handelt oder nicht –, findet ein Quantenwechsel statt. Am Ende werden beide vielleicht wissen, warum sie ihre Energie ausgerechnet auf dieses Problem gelenkt (oder verschwendet) haben.

Die Wirklichkeit einer jeden Situation läßt sich am besten bestimmen, wenn beide Partner bereit sind, die hundertprozentige Verantwortung für ihr Entstehen zu übernehmen. Alles andere ist nichts als ein Machtkampf hinsichtlich der Frage, wer nun verantwortlich sei. Die Wirklichkeit erscheint wesentlich klarer und deutlicher, wenn beide Menschen die volle Verantwortung für sie übernommen haben.

Schildern wir Fälle wie diesen vor einem Live-Publikum, beispielsweise in einer TV-Talk-Show, so amüsiert es uns stets aufs neue zu beobachten, wie sich die Zuschauer sofort mit der einen oder anderen Persona identifizieren. Es kam dabei schon verschiedentlich unter den Zuschauern zu kontroversen Diskussionen darüber, welche der Personas nun im Recht und welche im Unrecht ist. Dies spricht nicht nur für die tief in unserem Inneren verankerte Neigung, uns in Personas zu flüchten und diese zu verteidigen, sondern zeigt auch, wie schwierig es ist, sich ihrer zu entledigen.

Als wir vor Jahren unsere eigenen Projektionen zu erkunden begannen, wurde uns bald klar, daß Projektionen eigentlich recht leicht und einfach aufzudecken sind: *Es sind nämlich schlicht und ergreifend all die Dinge, über die wir uns beklagen.* Zunächst war es schlimm für uns festzustellen, daß es sich bei den meisten unserer Beschwerden und Klagen lediglich um Projektionen handelt, erschienen sie uns doch so *berechtigt*, so treffend und vollkommen gerechtfertigt. Die Erkenntnis, daß all unsere Probleme – selbst die, die wir am meisten pflegen – auf unseren eigenen Personas beruhen, empfanden wir zunächst als demütigend, dann als befreiend. In der Tat erwiesen sich gerade unsere scheinbar zutreffendsten Klagen und Beschwerden als unsere größten Projektionen.

Der Einfachheit halber kontrollieren wir uns selbst mit der sogenannten »Dreierregel«: Wenn wir feststellen, daß wir uns über irgendeine Angelegenheit zumindest dreimal beklagen, ohne effektive Schritte zu deren Abhilfe zu unternehmen, dann können wir davon ausgehen, daß wir es mit einer Projektion zu tun haben. Eine von Gays Lieblingsklagen war beispielsweise die, daß alle Menschen »grundlos« zornig auf ihn seien und immer wieder versuchten, ihn zu kontrollieren. Bei der Arbeit an uns selbst wurde offenkundig, daß *er* es war, der wütend wurde und versuchte, seinen eigenen Zorn anderen Menschen gegenüber unter Kontrolle zu halten; er tat dies so geschickt, daß nicht einmal er selbst etwas davon bemerkte. Eine tiefergehende Analyse ergab, daß die eigentliche Ursache für seine Klage in seiner Verlassenheitsangst zu sehen war. Er fürchtete, daß die anderen ihn allein lassen und sich von ihm distanzieren würden, also distanzierte er sich vorsorglich von ihnen. Diese Erkenntnis war zunächst schwer zu verkraften, nicht zuletzt weil Gay jahrelang so viel Energie darauf verwendet hatte, sich zu beklagen, daß er es nun nicht so ohne weiteres aufgeben wollte. Letztendlich jedoch hat sie ihm ein berauschendes Gefühl von Freiheit eingebracht. In dem Augenblick, wo er akzeptierte, daß er sich seine Klagen selbst geschaffen hatte, lösten sich diese von ganz allein auf.

### Die Personafragen

Diese Quantenfragen sollen dem Klienten zu der Erkenntnis verhelfen, daß seine Projektionen auf Personas beruhen. Dabei bietet sich zu Beginn folgende elementare Fragestellung an:

**Was genau ist passiert, als Sie die Welt zum erstenmal so sahen?**

Oder anders formuliert:

**Wann trat jene Version Ihres Ichs zum erstenmal zutage, die die Welt so und nicht anders sieht?**

(In Gays Beispiel würde die Frage lauten: »Wann tauchte jene Version Ihres Ichs auf, die Verlassenheitsangst erlebt?«) Eine zweite Quantenfrage lautet:

**Kommt Ihnen diese Situation irgendwie vertraut vor?**

Oder anders gefragt:

**An wen oder was erinnert Sie diese Situation?**

Diese Frage stellt man am besten dann, wenn der Klient mit all seinen Sinnen auf die Projektionen fixiert ist. Wir halten unsere Klienten beispielsweise häufig dazu an, ihre Projektionen mittels Stimme, Haltung und Gestik zu übertreiben, um die damit einhergehenden Empfindungen in ihrem Inneren möglichst deutlich spürbar werden zu lassen. Verfügt der Betreffende über die notwendigen theoretischen Grundlagen, so fragen wir einfach: »Welche Ihrer Personas will, daß Ihnen diese Dinge zustoßen?« Und dann: »Inwieweit ist Ihr gegenwärtiges Leben eine zwangsläufige Folge Ihrer Vorgeschichte und persönlichen Überzeugungen?«

Ausgesprochen typisch für die Quantenfragen ist, daß sie beim Klienten zunächst Widerstand erzeugen. Derartige Fragen zielen nämlich oft auf *das hinter der Persona verborgene Grundgefühl* ab, das häufig gegen den Therapeuten gerichtet wird. Daher kann folgendes gar nicht genug unterstrichen werden: Wie jemand auf eine Quantenfrage reagiert, liefert uns eine weitaus klarere Diagnose als noch so viele psychologische Tests! Nehmen wir zur Veranschaulichung den in Kapitel 2 geschilderten Fall von Bruce und Joan. Bruces Reaktion auf die Quantenfrage war Zorn. Er wurde regelrecht wütend auf uns, die Therapeuten, nur weil wir angedeutet hatten, daß seine derzeitige Lage etwas mit ihm zu tun haben könne. Bis dahin hatte er das Problem total auf Joan projiziert. Wenn die hinter einer Persona liegenden Gefühle gegen den Therapeuten gerichtet werden, ist der Zeitpunkt zum Handeln gekommen. Der Therapeut muß diese Gelegenheit beim Schopf ergreifen und darf sie auf keinen Fall ignorieren oder ihr gar aus dem Weg gehen. Häufig löst eine Quantenfrage auch Trauer oder Angst anstelle von Zorn oder Wut aus. Hin und wieder ist die Antwort nur ein barsches »Ich weiß nicht«. Auch diese Reaktionen sind für die Diagnose wichtig. Der »Ich-weiß-nicht«-Klient neigt womöglich dazu, seine Gefühle zu ignorieren, während der »Zorn/Wut«-Klient sie eher verleugnet. Natürlich sind Wut oder Zorn auch Gefühle, doch in der Regel verdecken sie ein noch tieferes Gefühl, wie zum

Beispiel Angst. Viele der allerfeindseligsten Klienten haben die meiste Angst vor der Selbsterforschung. Sie fürchten sich zutiefst vor dem ungeheuren Leid, das sie erwartet, wenn sie sich dazu durchringen, ihre Aufmerksamkeit nach innen zu lenken.

Sobald sich ein Klient über seine Personas etwas besser im klaren ist, sollte der Therapeut folgende Frage stellen:

**Welche Menschen werden angesichts dieser Persona gebraucht, um die anderen Rollen im Skript zu besetzen?**

Zu den beglückendsten Augenblicken im Leben eines Therapeuten gehört das Aha-Erlebnis, wenn sich plötzlich das Gesicht des Klienten erhellt, weil er erkennt, daß eigentlich er selbst es ist, der das, worüber er sich beklagte, geschaffen hat. Er begreift dann, daß seine von Verlassenheitsängsten besetzte Persona nach Menschen verlangt, die ihn verlassen. Hat er das erst einmal verstanden, wird er die Welt nie mehr in der gleichen Begrenztheit sehen.

Die verbale Beantwortung einer Quantenfrage durch den Klienten ist durchaus wichtig, doch darüber hinaus gibt es noch etwas weitaus Bedeutenderes: Der Therapeut muß beobachten lernen, *wie* ein Klient die Quantenfragen beantwortet, und nicht allein darauf hören, was er sagt. Dabei muß er unbedingt auf die Körpersprache des Klienten achten, denn in der Reaktion des Körpers spiegelt sich häufig exakt das wider, was der Klient empfand, als er die betreffende Persona erstmals annahm.

Einer unserer Klienten reagierte auf die oben genannte Quantenfrage mit verdutztem Gesichtsausdruck. Im selben Augenblick fing er an, sich heftig am rechten Bein zu kratzen. Als wir ihn aufforderten, mit seinem Kratzen fortzufahren, wurde ihm bewußt, daß seine Projektionen auf einer Persona beruhten, die er als Kind angenommen hatte, als er ein Jahr lang Beinschienen hatte tragen müssen. Er hatte damals einen Großteil seines Zornes unter der Persona des guten Jungen vergraben. Das damit verbundene Gefühl tauchte erst wieder auf, als ein scheinbar zufälliges Kratzen am Bein ihn erneut damit in Berührung brachte. Wie sagte schon der berühmte Diagnostiker Sir William Osler: »Hören Sie dem Patienten gut zu – er stellt sich seine Diagnose selbst.« Wir möchten diese wichtige Erkenntnis noch etwas erweitern: Über das Wort wird dem Therapeuten zwar mit der Zeit die Diagnose geliefert, doch wenn er daneben auf die Körpersprache sorgsam achtet, kann der diagnostische und therapeutische Prozeß enorm beschleunigt werden. Was die Signale des Körpers uns zu sagen haben, behandeln wir ausführlich in unserem nächsten Kapitel.

## Die Gefühlsfrage

Diese Quantenfrage soll dem Klienten helfen, mit den Gefühlen hinter seiner Persona in Berührung zu kommen. Die Frage lautet:

**Was ging in Ihnen vor, als Sie die Welt zum erstenmal so erlebten?**

Ein Beispiel aus unserer Praxis: Matt und Laura erzählten uns von einem Problem, das ihre Beziehung immer wieder belastete. Sobald Laura mehr Kreativität und Stärke zeigte, schien er sich sofort zurückzuziehen und auf Distanz zu gehen. Beide bejahten übereinstimmend, daß es dieses Muster gäbe, doch sie konnten es weder ergründen noch unterbinden. Nach außen hin bestätigten sie, daß sie beide voll und ganz hinter Lauras Entfaltung standen. Bevor sie zu uns in die

Praxis kamen, hatten sie ihre Projektionen bereits voll ausgereizt. Laura meinte: »Er schränkt mich ein!«, und Matt hatte sich darüber beklagt, daß sie dominant und arrogant sei. Schon sehr bald kamen sie jedoch zu der Einsicht, daß in dieser Form der gegenseitigen Projektionen wenig Chancen für ein gemeinsames Glück lagen.

Wir ließen uns von beiden Partnern eine Schilderung ihrer Sicht der Dinge geben, um auf diese Weise die Projektionen abgrenzen zu können. Dann fragten wir sie: »Inwieweit kommt Ihnen das Ganze vertraut vor?«

Lauras Projektion basierte auf ihrer überkompetenten Persona. Als älteste Tochter alkoholabhängiger Eltern hatte sie die Haltung eingenommen: »Ich muß alles alleine machen.« Diese Persona hatte in der Vergangenheit großen Überlebenswert für sie gehabt, doch nun erwuchsen daraus Probleme. Laura brachte sie nämlich in eine Situation ein, in der die alten Beschränkungen nicht mehr galten – ja, in der man ihr sogar zusätzlich den Rücken stärken wollte. Die sich aus dieser Persona des »Ich muß alles alleine machen« ergebenden versteckten Bedürfnisse veranlaßten Matt dazu, sich zurückzuziehen, sobald sie Stärke zeigte. Daraufhin erkannte Laura, daß sie Matt mit allerlei Kleinigkeiten zurückgestoßen hatte, aus der Angst heraus, sie könne nicht gleichzeitig stark und dennoch jemandem nahe sein.

Auch Matt verstand auf einmal seine Rolle in diesem Spiel. Er hatte sich eine Einzelgänger-Persona aufgebaut, um seiner übermächtigen Mutter aus dem Wege zu gehen. Seine einzige Chance, sich einen gewissen Freiraum und eine Privatsphäre zu erhalten, bestand darin, sich aus Beziehungen zurückzuziehen.

Unsere Quantenfrage bahnte den Weg für eine echte Lösung. Auf die Frage, was in ihrem Inneren vorging, als sie die Rolle der Überkompetenten zu spielen lernte, brach Laura in Tränen aus. Sie erzählte von ihrer Trauer und ihrem

Gefühl des totalen Alleingelassenseins angesichts der Tatsache, daß ihre Eltern so jämmerlich in ihrer Aufgabe versagten. Bei Trauer sprechen wir von einem Leitgefühl, denn sie zeigt sich als erste Reaktion auf eine Quantenfrage. In vielen Fällen tritt das Leitgefühl jedoch nicht allein auf. Häufig gilt es, ein oder mehrere verdeckte Gefühle zu erkunden und zu analysieren. Als verdecktes Gefühl bezeichnen wir ein Gefühl, das hinter dem eigentlichen Leitgefühl verborgen liegt. In der Regel geht das Leitgefühl der Wut zumeist mit einem verdeckten Gefühl der Trauer einher. Hinter einem Leitgefühl von Trauer verbirgt sich oftmals Wut.

Unsere Empfehlung an Laura ging dahin, daß es für sie vielleicht besser wäre, in einer derartigen Situation ihre Wut zu zeigen. Zunächst lehnte sie dies mit der Begründung ab, ihre Eltern müßten einem so leid tun, daß man auf sie nicht wirklich wütend sein könne. Daraufhin fragten wir, ob sie Angst habe. Kaum hatten wir diese Frage gestellt, wurde sich Laura bewußt, daß sie zwar ungeheure Wut empfunden hatte, diese jedoch nie zum Ausdruck bringen konnte aus Angst, ihre jüngeren Geschwister dadurch noch mehr zu verunsichern. Gleichzeitig kam eine Flut anderer Ängste und Nöte zum Vorschein. Doch nicht genug damit – im weiteren Sitzungsverlauf stellte sich nämlich heraus, daß Lauras sexuelle Gefühle die eigentliche Ursache der Probleme waren.

Und bei Matt erging es ihr ähnlich, wenn auch unter ganz anderen Vorzeichen. Die Auseinandersetzungen zwischen Lauras Eltern waren von einer ausgeprägten sexuellen Komponente gekennzeichnet und hatten beinahe ebensooft in ungehemmtem Sex geendet wie damit, daß einer der beiden türenknallend aus dem Haus lief. Laura suchte Zuflucht vor solchen Konflikten, indem sie sich hinter ihrer überkompetenten Persona verbarg. In der geschäftigen, sauberen Welt, die sie sich zurechtgelegt hatte, war kein Platz für die verwirrenden Gefühle der Sexualität. In ihrer Beziehung zu Matt konnte sie Jahre später mehr sexuelle Energie empfinden, nachdem sie sich selbst mehr Kreativität und mehr Stärke zugestanden hatte. Sie wußte allerdings nicht, wie sie mit dieser tieferen Sexualenergie umgehen sollte, und so schuf sie ein Problem mit Matt, um auf eine ihr vertrautere Ebene zurückzukehren.

Matts Drehbuch fügte sich nahtlos in das von Laura ein. Er hatte sich von seiner Mutter sexuell bedroht gefühlt. Der Vater hatte die Familie verlassen, als Matt noch sehr klein war. So war dieser in die Rolle des »Mannes im Haus« aufgerückt. Als Matt in seine Persona hineinspürte, entdeckte er, daß seine Einzelgängerrolle ebenfalls eine sexuelle Komponente in sich trug. Er glaubte, seine Sexualität unbedingt vor seiner Mutter schützen zu müssen, womöglich aus Angst davor, er könne sexuelle Gefühle ihr gegenüber entwickeln. Als wir diesen Aspekt hinterfragten, erinnerte er sich daran, wie sie oft spätabends an sein Bettchen gekommen war und ihn an sich gedrückt hatte, während sie weinte. Dabei hatten sich seine Muskeln immer verkrampft, so als ob er versuchte, seine Gefühle zu unterdrücken, indem er sich steif machte. Schließlich erzählte er seinem Lehrer davon, und bald darauf hörten die nächtlichen Besuche auf. Er vermutete, daß der Lehrer seine Mutter auf die Sache angesprochen habe und es zu einem Wortwechsel zwischen beiden gekommen sei. Sowohl seine Mutter als auch sein Lehrer hielten sich fortan auf Distanz zu ihm, und so wußte er eigentlich nie genau, ob er richtig gehandelt hatte.

Die Quantenfrage nach den Gefühlen fördert bisweilen Informationsmaterial zutage, dessen Integration großen Zeitaufwand erfordert. Häufig stoßen wir auf eine Wand von Ablehnung, die es zu überwinden gilt, um Zugang zu den dahinterliegenden Gefühlen zu finden. Und dann bleibt noch die Frage, ob der Betreffende überhaupt bereit dazu ist, sich der totalen Erfahrung zu öffnen und seine Gefühle voll zum Ausdruck zu bringen. Beispielsweise kam einmal eine stark intellektorientierte Karrierefrau zu uns in die Therapie. Als sie sich mit ihrer Persona der »harten Linie« auseinandersetzte, entdeckte sie, daß sie dahinter Angst vor ihrer eigenen Verletzlichkeit versteckte. Um sie vom Kopf in die Gefühle zu bringen, forderten wir sie auf, einen Moment lang innezuhalten und in diese Angst hineinzuspüren. Sie unterbrach ihren Monolog für knapp eine halbe Sekunde und fuhr dann mit folgenden Worten fort: »Aha, wahrscheinlich ist es das, was man meint, wenn man davon spricht, in die Gefühle zu gehen. Doch ich kann noch immer nicht erkennen, wozu das gut sein soll.«

Man braucht eine Menge Übung, um seine Gefühle wirklich zu erfahren, anstatt nur über sie zu reden. Doch genau das ist der Schlüssel zur Essenz. Wir können uns nur dann mit der Essenz verbinden, wenn wir uns auf unsere Gefühle und uns selbst einlassen. Wie jede andere Fähigkeit, braucht jedoch auch diese viel Zeit zur Reife.

Der Therapeut kann den Prozeß wesentlich verkürzen, indem er den Klienten dazu anhält, seine Gefühle in Raum und Zeit genau zu orten. Erfahrungsgemäß läßt sich ein Klient vor allem mit folgenden zwei Fragen dahin führen, seine Gefühle auf den Punkt zu bringen:

**Wo genau in Ihrem Körper empfinden Sie dieses Gefühl? Wie genau äußert sich dieses Gefühl?**

Je spezifischer die Aussage eines Klienten zu seinen Gefühlen ist, desto schneller kann eine Klärung erfolgen. Diese Fragen sind unter anderem deswegen so hilfreich, weil wir häufig in unseren Gefühlen schwimmen und so in einen Zustand emotionaler Überwältigung geraten. Gefühle scheinen manchmal größer als wir selbst zu sein. Versuchen wir herauszufinden, wo in unserem Körper sich diese Gefühle äußern, kommt es zu einem tiefgreifenden Wandel in der Betrachtungsweise. Plötzlich wird das Gefühl zu etwas, das an einer ganz bestimmten Stelle geschieht, und damit hört es auf, größer als wir selbst zu sein. Es ist auf seinen eigentlichen Platz innerhalb der uns eigenen Ganzheitlichkeit zurückgekehrt. Darüber hinaus stellen jene Fragen einen direkten Bezug zur Gegenwart her. Bei der Selbstanalyse befassen wir uns fast immer mit der Vergangenheit, um dort die Ursachen für die unserem derzeitigen Leben zugrundeliegenden Muster zu erkunden. Es darf jedoch auf keinen Fall vergessen werden, die dabei gewonnenen Erkenntnisse in der somatischen Realität der Gegenwart zu verankern; und ebendieses Ziel erreichen wir mit Hilfe solcher Fragen.

## Die Wirklichkeitsfrage

Eine der wichtigsten Quantenfragen lautet:

**Was genau ist geschehen?**

Es gab einen bestimmten Augenblick und einen bestimmten Ort, wo ein ganz spezifisches Ereignis die Gefühle auslöste, die die Persona mit den damit einhergehenden Projektionen auf den Plan riefen. Der Therapeut will wissen, was geschah, und nicht, welche Deutung der Klient dem Ereignis gegeben hat. Die Wirklichkeit des tatsächlichen Geschehens wird gewöhnlich dadurch verdunkelt, wie der Klient es bewertet und welche Bedeutung er ihm gegeben hat. Manchmal kann sich ein Klient erinnern, was geschehen ist, manchmal aber auch nicht. In gewisser Hinsicht ist es unwichtig, ob sich der Klient erinnert, solange er akzeptiert, daß etwas geschehen ist. Mit anderen Worten, es kommt vor allem auf die Bereitschaft an, das Geschehene zu hinterfragen, und nicht so sehr auf ein perfektes Erinnerungsvermögen.

Bis wir erwachsen sind, haben sich unsere Personas, Gefühle und Projektionen bereits derart vermischt, daß es schwerfällt, sie auseinanderzuhalten. Wir haben oft überhaupt keine Ahnung davon, was uns eigentlich widerfahren ist, also welche Ereignisse unseren Personas zugrunde liegen. So erinnerte sich beispielsweise einer unserer Klienten daran, von seinem Bruder die Hintertreppe hinuntergestoßen worden zu sein, doch was unmittelbar zuvor passiert war, hatte er vergessen, bis seine Mutter es ihm wieder ins Gedächtnis zurückrief. Nach Aussage seiner Mutter hatte er seinem Bruder zuerst mit einem Bleistift ins Auge gestochen und so den Streit ausgelöst. Der Klient erinnerte sich also nur an den Teil, wo er das Opfer war, vergaß aber den Teil, wo er als Täter auftrat.

Im Rahmen einer experimentellen Studie sollte einmal festgestellt werden, ob vier- bis fünfjährige Kinder sich tatsächlich daran erinnern können, wenn ihre Genitalien während einer ärztlichen Untersuchung berührt wurden. Dabei wurden Situationen gestellt, in denen die Ärzte ganz bewußt einige der Kinder berührten und andere nicht (dies geschah im Beisein der Eltern). Die Ergebnisse waren nicht gerade ermutigend für die Therapeuten, die von ihren Klienten Erinnerungen an frühere Mißbrauchserlebnisse in Erfahrung bringen wollen. Schon einen Tag nach der Testsituation waren die Erinnerungen der Kinder unzuverlässig und eine Woche später sogar äußerst verschwommen. Die Stimmen gegen die Verwendung von Erinnerungen in der Therapie werden immer lauter. Es gibt Bestrebungen, das sogenannte »Fehlerinnerungssyndrom« in den Diagnosekatalog aufzunehmen, und in den USA wurde sogar eigens eine Stiftung gegründet, die Aufklärungsarbeit auf diesem Gebiet leisten will.

Wir sind zu der Einsicht gelangt, daß sich der Mensch zwar manchmal genau an das Geschehene erinnern kann, oft aber auch nicht. Heilung kann jedoch auch ohne genaue Erinnerungen an zurückliegende Ereignisse geschehen. Wichtig ist nur, daß der Betreffende sich darüber im klaren ist, daß *irgend etwas geschah*. Irgendwo in Zeit und Raum gab es einen Punkt, wo das Ereignis manifest wurde. Diese Erkenntnis entzieht einer weitverbreiteten Illusion den Boden, daß nämlich Probleme allgegenwärtig und immerwährend seien. Hat der Klient erst einmal eingesehen, daß das Problem an einem bestimmten Punkt in seinem Leben entstand, kann er sich auch vorstellen, wieder von diesem Problem befreit zu sein.

### Die Essenzfrage

Es gibt verschiedene Quantenfragen, die uns zur Essenz führen. Eine der wichtigsten lautet:

**Können Sie sich vorstellen, völlig von diesem Problem befreit zu sein?**

Eine andere ist:

**Wie waren Sie, bevor dieses Problem auftrat?**

Und eine dritte Frage lautet:

**Sind Sie bereit, die ganze Wahrheit über dieses Ereignis zu fühlen, zu sagen und es so völlig abzuschließen?**

Diese dritte Frage gibt uns womöglich einen Schlüssel zur Heilung in die Hand. Doch selbst wenn kein sofortiges Ergebnis damit erzielt wird, bildet sie doch eine gute Überleitung zum Hinterfragungsprozeß.
Alle diese Quantenfragen können uns zu einer direkten Of-

fenbarung der Essenz führen. Sehr viel wahrscheinlicher aber verschaffen sie uns – wenn auch oft nur für den Bruchteil einer Sekunde – Zugang zu einem Raum, der uns Einblick in die Freiheit gewährt. Ist der Mensch am Ende bereit, seine Gefühle auf einer ausreichend tiefen Ebene zu erfahren, kommt er ganz spontan in Berührung mit der Essenz. Alles löst sich in der Essenz auf, sobald wir erst die tiefere Wahrheit einer Situation in ihrem ganzen Umfang erfahren und zum Ausdruck gebracht haben.

Folgendes Beispiel stammt aus einem unserer Ehe- und Partnerschaftsseminare. Stephen und Debbie hatten sich freiwillig gemeldet und dazu bereit erklärt, ein Problem vor dem Publikum aufzuarbeiten, um so den anderen Teilnehmern (es waren etwa einhundert an der Zahl) Gelegenheit zu geben, den gesamten Ablauf des Vordringens durch die verschiedenen Schichten von Projektionen, Personas und Gefühlen bis hin zum Erleben der Essenz mitzuverfolgen. Debbie schilderte ihr Problem zunächst wie folgt: »Seine Aussagen sind derart unartikuliert und ungenau, daß ich geradezu verrückt werde.« Stephen meinte: »Sie kritisiert mich andauernd. Ich kann es nicht mehr ertragen.« Die beiden waren erst seit sechs Monaten zusammen, hatten sich in der ersten Zeit ihrer Beziehung wie im siebenten Himmel gefühlt und waren dann durch das genannte Problem auf dem harten Boden der Tatsachen gelandet.

Der Prozeß kam nur zögernd in Gang, vor allem weil Debbie ihren Standpunkt zum Teil recht vehement verteidigte. »Sprache ist etwas Wunderschönes«, postulierte sie mit allem Nachdruck, »und ich hasse es, wenn man sie verunstaltet.« »Sehen Sie!« polterte er sofort los und hämmerte vor Verzweiflung mit den Fäusten auf den Tisch. »Warum muß ich mir diesen Tonfall gefallen lassen?«

Wir ließen nicht locker und fuhren mit der Quantenfrage zu den Personas fort: An was in Ihrer Vergangenheit erinnert Sie

diese jetzige Situation? Schließlich gelang uns der Durchbruch zur Persona-Ebene. Es erwies sich, daß Debbies Mutter
Bibliothekarin und außerdem Sprachlehrerin gewesen war
und sie als Kind ständig beim Sprechen korrigiert hatte.
Und was hatte Debbie dabei empfunden, wenn die Mutter
das tat?

»Wut«, antwortete Debbie und verzog ihre Nase vor Abscheu
bei dieser Erinnerung. Wir baten Sie weiter hineinzuspüren,
um zu sehen, ob sich noch andere Gefühle hinter dieser
Persona versteckten. Unter Tränen erzählte sie uns, daß die
Kritiksucht ihrer Mutter einer engen Bindung zwischen ihr
und ihrer Mutter im Wege gestanden habe. Sie fühlte sich der
Gelegenheit zur Nähe beraubt. Plötzlich erkannte sie voll
Bestürzung und Überraschung, daß sie selbst Stephen gegen-
über haargenau die gleiche Persona trug und ihrerseits jedes
Aufkommen von Nähe und Intimität im Keim erstickte.

An diesem Punkt hob eine der Seminarteilnehmerinnen die
Hand und fragte: »Haben Sie diese beiden absichtlich auf die
Bühne geholt?« Der ganze Saal lachte. Debbie und Stephen
aber gingen Hand in Hand zu ihren Plätzen zurück – voll
Verwunderung ob der Essenz, die aus den Augen ihres Part-
ners leuchtete.

Solch wundervolle Fügungen sind eine Frage von Mut und
nicht von Glück. Es gehört nämlich Mut dazu, von einer
selbstgerechten Projektion abzulassen und sich der dahinterliegenden Persona zu öffnen. Und noch mehr Mut ist erforderlich, um die Gefühle hinter der Persona zu erkunden und
zu analysieren. Doch der Einsatz lohnt sich, denn es geht um
die Essenz. Sie zu erfahren ist ein so berauschendes Erlebnis,
daß wir gewissermaßen süchtig nach ihr werden, je näher wir
ihr kommen. Haben wir erst einmal den Mut zum Sprung ins
Ungewisse aufgebracht, erwächst in uns ein Gefühl der inneren Sicherheit, eine Gewißheit, daß es einen Ort des Verwei-
lens in uns gibt.

## Die Domäne der körperzentrierten Therapie

Die vorgenannten Quantenfragen bilden die Grundlage für eine erfolgreiche Therapie. Für sich allein genommen, das heißt ohne den Einsatz von körperzentrierten Techniken, bergen sie bereits ein großes Heilungspotential. Erfahrene Therapeuten gehen bei ihrer Arbeit allerdings weit über solche Fragen hinaus, bis in die Bereiche des Atmens, der Bewegung und der Körpersprache hinein. Alle Projektionen, Personas und Gefühle eines Menschen kommen durch Verlagerungen und Veränderungen in der Atmung und Körpersprache mit geradezu fantastischer Präzision zum Vorschein. Therapeuten, die diese Sprache in ihrer ganzen Subtilität beherrschen, müssen nur selten auf verbale Fragestellungen zurückgreifen. Am Ende öffnet sich dann die Sphäre der Essenz selbst, denn Essenz ist immer da, sie ist nur überdeckt von dem hauchdünnen Schleier der Illusion. Alle hier behandelten Fragen sowie das gesamte Gebiet der Bewegung und Atmung sollen dazu beitragen, den Weg zur Essenz zu bahnen, und dem Menschen Gelegenheit geben, diese in seinem Inneren und in anderen freudig zu erleben.

Mit Hilfe der im nächsten Kapitel näher erläuterten Techniken und Prinzipien kann der Körpertherapeut sehr schnell zur Essenz gelangen. Sam und Lori, beide Mitte 40, standen am Rande der Scheidung, als sie zu uns in die Praxis kamen. Sie hatten sich über Monate hinweg in eine ausweglos erscheinende Auseinandersetzung verstrickt. Beide waren völlig am Ende und im Begriff aufzugeben. Während der ersten paar Minuten unserer gemeinsamen Sitzung hörten wir ihren Ausführungen mit großer Aufmerksamkeit zu. Nach Loris Darstellung konnte Sam überhaupt nicht mit Geld umgehen. Er brauchte ständig Anleitung und Führung, um seine Geldausgaben unter Kontrolle zu halten. Im Verlauf der einstündigen Behandlung konnten wir die Ursache dieser Polarisierung auf eine Weise, die uns alle überraschte, ans Licht bringen. Unter Anwendung der in Teil II aufgezeigten Strategien begleiteten wir Lori und Sam auf ihrer Reise durch ihre polarisierten Personas hin zu den Gefühlen, die hinter dem Streit lagen. Als Sam seine Persona überwunden hatte und seine Aufmerksamkeit auf seine tatsächlichen Gefühle konzentrierte, meinte er, er fühle sich so, als säße er mitten in einer Art Schleimbeutel. Lori hatte das Gefühl, daß diese Situation schier ausweglos sei. Uns kam sogleich der Gedanke, daß die beiden hier womöglich ein Skript aus frühen Kindheitstagen neu in Szene setzten. Die von ihnen benutzten Metaphern ließen darauf schließen, daß die Probleme auf pränatale oder Geburtserfahrungen zurückgingen.

Während Sam über seine Gefühle sprach, legte er unbewußt seine Hand auf die linke Seite seines Gesichtes und zupfte an der Haut neben dem linken Auge. Wir baten ihn, sich auf diese Geste einzustimmen und sie noch etwas zu verstärken. Er habe schon die ganze Woche über mit diesem Auge schlecht gesehen, bemerkte er. Bei dieser Aussage bewegte er seine linke Hand wieder unbewußt; diesmal berührte sie die linke untere Rückenpartie in Höhe der Nieren. Wir forderten ihn auf, in diese Bewegung hineinzuspüren, um festzustellen, was sie zu bedeuten habe. Daraufhin berichtete er, daß er einmal eine schwere Niereninfektion gehabt habe. Wir baten ihn, sich darauf zu konzentrieren, was ihm seine Handbewegung, sein linkes Auge sowie seine Nierenentzündung zu sagen hätten. »Angst«, lautete die Antwort. »Hier verstecke ich all meine Angst.« Im weiteren Verlauf der Behandlung vermochte er sich nunmehr auf das Gefühl der Angst in seinem Körper einzulassen. Plötzlich platzte aus ihm heraus, daß es sich so anfühle wie damals kurz vor seiner Geburt, als seine Mutter vor Schmerzen fast umgekommen war und man ihr starke Betäubungsmittel verabreicht hatte. Seine Mutter sei wütend darüber gewesen, daß ihr niemand zur Seite stand, und sie habe schreckliche

Angst davor gehabt, alles alleine machen zu müssen. Mitten in ihrer Wut fingen die Narkotika an zu wirken, und sie glitt ins Reich der Bewußtlosigkeit hinüber.

Dieses Ergebnis paßte haargenau zu einer der ersten Aussagen, die Sam in der Sitzung gemacht hatte, nämlich daß er sich die ganze Woche über wie benommen gefühlt hatte. Es fügte sich auch in das rekursive Muster seines Lebens ein: Er war in der Tat in Sachen Geld immer ziemlich unverantwortlich gewesen. Kam Lori auf dieses Thema zu sprechen, wurde er gewöhnlich wütend und zog sich in sich selbst zurück. Das Muster schien direkt mit seiner vorgeburtlichen Erfahrung in Verbindung zu stehen. Nach der Sitzung löste sich das Muster auf, und damit verschwanden gleichzeitig auch die Beziehungskonflikte und die Geldprobleme im realen täglichen Leben.

Nun zu Loris Problem: Als wir sie aufforderten, sich ihren Gefühlen gegenüber zu öffnen, kehrte auch sie zu pränatalen Erfahrungen zurück. Ihre Mutter hatte während der Schwangerschaft Krebs bekommen, und Lori empfand, daß es ihr in ihrem Leben an biologischer Unterstützung mangelte, weil sie in einem ständigen Kampf gegen ein Übergreifen der Krebszellen ihrer Mutter gefangen war. Strikte Entschlossenheit, gepaart mit einem übermächtigen Willen zu leben, hatte ihre Beziehung dominiert. Bei der Aufarbeitung der pränatalen Erlebnisse wurde ihr plötzlich bewußt, wie sich diese in ihren jetzigen Auseinandersetzungen mit Sam wiederholten. Keiner von beiden hätte wohl je daran gedacht, daß ihr Streit eigentlich seinen Ursprung im Mutterleib genommen hatte. Nachdem sie die Ebene des polarisierten Streites hinter sich gelassen hatten und zu den Personas vorgedrungen waren, erkannten beide die Gemeinsamkeiten ihrer Vorgeschichte. Ihre Beziehung erfuhr einen ungeheuren Wandel, denn anstatt weiter zu streiten, wurden sie nun wieder Verbündete. Zusammenfassend ließe es sich so ausdrücken: Der Therapeut

muß begreifen und beherzigen, daß die Essenz jenseits aller
Konflikte liegt. Wenn wir als Therapeuten diese Tatsache bis
hinein in unsere Zellen fühlen und spüren, können wir praktisch mit jeder Technik erfolgreich arbeiten. Sind wir hingegen nicht vertraut mit der Essenz, so führt uns selbst die
allerausgefeilteste Technik niemals ganz zum Ziel – der Essenz. Das vorstehende Beispiel zeugt davon, wie tief wir
schürfen müssen, um zur Essenz zu gelangen. Im Fall von
Sam und Lori lag die Essenz unter einem mehr als 40jährigen
Überlebenskampf begraben.

Der Fall unterstreicht auch, wie notwendig es für den Therapeuten ist, sich intensiv mit der Essenz zu beschäftigen. Da
wir selbst einen Großteil unserer Zeit mit der Schulung und
Weiterbildung anderer Therapeuten verbringen, haben wir in
dieser Hinsicht eine ganz klare Meinung und Haltung angenommen. Wir glauben, daß die Hauptschwierigkeit in der
heutigen Therapie darin zu suchen ist, daß manche Kollegen
eher aus ihrer Auffassung und ihren Ansichten heraus operie-
ren als von der Essenz her. In solchen Fällen *wird* der Therapeut zu seiner eigenen Auffassung – seine Auffassung *vereinnahmt* ihn –, und er übersieht, daß alle Auffassungen wie
Rettungsboote in dem friedlichen Ozean der Essenz schwimmen. Ist der Therapeut nicht fest in der Essenz verankert, so
kann er sie auch bei seinen Klienten nicht finden. Solche
Kurzsichtigkeit mag dann dazu führen, daß er sich damit
zufriedengibt, bei seinen Klienten einfach das eine Deckmäntelchen gegen das andere auszutauschen. Es kann sogar so
weit gehen, daß man das Deckmäntelchen für den eigentlichen Menschen hält. Ist dem Therapeuten jedoch erst einmal
der Durchbruch zur Essenz geglückt und ist sein ganzes
Augenmerk auf ebendieses Ereignis beim Klienten gerichtet,
wird er sich niemals mit weniger zufriedengeben.

Der praktische Wert dieser Erkenntnis liegt darin, daß der
Therapeut voll Vertrauen an die Arbeit gehen kann, wissend,

daß alle Konflikte letztendlich nur subjektive Sichtweisen sind, die uns die Essenz vorenthalten und nicht voll und ganz erfahren lassen. Durch jeden Konflikt geht unser Kontakt zur Essenz verloren, oder anders gesagt: Wir sind so sehr damit beschäftigt, unser eigenes Rettungsboot zu verteidigen, daß wir darüber ganz vergessen, daß wir alle auf dem gleichen Ozean schwimmen.

# 4
## Wegweiser zur Essenz:
## Fünf Indikatoren zum besseren Verständnis
## der subtilen Sprache des Unbewußten

Denke mit dem ganzen Körper.
*Taisen Deshimaru*

Das Denken schleicht sich von hinten an dich heran.
*O. J. Simpson*

Wir stehen unter Streß, wenn Körper und Geist nicht in Harmonie miteinander sind. Empfindet unser Körper beispielsweise Angst, und unser Geist sucht, dies zu verleugnen, so äußert sich die daraus resultierende Disharmonie auf eine für uns selbst und unsere Mitmenschen deutlich erkennbare Weise. Unzählige Male konnten wir bei der Arbeit mit einem Biofeedback-Gerät das faszinierende Phänomen beobachten, daß sich bei Klienten mit Angst die Streßrate allein dadurch reduziert, daß diese sagen: »Ich habe Angst.« Mit anderen Worten: Durch das Eingestehen der Angst wird die Harmonie zwischen Körper und Geist wiederhergestellt.

Der Abbau von Streß ist sicherlich eine begrüßenswerte Folge wiedererlangter Harmonie zwischen Körper und Geist; für unsere Klienten besteht der eigentliche Nutzen jedoch darin, ständig in dieser Harmonie leben zu lernen. Glück, Zufriedenheit und Kreativität stellen sich als natürliche Folge der Harmonie ein. Sind Körper und Geist in einem Körper-Geist vereint, so ist der Mensch kreativer, trifft bessere Entscheidungen und empfindet mehr Glück und Zufriedenheit.

## Die fünf Indikatoren

Es ist für jeden von uns hilfreich, die Symptome der Disharmonie zwischen Körper und Geist erkennen und deuten zu
lernen. Der Körper-Geist sendet deutliche Signale in fünf
verschiedenen Ausdrucksformen aus, wenn unterdrückte
Emotionen gefühlt und geäußert werden müssen. Wir bezeichnen diese Signale als *Indikatoren*. Die fünf Indikatoren
zeigen sich in der Atmung, der Bewegung, der Körperhaltung
sowie den Sprach- und Verhaltensmustern eines Menschen.
Sie äußern sich fast immer schneller als die bewußte Kommunikation und geben zuverlässige Hinweise darauf, was wirklich im Inneren eines Menschen vorgeht. Es gibt viele weitere
Indikatoren der Kommunikation zwischen Körper und Geist,
wie zum Beispiel Veränderungen des Muskeltonus oder der
Gehirnwellen, doch diese sind im allgemeinen nicht mit dem
bloßen Auge wahrzunehmen. Zum Erkennen der in diesem
Kapitel vorgestellten Indikatoren bedarf es keiner Verfahren
und Hilfsmittel außer unserer eigenen bewußten Aufmerksamkeit.
Für uns sind die fünf Indikatoren Diagnose- und Therapie-
hilfen ersten Ranges. Sie erkennen und deuten zu können
ist eine absolute Grundvoraussetzung für jeden Therapeuten. Doch auch für den aufgeschlossenen Laien, der nach
effektiveren Kommunikationsmöglichkeiten Ausschau hält,
ist es nützlich, auf die Indikatoren zu achten. Viele unserer
Klienten haben uns bestätigt, daß sie ihr neugewonnenes
Wissen über die fünf Indikatoren direkt in ihrem jeweiligen
beruflichen Umfeld umsetzen konnten. Unter ihnen befindet sich auch ein General im Pentagon, der uns berichtete,
daß ihm seine diesbezüglichen Kenntnisse sogar bei Zusam-
menkünften auf allerhöchster Ebene von Nutzen seien. Wo
auch immer Sie leben und was auch immer Sie tun – das
Wissen um die fünf Indikatoren kann Ihnen neue Wege der

effektiveren Kommunikation mit Ihren Mitmenschen eröffnen.

Alle fünf Indikatoren verweisen auf »Risse« in einer Persona.
Sie deuten auf Stellen hin, an denen der mit dem Leben hinter
der Maske einer Persona verbundene Streß so groß geworden
ist, daß es zu einem punktuellen Zusammenbruch kommt.
Vor einiger Zeit kam ein Ehepaar zu seiner ersten Therapiesitzung in unsere Praxis. Die Frau war davon überzeugt, daß
ihr Mann ein Verhältnis habe. Wir wandten uns ihm zu und
fragten: »Nun, stimmt das?« Sein linkes Auge fing wie wild
an zu zucken, seine Atmung verlagerte sich nach oben in den
Brustkorb, er verschränkte seine Arme, schlug die Beine
übereinander und sagte mit vorwurfsvoller Stimme: »Wie
können Sie so etwas fragen!?« Wir machten ihn auf die
Veränderung seiner Atmung, sein Augenzucken, seine verschränkten Arme, übereinandergeschlagenen Beine und die
Tatsache aufmerksam, daß er nicht mit einem klaren »Ja« oder
»Nein« geantwortet hatte. Daraufhin beugte er sich nach
vorn, brach in Tränen aus und gab zu, daß er *seit mehr als zehn
Jahren* eine Affäre mit einer anderen Frau hatte. Interessanterweise waren beide im nachhinein außerordentlich dankbar
für diese Wendung, denn nachdem sich die ersten Wogen des
Zorns gelegt hatten, kam es zu einer echten Neugeburt ihrer
Beziehung. Alles, was wir getan hatten, war auf drei der fünf
Indikatoren aufmerksam zu machen, die sich gleichzeitig
manifestiert hatten. Der mit dem Tragen der Persona verbundene Streß war so groß gewesen, daß schon bei einer einzigen
Antwort drei Risse zutage traten.

Im Verlauf unserer langjährigen Erfahrung mit der Ausbildung
junger Therapeuten hatten wir Gelegenheit, viele der von unseren Studenten auf Band aufgezeichneten Sitzungen anzusehen und auszuwerten. Auch unser eigenes Verhalten haben wir
auf Hunderten von Videobändern beobachtet und ständig
weiterentwickelt und verbessert. Bei dieser Arbeit zeichnete

sich vor allem immer wieder die eine Erkenntnis ab: Der Mensch hat sehr viel ausgeprägtere »telepathische« Fähigkeiten, als er gemeinhin annimmt. Er ist seinen Mitmenschen gegenüber außerordentlich sensibel, und auch wenn viele es gelernt haben, diese Sensibilität zu unterdrücken, heißt dies noch lange nicht, daß sie völlig verlorengegangen ist. Mit dem bewußten Verstand hinkt der Therapeut stets seiner unbewußten Wahrnehmung hinterher. Dutzende von Malen haben wir beobachtet, wie ein Klient seine Haltung ändert – sich also beispielsweise zu einer Seite neigt – und der Therapeut nur Bruchteile einer Sekunde später seine eigene Position der des Klienten anpaßt. Weisen wir die Studenten im nachhinein auf diese Tatsache hin, war ihnen die Haltungsänderung gar nicht aufgefallen. Das ist eine gute Nachricht, denn es bedeutet, daß der Therapeut in einer tieferen Schicht seines Geistes nach Wegen suchte, sich auf seinen Klienten einzustellen. Diese tiefere Schicht bot daraufhin eine Anpassung an die veränderte Sitzposition als Lösung an. Es ist faszinierend, über weitere Möglichkeiten und Formen der Wandlung nachzusinnen, die sich aus der Einstellung des Therapeuten auf seinen Klienten noch ergeben mögen. Vielleicht könnte man gar infolge von Veränderungen beim Klienten geringfügige Modifikationen der Gehirnwellen registrieren. Bei unserer Arbeit kommt es uns jedoch vor allem auf solche Veränderungen an, die jeder mit bloßem Auge wahrzunehmen lernen kann. In diesem Kapitel arbeiten wir auf einen bewußten Umgang mit solchen Veränderungen seitens des Klienten hin, um so zu schnelleren Therapieerfolgen zu gelangen.

Die fünf Indikatoren sind Wegweiser zur Essenz. Weil es sich dabei um Streßreaktionen handelt, könnte man sie leicht als etwas Negatives werten. Wir ermuntern jedoch unsere Studenten und Klienten, sie als Freunde anzunehmen, als Hinweise der Seele. Sie signalisieren uns, daß der durch unser Getrenntsein von der Essenz entstehende Streß allzu belastend geworden und es nun an der Zeit ist, die Persona abzulegen und die Verbindung zur Essenz wiederherzustellen. Viele, wenn nicht gar die meisten unserer Klienten hatten sich so sehr daran gewöhnt, die Signale ihres inneren Selbst zu unterdrücken, daß sie meinten, einen Fehler begangen zu haben, sobald wir sie auf einen der fünf Indikatoren hinwiesen.

Lassen Sie uns an dieser Stelle ein kurzes Stück aus der Aufzeichnung einer Therapiesitzung mit einem neuen Klienten zitieren:

*Gay*: Mir ist aufgefallen, daß Sie Ihren linken Arm sanft gestreichelt haben, als Sie über den Wechsel Ihres Arbeitsplatzes sprachen.

*Rebecca: (zieht schnell ihre Hand zurück, als hätte man sie bei etwas Unrechtem ertappt)* Oh, entschuldigen Sie. Das hatte ich gar nicht bemerkt.

Wir versuchten herauszufinden, warum Rebecca in dieser Weise auf eine Bemerkung ihres Therapeuten reagiert hatte, dem es fernlag, sie zu beurteilen oder bei etwas Unrechtem zu ertappen. Es stellte sich heraus, daß Rebecca – wie viele andere Menschen – ihr ganzes Leben darauf ausgerichtet hatte, ihr inneres Selbst zu verbarrikadieren. Als der Schmerz des Eingeschlossenseins schließlich so groß geworden war, daß sie die Hilfe eines Therapeuten in Anspruch nehmen mußte, wertete sie die Tatsache, daß man einen Blick in ihr inneres Selbst werfen wollte, als einen Vorwurf.

## Welches sind die fünf Indikatoren?

Beginnen wir unsere Betrachtung der fünf Indikatoren jeweils mit einem kurzen Beispiel. In einer Videoaufnahme beobachteten wir, wie eine Klientin tief und ruhig atmete, wobei sich ihr Unterbauch entspannt hob und senkte. Daran erkannten wir, daß sie die korrekte Zwerchfellatmung praktizierte. In unserer nächsten Sitzung kam nochmals die Frage aus unserer letzten Begegnung auf: »Wie geht es Ihrer Tochter?« Sofort verlagerte sich ihre Atmung vom Bauch in den Brustraum und wurde schwerfällig. Dies ist ein Beispiel für einen **Atemindikator**. Er bezeichnet den Wechsel zu den Kampf-oder-Flucht-Atmungsmechanismen im Körper (siehe Kapitel 9). In der Praxis weist der Atemindikator den Therapeuten darauf hin, daß sein Klient irgendeine unausgedrückte Emotion zurückhält. In unserem Beispiel zeigte sich, daß die Klientin immer noch beträchtliche Wut über eine Begebenheit mit ihrer Tochter in sich trug, die sie noch nicht ausreichend artikuliert hatte. Interessanterweise stellten wir bei der Auswertung des Videobandes fest, daß sich unmittelbar nach der Änderung ihres Atemmusters auch unsere Atmung etwas nach oben Richtung Brustraum verlagert hatte. Etwa eine Sekunde später kehrten wir jedoch bereits wieder zur Bauchatmung zurück, wogegen sie so lange weiter in den Brustraum atmete, bis sie das unterdrückte Gefühl artikuliert hatte. Dann verlagerte sich auch ihre Atmung zurück in den Bauch.

Ein **Bewegungsindikator** kann praktisch jede Bewegung des Körpers sein. Die Bandbreite reicht von auffällig-komisch bis hin zu außerordentlich subtil. Hier ein Beispiel für einen auffälligen Bewegungsindikator: Eine unserer Therapiestudentinnen hatte eine Sitzung mit einem jugendlichen Klienten. Dieser berichtete zögernd von einem sexuellen Problem, das ihm zu schaffen machte. Die Studentin, die bis dahin recht locker gewirkt hatte, schlug plötzlich ihre Beine übereinander und verschränkte ihre Arme. Es stellte sich heraus, daß sie dem Sex gegenüber eine ziemlich defensive Einstellung hatte. In der Tat nahm sie auch bei der Betrachtung der Videoaufnahme eine eindeutig abwehrende Haltung ein. Der Klient hatte, ohne es zu wissen, den wunden Punkt der Therapeutin getroffen, und diese hatte ebenso unbewußt darauf reagiert. Subtilere Bewegungsindikatoren sind oft Anzeichen für besonders tief sitzende emotionale Probleme. So sprach einer unserer Klienten beispielsweise über etwas scheinbar Belangloses, als wir bemerkten, daß er gerade in diesem Moment für den Bruchteil einer Sekunde mit den Augen blinzelte. Wir fragten: »Etwas hat sich soeben an Ihren Augen gerührt. Was hat das zu bedeuten?« Er fing an zu niesen. Wir warteten. Plötzlich ließ er seinen Kopf sinken und fing an zu weinen. Dieser Schwall von Emotionen verhalf unserem Klienten zu einem Durchbruch aus seinem ansonsten so beherrschten Verhalten heraus. Der unbewußte Indikator hatte gesagt: »Die Zeit ist reif, um zu weinen.« Hätten wir ihn nicht wahrgenommen, so wäre es womöglich noch lange nicht zu diesem Durchbruch gekommen.

**Haltungsindikatoren** sind ihrer Art nach statischer als Bewegungs- und Atemindikatoren. Sie verweisen in der Regel auf chronische Probleme, die sich im physischen Erscheinungsbild des Körpers selbst niedergeschlagen haben. Ein häufig anzutreffendes Beispiel für einen Haltungsindikator ist, wenn jemand die eine Schulter niedriger hält als die andere oder aber wenn sich die Wange auf der einen Seite stärker vorwölbt als auf der anderen. Haltungsindikatoren lassen sich anhand von Fotos gut identifizieren. Oft bitten wir deshalb unsere Klienten, Aufnahmen aus ihrer Kindheit mitzubringen, um herauszufinden, wann genau in ihrem Leben sie sich die Persona zugelegt haben, die zu den gegenwärtigen Körperverspannungen geführt hat.

Unsere Klienten bringen oft das Argument vor, ihre Haltungsindikatoren seien genetisch bedingt. Dies mag zwar in einigen Fällen zutreffen, doch unserer Erfahrung nach wurden die meisten nachträglich erworben. Wir kennen beispielsweise eine Familie, in der sowohl der Vater als auch alle drei

Söhne einen bestimmten Haltungsindikator gemeinsam haben: Ihre Brust ist leicht eingefallen und ihr Kopf etwas vorgeschoben. Beim Jüngsten trat dieser Haltungsindikator am deutlichsten zutage, und so gingen wir davon aus, daß er erblich bedingt war. Später stellte sich jedoch heraus, daß ausgerechnet dieser Junge im Alter von vier Jahren von der Familie adoptiert worden war. Auf den Fotos der ersten beiden Jahre nach seiner Adoption war der Haltungsindikator noch nicht zu erkennen. Er bildete sich langsam während der Grundschulzeit heraus und war voll ausgeprägt, als der Junge ins Gymnasialalter kam. Obwohl er ein Adoptivkind war, hatte er den gleichen Haltungsindikator, wie er in der Familie üblich war.

**Sprachindikatoren** können sich sowohl im Tonfall als auch im Inhalt äußern. Spricht der Klient mit monotoner oder weinerlicher Stimme? Sind seine Sätze abgehackt, oder murmelt er sie vor sich hin? Der am häufigsten zu beobachtende Sprachindikator ist die mehrmalige Wiederholung oder besondere Betonung eines bestimmten Wortes. Benutzt er bei der Beschreibung einer Sache mehrmals das Wort *schrecklich*, so hat das Wort womöglich in einem bestimmten Augenblick seines Lebens besondere Bedeutung erlangt. Ein charakteristisches Beispiel hierfür lieferte die 35jährige Georgia während ihrer ersten Therapiesitzung bei uns. Innerhalb der ersten zehn Minuten dieser Sitzung verwendete sie siebenmal den Satz: »Ich kann nicht darüber hinwegkommen.« Jedesmal formulierte sie ihn ein wenig anders. Einmal meinte sie: »Irgendwie schaffe ich es nicht, darüber hinwegzukommen«, ein andermal wiederum fragte sie: »Warum kann ich bloß nicht darüber hinwegkommen?« Während unserer weiteren Arbeit mit Georgia stellte sich heraus, daß ihr ganzes Leben immer um das Problem gekreist hatte, daß sie über bestimmte Dinge nicht hinwegkommen konnte. Sie befand sich in einem permanenten Konkurrenzkampf mit ihrer Zwillingsschwester und hatte ständig darum gerungen, »über sie hinwegzukommen«, indem sie sie sowohl auf sportlichem als auch auf schulischem Gebiet überholte. Vielleicht hatte das Ganze bereits bei ihrer Geburt seinen Anfang genommen. Dem Bericht des Geburtshelfers zufolge hatten die Zwillinge sich gegenseitig den Geburtskanal versperrt – Georgia hatte bereits hier im wahrsten Sinne des Wortes vergeblich versucht, »über ihre Schwester hinwegzukommen«.

Durch dieses chronische, ihr ganzes Leben bestimmende Muster war sie zurückhaltend und unsicher geworden. Dieser **Verhaltensindikator** äußerte sich in Körperhaltung, Stimme, Tonfall und Sprachmustern. Was genau ein bestimmtes Verhalten ausmacht, ist sehr viel schwerer zu ergründen: Was ist es denn eigentlich, das James Dean von seinem Verhalten her so ganz anders als John Wayne, jedoch nicht ganz so unterschiedlich zu Elvis Presley erscheinen läßt? Es ist sicherlich möglich, seine Verhaltensweisen bis ins einzelne zu zerpflücken und zu analysieren, entscheidend bleibt jedoch das Gesamtbild eines Verhaltens.

### Praktische Arbeit mit den fünf Indikatoren

Es ist für den Therapeuten unmöglich, jeden einzelnen Indikator wahrzunehmen, der im Verlauf einer Therapiesitzung zutage tritt. Wir lehren unsere Studenten, sich auf rekursive Indikatoren – also auf solche, die der Klient immer und immer wieder aufweist – sowie auf besonders auffällige Indikatoren zu konzentrieren. Mit zunehmender Erfahrung lernt der Therapeut, bedeutsame Indikatoren zu erkennen und unwichtige einfach vorbeiziehen zu lassen. Doch auch der Anfänger hat keinen Anlaß zur Verzweiflung, führen doch alle Indikatoren letztlich zum gleichen Ziel: Sie alle sind Signale aus dem Unbewußten. Sie weisen den Men-

schen auf die Notwendigkeit hin, Einkehr zu halten, sein
tieferes Selbst zu erforschen und der äußeren Welt die dabei
gewonnenen Einsichten wahrheitsgetreu zu übermitteln.
Mit dem Erkennen eines Indikators klinkt sich der Therapeut lediglich in eine Mitteilung ein, die der Klient verzweifelt zu machen sucht, auf bewußter Ebene jedoch nicht
zu artikulieren weiß.

Mit Hilfe der fünf Indikatoren signalisiert uns das Unbewußte
ferner seine Bereitschaft zur Veränderung. Diese Information
ist für den Therapeuten von großer Bedeutung, denn die
Wahl des richtigen Zeitpunkts zählt zu den wesentlichen
Faktoren, wenn man einem Menschen dabei helfen will, sich
zu ändern. Ein guter Therapeut erkennt subtile Indikatoren
bereits, bevor sich diese zu deutlichen Symptomen herauskri-
stallisieren. Die Abläufe in unserem Unbewußten lassen sich
mit den Fahrgeräuschen eines Autos vergleichen. Der Fahrer
nimmt subtile »Fehlermeldungen« seines Fahrzeugs oft gar
nicht ernst. Einmal meinte Gay beispielsweise, bei seinem
Wagen ein ganz leises ungewöhnliches Geräusch wahrzunehmen, ein Surren, das vorher nicht dagewesen war. Doch es
war so schwach, daß er ihm keine weitere Bedeutung beimaß,
obwohl er im Laufe der Woche mehrmals darauf aufmerksam
wurde. Schließlich riß ein Riemen, und Gay blieb auf freier
Strecke, weit entfernt von der nächsten Ortschaft, mit einer
Panne liegen. Der Mechaniker bestätigte später, daß der
brüchige Riemen vor dem Abreißen sicherlich ein wahrnehm-
bares Geräusch verursacht haben müsse. Genauso verhält es
sich mit unserem Unbewußten. Oft übersehen oder überspielen wir die anfangs schwachen Signale, die uns anzeigen, daß
irgendein Handlungsbedarf besteht. Wir bemerken vielleicht
einen Gedanken, der in einem entlegenen Winkel unseres
Bewußtseins aufblitzt, oder ein vorübergehendes Gefühl, das
sich nur allzuleicht ignorieren läßt. Verweigern wir allerdings
diesen Signalen allzulange unsere Aufmerksamkeit, so muß

das Unbewußte zu stärkeren Ausdrucksmitteln greifen. An diesem Punkt kommen die Indikatoren ins Spiel. Versucht das Unbewußte vergeblich, seine Bedürfnisse und Gefühle dem Betroffenen selbst mitzuteilen, so sendet es schließlich Signale an die Mitmenschen aus.

Die fünf Indikatoren teilen uns mit, daß der Körper-Geist unter Streß steht. Betrachten wir einmal einen Bewegungsindikator, der oft in der Partnerschaftstherapie zu beobachten ist, nämlich das Spielen mit dem Ehering. Diese Angewohnheit ist so gut wie immer ein Zeichen dafür, daß eine bislang unausgesprochene Mitteilung gemacht werden soll. Der durch die Unterdrückung dieser Mitteilung verursachte Streß führt zu einem Energiestau im Körper-Geist, der über den Indikator des Spielens mit dem Ehering zutage tritt. In der Tat könnte man die Indikatoren auch als »emotionales Leck« bezeichnen. Wenn wir etwas nicht direkt zu äußern vermögen, sucht sich dies normalerweise über Umwege eine andere Ausdrucksmöglichkeit.

Freud bezeichnete Träume als den Königsweg zum Unbewußten. Vielleicht trifft dies zu, doch nicht immer läßt sich damit erfolgreich arbeiten. Es ist nicht leicht, sich an Träume zu erinnern oder diese zu interpretieren. Zudem kann der Therapeut keinen direkten Einblick in die ursprüngliche Information nehmen. Er ist auf den durch den bewußten Verstand des Klienten gefilterten Bericht angewiesen. Die fünf Indikatoren dagegen sind die »Schnellstraße« zum Unbewußten, denn mit ihrer Hilfe erlangen sowohl der Klient als auch der Therapeut den raschesten Zugang. Es liegt uns fern, die Arbeit mit Träumen als Zeitverschwendung abzutun, denn in vielen Fällen vermag sie uns tiefe Einblicke zu liefern. Sie eignet sich jedoch nur für sehr wenige Menschen; Indikatoren wie bestimmte Gesten oder die Atmung dagegen stellen einen Weg zum Unbewußten dar, den jeder beschreiten kann. Im folgenden wollen wir die fünf Indikatoren im einzelnen betrachten.

### Atemindikatoren

Das erste, was uns normalerweise an der Atmung eines Menschen auffällt, ist, *wo* er atmet. Er kann beispielsweise ganz oben im Brustraum atmen, so daß sein Unterbauch sich nur sehr wenig oder gar nicht bewegt. Danach konzentrieren wir uns darauf, *wie* er atmet. Er kann schwer, angestrengt oder zögernd atmen. Beides zusammen – also wo und wie man atmet – macht das persönliche Atemmuster eines Menschen aus.

Wenn es auch bestimmte grobe Unterscheidungskriterien gibt, ist doch das Atemmuster eines jeden Menschen etwas anders. Eine Kombination aus Brustatmung und angestrengtem Atmen ist das typische Muster für Asthmatiker. Als einer unserer Klienten sein Asthma durch tägliches Praktizieren der in Kapitel 10 beschriebenen Atemübungen verlor, verkehrte sich sein Atemmuster ins genaue Gegenteil; er erlernte wieder die uns natürlich gegebene Zwerchfellatmung, anstatt sich mit permanenter Kampf-oder-Flucht-Atmung zu quälen.

### Die drei wichtigsten Atemmuster

Obschon das Atemverhalten eines jeden Menschen subtile Unterschiede aufweist und damit in jedem Fall etwas ausgesprochen Einzigartiges ist, lassen sich drei allgemeingültige Muster definieren. Ein wichtiges Unterscheidungsmerkmal ist, ob vornehmlich in den Bauch oder in die Brust geatmet wird.

*Atmung in die Mitte.* Sind wir entspannt, hebt und senkt sich beim Atmen im Idealfall vor allem der Abdomen; dabei bewegt sich die Brust nur sehr wenig. Bei diesem Atemmuster sprechen wir vom »Atmen in die Mitte«, das in fast allen Fällen optimal für den Menschen ist. Wir nehmen dabei zwischen acht und zwölf tiefe und entspannte Atemzüge pro Minute. Dieses Atemmuster ist die Grundlage des in Kapitel 10 beschriebenen täglichen Atemprogramms.

*Aerobische Atmung.* Dieses Atemmuster stellt sich ein, wenn wir physisch erregt sind, jedoch nicht unter Angst stehen – also beispielsweise bei sportlicher Betätigung oder Sex. Bei der aerobischen Atmung bewegen sich sowohl die Brust als auch der Bauch schnell und deutlich sichtbar. Bei näherem Hinsehen erkennen wir in der Regel, daß die Bewegung der Brust etwas dominiert. Auf dieses Atemmuster werden wir nicht näher eingehen, da es weder für die Therapie noch für das persönliche Wachstum von Belang ist.

*Kampf-oder-Flucht-Atmung.* Dieses Atemmuster ist eine der Hauptproblemquellen für den Menschen. Wenn wir Angst haben, wütend oder verletzt sind, dann spannen wir unsere Bauchmuskulatur an, so daß sich die Bauchdecke nicht mehr heben und senken kann und sich die Atmung in den Brustraum verlagert. Die Atemgeschwindigkeit steigert sich auf 15 und mehr Atemzüge pro Minute.

Problematisch ist, daß der Mensch für gewöhnlich Kampf-oder-Flucht-Atmung praktiziert, wo eigentlich Atmung in die Mitte angezeigt wäre. Der moderne Mensch ist in der Lage, in seinem Geist symbolische Ängste entstehen zu lassen. Tieren fehlt diese Fähigkeit. Eine Katze wechselt zur Kampf-oder-Flucht-Atmung über, wenn sie einen ihr Furcht einflößenden Hund sieht. Sobald der Hund wieder aus ihrem Blickfeld verschwunden ist, kehrt sie zur Atmung in die Mitte zurück. Der Mensch hingegen hat die Fähigkeit, über den ganzen Tag hinweg einen permanenten Strom unangenehmer Bilder vor seinem geistigen Auge dahinziehen zu lassen; und dabei ist es völlig gleichgültig, ob diese Bilder in irgendeinem Bezug zur Realität stehen oder nicht. Unsere Physiologie reagiert gleichermaßen auf das Geschehen in unserem Geiste wie auf das, was in der Wirklichkeit geschieht.

Der Therapeut befaßt sich in der Regel ausschließlich mit der Atmung in die Mitte und der Kampf-oder-Flucht-Atmung. Zu Beginn der Therapie sind viele unserer Klienten in der Kampf-oder-Flucht-Atmung »verhaftet«. Unter Anleitung eines erfahrenen Therapeuten lernen sie, zur Atmung in die Mitte zurückzufinden. Während unserer Arbeit wecken wir die Achtsamkeit unserer Klienten dafür, wann sie von der Atmung in die Mitte zur Kampf-oder-Flucht-Atmung überwechseln. In dem Maße, wie sie diesen Wechsel wahrzunehmen lernen, wächst auch ihre Fähigkeit, die dahinterliegenden Emotionen zu erkennen. Darüber hinaus weisen wir unsere Klienten auch direkt in die Kunst des Atmens in die Mitte ein. (Beide Ansätze werden in Kapitel 9 detailliert erläutert).

Für den Therapeuten läßt sich das jeweilige Atemmuster seines Klienten am einfachsten feststellen, indem er seinen Blick auf dessen Brustkorb und Bauch richtet. Die Atmung kann sich zwar auch in andere Bereiche des Körpers wie in den Rücken oder das Becken verlagern, doch hier erweist sich ein genaues Beobachten als wesentlich schwieriger. Unserer Erfahrung zufolge reicht in den meisten Fällen etwa eine Übungsstunde aus, um zuverlässig zwischen dem Atmen in die Mitte und der Kampf-oder-Flucht-Atmung unterscheiden zu können.

### Wie atmen wir?

Um zu beobachten, *wie* ein Klient atmet, brauchen wir sehr viel mehr Können und Intuition. Zur Beschreibung der verschiedenen Atemweisen gibt es Hunderte von Adjektiven. Ob jemand stockend oder zögernd atmet, kann ein bedeutsamer Unterschied sein; um diesen Unterschied sehen und

hören zu können, bedarf es jedoch einiger Praxis. Vorerst
wollen wir uns auf eine einzige Dimension der Atmung
konzentrieren: die Kraft der Atmung. Hat die Atmung etwas
Schwaches oder etwas Starkes? Ist sie flach oder tief? Scheint
es so, als unterstütze sie den vollen Ausdruck des Klienten,
oder wird etwas zurückgehalten? Ebenfalls von Interesse ist
in diesem Zusammenhang, mit wieviel Anstrengung geatmet
wird. Wirkt die Atmung angestrengt? Ist sie leicht oder
schwer? Selbstbewußt oder zögernd? Schon diese eine Dimension des Atems gibt dem Therapeuten wertvolle Aufschlüsse über die Persona seines Klienten, noch bevor dieser
ein einziges Wort gesprochen hat.

Im folgenden Auszug aus einem Gespräch mit unserem Klienten Alan läßt sich ein signifikantes Muster erkennen. Wir
beginnen, nachdem bereits etwa zehn Minuten der Sitzung
vergangen sind.

*Gay:* Mir ist aufgefallen, daß Sie vor allem in die Brust atmen.
*Alan: (überlegt einen Moment)* Ja, ich glaube, das tue ich
   meistens. Irgendwie schaffe ich es nicht, richtig tief Luft zu
   holen, auch wenn ich meinen Brustkorb so richtig fülle.
*Gay:* Das ist völlig normal. Im Brustraum haben Sie nicht
   genügend Platz. Um richtig tief Luft zu holen, müssen Sie
   mit dem Zwerchfell atmen. Und Sie müssen Ihren Bauch
   und nicht den Brustraum füllen.
*Alan:* Wie meinen Sie das?
*Gay:* Ich zeige es Ihnen gleich. Doch machen Sie sich zu-
   nächst einmal Ihre jetzige Atmungsweise bewußt, indem
   Sie sie übertreiben. Strengen Sie sich richtig an dabei!
*Alan: (übertreibt seine angestrengte Atmungsweise)* O mein
   Gott! Tut das weh!
*Gay:* Ja. Woran erinnert Sie diese Atmungsweise? An welchen
   Augenblick in Ihrem Leben?
*Alan:* Ich weiß nicht genau.

*Gay:* Machen Sie weiter. Denken Sie nach!

*Alan:* Gut *(Pause).* Es erinnert mich daran, wie ich als Kind das Weinen zu unterdrücken versuchte, um keinen Ärger mit meinem Vater zu bekommen. Er konnte es nicht ausstehen, wenn ich weinte. »Ich werd' dir gleich einen Grund geben, um zu heulen«, drohte er immer.

*Gay:* Ja, machen Sie noch einen Augenblick weiter, und spüren Sie in alle Gefühle hinein, die Sie dabei empfinden.

*(Alan geht erstmals spontan zur Atmung in die Mitte über.)*

*Gay:* Haben Sie bemerkt, wie Sie in Ihren Bauch geatmet haben? Bleiben Sie dabei. Ja, lassen Sie nun den Atem in den Bauch strömen, so als wollten Sie dort einen Luftballon aufblasen.

Gelegentlich deutet ein Atemindikator auch auf ein bestimmtes traumatisches Erlebnis hin, das sich direkt auf das Atemmuster ausgewirkt hat. Bei Kathlyns Arbeit mit einer neuen Klientin spielte sich folgende Szene ab:

*Kathlyn:* Sie haben also manchmal das Gefühl, sich nicht unter Kontrolle zu haben?

*Rhonda:* Ja, mein Körper tut gelegentlich Dinge, die nichts mit mir zu tun haben. Ich habe dann so ein Gefühl, als sei mein Körper nicht real.

*Kathlyn:* Gibt es noch etwas, das Ihnen dabei auffällt?

*Rhonda:* Ich kann manchmal nicht in meine Brust atmen. *(Während sie dies sagt, faßt sie sich unbewußt an den Hals.)*

*Kathlyn:* Konzentrieren Sie sich darauf, was Ihre Hand gerade macht; sie berührt Ihren Hals. Bleiben Sie bei dieser Geste, und sagen Sie mir, woran Sie das erinnert.

*Rhonda: (Ihre Brust hebt und senkt sich heftig, ihr Gesicht rötet sich. Dann räuspert sie sich):* Ich ... Ich bekomme keine Luft.

*Kathlyn:* Spüren Sie hinein! Womit hat das zu tun? An welchen Zeitpunkt in Ihrem Leben erinnert Sie das?

*Rhonda: (atmet plötzlich tief durch)* O je! Ich erinnere mich daran, wie mein Onkel auf meiner Brust saß. Ich konnte keine Luft bekommen. Ich war noch ein Kind, vielleicht zehn Jahre alt. Und er war auch noch keine zwanzig. *(Sie schweigt und holt mehrmals tief Luft).* O ja, ich glaube, das Ganze hatte etwas mit Sex zu tun. Er war erregt. Doch ich glaube, ich wurde ohnmächtig und war nicht mehr bei mir.

In diesem Fall hatte eine Kombination aus Atem- und Bewegungsindikatoren Rhonda zum Durchbruch verholfen. In der Tat treten diese beiden Indikatoren oftmals gemeinsam auf, denn wenn der Körper-Geist unter Streß steht, wirkt sich das sowohl auf die Atmung als auch auf die Bewegung aus.

## Bewegungsindikatoren

Die drei Schlüsselpositionen, an denen sich Bewegungsindikatoren manifestieren, sind die Gliedmaßen, die Augen und der Kopf. Die Gliedmaßen – Beine, Arme und Hände/Finger – sind wohl im Hinblick auf solche Indikatoren am einfachsten zu beobachten. Oft verschränkt ein Klient seine Arme und/oder schlägt seine Beine übereinander, wenn ein heikles Thema zur Sprache kommt. Manche zupfen an ihren Fingernägeln oder spielen mit ihrem Ehering. Für das geschulte Auge des Therapeuten liefern solche Bewegungen der Gliedmaßen so gut wie immer wertvolle Hinweise.

Doch auch an den Augen, die im wahrsten Sinne des Wortes »Fenster zur Seele« sind, lassen sich aufschlußreiche Bewegungsindikatoren wahrnehmen. Sie sind die einzige Stelle, an der das Gehirn direkten Kontakt zur Welt aufnimmt, und können daher als hochsensibles Instrument zur Porträtierung unseres Seelenlebens dienen. Es gibt hier mehrere leicht erkennbare Bewegungsindikatoren. Zum einen ist da der ausweichende Blick. Schaut der Klient nach oben, nach unten oder zur Seite, wenn ein bestimmtes Thema angesprochen wird? Ist dieses Bewegungsmuster typisch für den Klienten, und wenn ja, was bedeutet das für ihn? Ebenfalls häufig anzutreffen ist der abschweifende Blick, wenn der Klient durch alles hindurchzusehen und sich dabei in sich selbst zurückzuziehen scheint. Als drittes, etwas schwieriger wahrzunehmendes Phänomen sei das Sichweiten oder Sichverengen der Pupillen erwähnt.

In folgendem Auszug aus einem Therapiegespräch geht es um einen dieser Augenindikatoren:

*Kathlyn:* Marty, mir ist aufgefallen, daß Ihr Blick immer nach links wandert, wenn Sie über Ihre Wut sprechen. Sehen Sie bitte ein paarmal nach links, und überlegen Sie, woran Sie das erinnert.

*Marty: (sieht mehrmals kurz nach links)* Keine Ahnung! Mir wird aber leicht übel dabei.

*Kathlyn:* Bleiben Sie noch ein bißchen dabei. Schicken Sie Ihren Atem direkt in Ihre Übelkeit hinein.

*Marty:* Puh – das ist so, als würde ich mein schlechteres Ich ansehen; den Teil, den ich nicht anschauen möchte.

*Kathlyn:* Und der wäre ...?

*Marty:* Mich unerwünscht, ungeliebt zu fühlen. So als ob ich hier nichts zu suchen hätte.

*Kathlyn:* Spüren Sie in dieses Gefühl hinein. Wo genau in Ihrem Körper empfinden Sie es am deutlichsten?

*Marty:* Es ist überall, so als wäre es in meinem Blut.

Dem geschulten Auge des Therapeuten liefert auch die Kopfhaltung interessante Hinweise. Manche Menschen neigen ihren Kopf ständig zur Seite, während andere ihn leicht vorschieben oder nach hinten neigen. Gelegentlich sind sol-

che Haltungsmerkmale nicht chronisch, sondern treten als
Reaktion auf bestimmte Emotionen auf. Chronische Auffäl-
ligkeiten der Kopfposition sind keine Bewegungs-, sondern
Haltungsindikatoren. Im Falle unserer Klientin Joyce half eine
nichtchronische Kopfhaltung dabei, eine wichtige Lektion zu
vermitteln. In der folgenden Szene wird über ein Problem
gesprochen, das zwischen Joyce und ihrem Vorgesetzten
aufgetreten ist.

*Gay:* Joyce, als Sie eben über Ihre Probleme mit Ihrem Chef
sprachen, klang Ihre Stimme wie bei einem kleinen Mädchen. Sagt Ihnen das irgend etwas?

*Joyce: (neigt ihren Kopf zur Seite)* Keine Ahnung! *(Mit der
»Kleinmädchenstimme« fortfahrend)* Das ist einfach so,
daran kann ich nichts ändern.

*Gay:* Neigen Sie Ihren Kopf noch weiter nach rechts. Übertreiben Sie Ihre »Kleinmädchenstimme«. Sprechen Sie zu
Ihrem Chef so, als seien Sie ein kleines Mädchen.

*Joyce: (mit heller, weinerlicher Stimme)* Sie loben mich nie. Das
einzige, was für Sie zählt, ist, daß ich funktioniere und von
neun bis fünf für Sie da bin. Sie interessieren sich überhaupt
nicht dafür, wer ich wirklich bin!

*Gay:* Mit wem sprechen Sie eigentlich?

*Joyce: (fängt an zu weinen)* Vater! Ich spreche zu meinem
Vater. Er ist genau wie mein Chef. Er sieht schlichtweg
durch mich hindurch. Er braucht mich nur, wenn es etwas
zu tun gibt. Er hat keine Ahnung, wer ich wirklich bin und
was in mir vorgeht!

Joyce sprach weiter über diese Situation und erkannte dabei,
wie ihre Persona des »kleinen Mädchens« mit der von ihrem
Chef verkörperten Persona des »kritischen Vaters« zusam-
menspielte. Als besonders hilfreich hatte sich die Tatsache
erwiesen, daß ihr Kopf nicht in der Vertikalen war, als sie zu

ihrem Chef sprach. Es war wesentlich einfacher, diesen Bewegungsindikator zu erkennen als die dahinterstehende Persona mit all ihren begleitenden Projektionen.

## Haltungsindikatoren

Chronische Körperverspannungen äußern sich mit der Zeit in Haltungsanomalien. Dieses Thema ist so umfangreich, daß man damit allein ein ganzes Buch füllen könnte. Wir wollen uns an dieser Stelle vornehmlich auf drei Haltungsindikatoren konzentrieren: Links/rechts-Spaltung, Oben/unten-Spaltung und Vorwärts/rückwärts-Spaltung. Hier einige Beispiele dazu:

*Links/rechts-Spaltung.* Eine Schulter höher als die andere; ein Auge weiter geöffnet bzw. geschlossen als das andere; ein Bein kürzer als das andere; die linke Hüfte höher bzw. niedriger als die rechte; eine Wangenseite stärker ausgeprägt bzw. weiter vorgewölbt als die andere (siehe Abbildung 2).

*Oben/unten-Spaltung.* Kräftige Hüften und Beine bei dünnem oder unterentwickeltem Oberkörper; stark entwickelter Oberkörper und dünne Beine.

Vorwärts/rückwärts-Spaltung. Becken nach hinten gekippt, aber vorstehender Bauch; Kopf nach hinten geneigt, aber Brust vorgewölbt; Kopf über Brust und Unterkörper vorgeneigt (siehe Abbildung 3).

Wir legen Wert auf den Hinweis, daß es, anders als manche Therapeuten es sich wünschen, keine einheitliche Körpersprache gibt. In etwa 20 Jahren praktischer Arbeit mit der körperzentrierten Therapie ist uns kein Muster begegnet, das immer

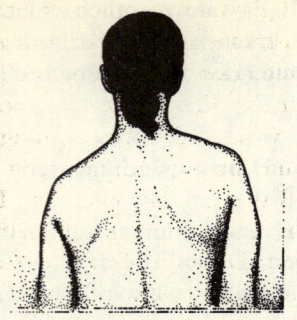

*Abbildung 2:* Links/rechts-Spaltung

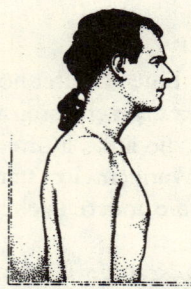

*Abbildung 3:* Vorwärts/rückwärts-Spaltung

und für alle Menschen dasselbe aussagt. Was wir wissen, haben wir erfahren, indem wir aufmerksam zuhörten, wenn unsere Klienten sich mit bestimmten Spaltungen und Unausgewogenheiten in ihrem Körper auseinandersetzten. Wir gingen nicht von einer bestimmten Theorie aus, in die wir im nachhinein unsere Erkenntnisse einfügten. Unser Ansatz war genau umgekehrt: Wir entwickelten unsere Theorie anhand dessen, was unsere Klienten auf ihrem Selbsterkundungspfad zutage förderten.

*Links/rechts-Spaltungen* deuten oftmals auf eine Diskrepanz zwischen dem maskulinen und femininen Anteil der Psyche eines Menschen hin. Hat ein Trauma mehr mit der Mutter als mit dem Vater des Klienten zu tun, so äußert sich dies meistens in einer vermehrten Anspannung der linken Körperhälfte. Im Laufe unserer langjährigen Tätigkeit hat es sich erwiesen, daß sich psychosomatische Probleme eher in der linken als in der rechten Körperhälfte manifestieren. Freud selbst hat diese eigentümliche Feststellung bereits vor hundert Jahren getroffen. Sie mag zum Teil auf die innige Beziehung der rechten Hemisphäre zur linken Körperhälfte zurückzuführen sein.

Die rechte Hemisphäre, in der unser Repertoire an Bildern und unser emotionales Gedächtnis ihren Sitz haben, steuert nämlich viele der Abläufe in unserer linken Körperhälfte. Die Spaltung könnte aber auch bedeuten, daß viele von uns tiefere Wunden aus ihrer Mutterbeziehung als aus ihrer Vaterbeziehung davongetragen haben. Wie dem auch sei, der aufmerksame Beobachter wird schon bald feststellen, daß eine Links/rechts-Asymmetrie eher die Regel als die Ausnahme ist.

Links/rechts-Spaltungen können auch unsere Beziehung zu unserer verinnerlichten Männlichkeit und Weiblichkeit widerspiegeln. Wie Buddha bereits vor Jahrtausenden sagte, müssen wir zur Erlangung der Erleuchtung alle femininen und maskulinen Anteile in uns entfalten, ganz gleich, ob wir nun biologisch betrachtet ein Mann oder eine Frau sind. Für einen Mann ist es wichtig, sich mit seinen weiblichen Anteilen anzufreunden: dem Intuitiven, dem Gefühlvollen, dem Annehmenden. Für eine Frau ist es ebenso wichtig, mit ihren kraftvollen, nach außen strebenden, aktiven Anteilen umgehen zu lernen. Menschen mit Links/rechts-Spaltungen weisen oft Unausgewogenheiten in ihrer verinnerlichten Männlichkeit und Weiblichkeit auf.

*Oben/unten-Spaltungen* weisen in vielen Fällen darauf hin, daß in der Psyche eines Menschen eine Diskrepanz zwischen Fundament und Ausdruck besteht. Der Oberkörper – Arme, Herz und Kopf – ist unser primäres Ausdrucksmittel. Der Unterleib hingegen wird vom Menschen als sein – mehr oder weniger tragfähiges – Fundament empfunden. Moshe Feldenkrais formulierte dies höchst treffend in seiner Maxime: »Du *bist* dort, wo dein Zwerchfell ist.« Ist unser Zwerchfell verkrampft und eingezogen, so erfahren wir unsere Welt ganz anders, als wenn es unter uns ruht und uns zuverlässig trägt und stützt.

*Vorwärts/rückwärts-Spaltungen* verraten viel über das Verhältnis eines Menschen zur Zeit. Reckt er seinen Kopf über seinen Körper vor, so ist sein Lebensskript mit großer Wahrscheinlichkeit von Hast und Eile geprägt. Im Gegensatz hierzu steht ein Mensch, der seinen Kopf zurückzieht. Er ist eher jemand, der den Rückzug vor dem Leben sucht. Ähnliche Vorwärts/rückwärts-Spaltungen sind beim Zwerchfell zu beobachten, das bei manchen Menschen entweder krampfhaft eingezogen oder so weit herausgestreckt ist, als solle es vor dem Körper hergetragen werden.

Auch bei Problemen im Zusammenhang mit Erfahrung und Ausdruck eines Menschen kann die Analyse von Vorwärts/rückwärts-Spaltungen wertvolle Aufschlüsse liefern. Die Vorderseite des Körpers scheint in engerer Beziehung zu unseren Erfahrungen zu stehen – die meisten von uns empfinden ihre Emotionen auf der Vorderseite des Körpers. Die Rückseite des Körpers dagegen scheint mehr mit dem Phänomen des Ausdrucks zu tun zu haben. Dies mag daran liegen, daß sich dort die Muskeln befinden, die wir zum Drücken bzw. Stoßen – einer primitiven Form des Ausdrucks – benötigen. Lange bevor der Mensch die Worte »Geh weg!« artikulieren konnte, verfügte er bereits über die biologische Fähigkeit, jemanden von sich wegzustoßen. In unserer klinischen Praxis hat sich erwiesen, daß sich Probleme im Zusammenhang mit der Unfähigkeit, Gefühle zu *erfahren* bzw. *zu erleben*, eher an der Vorderseite des Körpers manifestieren, während sich solche im Zusammenhang mit der Unfähigkeit, Gefühle *auszudrücken*, eher an der Körperrückseite – normalerweise im Bereich zwischen Steißbein und Kopf – äußern.

Folgendes Beispiel für die Arbeit an einer Links/rechts-Spaltung haben wir der ersten Sitzung mit einem neuen Klienten namens Charles entnommen. Zu der hier zitierten Szene kam es etwa in der Mitte des einstündigen Gesprächs:

*Charles*: Ich fühle mich wie angewurzelt und bekomme weiche Knie, wenn meine Frau durchdreht.

*Gay*: Gleich vom ersten Moment an, als Sie hereingekommen sind, ist mir aufgefallen, wie sehr sich Ihre linke Körperhälfte von Ihrer rechten unterscheidet, vor allem der Oberkörper.

*Charles*: Wie meinen Sie das?

*Gay: (geht hinüber und legt seine Hand auf Charles' rechte Schulter)* Diese Schulter ist beispielsweise viel länger und niedriger die andere.

*Charles*: Wirklich?

*Kathlyn*: Kommen Sie, sehen Sie in den Spiegel. *(Charles geht zu dem großen Spiegel im Nebenzimmer hinüber.)* Sehen Sie, Ihre linke Schulter ist kürzer und höher als Ihre rechte.

*Charles*: Ja, tatsächlich! Das ist mir nie aufgefallen. Haben Sie eine Ahnung, was das bedeuten könnte?

*Gay*: Ich könnte es mir vorstellen. Doch was könnte es Ihrer Ansicht nach bedeuten?

*Charles*: Keine Ahnung.

*Kathlyn*: Spielen Sie ein bißchen damit. Ziehen Sie Ihre linke Schulter noch ein Stückchen weiter hoch, und nehmen Sie Ihre rechte noch etwas weiter nach unten. *(Wir bringen*

*Charles dazu, die Spaltung zu übertreiben, indem er jede
seiner Schultern noch etwas weiter in die Richtung verschiebt,
zu der sie von allein neigt.)*

*Charles*: Das fühlt sich ziemlich komisch an. Mir wird etwas
übel im Magen.

*Gay*: Ja, spüren Sie in diese Übelkeit hinein. Bleiben Sie dabei,
solange Sie es aushalten können.

*Charles*: Puh! Ist mir schlecht!

*Gay*: Woran erinnert Sie das?

*Charles: (sieht ziemlich mitgenommen aus)* Es ist genau wie
damals, wenn sich meine Eltern vor meinen Augen stritten.
Mir wurde immer ganz schlecht, wenn ich sah, wie sie sich
gegenseitig niedermachten. Mein Vater und meine Mutter
waren, jeder für sich genommen, ganz großartige Menschen, doch sie konnten einfach nicht miteinander auskom-
men.

*Kathlyn*: Welche anderen Gefühle entdecken Sie noch hinter
Ihrer Übelkeit?

*Charles*: O mein Gott. Soeben ist vor mir das Bild meiner
Mutter aufgetaucht, damals als sie zusammenbrach und ins
Krankenhaus gebracht werden mußte.

*Gay*: Und Sie waren dabei, als sie zusammenbrach?

*Charles*: Ja. Das war so ziemlich der schlimmste Tag in
meinem Leben.

*Gay*: Wie alt waren Sie damals?

*Charles*: Acht.

*Kathlyn*: Sie haben sicherlich schreckliche Angst gehabt.

*Charles*: Ja, wer würde sich wohl um mich kümmern? Was
würde mit meiner Mutter geschehen? Ich wußte nicht, ob
sie zurückkommen würde. Da waren nur diese beiden
Männer, die sie in den Krankenwagen einluden, und sie
schrie die ganze Zeit; und mein Vater schien an dem
ganzen irgendwie nicht beteiligt zu sein. Er saß nur in der
Ecke!

*Gay*: Fühlen Sie nun, was das mit Ihrer linken Schulter zu tun hat?

*Charles*: Sie fühlt sich irgendwie »eingezogen« an, so als würde ich sie an mich heranziehen.

*Kathlyn*: So als wollten Sie sich vor etwas schützen?

*Charles*: Eher so, als könnte ich damit verhindern, jemals so zu werden wie sie.

*Kathlyn*: Ach so. So als wollten Sie es nicht zulassen, jemals in solch einen Zustand zu geraten.

*Gay*: Und wenn Ihre Frau durchdreht, dann nehmen Sie eben diese Haltung an.

*Charles*: Oh, ich verstehe. Vielleicht ruft das Verhalten meiner Frau in mir dieselben Gefühle hervor, die ich damals empfand, als sich meine Eltern trennten.

*Kathlyn*: Spüren Sie hinein. Können Sie damit etwas anfangen?

*Charles*: Ja, und ich will auch unbedingt vermeiden, selbst wütend zu werden.

*Gay*: Warum denn das?

*Charles*: Weil ich dann völlig ausrasten würde.

*Gay*: Genau wie damals Ihre Mutter!

Dieses Beispiel zeigt uns, wie sich ein Ereignis aus längst vergangenen Tagen in der Struktur des Körpers niederschlagen kann. Es verdeutlicht zudem, wie eine auf aufmerksame Körperbeobachtung basierende Hinterfragung den Heilungsprozeß beschleunigen kann. Hätten wir Charles nicht dazu veranlaßt, sich mit seiner Links/rechts-Spaltung auseinanderzusetzen, hätten wir wahrscheinlich in dieser kurzen Zeit wesentlich weniger erreicht.

## Sprachindikatoren

Im Rahmen des körperzentrierten Ansatzes muß der Therapeut lernen, sich voll und ganz darauf zu konzentrieren,
wie sein Klient spricht und was er sagt. An der Art, *wie* er
spricht, läßt sich viel über seine Persönlichkeit ablesen –
und zwar genauer als an dem, *was* er sagt. Denken wir nur
daran, welch unterschiedliche Persönlichkeiten sich anhand
verschiedener Betonungen ein und desselben Satzes erkennen lassen.
Hier ein Beispiel zweier identischer Sätze:

Wie konnte *er* mir das antun?
Wie konnte er *mir* das antun?

Es gibt verschiedene Schlüsselbereiche, in denen der Therapeut nach Sprachindikatoren suchen kann: Tonfall, Wiederholungen, Betonung und paraverbale Mitteilungen. Der *Tonfall* ist das Verhalten, das der Mensch auf seine Worte projiziert. Werden die Worte in einem herausfordernden, feindseligen Tonfall gesprochen? Oder werden sie eher flehentlich
vorgebracht? Hört sich die Stimme krächzend, einschmei-
chelnd oder eher verächtlich an?
Erinnern wir uns, daß das Wort *Persönlichkeit* sich ebenso wie
*Persona* aus den lateinischen Begriffen *per* und *sonare* ableitet,
was soviel bedeutet wie »hindurchtönen«. Die Schauspieler
im alten Rom trugen nämlich Masken, so daß ihre Persönlichkeit durch den Ton zum Ausdruck gebracht werden
mußte.
In unserer 20jährigen therapeutischen Arbeit haben wir
zahlreiche Sitzungen auf Tonband aufgenommen. Angesichts verbesserter audiovisueller Techniken sind wir mittlerweile dazu übergegangen, die Therapiegespräche mit
Videokameras aufzuzeichnen. Doch in den ersten 15 Jahren

unserer Arbeit waren wir ausschließlich auf das Tonband angewiesen. Es ist bemerkenswert, wieviel diagnostische Informationen man bei aufmerksamem Zuhören allein dem Tonfall des Klienten bzw. des Therapeuten entnehmen kann. In der Tat gelangt der Therapeut oft erst durch die Auswertung einer Bandaufnahme zu einer genaueren Diagnose und einem exakteren Behandlungsplan als durch die Sitzung selbst.

Das Achten auf Worte oder Sätze, die der Klient stets aufs neue *wiederholt*, ist eine zuverlässige Methode, um zu erfahren, was dessen Unbewußtes aussagt. Auf einer Bandaufzeichnung fiel uns beispielsweise auf, daß ein Klient mehrmals das Wort *schwimmend* verwendete. Ein anderer sagte auf demselben Band (es handelte sich um eine Gruppensitzung) mehr als einmal *festgefahren*. Es ist von höchster Wichtigkeit für den Therapeuten zu wissen, ob sich sein Klient selbst als in seinen Gefühlen *schwimmend* oder aber als in diesen *festgefahren* beschreibt. Bei diesen zwei Zuständen – schwimmend und festgefahren – handelt es sich um ganz und gar unterschiedliche sensorische Erfahrungen im Inneren eines Menschen. Zudem können die Worte selbst den Therapeuten direkt zu der für den jeweiligen Klienten richtigen Heilungsmetapher führen. Jemand, der »schwimmt«, muß vielleicht seine Füße auf den Boden bekommen; wer »festgefahren« ist, muß hingegen eher eine Möglichkeit finden, sich aus dem Schlamm zu ziehen.

Die *Betonung* ist ein weiterer Schlüsselbereich, in dem sich Sprachindikatoren feststellen lassen. Welche Worte oder Sätze betont der Klient besonders? Bei unserer Arbeit mit Carl fiel uns auf, daß dieser immer die Worte *kann nicht* betonte. Wann immer er diese Worte aussprach, tat er es mit großem Nachdruck, oftmals zusätzlich begleitet von einem Kopfnicken.

*Gay*: Was macht die Arbeit?

*Carl*: Es wäre ganz schön, mal etwas anderes zu machen, doch ich *kann nicht* ein oder zweimal im Jahr die Stelle wechseln.

*Gay*: Wessen Stimme ist das? Wer sagt, daß Sie das *nicht können*?

*Carl: (lange Pause)* Nun ... Das ist die Stimme meiner Großmutter. Sie sagte andauernd, daß ich dies oder jenes *nicht könne*.

Dieser erfolgreiche junge Mann, der noch nicht einmal 30 Jahre alt war, bezog seine Ratschläge bezüglich seiner beruflichen Karriere von der verinnerlichten Stimme einer 70jährigen Frau, die niemals außer Haus gearbeitet hatte. Als Carl mehr über seine längst verstorbene Großmutter erfuhr, erkannte er, wie sehr ihre Negativität sein Leben dominierte. Den Anstoß zu dieser Einsicht verdankte er der Tatsache, daß uns aufgefallen war, daß er zwei unbedeutende Worte stärker als üblich betonte.

Ein weiteres Beispiel ergab sich gleich zu Beginn unserer Arbeit mit unserer Klientin Clara, die sich selbst in einer Ausbildung zur Bewegungstherapeutin befand:

*Kathlyn*: Also fangen wir an, Clara. Spüren Sie in das hinein, was Sie gerade in diesem Augenblick fühlen.

*Clara*: Gut.

Kathlyn meinte aus dem Tonfall, mit dem dieses »gut« gesprochen wurde, einen Hauch von Resignation herauszuhören. Es lag etwas Schweres in der Art, wie Clara dieses Wort betonte, so als ob sie jemandem folgen müsse, der sich dagegen sträube, sie mitzunehmen.

*Kathlyn: (imitiert Claras Tonfall)* Gut. Spüren Sie in Ihren Tonfall hinein, Clara. Woher kommt dieses Schwere?

*Clara: (nachdenklich):* Gut. Gut. Gut. ... Wissen Sie, dieses
   Gefühl habe ich bei sehr vielen Dingen – ... daß ich etwas
   nur deshalb tun muß, weil ich es muß.
*Kathlyn*: Und wenn Sie es nicht tun würden ...
*Clara*: Dann würde ich nichts bekommen – keine Anerken-
   nung.

In Claras Fall führte ein einziges in einem auffälligen Tonfall
gesprochenes Wort zu einer produktiven Analyse der Hintergründe eines prägenden Lebensmusters.
Unter *paraverbalen Mitteilungen* verstehen wir all das Seufzen
und Schniefen, Husten und Stottern, das unsere Worte begleitet. Die Vorsilbe *para* bedeutet »entlang« oder »neben«. Wer
sich mit paraverbalen Mitteilungen befaßt, kann nicht umhin,
überrascht zu sein ob des ungeheuren Einflusses, den diese auf
die menschliche Sprache haben. Für uns selbst lag die wohl
wichtigste Erkenntnis aus der Arbeit mit paraverbalen Botschaften in der Feststellung, daß eigentlich sie es sind, die
unserer Sprache ihre Bedeutung geben: Ein Seufzer oder ein
Schnüffeln zur rechten Zeit enthüllt den wahren Sinn der ge-
sprochenen Worte. Das Unbewußte spricht »zwischen den
Zeilen« beziehungsweise »Rissen«, und es wendet sich direkt
an das Unbewußte seines Gegenübers. Die Praxis des Therapeuten ist einer der wenigen Orte, an dem die wahre Bedeutung zwischenmenschlicher Kommunikation erkannt und aufgedeckt werden kann. Zur Verdeutlichung hier ein Ausschnitt
aus einer Sitzung mit unseren Klienten Sally und Len:

*Kathlyn*: Was geht gerade in Ihnen vor?
*Len*: Ich glaube, dazu gibt es nicht viel zu sagen *(hüstelt
   höflich)*.
*Sally: (reagiert prompt wütend)* Das ist genau das Problem!
   Du hast niemals etwas zu sagen, wenn es um etwas wirklich
   Konkretes geht.

*Kathlyn*: Irgend etwas an Lens Husten regt Sie fürchterlich auf.

Es zeigte sich, daß Lens höfliches Hüsteln der Auslöser für Sallys Wutausbruch war. Für beide hatte es eine tiefere Bedeutung. Als wir analysierten, was genau sich dahinter verbarg, stellte sich heraus, daß das Hüsteln auf Lens Seite für die Beziehung zwischen seinem allzu gutmütigen Vater und seiner dominanten Mutter stand. Für Sally symbolisierte das Hüsteln eine ganze Reihe von Männern, die sie gekannt hatte und die ihre Gefühle hinter einer ausdruckslos-höflichen Fassade verborgen hatten. Sally trug aller beider Zorn in sich, denn Len hatte den Zugang zu seiner eigenen Wut völlig verloren.

## Verhaltensindikatoren

Ein Verhaltensindikator ist oft eine Kombination aus den verschiedenen anderen Indikatoren, die in ihrer Gesamtheit den Lebensstil eines Menschen prägen. So ließe sich beispielsweise das Verhalten Elvis Presleys in den Anfangsjahren seiner Karriere durch eine Kombination verschiedener Indikatoren beschreiben: sein spöttisch-ironischer Gesichtsausdruck, sein federnder Gang, ein paar vor sich hin gemurmelte Worte ... Gemeinsam ließen sie jenen mißverstandenen Rowdy mit dem sanften Herzen entstehen, den wir aus so vielen Filmen kennen. Im Laufe der Jahre wurde Elvis Presley jedoch zu einer Karikatur seiner selbst; mit zunehmender Berühmtheit wurde sein Verhalten zunächst zum Witz und schließlich zu etwas, wofür er selbst nur noch Verachtung übrig hatte. Anfangs konnte er noch über seine eigenen Sprüche und sein spöttisches Lächeln witzeln. Später dann wurde seine Verachtung offenkundig. Wir erinnern uns an einen Fernsehauftritt kurz vor seinem Tod, bei dem unverkennbar war, welchen Widerwillen er sich selbst gegenüber empfand.

Wir erwähnen hier dieses Beispiel, weil sich viele Menschen in den Verhaltensweisen zu verlieren scheinen, die sie als Heranwachsende und junge Erwachsene entwickelt haben. In der Tat identifizieren wir uns oft dermaßen mit unseren Verhaltensweisen, daß uns diese nicht länger als Verhaltensweisen erscheinen. Sie haben uns in Besitz genommen, nicht wir sie. Mit wachsender seelischer Reife lernen die Menschen allerdings in der Regel, über ihre Verhaltensweisen zu lachen und zu scherzen. Sie haben mittlerweile genügend Abstand dazu. Kommt es jedoch zu keiner Änderung der Verhaltensweisen, so erwecken diese schließlich im Betreffenden selbst und auch in seinen Mitmenschen nichts als Hohn und Verachtung.

Einige Verhaltensweisen haben besonders verheerende Folgen für den Therapieprozeß, sofern sie nicht direkt erkannt und bearbeitet werden. Hierzu gehören: verführerisches Verhalten, Feindseligkeit, andächtige Ergebenheit dem Therapeuten gegenüber sowie hilfsbedürftige Abhängigkeit.

Das Erkennen und Klären mancher Verhaltensweisen erweist sich aufgrund von »blinden Flecken« beim Therapeuten als schwierig. So sind beispielsweise viele Therapeuten von ungelösten sexuellen Problemen belastet, die sie dem verführerischen Verhalten eines Klienten gegenüber blind machen. Wurden die eigenen sexuellen Probleme des Therapeuten nicht vollständig bearbeitet und gelöst, besteht die Gefahr, daß dieser das Vertrauen seiner Klienten mißbraucht. Gleichermaßen kann sich das Erkennen und Behandeln feindseliger Klienten als schwierig erweisen, wenn der Therapeut nicht richtig mit seinen eigenen Aggressionen umzugehen gelernt hat. Hat der Therapeut ein Problem mit seinem Selbstwertgefühl und hängt sein persönliches Wohlbefinden daher von seinen Klienten ab, so kann er eine für beide Parteien ungesunde und unheilvolle Bindung zu unterwürfigen oder ihn anhimmelnden Klienten aufbauen. Unseres Erachtens müssen solche Verhaltensweisen unbedingt im Frühstadium der Therapie offengelegt und direkt geklärt werden. Ist der Therapeut aufmerksam, dürfte ihm dies in der Regel im Laufe der ersten Sitzung gelingen.

Hier ein Dialogausschnitt, den wir in den ersten zehn Minuten der ersten Sitzung eines Klienten mit einem unserer Therapiestudenten aufgezeichnet haben:

*Johanna:* (*mit einer sehr sanften, leicht flehentlichen Stimme*) Ich weiß nicht genau, warum ich hierhergekommen bin. Wahrscheinlich weil mir so viele Menschen gesagt haben, daß mir eine Therapie guttun würde. Und ich habe so viel von Ihnen gehört; auch daß Sie hier im Beratungszentrum anderen Studenten geholfen haben.

*Therapeut:* Ich, äh ...

*Johanna:* Da habe ich mir gedacht, ich schau mal rein, um Sie kennenzulernen und zu sehen, ob ich Ihnen wirklich vertrauen und mich Ihnen gegenüber öffnen kann. (*Sie streicht sich beiläufig über ihr Haar und schenkt dem Therapeuten ein strahlendes Lächeln.*)

*Therapeut:* Vielleicht könnten Sie mir sagen, was Sie durch die Therapie erreichen möchten.

*Johanna:* Nun, Sie könnten mir zeigen, was ich mit mir selbst anfangen soll. Mir fehlt irgendwie eine klare Linie. Ich hab' keinen rechten Spaß an meinen Vorlesungen und so. Sie scheinen Ihr Leben fest im Griff zu haben, und ich möchte unbedingt erfahren, wie Sie das geschafft haben.

Wir haben es hier mit verschiedenen Verhaltensweisen zu tun, die gleich zu Beginn geklärt und ausgeräumt werden müssen, weil sie dem Therapeuten sonst immer wieder zu schaffen machen und den Heilungsprozeß behindern. In Johannas speziellem Fall fallen uns in diesem Zusammenhang dreierlei Dinge auf: (1) eine allzu aufschauende Haltung dem Therapeuten gegenüber, möglicherweise gepaart mit dem Irrglauben, der Therapeut könne ihr etwas geben, was sie sich selbst nicht geben kann; (2) ein übermäßig vertrauensseliges Verhalten, das auf eine mögliche Abhängigkeit hindeutet; (3) die Verwendung der Worte »sich öffnen« in derart unmittelbarem Zusammenhang mit dem Thema Vertrauen – auch dies eine Bestätigung, daß es in Johannas Leben ein Mißbrauchserlebnis, womöglich sexueller Art, gegeben hat, das sie zum »Zumachen« veranlaßte.

Der Therapiestudent berichtete uns beim Betrachten der Videoaufnahme, daß er sich vom ersten Augenblick an in Johannas Gegenwart unwohl gefühlt habe. Dies wird deutlich an seinem Unvermögen, ihr zu antworten, denn er brachte außer »ich, äh ...« kein Wort heraus. Sie legte ein bewunderndes und aufschauendes Verhalten an den Tag, wann immer sie ihre Hilflosigkeit und Scheu vor Verantwortung hinter der Maske ihres verführerischen Gehabes verbarg. Viele Therapeuten empfinden es als schwierig, mit solchen Klienten umzugehen, zum einen, weil sie so hilfsbedürftig wirken, und zum anderen, weil es dem eigenen Ego guttut, so hoch angesehen zu sein. In der Tat verbarg sich hinter diesem Komplex von Verhaltensweisen ein Muster, das Johanna schon eine Menge Leid gebracht hatte. Sie war von ihrem Onkel, zu dem sie als Kind großes Vertrauen gehabt hatte, und später von einem Therapeuten, der wesentlich älter war als sie, sexuell mißbraucht worden.

Der Therapeut erfuhr dies erst, nachdem Johanna versucht hatte, auch ihn zu verführen. Während der dritten Sitzung machte sie ihm ein direktes sexuelles Angebot, gefolgt von einer Serie wohlklingender Komplimente. Glücklicherweise konnte er sich aus der Schlinge ziehen. Er lehnte ihr Angebot ab und forderte sie auf nachzudenken, ob ihr dieses Muster

vertraut vorkam. Bei der Auswertung der Videobänder der
ersten beiden Sitzungen erkannte er, daß er Dutzende von
Verhaltensindikatoren übersehen hatte, aufgrund derer er
sich unbewußt unwohl in seiner Haut gefühlt hatte, die er
aber wegen seines eigenen »blinden Flecks« nicht hatte auf-
greifen können.

Nicht selten können Therapeuten die Verhaltensweisen ihrer
Klienten nicht genau identifizieren. Wir würden uns wünschen, von uns selbst sagen zu können, daß wir solche Verhaltensweisen immer in der ersten Sitzung erkennen, benen-
nen und effektiv aus dem Weg räumen können, um so zu einer
ungestörten Kommunikation mit unseren Klienten zu gelangen. Auch wir vermögen dies nicht immer. Manchmal fällt
uns ein bestimmtes Verhalten auf, doch wir können es nicht
deuten; ein anderes Mal gelingt uns dies zwar, doch wir
können dem Klienten nicht richtig begreiflich machen, was
wir meinen. Es kommt auch vor, daß wir eine bestimmte
Verhaltensweise völlig übersehen und erst nach ein paar Sitzungen daraufkommen, was eigentlich los ist.

Hier ein Beispiel aus einer Sitzung, in der uns eine bestimmte
Verhaltensweise auffiel, die unsere Klientin Peggy zwar schon
zu Beginn an den Tag legte, die wir aber bis dahin nicht genau
identifizieren konnten.

*Peggy: (in beherrschtem Tonfall)* ... Ich bin mir nicht sicher,
   ob es das ist, was ich brauche. Ich wollte es nur mal
   probieren und sehen, ob die Körpertherapie das ist, was ich
   brauche.

Ein Sprachindikator (»was ich brauche«) tauchte innerhalb
der ersten ein bis zwei Minuten der Sitzung auf. Doch was
bedeutete er? Er war uns anfangs entgangen, und wir erkannten seine Wirkung erst später beim Ansehen der Videoauf-
zeichnung.

*Gay*: Sie sind sich also nicht ganz sicher, ob diese Therapie das Richtige für Sie ist. Was möchten Sie von mir über unsere Arbeit wissen, damit Sie beurteilen können, ob wir Ihnen helfen können?

*Peggy*: *(lehnt sich leicht zurück und wirkt etwas ängstlich)* Nun ja, vielleicht könnten Sie mir ein paar weitere Informationen dazu geben.

*Gay*: Was würden Sie gerne wissen?

*Peggy*: *(wendet ihren Blick ab)* Nun, wissen Sie ... *(beendet ihren Satz nicht, wirkt unsicher.)*

Bis zu diesem Augenblick hatte sich Gay voll darauf konzentriert, *was* Peggy sagte bzw. wissen wollte. Dabei übersah er völlig, *wie* sie nach Informationen fragte, und war irrtümlicherweise überzeugt davon, daß sie sich tatsächlich informieren wollte. In Wirklichkeit aber wollte sie gar keine Informationen. Sie machte vielmehr eine Aussage. Wenn Gay dies auch nicht sofort auffiel, erkannte er doch, daß er auf dem falschen Pfad war, und änderte seine Richtung.

*Gay*: Wissen Sie, mir ist da etwas nicht ganz klar. Ich fühle, daß irgend etwas zwischen uns vorgeht, doch ich kann nicht genau sagen, was es ist. Es scheint so, als fühlten Sie sich nicht ganz wohl in Ihrer Haut. Mir ist aufgefallen, wie Sie sich zurücklehnten und den Blick senkten – und ich würde gerne wissen, ob da irgend etwas vor sich geht, von dem ich nichts weiß. Vielleicht ist es irgend etwas in mir.

*Peggy*: *(wirkt jetzt ziemlich verängstigt)* Ich ... Ich weiß nicht.

*Gay*: Erinnere ich Sie an jemanden? Oder kommt Ihnen die ganze Situation irgendwie vertraut vor?

*Peggy*: *(stockt etwa 20 Sekunden lang händeringend und mit fahrigem Blick)* Nun, ich fühle mich so ähnlich, wie wenn mein Vater mich zu sich zitierte.

*Gay:* Sie sehen in dieser Situation etwas von *Ihrem Vater in mir?*

*Peggy: (lacht nervös)* Er ist auch Arzt. Hat nie Zeit. Wie Sie da eben ins Zimmer »reingerauscht« kamen, das war genau wie bei ihm, gerade so als müßten Sie scharf bremsen. Genauer gesagt, er ist Gehirnchirurg, und er schrie meine Mutter immer an, daß seine Zeit 1500 Dollar pro Stunde wert sei und sie sie daher nicht vergeuden solle. Für uns Kinder, so schien es, hatte er nicht mehr als zehn Minuten am Tag übrig, und das nur, wenn er mit etwas nicht zufrieden war.

*Gay:* Wenn Sie also hier mit mir sprechen, dann erinnert Sie das daran, welche Angst Sie vor Ihrem Vater hatten.

*Peggy: (lächelt)* Ja. Besonders, weil Sie ihm auch körperlich irgendwie ähneln. Er war ziemlich groß, besonders als ich ein Kind war. (*Die ungewollte Komik dieser Aussage bringt beide zum Lachen.*)

Therapeuten müssen oft daran erinnert werden, daß es ganz in Ordnung ist, wenn man nicht alles weiß. Ja, viele der größten Erfolge wurden gerade deswegen möglich, weil wir zugaben, daß wir nicht wußten, was vor sich ging. Oftmals schafft gerade dieser »Geist des Anfängers« den Freiraum, in dem Wunder geschehen.

## Ein lebenslanger Prozeß

Vor einiger Zeit unterrichteten wir anläßlich eines einwöchigen Fortbildungsseminars für Psychotherapeuten etwa 20 Teilnehmer über die fünf Indikatoren und das in diesem Buch enthaltene therapeutische Modell. Am dritten Tag der Veranstaltung machten wir nach intensiver Arbeit zur Einübung der hier geforderten Fähigkeiten eine Pause. Während der

Pause setzte sich einer der Teilnehmer an die Kongatrom-
meln, die in einer Ecke bereitstanden, und fing an zu spielen.
Er war Berufsmusiker, und er hielt uns alle im Bann mit seiner
spontanen, brillanten Darbietung. Am Ende fragte ihn einer
von uns: »Wie lange müßte ich wohl üben, um so gut spielen
zu können wie Sie?« Daraufhin antwortete er: »Ungefähr so
lange, wie ich brauche, um die Indikatoren richtig wahrnehmen und deuten zu lernen.« Er befand sich damals in jenem
Stadium des Sich-überfordert-Fühlens, durch das viele unserer Studenten zu Beginn ihrer Arbeit mit den Botschaften des
menschlichen Körpers gehen.
Für den Therapeuten empfiehlt es sich, die Wahrnehmung
und Arbeit mit den Indikatoren als einen lebenslangen Prozeß
anzusehen. Bemühen Sie sich dabei, nicht allzu selbstkritisch
zu sein. Wir selbst arbeiten seit über 20 Jahren mit diesem
Ansatz, und immer noch hoffen wir, daß wir die Indikatoren
in der nächsten Woche besser deuten können als heute. Die
Aufmerksamkeit nicht nur auf den Inhalt, sondern gleichzeitig auch auf den Verlauf zu lenken, erfordert einen großen
Lernschritt. Gelingt es uns, nicht nur darauf zu achten, *was*
die Menschen sagen, sondern auch, *wie* sie es sagen, so ist dies
fast so, als hätten wir ein drittes Ohr oder Auge. Die Fähigkeit,
zum Kern eines Problems vorzudringen, wird drastisch gesteigert. Als Kind fragte Gay einmal seine Mutter, warum der
Pastor in der Kirche immer so ein sonderbares Augenzucken
hatte, sobald er über die Kollekte sprach. »Pssst«, antwortete
sie, »es ist nicht höflich, so etwas zu bemerken.« Das ist
bedauerlich, denn es hätte die gesamte Gemeinde sicherlich
sehr erleichtert zu wissen, warum der Kollekteteller im Pastor
Angst auslöste. Bedauerlich ist es auch für das Kind in seinem
verzweifelten Bemühen, die Realität zu erkennen und herauszufinden, was eigentlich vor sich ging. Wahrscheinlich reichen
wenige solcher Erlebnisse aus, um die Aufmerksamkeit der
Kinder ausschließlich auf den Inhalt unserer Kommunikation

zu begrenzen und sie für die Aussagen unseres Körper-Geistes insgesamt unempfänglich zu machen.

Ein gesellschaftsbedingter »blinder Fleck« hält uns davon ab, Indikatoren wahrzunehmen und darüber zu sprechen. Wir sehen deutlich Richard Nixons fahrigen Blick und die Schweißperlen auf seiner Oberlippe, doch wir schauen weg – und später müssen wir dann den Preis für diesen Mangel an Direktheit zahlen. Wir weigern uns, uns mit der Sexualität unserer Kinder auseinanderzusetzen, und haben am Ende über eine Million schwangerer Teenager pro Jahr allein in den USA. Offenbar weigern wir uns in vielen Bereichen des menschlichen Lebens, die Realität zu sehen. Als Therapeuten haben wir Tag für Tag mit Menschen zu tun, die ihren Blick abwenden, um – metaphorisch gesprochen – etwas nicht anschauen zu müssen, das dringend ihrer Aufmerksamkeit bedarf. Genau jene Menschen, die ihr Auto beim leisesten Klappern am Vorderrad in die Werkstatt fahren, verschließen ihre Augen jahrelang vor einem in ihnen begrabenen emotionalen Problem oder einem problematischen Muster in ihrer Partnerschaft.

Eindeutig gibt es an unserer Fähigkeit, die Dinge so zu sehen, wie sie wirklich sind, eine Menge zu heilen. Während unser bewußter Verstand pausenlos damit beschäftigt ist, unsere Illusionen zu bewahren, sind unsere tieferen Schichten ebenso pausenlos damit beschäftigt, sich mit Hilfe der einzigen für sie verfügbaren Signale mitzuteilen. Diese Signale sind die fünf Indikatoren, und Therapeuten, die deren Sprache verstehen, werden sehr viel eher zur inneren Harmonie gelangen und andere zur Einheit führen können.

# Teil II

# Die neun Strategien der körperzentrierten Therapie

# 5
## Das Gegenwärtigungsprinzip:
## Ausgangspunkt der Geist-Körper-Heilung

Es ist nicht notwendig, daß du aus dem Hause gehst.
Bleib bei deinem Tisch und horche.
Horche nicht einmal, warte nur.
Warte nicht einmal, sei völlig still und allein.
Anbieten wird sich dir die Welt zur Entlarvung, sie kann nicht
anders, verzückt wird sie sich vor dir winden.
*Franz Kafka*

Kein Geist beschäftigt sich viel mit der Gegenwart; Erinnerung
und Vorausschau füllen fast all unsere Augenblicke.
*Samuel Johnson*

**Probleme bleiben so lange bestehen, wie wir versäumen, uns ihnen und den damit verbundenen Gefühlen zu stellen. Wenn wir ein Problem ganz einfach nur zulassen können (anstatt es zu beurteilen oder zu ändern versuchen), hat es Raum, sich in der gewünschten Richtung zu verändern.**

Die bedeutendste Heilungsstrategie ist, gegenwärtig zu sein. Für uns alle, und ganz besonders für uns Therapeuten, gilt als Grundsatz der Heilung, den Menschen Raum zu geben, damit sie wieder fühlen können, was sie empfinden. Alles, was wir tun, stärkt oder beeinträchtigt unsere Fähigkeit, das zuzulassen, was gerade in uns vorgeht. Was Heilung auslöst, ist ein Moment der urteilslosen Achtsamkeit. Unsere Bezeichnung für diesen Augenblick ist ein

Verb, das noch nicht im Wörterbuch enthalten ist: *gegen-wärtigen*.

Wenn wir etwas gegenwärtigen, lassen wir die Aufmerksamkeit voll und ganz darauf ruhen. Gegenwärtigen hat keine urteilende oder zeitliche Komponente. Es *ist* einfach. Der Grund, warum dieser Augenblick eine so gewaltige Heilkraft hat, liegt in der Tatsache, daß er eine Miniaturausgabe des Endzustandes ist. Das Sein – das reine Bewußtsein – ist das ersehnte Ziel am Ende unserer Suche nach Befreiung. Ein winziger Vorgeschmack davon setzt den gesamten Prozeß in Gang.

Gegenwärtigen ist die wertfreie Ausrichtung und Zentrierung unserer Aufmerksamkeit. Während Sie dieses Kapitel lesen,

---

Ein Gegenwärtigungsexperiment, das Sie gleich ausprobieren können

Wenn Sie Gegenwärtigung erfahren möchten, nehmen Sie sich Zeit zur Einstimmung auf etwas, das Sie in Ihrem Körper fühlen. Gegenwärtigen kann man viele unterschiedliche Dinge, aber mit einem Körpergefühl zu beginnen ist wohl am leichtesten. Nehmen wir beispielsweise den Hunger, die Müdigkeit oder aber ein angenehmes Gefühl der Zufriedenheit. Wir könnten auch etwas ganz Konkretes wie Zahnweh oder das drückende Gefühl eines zu engen Gürtels heranziehen. Lenken Sie nun Ihre Aufmerksamkeit in diese Empfindung hinein. Konzentrieren Sie sich darauf, ohne Einfluß zu nehmen. Versuchen Sie nicht, sie zu korrigieren oder zurechtzurücken. Bleiben Sie nur bei Ihrem Gefühl, also gegenwärtig. Lassen Sie Ihre Aufmerksamkeit darauf ruhen, ohne irgend etwas anderes zu tun.

Achten Sie genau darauf, was geschieht, wenn Ihre Aufmerksamkeit voll und ganz mit der Empfindung verbunden ist. Können Sie Ihre Aufmerksamkeit aufrechterhalten, oder schweift sie ab zu etwas anderem? Es gibt keine richtigen Antworten; achten Sie ganz einfach auf das, was Sie wahrnehmen.

sollten Sie die Prinzipien der Gegenwärtigung so oft anwenden, wie Sie können und möchten. Beobachten Sie, was mit
Ihrer Lebendigkeit insgesamt geschieht, wenn Sie Ihre unterschiedlichen Empfindungen und Gefühle gegenwärtigen.
Viele Menschen sind der Ansicht, daß sich das körperliche
Wohlbefinden in seiner Gesamtheit durch Gegenwärtigung
steigern läßt.

## Die Macht der Gegenwärtigung

Ken Hecht, ein Fernsehproduzent und Autor aus Los Angeles,
gehört zu den wenigen Leuten, die es geschafft haben, über
150 Pfund abzunehmen und ihr neues Gewicht über viele Jahre
zu halten. Ein einziger Augenblick hat sein ganzes Leben verändert. Er berichtete darüber im *Newsweek*-Magazin und hat
uns erlaubt, seine Erfahrungen hier wiederzugeben:

Woher nimmt ein Mensch die Kraft abzunehmen? Den
wohl zermürbendsten Teil dabei stellen die von Angst
besetzten Momente dar, die dann zum unkontrollierten
Essen führen. Jene Momente nämlich, wo man alles in sich
hineinstopft und sich alles nur noch ums Essen dreht. Man
weiß, man will essen, sehr viel essen, doch man sollte es
eigentlich nicht; man weiß, wie man sich vor sich selbst
ekeln wird. Doch man »braucht« das Essen so sehr, und
man weiß, daß das Essen, wenn auch nur für wenige
Augenblicke – jene nämlich, die wir essend verbringen –,
die Angst verjagen wird. Also igeln wir uns ein und fressen,
fressen, fressen ... Und dann hassen wir uns selbst. Ein
Kreislauf ohne Ende.
Ich durchbrach diesen Teufelskreis, als ich mich eines
Nachts dazu entschloß, der Angst nachzugeben, sie nicht
länger mit Essen zu betäuben, also lieber eine Gänsehaut

zu bekommen, als einen Gänsebraten zu essen. Ich wollte nur einfach dasitzen und beobachten, ob die alptraumhafte Angst, die mich quälte, mich tatsächlich vollkommen übermannen würde. So saß ich da und fühlte mich schrecklich. Es stiegen Gefühle der Abscheu und des Ekels vor mir selbst sowie meiner Wertlosigkeit in mir auf. Dann endlich legte sich mein panikartiges Verlangen nach Essen. Das Ganze dauerte nicht einmal 30 Minuten. Es war eine schreckliche Erfahrung und doch eine, die ich wärmstens empfehle. Setzen Sie sich ganz allein hin. Essen Sie nicht, gehen Sie nicht ins Kino, schalten Sie nicht das Fernsehen ein. Tun Sie gar nichts, außer ruhig dazusitzen, sich elend zu fühlen und in sich hineinzuspüren, was Ihnen so fürchterliche Angst einjagt. Es ist der Teil Ihres Seins, vor dem Sie essend weggelaufen sind. Es ist ein Teil von Ihnen selbst, den Sie kennenlernen müssen.

Ich habe mich nur einmal auf diese Erfahrung eingelassen, und das hat gereicht, mein ganzes Leben zu verändern. Doch ich habe nicht sofort nach diesem Zeitpunkt und auch nicht problemlos abgenommen. Es gab noch viele Freßorgien. Und noch viele Male stieg die Angst in mir auf. Dann griff ich auf jene eine Erfahrung zurück, und ich wußte, daß ich der Angst die Stirn bieten konnte. Am nächsten Morgen erwachte ich dann mit einem wunderbaren Gefühl, ohne Abscheu vor mir selbst.

Was Ken da so voller Leidenschaft und Engagement beschreibt, ist ein Augenblick der Gegenwärtigung eines Gefühls. Das Essen war eine Möglichkeit, der Angst auszuweichen, sie nicht gegenwärtig werden zu lassen. Die Angst war jetzt, sie war die Gegenwart. Die Freßlust war sein unbewußter Ausdruck für »Man muß etwas tun – irgend etwas! –, nur um der Gegenwart zu entfliehen«. Also schob er seine Sucht eine halbe Stunde beiseite und gesellte sich zu seiner

Angst. Sein Ratschlag für alle Leidensgenossen und -genossinnen: »Machen Sie diese Erfahrung, denn sie wird Ihnen zeigen, daß Sie nicht an Ihrer Angst sterben werden.« Bei unserer Arbeit in der körperzentrierten Therapie haben wir Tausenden geholfen, die exakt das taten, was Ken vorgeschlagen hat. Alle anderen in diesem Buch aufgezeigten Prinzipien und Techniken beruhen auf ebendieser fundamentalen Erkenntnis.

## Barrieren auf dem Weg des Gegenwärtigseins

Wir Menschen neigen im allgemeinen dazu, nicht in der Gegenwart zu sein. Ken Hecht ging seiner Angst aus dem Weg, indem er aß, und am Ende schleppte er 150 Pfund zuviel Gewicht mit sich herum. Andere weichen den Problemen in ihrem Leben aus, indem sie zuviel fernsehen. Es gibt Hunderte von Möglichkeiten, Dingen aus dem Weg zu gehen, doch nur einen Weg, gegenwärtig zu sein.

Eine unserer früheren Klientinnen namens Mary schilderte uns eine lebensverändernde Erfahrung der Gegenwärtigung, die sie lange nach dem Erlernen dieser Fähigkeit in der Therapie machte. Sie saß eines Freitag abends allein vor dem Fernseher und las ein Buch. Dabei kamen ihr immer wieder Gedanken an einen Arbeitskollegen, zu dem sie sich hingezogen fühlte. Von anderen Kollegen hatte Mary erfahren, daß sich dieser Mann vor einiger Zeit vorübergehend von seiner Frau getrennt hatte, und sie glaubte, Anzeichen dafür entdeckt zu haben, daß er sich auch für sie interessiere. Es kam ihr plötzlich in den Sinn, ihre Gefühle zu gegenwärtigen, und dabei stellte sie fest, daß dies für sie sowohl aufregend als auch furchterregend war. Sie sei in eine Art Trancezustand geraten, so erzählte sie uns. Sie stürzte zum Kühlschrank, um etwas Eßbares zu finden. Da sie nichts darin sah, worauf sie Lust hatte, ging sie ins Schlafzimmer, räumte einen Schrank aus und säuberte ihn von oben bis unten. Dabei probierte sie dies und das an und stellte etliche Paar Schuhe zum Putzen heraus. Dann »wachte sie auf«. Ihr kam auf einmal zu Bewußtsein, daß sie vor der Gegenwärtigung ihrer Angst und Erregung davonlief, sie nicht zulassen wollte. Also ging sie zurück und setzte sich wieder in den Sessel, wo alles angefangen hatte. Sie spürte in ihre Empfindungen von Angst und Erregung hinein. Sie ließ sich auf sie ein, bis sie vorüber waren. Plötzlich kam ihr der Gedanke, den Kollegen zu Hause anzurufen. Dieser Einfall löste eine neue Welle von Furcht und Erregung aus, der sie sich ebenfalls bewußt stellte. Dann entschloß sie sich, es zu riskieren, und griff zum Telefonhörer. Der Kollege schien zwar überrascht, doch zugleich erfreut über ihren Anruf. Anstelle des üblichen Wortgeplänkels schilderte Mary in knapper Form ihre Erlebnisse der vergangenen Stunde. Ihre Offenheit inspirierte ihn wiederum, mit ihr über seine Gefühle zu sprechen. Schließlich trafen die beiden sich spät am Abend zu einem kleinen Imbiß in einer nahegelegenen Cafeteria.

Gegenwärtig zu sein ist ausgesprochen einfach, dennoch würden die meisten unserer Klienten fast alles tun, nur um dem aus dem Weg zu gehen. Hören wir uns folgenden kleinen Dialogausschnitt aus unserer therapeutischen Praxis an. Wir sprechen darin mit Lisa, die wegen ihrer Angst vor der freien Rede zu uns gekommen war. Erst kürzlich war sie in eine Position aufgerückt, die mit mehr Öffentlichkeitsarbeit verbunden war. Seither hatte sie jeden Morgen Magenschmerzen. Daß diese ein Signal für ihre Angst waren, hatte sie schon zu Beginn der Behandlung mitbekommen. Als unmittelbare Folge jenes Bewußtwerdungsprozesses hörten die Magenschmerzen augenblicklich auf. Sie befand sich jetzt also auf einer Ebene »unterhalb« des Schmerzes auf dem besten Weg zur Lösung der Angst in sich. Unser erster Schritt besteht nun darin, die Aufmerksamkeit der Klientin auf die Gefühle in ihrem Körper zu lenken. Wir möchten wissen, wo genau sie diese empfindet.

*Wir*: Ihnen tut also der Magen jetzt nicht mehr weh. Was genau fühlen Sie dort, wo Sie Ihre Schmerzen für gewöhnlich spüren?

*Lisa*: Oh, eigentlich nichts.

*Wir*: Und wie fühlt sich dieses »Nichts« an?

*Lisa*: So als wäre mir schlecht, vielleicht. So etwas wie Übelkeit.

*Wir*: Es ist Ihnen also schlecht. Bitte fühlen Sie, ob da noch mehr dahintersteckt.

*Lisa*: Ja, da ist noch so ein Kribbeln in mir.

*Wir*: Und wie fühlt sich dieses Kribbeln genau an?

*Lisa*: Es ist so ein sausendes, gereiztes Gefühl.

*Wir*: Wo genau fühlen Sie was?

*Lisa*: Unter der Haut, in der Brust und entlang der Unterarme.

*Wir*: Gut. Bleiben Sie bei diesen Gefühlen.

*Lisa*: Was meinen Sie damit?

*Wir*: Lenken Sie Ihre Aufmerksamkeit auf sie, und lassen Sie sie dort ruhen.

*Lisa*: Warum?

*Wir*: Es ist etwas Neues für Sie, etwas Ungewohntes ...

Es mag Ihnen aufgefallen sein, daß wir die Warum-Frage unserer Klientin nicht lang und breit auf intellektuelle Art und Weise beantwortet haben. Hätten wir das getan, wären wir automatisch in die Falle geraten, die ihr Unbewußtes uns stellte. Es wollte nämlich verhindern, die Angst gegenwärtig werden zu lassen und sich ihr zu stellen. Im Augenblick, wo das Unbewußte losläßt, geht es in das Sein ein und verliert damit seine Macht. Ein Teil von Lisa wollte »sich freistrampeln«, doch ihr programmiertes Unbewußtes hatte ein ganz persönliches Interesse daran, daß sie »steckenblieb«. Ihr Unbewußtes meinte: Wir waren so lange in der Angst festgefahren und haben dennoch überlebt; belassen wir also besser die Dinge, wie sie sind.

*Lisa:* Ich weiß nicht, wie man das macht.

*Wir:* Ja, es ist auch etwas völlig Neues – nur bei seinen Gefühlen zu bleiben, sie zu gegenwärtigen und nicht zu versuchen, irgend etwas daran zu ändern oder zu tun.

*Lisa:* Wenn ich das aber tue, werden sie immer dasein. Ich möchte doch von ihnen loskommen!

*Wir:* Ja, aber sie waren doch sowieso immer da. Vielleicht ist jetzt der Zeitpunkt gekommen, etwas Neues zu unternehmen. Möglicherweise war gerade der Versuch, sie loszuwerden, der Grund, warum sie so hartnäckig bei Ihnen blieben.

Als wir uns später dieses Videoband ansahen, waren wir nicht gerade stolz auf unsere letzte Aussage. Sie schien ein wenig herablassend und oberflächlich, so als ob wir versucht hätten, ihr mit Worten zu klareren Sichtweisen zu verhelfen. Glücklicherweise wurde der Prozeß dadurch nicht unnötig aufgehalten.

*Lisa:* Also gut. *(Schließt ihre Augen einen Moment lang und zentriert sich nach innen; ein ausgeprägtes Stirnrunzeln wird sichtbar.)*

*Wir:* Sie runzeln Ihre Stirn. Was hat das zu bedeuten?

*Lisa:* Ich glaube, ich bin immer noch durcheinander. Es ist nicht einfach, nichts an den Gefühlen zu *tun.*

*Wir:* Mir scheint, Sie beurteilen solche Dinge ziemlich streng.

*Lisa: (in Tränen ausbrechend)* Ich bin immer so gewesen.

Diese drei letzten Wortwechsel enthielten den Schlüssel zur

endgültigen Lösung des Problems. Als sie nur für den Bruchteil einer Sekunde ihre Angst gegenwärtigte, kam ihr fundamentales Persönlichkeitsproblem ans Licht. Die Persona, die
sie um sich herum aufgebaut hatte, war ungemein streng in
der Beurteilung all ihrer Gefühle. Ihr Versuch, sich ihrer
Angst zu stellen, wurde von ihrer Persona vereitelt. Als sie
einen Augenblick lang zuließ, ihre Angst zu gegenwärtigen,
wandelte sich ihre gesamte Sichtweise. Plötzlich erkannte sie
ihr grundlegendes Muster. Nicht ihre Angst war ihr eigentli-
ches Problem: Es war ihre Art, mit der Angst und allem sonst
im Leben umzugehen. Als Lisa sich auf dieses Thema konzentrierte, wurde ihr auf einmal klar, daß sie ihren Ehemann,
ihren Sohn und besonders ihre Tochter immer beurteilte. Am
Ende konnte sie sich auf eine tiefgreifende Gegenwärtigungs-
erfahrung einlassen.

*Wir*: Lassen Sie sich einfach darauf ein, was Sie gerade fühlen.
  Angst, Traurigkeit, Ihre Übelkeit – was auch immer.
*Lisa: (nach etwa zehn Sekunden Pause)* Es ist eigenartig, doch
  wenn ich das mache, verschwindet es – die Furcht, die
  Übelkeit, einfach alles. Es ist einfach nicht mehr da.

Und ebendies geschieht bei der Gegenwärtigung von Ge-
fühlen. Durch den Widerstand, den wir unseren Gefühlen
entgegenbringen, sind diese festgefahren. Fällt dieser Wi-
derstand, sind sie wieder frei und bereit für Veränderungen.
Der Wandel vollzieht sich oftmals spontan und in dramati-
scher Form.
Erinnern wir uns einmal daran, wie wir als Kinder mit unseren
Gefühlen umgingen, so werden wir bald erkennen, warum
Erwachsene so wenig mit dem Gegenwärtigsein vertraut sind.
In einem unserer Seminare fragten wir die Teilnehmer im
Saal, was man ihnen als Kind damals geantwortet hatte, wenn
sie einem Erwachsenen von ihrer Angst berichteten. Wir

füllten eine ganze Tafel mit Antworten: »Hab keine Angst.«
»Es gibt überhaupt nichts zu fürchten.« »Große Jun-
gen/Mädchen haben keine Angst.« Einige erinnerten sich an
die alte Boy-Scout-Devise: Lache und pfeife! An und für sich
ist keiner dieser Ratschläge schlecht, doch sie stellen eben
allesamt nur Wege dar, der Angst auszuweichen. Und haben
wir es dann mit anderen Gefühlen wie beispielsweise mit
Ärger oder Wut zu tun, so lösen diese auf seiten unserer
Bezugspersonen häufig noch repressivere Reaktionen aus, als
bei unserem Beispiel der Angst veranschaulicht.
Hingegen erinnerte sich ein Schüler Milton Ericksons, wie
der große Psychiater einmal die Schmerzen seines eigenen
Sohnes behandelte, nachdem dieser sich kurz zuvor das Bein
verletzt hatte. Dr. Erickson wußte um die Bedeutung des
Gegenwärtigseins als Heil- und Schmerzlinderungsstrategie
und sagte etwa folgendes: »Tut es weh, Robert? Es tut
schrecklich weh, nicht wahr! Und weißt du was? Es wird noch
eine ganze Weile weh tun.« Diese wenigen, doch wohlge-
wählten Worte reichen womöglich aus, um einem Menschen
die richtige Strategie fürs Leben zur Bewältigung seiner Gefühle an die Hand zu geben.
Stellen wir uns einmal selbst die Frage: Hat uns jemand in
jungen Jahren jemals aufgefordert, einfach bei unseren Gefühlen zu sein? Wir wissen nicht, wie Ken Hecht auf die Idee
kam, seine Angst zuzulassen, nachdem er ein Leben lang
gegessen hatte, um sie zuzuschütten. Eines aber steht fest: In
der Schule hat er es wahrscheinlich nicht gelernt! Es gibt
wenig Information in der westlichen Kulturwelt darüber, wie
gut es ist, sich Gefühle zu gegenwärtigen, bei ihnen zu
bleiben. Wenn wir den Fernseher einschalten, werden wir
keine Werbung sehen, die das Gegenwärtigsein anpreist. Stellen wir uns einen freundlichen, weißhaarigen Schauspieler in
der Rolle eines Arztes vor, der folgendes sagt: »Haben Sie
Kopfschmerzen? Leiden Sie unter quälenden Rückenschmer-

zen? Nehmen Sie keine Tablette! Lassen Sie statt dessen den Schmerz zu, bleiben Sie bei ihm. Öffnen Sie sich ihm, und erkennen Sie die Gefühle, die sich dahinter verbergen.«

Eine der Barrieren, die uns daran hindert, gegenwärtig zu sein, ist unsere mangelnde Übung. Eine zweite besteht darin, daß durch die Macht des Gegenwärtigseins selbst gewisse Widerstände erzeugt werden. Wie wir am Beispiel Ken Hechts gesehen haben, wurden die wenigen Minuten des Gegenwärtigseins zum Auslöser für eine Gewichtsabnahme von annähernd 150 Pfund sowie für eine radikale Lebensveränderung. Die meisten unter uns sind allerdings so sehr auf den Status quo eingeschworen, daß sie sich gegen Erfahrungen wehren, die ihn aufweichen könnten. Gegenwärtigsein birgt ein großes Potential: Es hat die Macht, unsere Lebensstrukturen und Weltanschauungen unwiderruflich zu ändern. Natürlich möchten viele von uns den Status quo unbedingt verändern. Doch bevor wir das tun können, müssen wir uns erst jenen Teil zu eigen machen, der sich so sehr darauf versteift, festgefahren zu bleiben. Solchermaßen zwiegespalten arbeitet der eine Teil in uns gegen den anderen. Der Teil unseres Selbst, der nach Wachstum und Veränderung strebt, kämpft gegen den Teil in uns, der weiß, daß wir die Dinge jahrelang so und so verrichtet und dabei überlebt haben. Wozu denn Veränderung? Warum eine sichere Sache aufs Spiel setzen? Zudem tragen viele unter uns einen zerstörerischen Mechanismus in sich, den »inneren Fortschrittsfeind«, der Maschinen zertrümmert, weil sie uns Angst einjagen.

Kürzlich arbeiteten wir mit Michael, einem Veteranen aus dem Vietnamkrieg, der wegen einiger sich wiederholender Beziehungsprobleme zu uns in die Praxis kam. Seine Frau Teri klagte über seine mangelnde Kommunikationsbereitschaft. Sie hatte den Eindruck, sie müsse ihm alles entlocken, seine Gedanken lesen oder Hellseherin sein, um herauszubekommen, was mit ihm los sei. Michael war groß im Abblocken.

Zu Beginn der Therapie war er äußerst wortkarg, seine Stimme war ausdruckslos. Endlich begann er sich zu öffnen und erkannte, welchen Preis er hatte zahlen müssen, weil er über so lange Jahre hinweg nicht bei sich selbst und seinen Gefühlen geblieben war. Er erzählte uns von seiner Einsamkeit und Isolation am Arbeitsplatz, die keinerlei persönliche Kontakte aufkommen ließ. Vor kurzem hatte er mit Teri darüber zum erstenmal gesprochen. Wie so oft, wenn sich die Tür zu einem Gefühl öffnet, werden unverarbeitete Erlebnisse aus der Vergangenheit freigelegt. An diesem Punkt der Sitzung erfuhr Michael Druck von zwei Seiten: Einerseits wollte er sich dem Gefühl stellen (dem guten Gefühl des Sichmitteilens) und andererseits sich ihm entziehen (dem schlechten Gefühl der Einsamkeit und Isolation).

Wir ersuchten ihn ganz einfach, sich auf diesen Druck einzulassen, bei ihm zu sein. Ein paar Minuten lang starrte er geradeaus, und seine Atmung wurde tiefer und tiefer. Plötzlich schnellten seine Augen nach rechts und wieder zurück in die Mitte, und er wurde ganz blaß. Wir fragten ihn: »Was ist passiert? Was haben Sie gesehen?« »Körper von Toten«, antwortete er und begann zu schluchzen. Der kurze Augenblick des Gegenwärtigsein verschaffte Michael direkten Zugang zu Gefühlen, die er seit Ende des Vietnamkrieges in sich aufgestaut hatte. Während der folgenden drei Sitzungen ließ er sich bewußt auf mehrere unterschiedliche Emotionen ein – Angst, Wut, Trauer –, die er seit seiner Militärzeit unter Verschluß gehalten hatte. Als er sich aus seiner Verschlossenheit löste und diese Gefühle in sein Bewußtsein treten ließ, bemerkte Teri einen tiefgreifenden Wandel in ihrer Beziehung. Sie schilderte es etwa so: »Michael wurde gelassener und umgänglicher in seiner ganzen Art. Er kam zu mir, um über Gefühle zu sprechen – etwas, das ich mir jahrelang immer gewünscht hatte!«

## Der innere Kritiker

Eine weitere Barriere auf dem Pfad zur Gegenwärtigung ist die Diktatur des inneren Kritikers, jener nörgelnden, strengen Stimme, die uns ständig ins Unrecht setzen will. Tausende unserer Klienten haben uns ihren inneren Kritiker und seine paralysierende Wirkung beschrieben. Der innere Kritiker ist von Natur aus ein Richter, und nur selten hört man positive Urteile aus seinem Mund. Im folgenden einige seiner Befehle und Kommentare:

– »Kannst du nicht einfach mal stillsitzen und eine Minute lang aufpassen?«
– »Wie oft muß ich dir das noch sagen?!«
– »Hast du deinen Verstand zu Hause gelassen?«
– »Hör mal zu! Es ist ganz einfach, wenn du nur aufmerksam bist!«
– »Dein Gehirn kann sich nicht einmal mit dem einer Kuh messen.«
– »Das war das Dümmste, was ich je gesehen habe. Was hast du dir dabei nur gedacht?«

Der innere Kritiker kann nur zu Wort kommen, wenn wir uns von unserer Erfahrung getrennt haben, und er kämpft verbissen darum, uns vom Gegenwärtigsein abzuhalten. Wenn wir unsere Klienten in der Therapie auffordern, sich auf ein Gefühl oder eine Körperbewegung einzustimmen, glauben sie häufig, etwas falsch gemacht zu haben. »O je, ich habe da etwas falsch gemacht« oder »Ich sitze in der Tinte, ich muß mich verstecken!« lauten gewöhnlich die Antworten. Dieser immerwährende Fluß der inneren Kritik wirkt sich als Mißtrauen gegenüber unseren inneren Impulsen sowie als Trennung vom Sein aus. Zu Beginn einer jeden Therapie verbringen wir eine Menge Zeit damit, dem Klienten zu

helfen, seinen inneren Kritiker kennenzulernen und herauszufinden, wann und wie er sich zu Wort meldet.

Bei unserem Klienten Lewis kündigte sich der Kritiker immer
durch einen flinken, verächtlichen Blick an. Am Anfang
schwieg Lewis, sobald der Kritiker präsent war; er verschloß
sich und fühlte sich hohl und leer. Allmählich gelang es ihm,
den Kritiker ins Licht des Bewußtseins zu heben. Dann sagte
er: »Mir kam gerade ein kritischer Gedanke: Was für ein Idiot
du bist, Lewis.« Lewis ist Legastheniker und hatte in der Schule
eine Menge entmutigender Erfahrungen. Nun ist er Mitte 40.
Während seiner Schulzeit waren Lernschwierigkeiten wie diese
pädagogisch noch nicht anerkannt. Seine Frustration und sein
Versagen nährten seinen inneren Kritiker. Unter unserer Anleitung verbrachte Lewis viel Zeit damit, diesen zu gegenwärtigen. Dabei suchte er nach jener verborgenen Stimme, freun-
dete sich mit ihrem Dominanzbedürfnis an und lernte, sich
davor zu schützen, von ihr als dumm hingestellt zu werden.
Nach und nach gelang es Lewis, seine Aufmerksamkeit auf
seinen Körper zu lenken, ohne dabei zu versuchen, Einfluß auf
seine Gefühle zu nehmen oder sie zu beurteilen. Lewis schildert
das Ergebnis dieses Gegenwärtigungsprozesses wie folgt: »Es
ist eine köstliche Freiheit, die ich nie gekannt habe, so als gäbe
es ein permanentes Lächeln in meinem Bauch.«

Hunderten anderer Klienten ist der berühmte Stein vom
Herzen gefallen, nachdem sie den Tonfall, die Lautstärke und
typischen Urteilsweisen ihres inneren Kritikers erkannt hatten. Für sie wurde durch das Gegenwärtigen des Kritikers
Raum geschaffen für das Erkennen, daß ihr eigenes Erleben
größer und stärker ist als die alte, zerkratzte Platte, die der
Kritiker ihnen immer wieder vorspielt.

Manche Klienten kämpfen auch mit dem Kritiker oder versuchen, ihn zu ignorieren. Sharon, eine aufgeschlossene Karrierefrau Mitte 30, schilderte uns den Kampf mit ihrem inneren
Kritiker wie folgt: »Ich merkte, daß ich meinen Atem anhielt

und mich in der Schulterpartie regelrecht verspannte. Ich hatte Lust, meine Hände gegen meine Ohren zu pressen und loszubrüllen: ›Ich höre dir nicht zu!‹ Doch ich weiß, daß der Kritiker um so mehr Macht über mich hat, je häufiger ich das tue.« Als es Sharon schließlich schaffte, ihren Kritiker einfach hinzunehmen und bei ihm zu sein, verstummte die innere Stimme; so konnte sie ihr Bewußtsein erweitern und eine größere Bandbreite von Erfahrungen in sich aufnehmen.

Karlfried Graf von Dürckheim hat in seinem Buch *Hara – die Erdmitte des Menschen* vor 40 Jahren bereits geschrieben ». . . die Trennung vom Sein verursacht die grundlegende Spannung im Leben; die Befreiung davon ist unabdingbar für die Integration von Ich-Selbst und Wesen.« Lange vor der körperzentrierten Revolution lokalisierte er das »Ich-Selbst« (bei uns Persona genannt) in der Brust, dort, wo wir die »Kampf-oder-Flucht-Atmung« ansiedeln. Seine Theorie war, daß das Bewußtsein von der Ich-Zentrierung zur Wesens-Zentrierung wechselt, sobald sich die Atmung aus dem Brustbereich in den Bauch verlagert.

Der familiäre Hintergrund eines unserer Klienten veranschaulicht, warum sich der Mensch nicht öfter der Wahrheit stellt. Keine Gefühle zu zeigen war in Wolfgangs Familie eine gesellschaftlich akzeptierte Strategie, die sogar das Berufsleben bestimmte, denn die Eltern waren Diplomaten. Als Sohn eines österreichischen Botschafters wuchs Wolfgang mit der Devise auf, daß er »perfekt« sein und »immer wieder auf das Pferd steigen« müsse, wenn er fiel. Ein Großteil seines Tagesablaufs war ausgefüllt mit Auftritten in der Öffentlichkeit; dort war genau vorgeschrieben, wie man sich aufzuführen und zu benehmen hatte. Der Ausdruck von Gefühlen wurde als unverzeihliche Schwäche und protokollarischer Fauxpas angesehen. Wolfgang schilderte uns sein Problem etwa so: Er habe eine schier lähmende Angst davor, daß seine Stimme beim Reden in der Öffentlichkeit zittern könnte. Er wollte in den öffentlichen Dienst, doch er befürchtete, daß man ihm seine Beklemmung und Unsicherheit anmerken würde. Als wir ihm vorschlugen, das Zittern bewußt zu erfahren, es ganz einfach zuzulassen und als solches wahrzunehmen, mahnte ihn die dröhnende Stimme seines Vaters zu standesgemäßer Haltung: »Weder zittern wir, noch zeigen wir *irgendein* Gefühl!«

Als wir im weiteren Verlauf Wolfgangs Leben näher beleuchteten, wurde der Preis für sein mangelndes Gegenwärtigsein offensichtlich. Sein Vater war mit etwa 50 Jahren an einem Herzanfall gestorben. Seine Mutter war ihm wenige Monate später infolge einer Virusinfektion gefolgt. Und seine Schwester hatte ein Jahr zuvor Selbstmord begangen. In dem Brief, den sie hinterließ, hieß es, sie habe all den aufwallenden Gefühlen in ihrem Inneren nicht länger standhalten können. Wolfgang hatte seine ganze Familie verloren, weil sie sich nicht auf ihre Gefühle einlassen und zu ihnen stehen konnte. Selbst angesichts dieses hohen Preises reagierte Wolfgang immer noch mit seiner »österreichischen« Persona; das heißt, er richtete seinen Körper auf, reckte das Kinn nach oben, verengte die Augen, preßte die Lippen fest zusammen, atmete im oberen Brustbereich und spannte fast jeden einzelnen Muskel seines Körpers an.

Mittlerweile hat Wolfgang gelernt, seine Gefühle zuzulassen und sie anzunehmen, insbesondere auch die lähmende Angst, irgendeinen Fehler zu machen. Dabei wurde ein langwieriger Prozeß der Entflechtung elterlicher und kulturbedingter Ermahnungen, gegen die natürliche Art zu sein, in Gang gesetzt. Erst kürzlich sagte er: »Ich kann nun verstehen, daß es in meiner Familie, die seit Generationen ausschließlich Soldaten und Beamte hervorgebracht hatte, keine Menschen mehr gab, sondern nur noch Figuren aus Stein und Marmor – schön und perfekt, jedoch kalt und hart.«

In der Therapie greifen die Klienten gewöhnlich auf ihre

bewährten Lebensstrategien zurück, um in ihrer Beziehung zum Therapeuten nicht gegenwärtig sein zu müssen, und zwar ganz besonders, wenn bedrohliche Erinnerungen oder Gefühle aufsteigen wollen. Ein gebräuchliches Manöver dabei ist, die Aufmerksamkeit vom anstehenden Problem wegzulenken und sie auf ein anderes Thema zu richten. Einige Klienten tun dies, indem sie »an etwas ganz anderes denken«. Marcia war eine solche Klientin, die es fertigbrachte, ihre Aufmerksamkeit in eine kleine Schublade im hintersten Eckchen ihres Gehirns zurückzuziehen, wo sie sich sicher und ruhig fühlte. Nach mehreren Arbeitssitzungen gelang es uns, die Ursache für diese Strategie herauszufinden. Sie war während ihrer Kindheit von ihrem Onkel sexuell mißbraucht worden. Dabei hatte sie ihrem Peiniger über die Schulter geschaut, hinüber zur Schmuckschatulle, die auf ihrer Frisierkommode stand. Mit all ihrer Willenskraft hatte sie sich auf diesen Punkt konzentriert, um sich zu lösen und Abstand zu gewinnen von dem, was mit ihr gerade passierte. Die Atem- und Bewegungsindikatoren, die diese Abtrennung signalisierten, waren subtil und trotzdem unverkennbar. Marcia sah nach links, hielt die Luft beim Einatmen an und redete weiter, während sie sich innerlich völlig zurückzog. Ihr Körper befand sich noch im Zimmer, aber sie war nicht mehr gegenwärtig. Als wir sie sanft dazu ermunterten, doch bitte »da«, also anwesend zu sein, traten sogleich lebhafte Erinnerungen, aufkeimende Trauer und Angst zutage – Gefühle, die sie nun bewußt erfahren und sich zu eigen machen konnte.

## Das Aufblühen der Gegenwärtigkeit

Was nun schafft den Raum, damit dieses Gegenwärtigungsprinzip blüht und gedeiht? Warum ist es wichtig, zwischen dem Sein und anderen Zuständen der Aufmerksamkeit zu unterscheiden? Werfen wir zunächst einen Blick darauf, was passiert, wenn jemand es wagt, ganz und gar gegenwärtig zu sein

Deborahs Persona war chaotisch und zerstreut. Sie konnte nicht einen Satz beenden, ohne auf eine Vielzahl von Nebensächlichkeiten abzuschweifen. Ihre Gesten blieben ohne Wirkung und Resonanz, sie lösten sich gleichsam in der Luft auf. Ihre Augen wanderten ständig am Horizont entlang und blieben niemals auf einen Punkt gerichtet. Ihre Atemzüge überlappten sich, wie Wellen, die gegen einen Wellenbrecher schlagen. Sogar ihr hypersensibles Hörvermögen bereitete ihr Probleme, denn sie hatte den Eindruck, alles ströme wahllos auf sie ein und sie könne nicht herausfiltern, was von Bedeutung sei. Wir baten Deborah, diese Konfusion zuzulassen und zum Ausdruck zu bringen. Daraufhin enthüllte sie mehrere Gefühlsschichten, allen voran ihre Strategie der zerstreuten Persona.

»Ich weiß überhaupt nicht, wie ich da herauskommen soll.« Die meisten Menschen glauben, spontan etwas *tun* zu müssen, wenn ein Gefühl auftaucht. Sie wollen es loswerden, kontrollieren oder umkrempeln. Als sich vor Urzeiten die grundlegenden menschlichen Gefühle entwickelten, hatten diese normalerweise Aufforderungscharakter und sollten uns zu weiteren Aktionen mobilisieren. Nach mehreren tausend Jahren der Zivilisation haben wir nunmehr gelernt, auf viele der Aktionen zu verzichten, auf die unsere Vorfahren programmiert waren. Es ist heute gesellschaftlich nicht mehr akzeptabel, aus dem Büro zu flüchten oder die Fäuste zu schwingen, wenn uns der Chef kritisiert, selbst wenn unsere Physis uns dies anraten mag. So stieß Deborah auf das erste Hindernis, das dem Gegenwärtigsein im Wege steht: den Sprung ins Handeln. Nach dieser Einsicht kehrte sie zum Gegenwärtigungsprozeß ihrer Zer-

streutheit zurück, und dabei wurde eine weitere Gefühls-
schicht offengelegt.

**»Ich habe das Gefühl, nicht gut genug zu sein.«** Als ihr
dies bewußt wurde, kamen ihr die Tränen. Deborah erkannte,
daß sie mit ihrer zerstreuten Persona ihre Trauer darüber
zudecken wollte, nicht gut genug für diese Welt zu sein.
Wenn sie sich nicht ständig in Aktivitäten stürze und etwas
Nützliches tue, meinte sie, sei sie wertlos. Wir forderten sie
auf, diese Gefühle zuzulassen, hineinzuspüren und zu sehen,
was dabei zutage treten würde. Sehr bald schon stieg eine
Erinnerung in ihr auf:

Ich habe gerade ein Bild von meiner Mutter gesehen, wie
sie mich breitbeinig auf ihrer Hüfte sitzend hielt und dabei
sechs ältere Geschwister »in Schach zu halten« versuchte.
Mir fällt auf, daß meine Ohren glühend heiß werden,
während ich dies erzähle. Ich glaube, daß ich empfindliche
Ohren bekommen habe, weil ich immer versuchte, alles
mitzubekommen. Ich hatte meine Ohren stets gespitzt, um
ja nichts zu verpassen; hinter meinem Rücken sollte eben
nichts passieren.

Mehrere Minuten lang schickte Deborah ihren Atem in diese
Erinnerung und gegenwärtigte die damit verbundenen Gefühle. Wir ermutigten sie dazu, die Wahrheit ihrer Erfahrung
anzunehmen und sich selbst so zu lieben, wie sie nun einmal
war. Sie weinte bitterlich und zitterte vor Angst, als die
Gefühlswellen ungehindert auf sie einströmten. Nach und
nach beruhigte sie sich, und die Erkenntnis wuchs in ihr, daß
sie in ihrem Leben das Muster der fragmentierten Aufmerksamkeit exakt kopiert hatte, das ihre Mutter damals im Umgang mit ihren Kindern praktizierte. In diesem Bewußtsein
konnte sie nunmehr ihr eigenes Sein von dem Verhalten

unterscheiden, was sie gelernt hatte, um in einer turbulenten Familie zu überleben.

Letztendlich ist es unsere Fähigkeit, die Wahrheit in uns zu gegenwärtigen, die den Raum für die Liebe öffnet. Alle Aufmerksamkeit, die wir uns entgegenbringen, wird zur Liebe zu uns selbst erblühen, wenn wir nur Geduld haben. Doch die Selbstliebe steht häufig erst an letzter Stelle unseres Denkens. Sogar wenn uns jemand daran erinnert, wehren wir uns möglicherweise immer noch dagegen, wie uns Henrys Geschichte deutlich vor Augen führt.

Henry, ein 50jähriger leitender Angestellter, kam wegen verschiedener Probleme zu uns, die ihn bereits seit Jahren beschäftigten. Nachdem er im Verlauf der Therapie Schicht um Schicht freigelegt hatte, kam er schließlich zu seinem »Grund«-Gefühl. Es war eine Bitterkeit, die tief unten in seinen Zellen zu wurzeln schien.

*Henry:* Was soll ich nur mit all dieser Bitterkeit *tun?*
*Wir:* Sie lieben.
*Henry: (nach einer langen Pause)* Sie meinen, ich solle sie lieben?
*Wir:* Das ist das Beste, was wir Ihnen anraten können.
*Henry: (nach einer weiteren langen Pause)* Könnte ich nicht statt dessen etwas lieben, das daneben liegt, und die Liebe dann überfließen lassen?

Wir brachen in Lachen aus, und bald schon stimmte Henry ein. Es lag etwas Ergreifendes in diesem Moment, den wir niemals vergessen werden – als ob wir tief in unserem Inneren wüßten, daß wir zu Liebe und zu Harmonie mit uns selbst finden müssen. Diesem wissenden Teil in uns steht ein anderer Teil gegenüber, der ersteren auf Schritt und Tritt bekämpft. Liebe löst bekanntlich alle Probleme, und wenn wir lange genug suchen, werden wir zwangsläufig zu dieser Einsicht gelangen.

Werfen wir einen Blick in eine Sitzung mit Don, der sich gerade mit dem Gegenwärtigsein auseinandersetzt. Unser Klient ist in der psychologischen Beratung bei der Stadt tätig. Hinterher mußten wir mit ihm darüber lachen, daß ausgerechnet ein professioneller Therapeut solche Schwierigkeiten hatte, gegenwärtig sein zu lernen. Aber es war so.

Don hatte einen Sohn namens Tony, der bei Dons Exfrau lebte. Ihre Beziehungen waren seit Jahren von Konflikten geprägt. Erst kürzlich hatte sich Don entschlossen, die Probleme und Hindernisse aus dem Weg zu räumen, die sich einer engen Beziehung zu Tony entgegenstellten. Wenn man dieses Beispiel verfolgt, könnte man zunächst glauben, wir würden ein Problem suchen, wo gar keines ist. Doch in diesem Fall zahlte sich unsere Hartnäckigkeit aus. Nach der Sitzung besserte sich Dons Beziehung zu seinem Sohn auf ganz drastische Weise.

*Don: (sich streckend und reckend)* Also, ich habe Tony endlich einen Brief geschrieben (*sein Gesicht verzieht sich*).

*Kathlyn: (macht Dons Gesichtsausdruck nach)* Was haben Sie eben gerade gedacht?

*Don:* Ich hatte nur irgendwie (*lange Pause, wieder verzieht er sein Gesicht*) ein mieses Gefühl.

*Gay:* Gehen Sie bitte tiefer in dieses Gefühl hinein.

*Don: (schüttelt sich am ganzen Körper, steckt seine Hände in die Taschen)* Brrrr!

*Kathlyn:* Verscheuchen Sie es nicht. Bleiben Sie dabei, öffnen Sie sich dem, was Sie empfinden.

*Don:* Ich weiß nicht, wie man das macht.

*Kathlyn:* Sie machen es ja schon – spüren Sie nur einfach in Ihre Gefühle hinein.

*Don:* Wenn ich irgend etwas nicht empfinden möchte, sollte ich doch wohl in der Lage sein, es zu ändern.

*Kathlyn:* Also gut. Ändern Sie es.

*(Don lacht.)*

*Kathlyn:* Wirklich, wenn Sie es ändern können, so ändern Sie es ruhig.

*(Eine lange Pause tritt ein, während in Don die widerstreiten-den Impulse, zu fühlen und zu kontrollieren, miteinander kämpfen.)*

*Gay:* Sie haben also ein mieses Gefühl ... Das ist es, was Sie im Moment empfinden. Nun liegt es an Ihnen zu sagen, ich möchte das ändern, ich will das nicht fühlen – ich will etwas anderes fühlen.

*Don:* Hm? *(Achselzucken)*

*Gay:* Wenn Sie das tun, wo genau wandert dann Ihre Aufmerksamkeit hin? *(Pause)* Wenn Sie dieses miese Gefühl haben, es aber nicht fühlen wollen – was wollen Sie statt dessen fühlen?

*Don: (lächelnd)* Ich habe gerade an etwas anderes gedacht.

*Gay:* Ja? Das ist eine sehr beliebte Strategie – »Ich denke eben an etwas anderes«. Beachten wir, wie der Entschluß, an etwas anderes zu denken, häufig eine noch größere Abgrenzung mit sich bringt.

*(Don lehnt sich zurück und schaut ein paar Minuten lang an sich hinunter.)*

*Kathlyn:* Was machen Sie jetzt?

*(Lange Pause.)*

*Don:* Nun, vom Verstand her habe ich es kapiert, aber – es klappt eben nicht. Ich habe gerade schon wieder an etwas anderes gedacht.

*Kathlyn:* Sie sehen verärgert aus.

*Don:* Nun gut, *offenbar (seine Stimme wird lauter)* greifen Sie mich an, und ich weiß nicht, warum.

*(Hier versucht Don, das Thema zu wechseln; er nimmt seine*

*feindliche Persona an und will uns in eine Auseinanderset-*
*zung verwickeln.*)

*Kathlyn*: Moment! Beantworten Sie doch bitte meine Frage.

*Don*: *(grinst)* Welche Frage?

*Kathlyn*: Sind Sie wütend oder verärgert? Sie haben das Wort
»offenbar« so betont.

*(Während der nun folgenden langen Pause klopft Don unge-*
*duldig mit seinen Füßen auf den Boden und bricht in Tränen*
*aus.*)

*Gay*: Hören Sie, was Ihre Füße machen? Horchen Sie in sich
hinein! Was geht hinter Ihren Augen vor? Hier haben Sie
wieder eine Gelegenheit zur Selbsterfahrung und zum
Gegenwärtigsein.

*(Dons Körper rutscht auf der Couch hin und her, so als ob er*
*nicht die richtige Position finden könne. Es fließen noch mehr*
*Tränen.*)

*Gay*: Lassen Sie sich noch weiter darauf ein.

*(Don zieht seine Beine hoch, drückt sie fest an seine Brust und*
*wiegt seinen Körper von einer Seite zur anderen. Mehrmals*
*seufzt er tief auf.*)

*Don*: Ich bin wütend, aber ich weiß nicht, warum. Und ich
will es auch gar nicht wissen, weshalb ich wütend bin – ich
bin wütend, weil ich eben wütend bin.

*Gay*: Sie sind wütend auf sich selbst, weil Sie wütend sind. Sie
sind wütend und fühlen sich mies, und Sie lassen Ihr mieses
Gefühl nicht zu.

*Don*: Wer, verdammt noch mal, will sich denn schon mies
fühlen?!

*Gay*: Aber Sie haben doch gar keine andere Wahl! Die einzige,
die Sie haben, ist zu fühlen oder nicht zu fühlen. Sie können
eben nicht wählen, was Sie fühlen! Sie haben Gefühle,
ebenso wie Sie beispielsweise Tränen oder braune Augen
haben. *(Lange Pause.)* Was gerade jetzt geschieht, ist, daß
Sie sich mies fühlen – oder wie man es auch nennen will –,

und es gefällt Ihnen nicht. *(Don reibt sich an der Nase und stemmt seine Hand in die Hüfte.)* Sie wollen sich also auf das Gefühl nicht einlassen. Damit geben Sie sich selbst auf und wandern mit Ihrer Aufmerksamkeit irgendwo anders hin. Sie denken einfach an etwas anderes. Sie sind dann sozusagen »nicht zu Hause«. Sie sind schlichtweg nicht erreichbar... Ihre Augen sind gerade abgeschweift *(lange Pause, in der Don unruhig hin und her rutscht und gleichzeitig den Atem anhält).*

*Don:* Vielleicht wäre es nur halb so schlimm, sich mies zu fühlen, wenn ich nur wüßte, weshalb ich mich mies fühle.

*Kathlyn:* Das nennt man, den Wagen vor das Pferd spannen. Sie werden niemals wissen, warum Sie sich mies fühlen, solange Sie es nicht zulassen, sich mies zu fühlen.

*Don:* Fühle ich mich etwa nicht mies genug?!

*Gay:* Sind Sie mit Ihrem miesen Gefühl *gegenwärtig*? Leisten Sie sich selbst Gesellschaft, während Sie sich mies fühlen? Wo bleibt Ihre Aufmerksamkeit?

*Don:* Ich weiß es nicht.

*Wir:* Sie sollten unbedingt versuchen herauszufinden, wo Ihre Aufmerksamkeit gerade ist.

*Don:* Sie dreht sich im Kreise – ein wenig in meinem Kopf – hin und wieder in meinen Füßen...

*Kathlyn:* Sind Sie nun bereit, gegenwärtig zu sein mit dem, was gerade jetzt, in diesem Augenblick geschieht; mit anderen Worten, bei Ihren Gefühlen zu sein, sie zu gegenwärtigen und sich ihnen zu öffnen?

*Don: (reibt sich das Gesicht, weil noch mehr Tränen fließen)* Die Antwort muß ja oder nein lauten, nicht wahr?

*Kathlyn:* Ja oder nein genügt. Auf »muß... lauten« können wir ruhig verzichten! Entweder Sie sind bereit dazu, oder Sie sind es nicht!

*Don:* Vielleicht ist es gerade das, was sich so im Kreise dreht?

*Gay*: Wären Sie bereit, dieses »Im-Kreise-Drehen« zuzulassen?

*Don*: Ich weiß eigentlich gar nicht, was es wirklich heißt (*seufzt*).

*Gay*: (*sanft*) Eine Art Offenheit, ein Gefühl der Akzeptanz, ein Potential.

*Don*: Mensch, das erscheint mir alles so *dumm*.

*Wir*: Was heißt hier dumm?

*Don*: Na, daß ich eben nicht in der Lage bin, es einfach zu *tun. (Seine Finger berühren seinen Mund, und er weint daraufhin noch mehr.)*

*Gay*: Lassen Sie sich noch mehr auf dieses Gefühl ein. Lassen Sie noch mehr von sich daran teilhaben.

*Don*: (*hin- und herrückend, sich wiegend, flüsternd*) Ich finde mich unheimlich dumm.

*Kathlyn*: Steht die Bewegung im Einklang mit der Intensität Ihrer Gefühle?

*(Don schüttelt heftig seinen Kopf und verzieht sein Gesicht dabei.)*

*Kathlyn*: Was würde wohl passieren, wenn Sie es dazu kommen ließen?

*Don*: Ich sehe ein Bild. Es wird größer und größer. Ich sehe, wie ich jemanden *ersteche* (*Gesten mit der Hand*).

*Kathlyn*: Was geschieht jetzt?

*Don*: (*unter fürchterlichen Tränen*) Ich hatte einen Moment lang meinen Vater vor mir gesehen, so wie er damals war, als ich noch ein Kind war, und ich wollte ihn töten.

*Kathlyn*: (*sanft*) Sie waren wohl wirklich wütend auf ihn.

An dieser Stelle unterbrachen wir das Gespräch für einige Minuten. Don weinte und schluchzte noch mehr. Bei der Betrachtung des Videobandes stellten wir fest, daß unsere eigene Atmung mit der Dons synchron verlief. Dies zeigte uns, daß wir selbst seine Erfahrung gegenwärtigten. Als wir die Sitzung noch einmal durchsprachen, kam Don zu der Einsicht, daß seine ungelösten Gefühle im Zusammenhang mit seinem Vater eine große Rolle in seinen eigenen konfliktbeladenen Gefühlen zu seinem Sohn spielten.

Das obige Beispiel veranschaulicht die üblichen Hindernisse, die sich uns beim Gegenwärtigen unserer Erlebnisse in den Weg stellen. Das Leben ist voll von Ablenkungen, und es gibt viele Möglichkeiten, sich vor dem Gegenwärtigsein zu drücken. Trotzdem lohnt sich die Mühe, denn sich der Gegenwart zu stellen bedeutet in sich schon Heilung. Viele Probleme im Leben lösen sich in dem Moment, wo wir die ganze Macht der reinen Aufmerksamkeit auf sie lenken. Als sich Don schließlich auf die Wahrheit seiner Erfahrung einlassen konnte, stieß er auf das eigentliche Gefühl, welches sein Leben mit seinem Sohn maßgeblich geformt hatte. Die Kraft der Gegenwärtigung öffnete das Tor zur Heilung.

## Das Primat der Aufmerksamkeit

Viele von uns haben den Entzug von *Aufmerksamkeit* als erste Verletzung ihrer Ganzheit erfahren. Der Mensch braucht Aufmerksamkeit, um zu wachsen und sich voll entfalten zu können. Im Idealfall wird uns diese Aufmerksamkeit durch die Anwesenheit und Zuwendung einer liebenden Person zuteil, die uns hilft, uns in unserer Einzigartigkeit zu entwickeln. Wenn diese Aufmerksamkeit beeinträchtigt oder gar zurückgehalten wird, ist dies für das Kind sehr schmerzlich und wird von ihm oft als Zurückweisung empfunden. Häufig hören wir von unseren Klienten Sätze wie: »Ich habe zuviel...«, »Ich will zuviel...«, »Etwas stimmt nicht mit mir«, oder »Ich verdiene nicht, daß mich jemand liebt«. Sie waren möglicherweise als Säugling im Krankenhaus tage- oder wochenlang allein gelassen, weil ihre Mutter nach der Entbindung zu schwach oder nicht in der Lage war, sich selbst um ihr Kind zu kümmern. So wurde eine Klientin als Rhesus-negativ-Zwilling gleich nach ihrer Geburt von ihrer Mutter getrennt, weil neun Zehntel ihres Blutes ausgetauscht werden mußten. Sie hatte zehn Tage lang weder zu ihrer Zwillingsschwester noch zu irgendeinem anderen Familienmitglied Kontakt. Ihr stärkstes Gefühl im Erwachsenenalter war: »Ich verdiene niemandes Aufmerksamkeit. Ich gebe mich mit dem zufrieden, was ich kriegen kann.« Ein anderer Klient war im Alter von nur sechs Monaten von seiner Mutter verlassen worden. Als Erwachsener glaubte er, daß die Frauen ihn nur lieben und beachten würden, wenn er sie mit Geld und Geschenken überhäufte. In seinen bisherigen Ehen hatte er sich bereits zweimal die Situation des Verlassenwerdens geschaffen, bis er endlich das zugrundeliegende Muster erkannte.

Wenn die Bezugsperson dem Kind ihre Aufmerksamkeit entzieht – und sei es auch auf noch so subtile Art und Weise –, kann dies im späteren Leben die Einstellung des Menschen zur Aufmerksamkeit entscheidend prägen. Eltern oder deren Vertreter, die ihrem Kind ablehnend oder ängstlich gegenübertreten, können bestätigungssuchende oder überangepaßte Verhaltensmuster auslösen, die des Menschen Bedürfnis nach echter und direkter Zuwendung überdecken. Wiederholtes Seufzen, ein Blick mit aufeinandergepreßten Lippen sowie starres Geradeausschauen sind Anzeichen für einen Entzug oder eine Verzerrung der Aufmerksamkeit, die das empfängliche Kind deutlich registriert und die es stark beeinträchtigen können. Nur durch die Reaktionen, die wir erhalten, erfahren wir, wer wir sind. Die Art und Weise, wie man uns anschaut, berührt und zu uns spricht, vermittelt uns unser erstes Gefühl der Lebendigkeit und des Kontaktes. Wunden, die durch verzerrte oder entzogene Aufmerksamkeit geschlagen werden, kann man nur mit eindeutiger und liebevoller Zuwendung heilen.

Zwischen Gegenwärtigung und anderen Formen der Aufmerksamkeit besteht ein Unterschied. Konzentrierte Aufmerksamkeit ist beispielsweise in Situationen gefragt, die Zentrierung erfordern, in der Therapie jedoch verwechseln unsere Klienten häufig Konzentration mit Anstrengung und Beurteilung. Viele neue Klienten *bemühen sich*, aufmerksam zu sein, und legen dabei die Stirn in Falten, so als ob sie in der Schule wären und eine gute Note bekommen wollten. »Ich mache es falsch« oder »Ich muß es richtig machen«, heißt es dann bei den ersten Versuchen der Gegenwärtigung. Bei der Konzentration muß die Aufmerksamkeit gebündelt werden. Dagegen bedeutet »gegenwärtig sein«, mit einer Erfahrung oder einem Gefühl zusammenzusein wie mit einem guten Freund – oder, wie unser Sohn es auszudrücken pflegt, damit »herumzuhängen«.

Die meiste Zeit ist unsere Aufmerksamkeit mit anderen Dingen überlagert, beispielsweise mit Erwartungen oder Emotionen. Wir alle kennen die Ermahnung »Gib acht!« Diese Aufforderung hält uns zur Konzentration an und macht uns gleichzeitig angst. Auf ähnliche Weise kann die Aufmerksamkeit mit einer Absicht »überlagert« sein, etwas in Ordnung zu bringen. Eine solche »überlagerte Aufmerksamkeit« ist strikt von der »reinen Aufmerksamkeit« zu trennen, die in der östlichen Philosophie auch als Leere bezeichnet wird. Wenn wir »leer« sind, halten wir nach nichts Spezifischem Ausschau; wir sind reine Aufmerksamkeit und sonst nichts. Und aus ebendieser Aufmerksamkeit entwickelt sich eine außerordentliche Unmittelbarkeit. Der Weg zur Selbstheilung führt über das Erlernen der reinen Aufmerksamkeit. Bei unseren Gefühlen und Problemen zu bleiben, ohne eine Absicht oder einen Zweck damit zu verbinden, das heißt gegenwärtig sein!

Wenden wir uns einmal Carole zu, einer Frau Mitte 30, die zu ihrer zweiten Sitzung in unsere Praxis kam. Als Therapeuten könnten wir uns natürlich auf die von ihr vorgebrachten

Probleme konzentrieren: Sie war verzweifelt wegen unerfüllter Beziehungen, unzufrieden in ihrem Beruf und unglücklich
wegen ihrer Unentschlossenheit. In diesem Fall war aber reine
Aufmerksamkeit vonnöten, denn es wurde schon auf den
ersten Blick klar, daß sich Carole in einen Kokon überflüssiger
Pfunde eingesponnen hatte. Mit herunterhängenden Schultern, fliehendem Kinn, eingefallener Brust und niedergeschlagenem Blick betrat sie das Sprechzimmer; sie wirkte wie ein
geprügelter Hund.

Was für uns jedoch offensichtlich war, war für Carole überhaupt nicht klar. Sie schilderte uns, wie ihre Woche verlaufen
war. Wir unterbrachen sie mit der Frage, ob sie sich ihrer
stark hängenden Schultern bewußt sei. Sofort begann sie zu
weinen. »Oh, das meinen Sie! Ich dachte, ich hätte das
abgelegt«, war ihre Antwort. Was nun folgte, war ein emotionsgeladener Bericht über ihre Persona der Arbeitswütigen. Aus einer Arbeiterfamilie stammend, hatte sie als einzige
einen College-Abschluß erreicht und war praktisch ihr ganzes Leben auf der Flucht vor dem Gefühl, ein »Underdog«
zu sein. Wir forderten sie auf, sich unter Zuhilfenahme der
in Kapitel 12 beschriebenen Technik der »Mikrobewegungswahrheit« auf das Underdog-Gefühl einzulassen. Carole
durchlebte nochmals ihre erste angstvolle Reaktion auf die
sinnlose und willkürliche Gewalttätigkeit ihres Vaters –
Mißhandlungen, nach denen sie »wie ein Hund in der
hintersten Ecke« kauerte. Im Alter von fünf Jahren konnte
sie seine Wut und Verzweiflung überhaupt nicht verstehen.
Immer und immer wieder hatte sie sich bemüht herauszufinden, was sie denn bloß falsch gemacht habe. Aus dieser
Konfusion und Verwirrung heraus gelangte sie schließlich
zu dem Entschluß, sich aus ihrem sozialen Umfeld emporzuarbeiten. Doch bis zu dieser Sitzung war Carole sich der
Tatsache nicht bewußt gewesen, daß sie immer noch ihren
anfänglichen Schmerz als eine schier unerträgliche Last mit

sich herumtrug, die ihren ganzen Körper gewissermaßen nach unten zog.

Reine Aufmerksamkeit umfaßt das, was wir mit reinem Zuhören bezeichnen. Ruht ein Therapeut in der Gegenwart, so eröffnen sich ihm Untertöne, Bedeutungen und das Mysterium der Kommunikation. Eine unserer Studentinnen beschrieb eine Sitzung, bei der sie mit absichtsloser Aufmerksamkeit voll und ganz zuhörte, so: »Mein Klient legte Schicht um Schicht seiner Erinnerung frei. Er war sehr überrascht, was da alles zutage trat. Er sah lebhafte Bilder und konnte förmlich die Küche riechen, in der er während seiner Kindheit so viele Stunden verbracht hatte. Er brach in Tränen aus, als er sich daran erinnerte, wie er damals bei seinem Großvater auf dem Schoß saß und sich am Kaminfeuer wärmte.« Unsere Studentin war angenehm überrascht, wie energiegeladen sie selbst aus der Sitzung herausging. Gegenwärtigkeit erfordert keine Anstrengung. Im Gegenteil, sie erhöht die Lebendigkeit.

## Die Schleife der Achtsamkeit

Gegenwärtigsein erreichen wir in der Therapie, indem wir die Aufmerksamkeit zwischen Therapeut und Klient fließen lassen. Das Fließen von Aufmerksamkeit oder, wie wir es bezeichnen, die »Schleife der Achtsamkeit« umschließt beide Teilnehmer zu einer Ganzheit. Achtsamkeit an sich ist heilend. Zirkuliert sie also zwischen Therapeut und Klient, so erfährt letzterer am eigenen Leibe, wieviel Liebe und Aufmerksamkeit in ihrer Beziehung mitschwingt. Die »Schleife der Achtsamkeit« ist das wichtigste Rüstzeug, das wir unseren Studenten mit auf den Weg geben – vergleichbar mit einem großen Fluß, auf dem alle anderen Techniken schwimmen. Der Therapeut achtet darauf, was in ihm selbst vorgeht, und beobachtet seinen Klienten in einer permanenten Schleife der Achtsamkeit. Das folgende praktische Beispiel veranschaulicht das Prinzip der »Schleife der Achtsamkeit«.

Als unsere Klientin Nicole zu ihrer dritten Sitzung kam, konzentrierten wir uns auf die praktische Anwendung der »Schleife der Achtsamkeit«. Wir stimmten uns zuerst auf unsere eigenen Gefühle ein und konzentrierten dann unsere ganze Aufmerksamkeit auf Nicole. Bald schon merkten wir, daß wir keinen Kontakt zu ihr bekamen. Sobald wir sie anschauten, unterbrach sie den Augenkontakt oder fing an zu kichern. Nachdem sich dies mehrmals wiederholt hatte, machten wir sie darauf aufmerksam. Sie war sehr überrascht, das zu hören, denn sie hatte den Eindruck gehabt, wir würden ihre Probleme nur an der Oberfläche behandeln. Mit anderen Worten, sie hatte nicht bemerkt, daß sie jeweils den Kontakt unterbrochen und die Tatsache auf uns projiziert hatte, daß wir nicht daran interessiert seien, tiefer in ihre Problematik einzusteigen. Sie lachte, als sie sich selbst bei dieser Projektion ertappte. Dann bat sie uns, sie darauf hinzuweisen, sobald ihre Aufmerksamkeit wieder abdriften würde. Also mahnten wir sie jedesmal, wenn dies geschah. Und dabei fragten wir sie immer: »Was empfinden Sie nun, gerade jetzt in diesem Augenblick?«

Nach mehreren Schleifen der Achtsamkeit meinte Nicole: »Wenn ich diese kichernde Persona nun aufgebe, so befürchte ich, daß dann nichts mehr in mir übrigbleibt.« In diesem Augenblick wurde klar, daß sie sich eine recht angenehme, bindungslose Persona geschaffen hatte, um ihre Angst vor der inneren Leere zu überdecken. Mit diesen scheinbar so simplen Schleifen der Achtsamkeit gelang es ihr, ihre fundamentale Spaltung zu heilen, so daß ihre Aufmerksamkeit nicht länger zwischen der Furcht vor der Leere und den von ihren Schutzmechanismen diktierten Verteidigungsmanövern hin und her gerissen war. Die frei gewordene Aufmerksamkeit nutzte sie, um ihre Angst zu gegenwärtigen. Sie gesellte sich sozusagen zu ihr und schickte ihre gesamte Aufmerksamkeit auf die von ihr wahrgenommenen Empfindungen. Eine große Stille kam in ihr auf. Sie schien ein total anderer Mensch geworden zu sein. Von der nervösen, kichernden Frau, die uns noch wenige Augenblicke zuvor gegenübergesessen hatte, war nichts mehr zu sehen.

Dies verdeutlicht, welches Potential im Prinzip der Gegenwärtigung steckt. Man braucht nicht viel davon, um Heilung geschehen zu lassen. Im nächsten Kapitel zeigen wir die praktischen Schritte auf, die diese Kraft zum Wirken bringen.

# 6
# Die Grundtechnik
# der Gegenwärtigung

Die Gegenwart ist eine mächtige Göttin.
*Goethe*

*Tom Seaver:* Hallo, Yogi, wie spät ist es?
*Yogi Berra:* Meinst du jetzt?

Zwei Schritte ermöglichen uns Menschen, in die Gegenwart zu gehen und das Gegenwärtigungsprinzip zur Anwendung kommen zu lassen. Mit dem ersten Schritt nehmen wir unsere Aufmerksamkeit von allem weg, was uns irgendwie ablenken könnte. Mit dem zweiten zentrieren wir unsere Aufmerksamkeit auf das, was wirklich gegenwärtig ist – was jetzt ist. Ziehen wir unsere Aufmerksamkeit von Fantasien und Ablenkungen ab und lenken sie auf etwas, das unstrittig hier und jetzt ist, bewegen wir uns automatisch im Fluß des Lebens.

Ein Teil der Lebenskunst besteht darin, bei unserem inneren Selbst zu bleiben, während wir den äußeren Erfordernissen des Lebens nachkommen. Viele sehen darin eine echte Herausforderung. Allenthalben lauern viele Versuchungen, um uns in die Geschäftigkeit des Lebens hineinzuziehen, doch wir finden nur wenige Hilfen, um im irdischen Leben mit unserem inneren Selbst in Berührung zu bleiben. Die Kunst der Therapie liegt im richtigen Umgang mit den unterschiedlichen Widerständen, die sich der Mensch geschaffen hat, um der Gegenwart zu entfliehen. Diese Kunst lernt man nur durch Erfahrung, denn ein Klient findet immer den wunden

Punkt des Therapeuten – also jene blinden Flecken, wo der Therapeut noch keine ausreichende Selbstwahrnehmung entfaltet hat. Mit anderen Worten, wir Therapeuten neigen dazu, bei solchen Gefühlen in die Irre zu laufen, die wir selbst nur schwer gegenwärtigen können.

Von besonderer Bedeutung sind hierbei die Eindrücke, die der Klient von seinem Therapeuten hat und umgekehrt. Empfindet beispielsweise ein Klient seinem Therapeuten gegenüber Ärger oder sexuelle Anziehung, können zwei Gründe vorliegen, warum er sich gegen das Gegenwärtigen dieser Gefühle sträubt. Zunächst hat der Klient natürlich Angst vor den Gefühlen als solchen. Und dann macht es ihm auch angst, über die Gefühle in Gegenwart der Person zu sprechen, die davon betroffen ist. In der Vergangenheit wurde ihm eher der Mut genommen, mit Autoritätspersonen über seine Gefühle zu sprechen. Viele unserer Klienten wurden als Kinder körperlich bestraft, wenn sie Erwachsenen gegenüber von ihrem Ärger oder ihren sexuellen Empfindungen erzählten.

Ärger und Sexualität sind sicherlich die beiden Gefühle, deren Gegenwärtigung uns die größten Probleme bereitet. Doch daneben gibt es noch andere Gefühle, wie beispielsweise Trauer und Angst, denen wir uns in unserem Inneren nur schwer direkt stellen können. Bei der jahrelangen Auswertung der Videoaufzeichnungen unserer Therapiestudenten haben wir feststellen können, daß sie es so lange wie nur möglich hinauszögerten, einem Klienten gegenüber sexuelle Empfindungen oder Ärger zum Ausdruck zu bringen. Wir halten unsere Studenten immer wieder dazu an, während der ersten zehn Jahre ihrer praktischen Tätigkeit besonders intensiv auf solche blinden Flecken zu achten. Darüber hinaus haben die Studenten auch große Schwierigkeiten, ihren Klienten den Freiraum zu verschaffen, damit diese mit ihnen offen über ihre Gefühle sprechen können.

## Barrieren der Gegenwärtigung

Der Gegenwärtigung stellen sich die vielfältigsten Barrieren in den Weg. Man stelle sich einmal vor, alleine zu Hause zu sein und sich einsam zu fühlen. Gegenwärtigsein würde bedeuten, die Aufmerksamkeit auf ebendieses Gefühl der Einsamkeit zu lenken und wahrzunehmen, wie man es im eigenen Körper erlebt. Gegenwärtigsein ist jedoch in der Regel das Allerletzte, was uns in den Sinn kommt. Eher plündern wir den Kühlschrank und versuchen, auf diese Weise der Einsamkeit durch orale Befriedigung zu entfliehen. Nach zwei Stück Kuchen – mit vollem Magen, aber immer noch unzufrieden – geloben wir womöglich, sofort mit einer Diät anzufangen, und rufen gleich darauf einen Freund an, um uns den neuesten Illustriertenbericht über »Wie verliere ich zehn Pfund in 24 Stunden« zu besorgen. Doch da ist schon wieder der Anrufbeantworter! So wenden wir uns von der auditiven Befriedigung ab und suchen Trost vor dem Fernseher; den Rest des Abends legen wir die Fernbedienung nicht mehr aus der Hand. Schließlich überkommt uns die Langeweile, und wir schlafen ein. Wir haben versucht, uns über Mund, Ohren und Augen Zufriedenheit zu verschaffen, um einem Problem aus dem Weg zu gehen, das in unserem Körper weiterlebt – ein Problem, das sich nur lösen läßt, wenn wir uns auf die damit einhergehenden Gefühle einlassen.

Uns Therapeuten begegnen solche Probleme Tag für Tag. In dem nun folgenden Dialog versuchen wir, unseren Klienten in die Gegenwart zu bringen.

*Wir:* Was geht in diesem Augenblick gerade in Ihnen vor?
*Milt:* Sie sollten einmal diese Geisteskranken heute früh auf der Autobahn erlebt haben! Darum bin ich auch zu spät gekommen.

*Wir*: Und was also empfinden Sie gerade jetzt in Ihrem Körper?

*Milt*: Ich weiß nicht, worauf Sie hinauswollen. Wollen Sie wissen, was mir so auf die Nerven gegangen ist?

*Wir*: Das eigentlich nicht. Wir möchten Sie vielmehr bitten, in das hineinzuspüren, was Sie gerade jetzt – in diesem Augenblick – empfinden.

*Milt*: Sie meinen jetzt?

*Wir*: Ja, richtig.

*Milt*: Ich weiß nicht.

*Wir*: Ihrer Stimme nach sind Sie beispielsweise verärgert.

*Milt*: Wie kommen Sie darauf? Ich bin doch gar nicht verärgert! Das wäre ja ganz schön blöd. Ich werde mich doch nicht wegen so ein paar Idioten auf der Autobahn ärgern. Warum glauben Sie, daß ich verärgert bin?

*Wir*: Ihr Gesicht ist irgendwie gerötet, und Sie beißen die Zähne zusammen.

*Milt*: Oh, das. Nein, so bin ich eigentlich immer. Liegt in der Familie, glaube ich.

*Wir*: Ihr Vater war auch so?

*Milt*: Ja, so ungefähr.

*Wir*: Was empfinden Sie also gerade jetzt, in diesem Augenblick?

*Milt*: Hm, ich bin irgendwie müde.

*Wir*: Müde?

An dieser Stelle wollen wir den Dialog abbrechen, denn es dauerte noch weitere 20 Minuten, bis es uns gelang, Milt in die Gegenwart zu bringen. Hier haben wir allerdings ein Beispiel für die unterschiedlichen Strategien von Widerstand, den eine so einfache Frage wie »Was geht gerade jetzt, in diesem Augenblick, in Ihnen vor?« auslösen kann. Innerhalb weniger Minuten stießen wir auf Ablehnung, Verwirrung, Wechseln des Themas und Fehlzuschreibungen. Und dabei handelte es sich noch um einen willigen Klienten, um jemanden also, der für sein Kommen selber zahlt.

## Der Wert der Gegenwärtigung

Eines der wichtigsten Dinge, die unsere Klienten aus der Therapie mit nach Hause nehmen, ist die Entdeckung, daß sie es selbst in der Hand haben, ein unangenehmes Gefühl durch Gegenwärtigung zu vertreiben. Wir durften tausendfach Momente wie den im folgenden beschriebenen erleben! Unser Klient Larry hatte ein Problem am Hals – im wahrsten Sinne des Wortes. Er hatte nicht nur Schmerzen im Nacken, sondern auch eine ständig nörgelnde Schwiegermutter, die immer unangemeldet plötzlich vor der Haustür stand. Als er in seinen Schmerz und das dazugehörige psychische Muster hineinspürte, fand er schließlich einen Punkt in seinem Nacken, der völlig verspannt und »hart wie ein Trommelfell« war. Im Verlauf der Therapie gelangte er zu der tiefen Einsicht, daß er niemandem gegenüber je seinen Ärger zum Ausdruck brachte und es allein seinem Körper überließ, damit fertig zu werden. Als er dieses Muster in seinem ganzen Umfang erkannte, ließ sein Schmerz allmählich nach. Und »unterhalb« des Schmerzes blieb nur noch die Verspannung im Nacken. Wir baten ihn, seine Aufmerksamkeit auf ebendiese Verspannung und die damit einhergehenden Empfindungen zu lenken. Nach einiger Zeit hörte er auf, die Verspannung kritisch zu beurteilen. Er betrachtete sie nur noch aufmerksam. Plötzlich weiteten sich seine Augen, und er rief: »Sie geht weg!«
Dies ist die Kraft der Gegenwärtigung. Dieser Augenblick, das Jetzt, birgt eine solch geballte Kraft der Transformation, daß sich gleichzeitig auch ein gewaltiger Widerstand dagegen aufbaut.
Als Gegenstück zu Larrys Geschichte dient der nun folgende

Ausschnitt aus einem Dialog mit einem Klienten, der mittlerweile kurz vor der erfolgreichen Beendigung seiner Therapie
steht. Steve war es gelungen, seine langjährige Depression zu
klären. Beachtenswert ist insbesondere, wie schnell und effektiv er in die Gegenwart findet.

*Steve:* Hallo. Ich bin völlig außer Atem! Der Verkehr! (*Er läßt
sich auf die Couch fallen und holt tief Luft*).
*Gay:* Was geht im Moment gerade in Ihnen vor?
*Steve:* Ich bin innerlich ein bißchen unruhig. Ich habe irgend-
wie Angst, wenn ich so richtig darüber nachdenke.
*Gay:* Wovor haben Sie Angst?
*Steve:* Ich habe Angst, daß Sie böse mit mir sind, weil ich zu
spät komme.
*Gay:* Und woran erinnert Sie das?
*Steve:* Hm, vielleicht so, als würde ich auf meinen Vater
warten, der nach Hause kommt, um mich zu bestrafen.
Meine Mutter hat uns niemals geschlagen, aber sie erzählte
immer alles unserem Vater, wenn er heimkam. Und er war
es dann, der die Strafen austeilte.
*Gay:* Achten Sie einmal genau darauf, wovor Sie wirklich
Angst haben.
*Steve:* Das kribbelige Gefühl in der Magengegend wird stär-
ker. Ich fühle es auch weiter oben in der Brust. Ich fürchte,
Sie mögen mich nicht.
*Gay:* Haben Sie auch Angst davor, die Liebe Ihres Vaters zu
verlieren?
*Steve:* Ja, ich glaube schon. Und ich habe sie ja auch verloren.
Nach und nach hat er sich uns Kindern entzogen.
*Gay:* Das Zuspätkommen ist also eine Fortsetzung Ihrer
Sorge, die Liebe Ihres Vaters zu verlieren.

# Die Grundtechnik
## der Gegenwärtigung

Die Grundtechnik der Gegenwärtigung besteht darin, *den Klienten dazu zu bringen, seine Aufmerksamkeit darauf zu richten, wie ein Gefühl oder eine Empfindung von seinem Körper wahrgenommen wird.* Wir nutzen die Gefühle und Empfindungen im Körper, weil diese unstrittig sind. Lenken wir die Aufmerksamkeit auf etwas, das unstrittig ist, stellt sich der Klient damit der Wahrheit. Die daraus resultierende Aussage, sein Bericht also, muß eine einfache Beschreibung seines Gefühls oder Empfindens sein. Was uns interessiert, ist ein spezifisches Erlebnis sowie die Beschreibung der damit verbundenen Gefühle und Empfindungen, nicht aber eine Analyse dessen. Bei der körperzentrierten Therapie ist die Einsicht und rationale Analyse stets nur eine Folge der Erfahrung.

Die Technik der Gegenwärtigung mag zwar einfach sein, doch es kann ein Leben lang dauern, bis wir sie beherrschen und meistern. Der Grund liegt in der Vielfältigkeit der Dinge, die ein Klient unternimmt, um sein Gegenwärtigsein zu verzögern oder es zu vermeiden. Der Therapeut muß mit diesen Verteidigungsmanövern »jonglieren« können, um den Prozeß in Gang zu halten.

Nachfolgend je ein Beispiel für den Umgang mit der Gegenwärtigungstechnik, wie er sein sollte und wie er nicht sein sollte:

*Kathlyn*: Jeff, nehmen Sie sich einen Augenblick Zeit, um bei dem zu sein, was Sie in Ihrem Körper fühlen.

*Jeff*: Im Moment gerade bin ich nervös.

*Kathlyn*: Achten Sie einmal genau auf die tatsächlichen Empfindungen, die mit dieser Nervosität einhergehen.

*Jeff*: Hm, mein Bauch ist steinhart, und ich habe so ein Rasen in Brust und Hals.

Dies ist Gegenwärtigung, so wie sie sein soll. Jeff lenkt seine
Aufmerksamkeit direkt auf etwas, das effektiv in seinem Bewußtsein existiert. Er erklärt es nicht, analysiert es nicht und
beurteilt es nicht. Stellen wir einmal Jeffs Antworten denjenigen eines anderen Klienten gegenüber, der noch nicht gelernt
hat, wie man etwas gegenwärtigt.

*Kathlyn*: Was empfinden Sie jetzt, in diesem Augenblick,
   Leon?
*Leon*: Das ist vielleicht ein verdammter Mist! Wissen Sie, ich
   habe ihr vertraut, und dann hat sie mich total enttäuscht.
   Gelegentlich setzt man seine Hoffnung auf etwas, und dann
   kommt nichts dabei heraus – dann ist man echt enttäuscht.
*Kathlyn*: Spüren Sie in dieses Gefühl des Enttäuschtseins
   hinein. Wie fühlt es sich an?
*Leon*: Sie hat mir nicht einmal eine Chance gegeben! Sie ...

Leon fuhr eine ganze Weile so fort, bis Kathlyn ihm schließlich
dabei helfen konnte, seine ganze Aufmerksamkeit auf seine
Gefühle zu lenken.

## Wie wirksam
## ist die Gegenwärtigungstechnik?

Jeder Kliniker kann die Kraft und Wirksamkeit der Gegenwärtigungstechnik einem einfachen Test unterziehen.
Man suche ein Symptom, über das ein Klient sich gerade
beklagt, und bringe die Gegenwärtigungstechnik bei diesem
Symptom einige Minuten lang zur Anwendung. Im folgenden wollen wir eine Fallstudie im Rahmen eines solchen
Tests und im Anschluß daran ein umfangreicheres Experiment betrachten. Wir haben das Symptom der Angst
herausgegriffen, zum einen, weil es sehr schnell auf die

Gegenwärtigungstechnik anspricht, und zum anderen, weil die meisten unserer Klienten darunter leiden. Die 35jährige Sonya kam voller Angst zu ihrer dritten Sitzung in unsere Praxis. Sie hatte Probleme am Arbeitsplatz, in der Beziehung zu ihrem Mann kriselte es an allen Ecken, und sie mußte darüber hinaus den täglichen Balanceakt bewältigen, neben ihrem Beruf die Belange von Vorschulkind, Babysittern und dem Haushalt in Einklang zu bringen. Sie schien derart nervös zu sein und bedurfte offensichtlich so dringend einer Gegenwärtigung, daß wir sie fragten, ob sie bei einem kurzen Experiment mitmachen würde. Sie stimmte zu. Wir baten sie, uns eine Zahl zwischen 0 und 10 anzugeben, die den Grad der von ihr empfundenen Angst widerspiegelt.

Wir setzten die von ihr angegebene Zahl 8 in die folgende Skala ein:

| 0 | 1 | 2 | 3 | 4 | 5 | 6 | 7 | 8 | 9 | 10 |
|---|---|---|---|---|---|---|---|---|---|----|
| keine | | wenig | | mäßig | | | signifikant | maximal | | |

Die Skala ist generisch und kann für alle möglichen unterschiedlichen Symptome benutzt werden. Sonya hatte mit ihrer Angabe einer Acht zum Ausdruck gebracht, daß sie signifikante Angstprobleme hatte. Ihren Augen nach zu urteilen, hatte sie ganz richtig gewählt.

Als nächstes arbeiteten wir zehn Minuten lang mit der Grundtechnik der Gegenwärtigung. Alle zwei Minuten baten wir sie erneut, eine Zahl zu nennen, die ihrem augenblicklichen Angstzustand entsprach. Das Gespräch verlief immer nach etwa folgendem Muster:

Wir: Fühlen Sie die Angst. Spüren Sie, wo im Körper Sie
   sie fühlen. Halten Sie Ihre Aufmerksamkeit darauf gerich-
   tet.
*(Nach zwei Minuten Wiederholung dieser und ähnlicher An-
   leitungen.)* Wählen Sie jetzt eine Zahl, Sonya, die dem Grad
   Ihrer augenblicklichen Angst entspricht.
*Sonya*: Jetzt ist es eine Fünf.
*Wir*: Nun gut, kehren Sie jetzt wieder zu Ihrem Gefühl der
   Angst zurück. Spüren Sie in sich hinein, wo Sie sie füh-
   len...

Nach zehn Minuten der Gegenwärtigung gab Sonya
»Nullangst« an, das heißt, ihre Angst war praktisch auf Null
gesunken. Dieses Ergebnis bestätigte unsere bisherigen klinischen Erfahrungen, aber es war doch schön, endlich einmal
echte Zahlen auf dem Papier zu sehen.
Hinter Symptomen, wie Sonya sie hatte, verbergen sich zumeist tiefere Probleme. Als sich nämlich ihre Angst verringer-
te, konnte sie auf den Punkt zusteuern, der dieses Gefühl in
ihr ausgelöst hatte. In ihrem Fall lagen die Wurzeln in Selbst-
wertproblemen, denn sie glaubte, wertlos zu sein. Als sie diese
Angst gegenwärtigte und auflöste, erkannte sie das zugrundeliegende Problem viel deutlicher und klarer.
Wir gingen noch weiter in unseren Recherchen und arbeiteten
ein einfaches Experiment aus, das wir einer Gruppe von
Hochschulstudenten unmittelbar vor einer größeren Prüfung
vorlegten. Wir forderten insgesamt 20 Personen auf, eine
Angsttabelle auszufüllen, so wie Sonya es getan hatte. Dann
bildeten wir eine Zehnergruppe zur Anwendung der Gegenwärtigungstechnik; die anderen zehn wurden in eine Lesegruppe eingeteilt. Die Lesegruppe studierte zehn Minuten
lang Unterlagen über unsere Gegenwärtigungstechnik. Zwi-
schenzeitlich übte die andere Gruppe in einem separaten
Raum die Anwendung der Gegenwärtigungstechnik – eben-

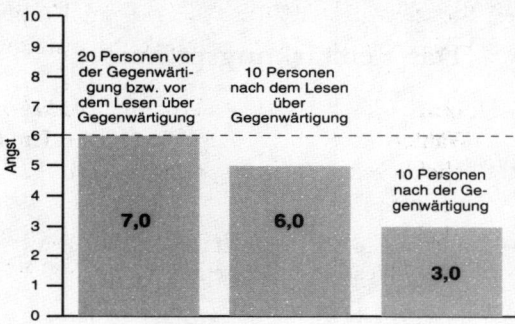

*Abbildung 4:* Effizienz der Gegenwärtigung beim Angsttest

falls zehn Minuten lang. Die Ergebnisse waren verblüffend und sind im Diagramm Seite 211 dargestellt.

Unseren Erfahrungen zufolge ist die Grundtechnik der Gegenwärtigung für den Therapeuten eine conditio sine qua non. Wir empfehlen daher allen Therapeuten nachdrücklich, sie bei ihren eigenen Problemen und den Problemen ihrer Klienten zur Anwendung zu bringen. Angesichts der ermutigenden Ergebnisse dieser zuvor beschriebenen simplen Experimente, sehen wir differenzierteren Untersuchungen zum Nachweis der Wirksamkeit dieser Technik aus den Reihen anderer Wissenschaftler und Kollegen mit großem Interesse entgegen.

# 7
## Das Verstärkungsprinzip

Die Dinge müssen noch sehr viel schlechter werden,
ehe sie sich bessern.
*Satchel Paige*

**Viele unangenehme Symptome und Gefühle lösen sich
schon nach kurzem in nichts auf, wenn der Mensch deren
Häufigkeit und Stärke bewußt intensiviert, gleichsam als
halte er eine Lupe zur Vergrößerung darüber. Die Verstärkung ist gleichzeitig eine zuverlässige Methode zur
Aufdeckung der den Symptomen zugrundeliegenden authentischen Gefühle.**

Ein Paar betritt unser Sprechzimmer. Sowohl der Mann als
auch die Frau stehen eindeutig unter dem Streß eines schwelenden Konfliktes. Stuart kauert tief eingesunken in seinem
Sessel; Bonnie trommelt mit den Fingern, und ab und zu
verzieht sie mit ärgerlichem Zucken den Mund.

*Kathlyn*: Stuart, mir fällt auf, wie Sie sich in Ihren Sessel sinken
lassen. Sie sehen traurig, deprimiert und entmutigt aus.
*John*: Ja, ich glaube, das bin ich auch.
*Kathlyn*: Und Bonnie, Sie wirken aufgewühlt, ungeduldig.
*(Bonnie nickt heftig mit dem Kopf, um ihre Zustimmung zu
signalisieren.)*
*Gay*: Wenn es Ihnen nichts ausmacht, möchte ich jeden von
Ihnen bitten, genau das, was Sie im Moment tun, noch ein

wenig deutlicher zu machen. Stuart, lassen Sie sich noch
ein wenig tiefer in den Sessel sinken, und verstärken Sie Ihr
Gefühl der Mutlosigkeit. Bonnie, trommeln Sie noch etwas
schneller mit den Fingern. Versuchen Sie, Ihre Ungeduld
so zu verstärken, daß Sie sie immer deutlicher empfinden.

Dies ist ein Anwendungsbeispiel für das Prinzip der Verstärkung. Dem Therapeuten fällt irgend etwas auf – oftmals
handelt es sich dabei um einen der fünf Indikatoren –, und er
bittet seinen Klienten, es zu verstärken; er versucht gewissermaßen, das Feuer mit Benzin zu löschen. Was wird mit dieser
scheinbar paradoxen Vorgehensweise bezweckt? Warum sollte man jemanden bitten, etwas zu verstärken, das ohnedies
ein Ausdruck von Leid ist?
Wir werden uns in diesem Kapitel eingehend mit dieser Frage
befassen, denn bei gezieltem Einsatz ist die Verstärkung eine
der wirkungsvollsten körperzentrierten Techniken im Rüstzeug des Therapeuten. Warum genau sich solche Erfolge
damit erzielen lassen, ist schwer zu sagen, doch bevor wir
unsere Aufmerksamkeit den philosophischen Aspekten des
Verstärkungsprinzips zuwenden, möchten wir zunächst die
Technik selbst genauer unter die Lupe nehmen.

## Wie wir selbst das Prinzip
## der Verstärkung kennenlernten

Uns selbst begegnete das Verstärkungsprinzip erstmals in der
Arbeit von Fritz Perls, dem Vater der Gestalttherapie. Was Perls
in seiner Praxis vollbrachte, grenzte oftmals an ein Wunder:
Bei Klienten, die andere Therapeuten erfolglos zu behandeln
versucht hatten, gelang es ihm oft schon nach kurzem, den
entscheidenden Durchbruch auszulösen. Als wir ihn bei seiner
Arbeit beobachteten, fiel uns auf, daß ein Instrument in jeder

seiner Sitzungen zur Anwendung kam: die Verstärkung. Er
griff eine kleine Auffälligkeit heraus – mal einen bestimmten
Tonfall, mal das Zucken einer Lippe – und bat den Betreffenden, es zu intensivieren. Manchmal war diese Technik mit
haarsträubenden Manövern seinerseits verbunden. Doch ob
man ihn mochte oder nicht – und viele verabscheuten ihn
geradezu –, seine Erfolge konnte man ihm nicht abstreiten.
Die Verstärkung war Perls' therapeutisches Wundermittel.
Trommelte jemand mit dem Zeh, bat er ihn, schneller zu
trommeln. Entdeckte er blasierte Verächtlichkeit im Gesichtsausdruck eines Menschen, so forderte er diesen auf,
noch verächtlicher zu werden. Er war wie ein Spiegel, der

---

Ein Verstärkungsexperiment, das Sie gleich ausprobieren können

Hier ein Experiment, mit dessen Hilfe Sie hier und jetzt die
Wirksamkeit des Prinzips der Verstärkung an sich selbst ausprobieren können. Stimmen Sie sich auf einen Gedanken, ein
Gefühl oder eine Empfindung ein, die Sie verspüren und gern
loswerden möchten. Es könnte ein sorgenvoller Gedanke über
irgend etwas oder auch ein Gefühl des Schmerzes oder der
Angst sein. Selbst eine einfache Empfindung wie Hunger oder
Müdigkeit sind geeignet. Nehmen Sie es wahr, und verweilen
Sie einen Augenblick dabei. Haben Sie sich erst einmal darauf
eingestimmt, versuchen Sie, es zu verstärken. Übertreiben Sie
es, blähen Sie es auf. Handelt es sich um einen rasenden
angstvollen Gedanken, machen Sie ihn noch rasender. Ist es ein
schleichendes depressives Gefühl, machen Sie es noch bleierner
und schwerer.

Achten Sie genau darauf, was mit dem Objekt Ihrer Konzentration geschieht. Für viele Menschen führt die Verstärkung paradoxerweise dazu, daß das betreffende Gefühl verschwindet.
Andere stellen fest, daß es sich verändert oder daß etwas Tiefer-
gründiges zum Vorschein kommt.

seinen Klienten ihr eigenes Bild in riesig vergrößerter Nah-
aufnahme vor Augen führte. Nicht jedem gefiel es, sich
selbst so zu sehen, und wir haben erlebt, wie Klienten vor
Wut schäumten, wenn Perls ihre Eigenart bis zur Perfektion
imitierte. Auch heute noch – mehr als 20 Jahre später –
treffen wir gelegentlich Menschen, die ihm extrem dankbar
oder extrem wütend auf ihn sind.

Für unsere eigene Arbeit haben wir Wege gefunden, das
Prinzip der Vergrößerung einzusetzen, ohne unsere Klienten
in derart extreme Reaktionen zu treiben. Es liegt uns fern,
jemanden zum Versuch einer Nachahmung Perls' zu ermuntern. Er war zwar ein Genie, doch er war auch ein einsamer,
kettenrauchender Frauenhasser, dem nichts mehr gefiel, als
die Menschen gegen sich aufzubringen. Er liebte es, im
Mittelpunkt zu stehen – eine Eigenschaft, die sich in der
Therapie als höchst nachteilig erweisen kann. Unserer Ansicht nach sollte sich der Therapeut möglichst unauffällig
im Hintergrund halten. Bei der Therapie geht es um den
Klienten und nicht um den Therapeuten, und letzterer sollte
auf keinen Fall der Star der Sitzung sein, wie dies bei Perls
oft genug der Fall war. Dennoch verdanken wir ihm ein
machtvolles Instrument, und wir werden ihm stets dankbar
dafür sein.

## Verstärken verhindert Verurteilen

Nachdem wir den gebührenden Dank gezollt haben, möchten wir im folgenden ein Beispiel für die praktische Anwendung des Verstärkungsprinzips geben:

*Greg*: ...und ich fühle so eine alles erdrückende Schwere.
*Wir*: Seit wann?
*Greg*: Im Grunde schon die ganze Woche. Nein, eigentlich

erst seit Dienstag, als ich von meinem Chef meine Beurteilung bekommen habe.

*Wir*: Also das scheint es auszulösen.

*Greg*: Ja.

*Wir*: Spüren Sie in die tatsächlichen Empfindungen dieser Schwere hinein. Wo genau in Ihrem Körper fühlen Sie sie?

*Greg*: *(Pause)* Auf den Schultern, am Hals entlang und oben auf dem Kopf. O ja, und dann ist da noch so ein Druck auf meiner Brust.

*Wir*: So als ob etwas auf Ihrer Brust lastet?

*Greg*: Ja.

*Wir*: Gut. Übertreiben Sie nun dieses Gefühl. Lassen Sie es schwerer werden.

*Greg*: Wie denn?

*Wir*: Das können wir nicht sagen. Probieren Sie aus, wie Sie es größer und schwerer machen können.

*Greg*: *(Pause)* O je! Wenn ich die Luft anhalte, wird es sehr schnell größer.

*Wir*: Gut, machen Sie weiter, und experimentieren Sie damit herum.

*Greg*: *(hält den Atem an)* Ja, und dann fühle ich, wie Ärger in mir aufsteigt.

*Wir*: Ja, machen Sie weiter, und verstärken Sie dieses ärgerliche Gefühl.

*Greg*: *(Pause)* Wissen Sie was? Jetzt begreife ich es; ich habe nichts mit dem Ärger gemacht, den ich über meine Beurteilung empfunden habe. Und nun ist es so, als habe sich diese Schwere wie ein Tuch über mich gebreitet, weil ich mich mit dem Ärger nicht auseinandergesetzt habe.

*Wir*: Und warum haben Sie sich nicht damit auseinandergesetzt?

*Greg*: Ich wollte das Verhältnis zu meinem Chef nicht noch mehr verschlechtern. Und außerdem steckte auch ein

Körnchen Wahrheit in dem, was er in der Beurteilung gesagt hatte.

*Wir:* Machen Sie an diesem Punkt noch etwas weiter, bitte. Blähen Sie dieses ärgerliche Gefühl noch weiter auf.

*Greg: (stöhnt)* Wissen Sie, wir sprechen hier eigentlich über das Leben meines Vaters und nicht über meins. Er war immer derart verärgert.

*Wir:* Als Sie die Beurteilung erhielten, haben Sie also reagiert wie Ihr Vater?

*Greg:* Ja *(aufgeregt).* Ich mache das immer wieder, obwohl es eigentlich nicht zu mir paßt. Doch ich mache es trotzdem.

*Wir:* Kämpfen Sie nicht dagegen an, sondern verstärken Sie es. Schlüpfen Sie einen Augenblick in die Haut Ihres Vaters. Machen Sie weiter, und plustern Sie sich auf; setzen Sie seinen Gesichtsausdruck auf.

*Greg: (mit Tränen in den Augen)* Hinter seiner zornigen Fassade war er ein so einsamer Mensch.

*Wir:* Und Sie spielen das nun in Ihrem Leben nach?

*Greg:* Ja, das stimmt. Was für ein Glück, daß ich darauf komme, wo mir noch Zeit bleibt.

*Wir:* Ist Ihr Vater nie darauf gekommen?

*Greg:* Eigentlich nicht, und er ist jetzt 79. Vielleicht wird er es nie mehr schaffen.


Durch den Einsatz des Verstärkungsprinzips wird sichergestellt, daß der Therapeut in seinem Klienten keine Schuldgefühle wegen des jeweiligen Symptoms weckt. Dies ist ein extrem wichtiger Faktor auf dem Weg zur Heilung. So gut wie immer ist der Klient in einem Teufelskreis der Symptomverdammung befangen: Jedesmal, wenn wir ein Symptom als etwas Schlechtes darstellen, scheint es sich zu verschlimmern, woraufhin wir es dann noch mehr verdammen. Je mehr ein Klient versucht, ein Symptom durch Kontrolle oder Vonsichschieben loszuwerden, desto schlim-

mer wird es. Das Verstärkungsprinzip durchbricht diesen
Kreislauf, indem es ihn mit den eigenen Waffen schlägt.
Begrüßt der Therapeut das Symptom bzw. das problematische Gefühl und fordert er seinen Klienten auf, es zu
verstärken, so verhindert dies dessen Verurteilung als etwas
Falsches. Einer der Beteiligten, der Therapeut nämlich, ist
in eine neue Realität vorgedrungen, und schon bald folgt
ihm der Klient dorthin.
Leidet ein Mensch beispielsweise unter Angst, führt der
Versuch, diese zu kontrollieren oder sich vom Leibe zu
schaffen, unweigerlich zu einer Verschlimmerung. Deckt
der Betreffende seine Angst während der Therapie auf, so
läßt sich eine Heilung einzig und allein dann erreichen,
wenn der Therapeut darauf verzichtet, diese kontrollieren
oder wegschieben zu wollen. Andernfalls würde er ausgerechnet das Problem konsolidieren, das den Klienten in
seine Praxis geführt hat. In der Tat ist es gerade jener
Augenblick – wenn beim Klienten ein Problem zutage tritt,
das der Therapeut selbst noch nicht gelöst hat –, der die
praktische Therapiearbeit so überaus faszinierend und lehr-
reich macht. Klient und Therapeut spielen ein Duett, bei
dem die Grenzen eines jeden deutlich werden. Der Therapeut hat immer wieder Gelegenheit, seine Aufmerksamkeit
zu schulen und über seine Grenzen hinweg auf neues
Territorium vorzudringen. Die Grenze liegt immer dort,
wo die Akzeptanz aufhört und die Möglichkeit beginnt,
irgendeinen Aspekt unseres Selbst als falsch hinzustellen.
Bringt der Klient Angst zum Ausdruck und verurteilen wir
als Therapeuten Angst als etwas Falsches, so gibt es in
unserer Beziehung keinen Platz für Heilung. Ist der Therapeut dagegen im Umgang mit dem Verstärkungsprinzip
geschult, kann er diesen Fehler eigentlich gar nicht machen.
Folgender Dialog mit einem Klienten veranschaulicht das
soeben Gesagte:

*Wir*: Was genau fühlen Sie im Moment?

*George*: Ich habe so ein Kribbeln im Magen. Ich glaube, ich habe Angst.

*Wir*: Angst. Kribbeln im Magen. Was noch?

*George*: Hm, meine Knie fühlen sich zittrig an. Ein Gefühl der Schwäche.

*Wir*: Lassen Sie sich einen Augenblick darauf ein, auf alle diese Gefühle. Bleiben Sie ganz bei dem Kribbeln und dem Schwächegefühl.

*George: (Pause)* Ja.

*Wir*: Nun versuchen Sie, diese Gefühle zu verstärken. Spüren Sie noch mehr Angst, werden Sie noch schwächer in den Knien!

*George: (atmet tiefer, läßt sich von den Gefühlen überrollen)* Ich merke gerade, wieviel Energie ich damit verschwende, diese Gefühle unter Kontrolle zu halten.

*Wir*: Ja! Hören Sie auf, sie zu kontrollieren, und verwenden Sie statt dessen Ihre Energie dafür, sie zu verstärken.

Das Verstärkungsprinzip kann die gesamte therapeutische Arbeit verwandeln. Jeder Augenblick einer Sitzung birgt das Potential, Gefühle – sowohl auf seiten des Therapeuten als auch des Klienten – mit offenen Armen anzunehmen oder ihnen die kalte Schulter zu zeigen. Was im Inneren zensiert wird, führt zu den äußeren Symptomen, die die Aufmerksamkeit des Therapeuten anziehen. Ist die Falte im Inneren ausgebügelt, so verschwindet das äußerliche Symptom oft von ganz allein.

## Warum das Verstärkungsprinzip so erfolgversprechend ist

Es gibt eine ganze Reihe von Gründen für den Erfolg des Verstärkungsprinzips. Erstens ist es ein machtvolles Instrument, um Unbewußtes bewußtzumachen. Das Unbewußte löst eine Handlung aus, deren sich der Betreffende nicht bewußt ist – beispielsweise das Spielen mit dem Ehering. Durch die Verstärkung wird unser Bewußtsein auf diese Handlung gerichtet. Wird das Unbewußte mit offenen Armen begrüßt, eröffnet sich eine Chance zur Heilung. Freud hat gesagt, der ganze Sinn und Zweck der Therapie liege darin, das Unbewußte bewußtzumachen. Die Verstärkung ist eine wunderbar einfache und treffende Methode, unser Bewußtsein für ein unbewußtes Element in uns selbst zu wecken.

Zweitens durchbricht die Verstärkung die »Dampfsperre« wiederkehrender Muster. Das Unbewußte hat die Neigung, sich ständig zu wiederholen, weil es in einem Muster festgefahren ist. Wenn wir Angst haben, zwirbelt der eine vielleicht beiläufig seinen Schnurrbart, während ein anderer sich am Ohrläppchen zupft. Solche Gesten können sich Hunderte von Malen wiederholen, bis etwas geschieht, das das Muster durchbricht. Und ebendies bewirkt die Verstärkung.

Drittens erlangen wir durch die Verstärkung eines oberflächlichen Symptoms direkten Zugang zu dem gleich unterhalb des Symptoms liegenden tieferen Element. Wird das Zwirbeln des Schnurrbarts bewußt verstärkt, nimmt der Betreffende das hinter diesem Symptom verborgene Gefühl deutlicher wahr. Eine oberflächliche Angewohnheit ist immer Indikator für ein verstecktes Gefühl. Oftmals sind diese Gefühle so tief vergraben, daß sie für den Menschen weit aus dem Bereich des Wahrnehmbaren gerückt sind. Durch die Verstärkung des oberflächlichen Symptoms werden Freiräume geschaffen, durch die das tiefere Problem zutage treten kann.

Viertens wird mit Hilfe der Verstärkung etwas voll zum Ausdruck gebracht, das sich durch das Symptom nur unvollständig äußern konnte. Als Beispiel sei hier einer unserer Klienten erwähnt, der über seinen Zorn sprach und dabei immer wieder eine kleine Geste mit seiner geballten rechten

Faust machte. Als wir ihn baten, diese Geste zu verstärken, stellte er fest, daß sich dahinter ein unterdrückter Fausthieb in Richtung auf seinen lange verstorbenen Vater verbarg, der ihn mißhandelt hatte. Das Unbewußte erinnerte sich an den seit der Kindheit unterdrückten Fausthieb und wiederholte ihn zuverlässig noch 40 Jahre später.

Ein fünfter Grund, warum sich mit der Verstärkung so erfolgreich arbeiten läßt, liegt darin, daß ein Mensch, der ein Symptom oder ein Gefühl verstärkt, dabei im positiven Sinne außer Kontrolle gerät. Oftmals ist es die Kontrolle, die ein Symptom oder Gefühl an Ort und Stelle festhält. In der Bereitschaft zu verstärken liegt auch das Risiko, vom Unbekannten ins Chaos zu gelangen. Doch auf alle, die diesen Sprung wagen, wartet die freudige Überraschung, daß es unmittelbar hinter dem Chaos eine tiefere Ordnung gibt, die nur darauf wartet, uns zu helfen und zu unterstützen.

Auf einer philosophischeren Ebene funktioniert die Verstärkung, indem sie den Menschen über ein Paradoxon zur Transzendenz führt. In östlichen Religionen kennt man ein Prinzip, das vom chinesischen Gedankengut des Yin und Yang symbolisiert wird. Die tiefere Einheit des Universums erscheint an der Oberfläche zwiegespalten. Es gibt Sein und Nichtsein, dich und mich, schwarz und weiß, oben und unten. Durch tiefes Eintauchen in Yin gelangen wir jedoch zu Yang. Indem wir einen anderen Menschen in seinem Innersten kennenlernen, finden wir unweigerlich zu einer tieferen Einheit mit diesem Menschen. Doch auch das Gegenteil ist wahr: Drücken wir mit aller Macht gegen eine Wand (Yang), so gelangen wir mit der Zeit dahin, unsere Schwäche (Yin) anzunehmen. Durch Annahme beider Seiten des Paradoxons kann man beide loslassen und sich der Einheit hingeben, die immer größer ist als die Dualität.

## Wann das Verstärkungsprinzip
## nicht eingesetzt werden sollte

Es gibt Gebiete, in denen eine Anwendung des Verstärkungsprinzips einfach nicht angebracht ist. Drei dieser Gebiete sind
Sex, physische Gewalt und Selbstzerstörung. Hat der Klient
Gefühle der sexuellen Anziehung gegenüber dem Therapeuten – oder umgekehrt – entwickelt, wäre es unklug, unrecht
und ethisch nicht vertretbar, die mit dieser Anziehung einhergehenden Verhaltensweisen zu verstärken. Dennoch könnten
und sollten die dem Verhalten zugrunde liegenden Gefühle
intensiviert werden, ohne diese in unangebrachten Handlungen zum Ausdruck zu bringen. Dadurch erlangt der Betreffende eine tiefere Einsicht in die Gründe, die diese Gefühle in
der Therapie auf den Plan gerufen haben. Analog hierzu muß
der Therapeut in bezug auf physische Gewalt und selbstzer-
störerische Handlungen sorgfältig auf eine klare Unterschei-
dung zwischen Gefühl und Tat achten. Die Verstärkung der
unter dem äußeren Ausdruck verborgenen Gefühle führt oft
auf direktem Wege zur Heilung. Dennoch darf der Klient
nicht dazu ermutigt werden, diese Gefühle auszuleben, wenn
Therapeut und Klient nicht einheitlich der Ansicht sind, daß
dadurch niemand verletzt wird. Empfiehlt der Therapeut
einem wütenden Klienten beispielsweise, seinen Zorn dadurch zum Ausdruck zu bringen, daß er mit einem Tennis-
schläger auf sein Bett schlägt, so müssen beide überzeugt sein,
daß dadurch kein Schaden angerichtet werden kann. Um ganz
sicher zu sein, werden manche Therapeuten es wahrscheinlich
vorziehen, lediglich solche Gefühle und Verhaltensweisen zu
verstärken, die kein destruktives Potential für den Betreffenden selbst oder andere in sich tragen.

## Die Kraft der Verstärkung

Einer der dramatischsten Heilerfolge, den wir in unserer Praxis erleben durften, gelang unter Zuhilfenahme des Prinzips der Verstärkung. Unsere Klientin Marie kam mit einem schrecklich gequälten Gesichtsausdruck zu einer ihrer regelmäßigen Therapiesitzungen – es war die siebente in einer Reihe von insgesamt zwölf Stunden. Der Einstieg in die Sitzung war derart schnell, daß Gay sie nicht einmal bat, Platz zu nehmen.

*Gay: (beunruhigt)* **Was ist los?**

*Marie*: Ich habe das Gefühl, ich müßte sterben. Ich habe eine solche Migräne! Ich bekomme sie nur ein- oder zweimal im Jahr. Doch es ist schrecklich, und was ich auch tue, es nützt alles nichts. Selbst Tabletten helfen nicht. Ich habe mir von meinem Arzt ein stärkeres Medikament aufschreiben lassen, doch auch das zeigt keine Wirkung.

*Gay*: Glauben Sie, Sie könnten hier daran arbeiten? Oder sollten Sie besser nach Hause gehen?

*Marie*: Ich war den ganzen Tag über zu Hause. Ich möchte versuchen, ob ich hier etwas dagegen tun kann.

*Gay*: Also, seit wann haben Sie denn diese Kopfschmerzen?

*Marie*: Seit zwei Tagen jetzt. Doch es wird schlimmer und schlimmer.

*Gay*: Gut, beschreiben Sie mir ganz genau Ihre Empfindungen.

*Marie*: Ich habe Sehstörungen; es ist, als sähe ich alles doppelt. Die Schmerzen sind hauptsächlich auf der linken Kopfseite. Es ist schrecklich.

Beachten Sie, daß sie zweimal das Wort *schrecklich* verwendet hat. Das ist ein verbaler Indikator.

*Gay*: Was fühlen Sie noch?

*Marie: (neigt ihren Kopf nach links – ein Bewegungsindikator)* Da ist so ein Kribbeln, ein kribbelndes Gefühl überall an meinen Armen, unter der Haut. Auch auf meiner Brust.

*Gay:* Sonst noch etwas?

*(Marie schüttelt den Kopf.)*

*Gay:* Was ist mit dem »schrecklichen« Gefühl? Wo in Ihrem Körper fühlen Sie es?

*Marie: (überlegt, neigt ihren Kopf wieder nach links)* Es ist so eine Art Übelkeit im Magen.

*Gay:* Nun gut, versuchen Sie, einen Augenblick lang bei all diesen Gefühlen zu bleiben. Spüren Sie in Ihren Körper hinein – in das schreckliche Gefühl, das Kribbeln, den Schmerz auf der linken Seite Ihres Kopfes. Vielleicht neigen Sie Ihren Kopf noch ein wenig weiter nach links.

*Marie:* Wie meinen Sie das? Bei den Gefühlen zu bleiben?

*Gay:* Nun, widmen Sie ihnen Ihre ganze Aufmerksamkeit ohne den Versuch, sie irgendwie zu ändern.

*Marie:* Oh. *(Nach einer Pause von etwa fünf Sekunden holt sie tief Luft.)*

*Gay:* Ja, machen Sie das noch einmal, nur ein bißchen stärker. Holen Sie noch tiefer Luft.

*(Marie holt drei- oder viermal ganz tief Luft und seufzt dann.)*

*Gay:* Was ist los?

*Marie:* Die Schmerzen lassen nach, doch mir wird noch mehr übel.

*Gay:* Gut, nun tun Sie Ihr möglichstes, um diese Übelkeit noch mehr zu verstärken. Atmen Sie, oder tun Sie, was immer Sie tun müssen, damit Ihnen noch mehr übel wird.

Es kann sein, daß die Verstärkung des Übelkeitssymptoms tatsächlich zum Erbrechen führt, doch in der Praxis geschieht dies selten. Wir haben mehrere hundert Patienten gebeten, diese Empfindung zu intensivieren, und weniger als ein Dutzend mußten sich tatsächlich übergeben.

*Marie*: Warum?

*Gay*: Manchmal wird ein Symptom besser, wenn man es bewußt verschlimmert. Doch denken Sie im Moment nicht darüber nach. Probieren Sie es einfach aus.

*Marie*: *(atmet tief; man sieht ihrem Gesicht deutlich an, wie übel ihr ist)* O mein Gott. Ich fühle mich schrecklich.

*Gay*: Und dieses schreckliche Gefühl – wann in Ihrem Leben haben Sie das zum erstenmal gespürt?

*Marie*: *(fängt an zu weinen)* In meinem ganzen ersten Schuljahr. Meine Eltern trennten sich, und ich konnte kein Essen im Magen behalten. Ich war bis auf die Knochen abgemagert, und ich mußte spezielle Milchmixgetränke trinken, damit ich überhaupt ein paar Kalorien zu mir nahm. Und die sind mir dann dauernd hochgekommen; ein paarmal mußte ich sogar mitten im Unterricht brechen.

*Gay*: Das klingt ja fürchterlich.

*Marie*: *(schluchzend)* Warum kommt denn das alles gerade jetzt an die Oberfläche?

*Gay*: Ich weiß nicht genau. An dem Tag, an dem Sie Ihre Migräne bekamen – was passierte da, das Sie an Ihr erstes Schuljahr erinnert?

*Marie*: *(lange Pause)* O je! Das war der Tag, an dem ich herausfand, daß sie die Klasse, die ich das ganze Jahr über unterrichtet habe, aufteilen und die Hälfte der Kinder einem anderen Lehrer übergeben wollen. Auf der einen Seite bin ich froh darüber, doch irgendwie bricht es mir auch das Herz. Jetzt werde ich nicht sehen können, wie sie sich machen.

*Gay*: Aha. Und woran erinnert Sie das?

*Marie*: Als sich meine Eltern trennten, mußte ich mich entscheiden, ob ich auf der Schule bleiben und bei meinem Vater wohnen oder bei meiner Mutter bleiben und auf eine neue Schule gehen wollte. Ich mußte damals meine Klasse

und meine beste Freundin Margie verlassen und ans andere
Ende der Stadt ziehen. Es war schrecklich. *(Etwa zwei
Minuten lang steht Marie ganz still in der Mitte des Sprech-
zimmers, den Kopf in nachdenklichem Schweigen gesenkt.)*
*Gay: (neugierig)* Was empfinden Sie jetzt?
*Marie*: Ich habe gerade überall in meinen Körper hineinge-
spürt. Es ist alles vorbei, die Kopfschmerzen, das Kribbeln,
die Übelkeit.

Sie überlegte, was sie nun tun könnte, um diese machtvol-
len neuen Einsichten weiter zu vertiefen. Sie beschloß, ihrer
Klasse zu sagen, wie leid es ihr tat, sie gehen zu lassen. Sie
plante eine Abschiedsparty und vereinbarte mit dem neuen
Lehrer, die Klasse von Zeit zu Zeit zu besuchen, um sich
über den Fortschritt ihrer ehemaligen Schüler zu informieren. Das vom therapeutischen Standpunkt her Erstaunliche
an dieser Sitzung ist, wie schnell die Symptome verschwanden. Wir hatten es hier mit hartnäckigen Kopfschmerzen
zu tun, die bereits seit zwei Tagen anhielten – mit Kopfschmerzen, bei denen Medikamente keine Wirkung zeigten
–, und um sie zu lösen, bedurfte es nur weniger Minuten
der zielgerichteten Bewußtheit. Nicht immer verläuft alles
so nach Plan wie hier, doch wenn dies der Fall ist, dann
erscheint uns unsere Arbeit mit der körperzentrierten Therapie als der allerbeste Beruf, den wir uns vorstellen können.

# 8
## Die Grundtechniken
## der Verstärkung

Wenden wir unsere Aufmerksamkeit nun den Techniken zu, die dem Therapeuten das praktische Anwenden des Verstärkungsprinzips ermöglichen.

### Vom Indikator zur Verstärkung

Die Technik, mit der wir am häufigsten arbeiten, führt vom Indikator zur Verstärkung. Hierbei gehen wir von einem der fünf Indikatoren aus und bitten den Klienten, diesen zu verstärken. Nachfolgend einige praktische Beispiele hierzu. Im ersten Beispiel sind sowohl Bewegungs- als auch Verhaltensindikatoren Gegenstand des Verstärkungsprozesses.

*Kathlyn:* Hallo, Mark, kommen Sie herein.
*Mark: (betritt das Sprechzimmer und sitzt nervös auf der Stuhlkante; spricht in abgehacktem Staccato)* Bin zu spät, 'tschuldigung, der Verkehr.
*Kathlyn:* Verweilen Sie einen Augenblick bei diesem Gefühl. Was geht im Moment in Ihrem Körper vor?
*Mark: (schüttelt ungeduldig den Kopf)* Oh, nichts. Ich bin nur gehetzt vom Verkehr und der vielen Arbeit. Ich habe diese Woche vier Vertragsabschlüsse, und die Tagesmutter meiner Tochter ist krank, und ich mußte auf dem Weg hierher zusätzlich noch eine ganze Menge anderer Dinge am Autotelefon klären.

*Kathlyn*: Konzentrieren Sie sich einen Augenblick auf all diese Gefühle – das Gefühl des Gehetztseins, des Zu-viel-zu-tun-Habens.

*(Mark schüttelt erneut den Kopf.)*

*Kathlyn*: Und experimentieren Sie ein bißchen mit diesem Kopfschütteln. Übertreiben Sie es ein wenig.

*Mark: (schüttelt bewußt den Kopf, spürt etwa fünf Sekunden lang in seine Körperempfindungen hinein)* Ich bin nicht damit zufrieden, wie sich alles in letzter Zeit entwickelt. Ich habe das Gefühl, das Ganze nicht mehr unter Kontrolle zu haben.

*Kathlyn*: Machen Sie sich dieses Gefühl, die Kontrolle verloren zu haben, bewußt, und achten Sie darauf, was dabei in Ihrem Körper vorgeht.

*Mark*: Es ist, als ob ich das Gleichgewicht verlieren würde; beinahe wie Schwindel. Es bewegt sich alles zu schnell.

*Kathlyn*: Lassen Sie sich noch mehr auf dieses Gefühl ein; riskieren Sie ruhig, das Gleichgewicht zu verlieren.

*Mark*: Ich hasse das.

*Kathlyn*: Dieses Muster des Gehetztseins ist etwas, das in den paar Malen, wo Sie hier waren, ziemlich oft hochgekommen ist. Woran erinnert Sie das?

*Mark*: An alles! Es ist schon immer so gewesen. Meine Mutter sagte immer, wenn sie mich ließe, wäre ich schon nach fünf Minuten mit dem Essen fertig und vom Tisch gerannt.

*Kathlyn*: Sie sind also schon seit langem immer in Eile.

*Mark*: Ja.

*Kathlyn*: Ich möchte Sie bitten, diese Eile zu übertreiben. Gehen Sie im Zimmer auf und ab, und spielen Sie es so übertrieben nach, wie Sie nur können.

*Mark: (fegt durch den Raum, stellt wie wild Dinge an einen anderen Platz, schaut auf die Uhr, sagt »Ich bin zu spät« und fängt schließlich an zu lachen.)* Mann o Mann, das ist die Geschichte meines Lebens.

*Kathlyn*: Worauf genau reagieren Sie eigentlich mit dieser ganzen Hetze?

*Mark*: Ich muß es schaffen, muß jemand sein, muß überleben.

*Kathlyn*: Wessen Stimme sagt das?

*Mark*: Ich glaube, es ist mein Vater. Sehen Sie, er wünschte sich nichts mehr als einen Sohn. Meine Eltern hatten hintereinander drei Mädchen bekommen, obwohl sie ursprünglich nur ein Mädchen und einen Jungen haben wollten. Doch es kam einfach kein Junge, und dann hatte meine Mutter auch noch eine Fehlgeburt mit einem Jungen, bevor ich auf die Welt kam. Ich glaube, die beiden hatten die ganze Zeit über fürchterliche Angst, daß ich nicht überleben würde.

Hier sehen wir, wie ein lebenslanges Muster entstehen kann. Das Verhalten des Es-eilig-Habens beginnt sehr früh als Antwort auf einen spezifischen Satz von Verhaltensweisen im Elternhaus. Schließlich wird es verallgemeinert und breitet sich in alle Bereiche des Lebens aus, bis der Klient schließlich so wie oben in unser Sprechzimmer kommt. Aus diesem Grunde sagen wir unseren Studenten immer wieder, daß sie in den ersten fünf Minuten ihres Beisammenseins mit einem Klienten alles erfahren können, was sie wirklich wissen müssen.

Sehen wir uns ein weiteres Beispiel an, in dem ein Atemindikator verstärkt wird. Dieser Auszug stammt aus der Mitte einer Sitzung mit unserer Klientin Betty.

*Betty*: Da ist immer dieses Gefühl, nicht zu genügen. Am deutlichsten spüre ich es im Umgang mit meinem Mann und meinen Kindern – so als könnte nichts, was ich tue, jemals genug sein.

*Gay*: Spüren Sie einmal in sich hinein, und fragen Sie sich dabei, seit wann Sie dieses Gefühl haben.

*(Betty hält unmittelbar am Ende des Einatmens die Luft an.)*

*Gay*: Mir ist aufgefallen, daß Sie aufgehört haben zu atmen. Halten Sie die Luft noch ein bißchen länger an. Achten Sie darauf, womit das zusammenhängt.
*(Betty hält etwa zehn Sekunden die Luft an und atmet dann mit einem tiefen Seufzer aus.)*
*Gay*: Ja. Seufzen Sie noch etwas tiefer. Wiederholen Sie es ein paarmal.
*Betty*: Ich schäme mich so für mich selbst. Es scheint, als habe ich immer das Gefühl gehabt, etwas falsch zu machen.

Dieser Moment führte zu einer produktiven Analyse der Umstände, die Bettys Schamgefühl ausgelöst hatten. Es ist immer wieder beeindruckend zu sehen, wie eine Kleinigkeit wie beispielsweise das Anhalten der Luft derart aufschlußreiche Einblicke in die Vorgänge tief im Inneren eines Menschen geben kann. Gay forderte Betty auf, sich auf ein bestimmtes Gefühl einzulassen – und ihr Unbewußtes reagierte mit einem eigenen Befehl: Halte den Atem an. Als dann das Bewußtsein auf den Atemindikator gelenkt wurde, kam eine ganz neue Welt von Informationen ans Licht. Dies ist das Geheimnis der körperzentrierten Therapie.
In unserem nächsten Beispiel zeigen wir, wie ein Haltungsindikator verstärkt werden kann. Es stammt aus der ersten Sitzung mit einer neuen Klientin namens Val. Der Ausschnitt beginnt etwa in der Mitte der Sitzung.

*Val*: Und im Augenblick mache ich auch noch eine Akupunkturbehandlung gegen die Schmerzen in meiner Schulter; ich habe eine Art Schleimbeutelentzündung.
*Kathlyn*: Und seit wann haben Sie das?
*Val*: Zum erstenmal habe ich es irgendwann einmal nach einer Aerobicstunde gemerkt. Wir hatten eine Menge Streckübungen über Kopf gemacht, und vielleicht habe ich mir

dabei etwas eingeklemmt. Doch mit dieser Schulter habe ich immer mal wieder Probleme gehabt.

*Kathlyn*: Die Probleme, die Sie im Moment haben, sind relativ neu, doch Sie haben schon seit längerem Schmerzen in diesem Bereich. Seit Jahren? Seit Monaten?

*Val*: Ich erinnere mich daran, daß das schon auf dem College anfing, und ich bin jetzt 32. Es müssen also ungefähr zehn Jahre sein.

*Kathlyn*: Wissen Sie, mir ist etwas aufgefallen, als Sie in mein Sprechzimmer kamen. Ich weiß nicht, ob das etwas damit zu tun hat, vielleicht aber doch. Sehen Sie mal, wie Ihre linke Schulter etwas höher steht als Ihre rechte.

*Val*: Was meinen Sie damit?

*Kathlyn*: Kommen Sie mal zum Spiegel herüber. Sehen Sie? Ihre linke Schulter ist höher und kürzer als die rechte.

*Val*: O, aha, hmmm...! Das ist die Seite, auf der ich meine Tasche trage. Vielleicht liegt es nur daran.

*Kathlyn*: Möglicherweise. Aber experimentieren Sie ein bißchen damit herum, wenn es Ihnen nichts ausmacht. Verkrampfen Sie die linke Schulter noch ein wenig mehr. Spannen Sie sie einfach noch mehr an, und ziehen Sie sie dabei etwas weiter nach oben. Und spüren Sie nun einen Augenblick hinein.

*Val*: (*schließt ihre Augen, konzentriert sich auf das Verstärken des Schulterindikators*) Hm, wenn ich das mache, dann tut es an der Stelle weh, wo ich die Schleimbeutelentzündung habe.

*Kathlyn*: Es gibt also einen Zusammenhang. Machen Sie weiter, solange Sie es aushalten können. Verlangen Sie nicht zuviel von sich, aber bleiben Sie dabei. Spüren Sie hinein, um zu sehen, ob Sie noch andere Zusammenhänge herstellen können.

*Val*: Gerade ist ein Bild vor mir aufgetaucht, wie meine Mutter mich wegen irgend etwas ausgeschimpft hat.

*Kathlyn*: Weshalb?

*Val*: *(lacht nervös)* Ich hatte meine Schuhe nicht richtig geputzt. Sie hatte einen Tick in dieser Beziehung. Aber es hätte auch alles mögliche sonst sein können. Sie hatte an fast allem etwas auszusetzen, was mein Vater und ich taten.

*Kathlyn*: Ich frage mich, welche Verbindung es zwischen Ihrer Schulterhaltung und dem Schimpfen Ihrer Mutter gibt.

*Val*: *(hebt und senkt spontan ihre Schulter und experimentiert damit herum)* Wissen Sie, ich glaube, wenn ich mit ihr zusammen war, habe ich mich irgendwie verkrampft. Sie hat mich nie geschlagen oder so, doch wir standen uns auch nie sehr nahe. Sie stand eigentlich niemandem nahe. Sie hatte keine guten Freunde, und ihre Beziehung zu ihrer eigenen Mutter war schrecklich.

*Kathlyn*: Also wandten Sie sich vor allem an Ihren Vater um Unterstützung.

*Val*: Ja, wir beide waren Kumpel; haben uns sozusagen gegen sie verbündet. Er respektierte sie, doch ich glaube nicht, daß er sie wirklich mochte.

*Kathlyn*: Kommen wir auf Ihre Schulter zurück. Fühlt es sich so an, als ob Sie Ihre Schulter immer noch anspannen, weil Sie Ihr Verhältnis zu Ihrer Mutter noch nicht aufgearbeitet haben?

*Val*: Darüber habe ich eigentlich nie nachgedacht. Vielleicht haben Sie recht. Doch wie könnte ich es aufarbeiten? Sie ist vor fünf Jahren gestorben.

*Kathlyn*: Sie könnten damit anfangen, indem Sie sich die Gefühle eingestehen, die Sie womöglich in Ihrer Schulter mit sich herumschleppen. Wie Wut ihr gegenüber. Lassen Sie Ihre Schulter für einen Augenblick wütend sein. Machen Sie irgendein wütendes Geräusch, und stellen Sie etwas Wütendes mit Ihrer Schulter an.

*Val: (knurrt und schüttelt ihre Schulter nach oben und unten und rings herum)* Das tut gut.

*Kathlyn*: Machen Sie weiter. Und spielen Sie es richtig voll aus.

*(Val brüllt und knurrt und schlägt mit ihrem linken Arm herum. Plötzlich bricht sie in Tränen aus.)*

*Kathlyn*: Sie müssen sich ein inniges Verhältnis zu ihr so sehr gewünscht haben! Es war sicher ein trauriges Gefühl, ihr nicht nahe zu sein.

*Val: (weinend)* Ja. Ich habe gesehen, wie meine beste Freundin Joanne immer mit ihrer Mutter lachte und herumalberte. Ihre Mutter war so eine lustige Frau, die Joanne einfach vergötterte, und meine Mutter war steif wie ein Brett. Ich beneidete eine Menge anderer Mädchen deswegen.

Das Verstärkungsprinzip erlaubt es dem Körpertherapeuten, beim Offensichtlichen zu beginnen, um das zutiefst im Inneren Verborgene aufzudecken. Dies gelingt, wenn dabei sowohl Therapeut als auch Klient ihr jeweiliges Bewußtsein einbringen. Bei dieser gemeinsamen Erkundungstour vollzieht sich der Prozeß so schnell, wie es der Klient zuläßt. Ist er offen und willig, kann in kürzester Zeit eine ungeheure Menge an Information fließen. In diesem Fall schuf Vals Bereitwilligkeit Raum für einen äußerst heilsamen Bewußtwerdungsprozeß.

## Vom Gefühl zur Verstärkung

Auch Gefühle können mit Hilfe der Verstärkung auf effektive Weise erkundet und aufgelöst werden. Viele Therapeuten verzweifeln in dem Bemühen, ihren Klienten durch Gespräche ihre Gefühle auszureden. Wir haben festgestellt, daß Gefühle anerkannt und angenommen werden müssen und daß es, um dies zu tun, kaum eine effektivere Möglichkeit gibt als eben die Verstärkung mit Hilfe der in diesem Abschnitt vorgestellten zweiten Technik. Wir haben es im wesentlichen mit drei Gefühlen zu tun, die der Mensch schwer zum Ausdruck bringen kann: Angst, Wut und Trauer. Im folgenden Beispiel werden diese drei Gefühle vergrößert, um eine umfassende Heilung zu erzielen.

Wir befinden uns in einem Eheberatungsgespräch mit Daniel und Dianne. Dies ist die zweite Sitzung, und beide sind im Augenblick in hohem Maße gegeneinander polarisiert.

Dianne: Sehen Sie! Meine Gefühle sind ihm einfach völlig gleichgültig!

Daniel: (*mit defensiv verschränkten Armen und einem störrischen, höhnischen Gesichtsausdruck*) Hier bitte, meine Damen und Herren. Runde 428 in der Seifenoper »Daniel und Dianne«! Verdammt noch mal, Dianne, du scheinst es nie zu kapieren! Du denkst immer, alles wäre meine Schuld und du hättest dir überhaupt nichts zuzuschreiben! Aber es ist einfach nicht so!

Kathlyn: Verlassen Sie beide für einen Augenblick die Reichweite des anderen. Gut. Bringen Sie Ihre Wut nun einmal so richtig zum Ausdruck. Schreien Sie, so laut Sie möchten. Bringen Sie auch Ihre Arme und Beine mit ins Spiel. Ja, so ist es gut.

(*Daniel und Dianne agieren ihre zornigen, verbitterten Personas richtig aus; sie stampfen mit dem Fuß auf, schreien und*

*werfen sich allerhand Schimpfworte an den Kopf. Der Aus-*
*bruch dauert etwa 30 Sekunden und ebbt dann ab.)*

Normalerweise haben wir mit dieser Vorgehensweise Erfolg.
Am Anfang unserer Arbeit hatten wir Angst, die Beteiligten
würden sich aufgrund unserer Bitte, ihre negativen Gefühle zu
verstärken, in eine eskalierte Version ihres Konfliktes hinein-
steigern, aus der sie sich womöglich später nicht mehr befreien
könnten. Doch dies ist eigentlich nie geschehen. Erlauben wir
den Partnern, ihren Konflikt eskalieren zu lassen, so wird der
Prozeß beschleunigt, und unsere Klienten erhalten gleichzeitig
Zugang zu den tieferen Gefühlen, die sich hinter der oberflächlichen Wut verbergen. So auch im Fall von Dianne und Daniel:

*Gay*: Achten Sie darauf, was Sie unter all dieser Wut verspüren.
    Konzentrieren Sie sich darauf, was darunter liegt.
*Dianne*: Ich bin erschöpft.
*Daniel*: Ich habe Angst, es könnte immer so sein. Daß wir es
    niemals schaffen werden.
*Gay*: Dianne, übertreiben Sie nun dieses Gefühl der Erschöp-
    fung – lassen Sie sich richtig davon überwältigen! Daniel,
    fühlen Sie die Angst bis in jede einzelne Zelle! Spüren Sie
    hinein, und vergrößern Sie sie.
*(Beide stehen wie gebannt da und konzentrieren sich auf die*
    *Gefühle in ihrem Inneren.)*
*Dianne*: Wissen Sie, ich bin auch wirklich verletzt. Ich lebe
    schon so lange mit diesem Gefühl, verletzt zu sein und nicht
    zu bekommen, wonach ich mich sehne, daß ich jetzt völlig
    erschöpft bin.
*Kathlyn*: Ja. Und wo fühlen Sie diese Verletztheit?
*Dianne: (legt ihre Hand auf ihre Brust)* Tief da drinnen.
*Kathlyn*: Fühlen Sie es, und lassen Sie es sich ausbreiten, so
    weit es geht. Fühlen Sie es überall, an so vielen Stellen wie
    möglich.

*Dianne*: Ich fühle es bis hinein in meine Arme.

*Gay*: Lassen Sie Ihre Arme sich mit dieser Verletztheit bewegen.

*(Dianne streckt die Arme aus, so als wolle sie die Luft umarmen. Während sie dies tut, bricht sie in Tränen aus.)*

*Kathlyn*: Wonach strecken Sie Ihre Arme wirklich aus?

*Dianne*: Nach meinem Vater. Als er starb, war ich völlig verlassen. Meine Mutter rannte von einer Therapie zur anderen, und er war mein einziger Halt gewesen. Als er starb, mußte ich über Nacht erwachsen werden. Ich habe das Gefühl, meine Kindheit endete schlagartig, als ich in der zweiten Klasse war. Ich möchte sie wiederhaben! *(Sie schluchzt. Daniel tritt hinzu, um sie sehr behutsam zu trösten.)*

Einer der schönsten Augenblicke, den wir fast täglich in unserer Praxis erleben dürfen, ist, wenn zwei Menschen unter dem an der Oberfläche ihres Lebens tobenden Kampf ein Gefühl entdecken, das sie miteinander gemeinsam haben.

In diesem Fall entdeckten Daniel und Dianne, daß ihre jeweilige Position dem Partner gegenüber lediglich eine Maske für tiefere Gefühle war, mit denen sie sich auseinandersetzen mußten. Als sie den Kampf beilegten (und dies geschah allein durch die Verstärkung), konnten sie herausfinden, was diesem zugrunde lag. In Diannes Fall hatte ein Teil des Kampfes bereits 20 Jahre vor ihrem Zusammentreffen mit Daniel begonnen, als sie den Verlust ihres Vaters hatte hinnehmen müssen. Diese alte Trauer lieferte den Zündstoff für die Wut, die sie in ihrer heutigen Partnerschaft empfand. Solange sie sich darauf konzentrierte zu beweisen, daß sie recht und Daniel unrecht hatte, fanden weder sie noch Daniel Zugang zu ihrem eigentlichen Problem. Dies ist das Verführerische an einem Konflikt; er macht in gewisser Weise süchtig – und genau wie andere Süchte auch hindert er den Menschen daran, sich mit den wahren Problemen seines Lebens zu befassen.

# 9
# Das Atemprinzip:
# Über die Atmung zur Heilung

Ich seh mit ruh'gem Auge hin –
seh das Pulsieren der Maschin';
ein Wesen, das bedachtsam seinen Atem holt;
ein Wanderer zwischen Leben und Tod.
*William Wordsworth*

**Atemmuster spiegeln exakt die emotionalen Schwierig-
keiten, die wir gerade erfahren bzw. in der Vergangenheit
erfahren haben. Es gibt mehrere spezielle Atemtechniken,
die bei der Diagnose und späteren Behandlung psychi-
scher Probleme hervorragende Dienste leisten können.**

Wenn wir nur einen Weg zur Behandlung emotionaler Probleme wählen dürften, dann würden wir uns wahrscheinlich
auf den Atem konzentrieren – sowohl bei uns selbst als auch
bei unseren Klienten. In dem Maße, wie wir in den letzten 20
Jahren ein immer breiteres Spektrum therapeutischer Ansätze kennenlernten, wurde uns bewußt, was für eine Fülle von
Möglichkeiten in jedem einzelnen Atemzug steckt. Das
Atemprinzip gibt uns wertvolle Hinweise, wo der Mensch
festhängt und wie er wieder freikommt.

## Die Entdeckung

Gay erinnert sich noch gut an den Augenblick, als er die Kraft
und Wirksamkeit des Atemprinzips zum erstenmal entdeckte:

Daß ich von der Kraft der Atemarbeit erfuhr, verdanke ich einer glücklichen Schicksalswendung. Als ich eines Tages, Anfang der siebziger Jahre, im Wald spazierenging, hatte ich eine eindrucksvolle und erhellende Erfahrung, die mein Leben und meine Arbeit von da ab total veränderte. Sie dauerte nicht einmal eine Stunde und hat dennoch den Grundstein für mein heutiges Sein gelegt. Das Erlebnis war in sich so stimmig und makellos, daß ich auch heute noch – nach 20 Jahren – meine materiellen, psychischen und spirituellen Probleme im Lichte jenes Augenblickes lösen kann. Folgendes geschah:

Während ich an jenem Tag so dahinschlenderte, dachte ich darüber nach, daß ich eigentlich einen Großteil meines Lebens schon mit der Suche nach einem seelisch-spirituellen Gral zugebracht hatte, ohne mir dessen bewußt zu sein. Ich wollte unbedingt herausfinden, was genau im Leben eine Transformation bewirkt. Ich dachte bei mir: Das Leben ist so kompliziert! Irgend etwas müssen wir falsch machen; irgend etwas gilt es zu ändern, um an die Stelle des vorprogrammierten, verschwommenen und unausgeglichenen Seinszustands, in dem nur allzu viele Menschen leben, Klarheit, Spontaneität und Harmonie treten zu lassen.

Ich erkannte, daß ich die Antwort auf diese Frage jahrelang außerhalb meines Ichs gesucht und dort nicht gefunden hatte. Diese unbewußte Suche war auch der Antrieb für mich gewesen, Psychologie bis hin zur Promotion zu studieren und mich mit allen bedeutenden psychologischen und spirituellen Traditionen auseinanderzusetzen. Trotz alledem wußte ich tief in meinem Herzen immer noch nicht, was nun effektiv eine Transformation auslöst. So begann ich mich zu fragen: Könnte es sein, daß ich die Antwort deshalb nicht finden konnte, weil ich sie außerhalb von mir suchte?

So stellte ich in einem Augenblick höchster Klarheit die Frage nach dem Universum und mir selbst und wartete auf eine

Antwort. Ich schaute hinauf zum Himmel und in die Wipfel der Bäume und fragte mit lauter Stimme, was denn ich und die Menschheit wissen oder tun müßten, um frei zu sein.

Sekunden später kam die Antwort, die alles, was ich bis dahin wußte, in den Grundfesten erschütterte. Sie hat mein Wissen von mir neu geordnet, hat offengelegt, was ich falsch gemacht hatte, und mir den richtigen Weg der Therapie gewiesen – und das alles auf einen Schlag. Nachdem ich meine Frage gestellt hatte, herrschte einige Sekunden lang gespannte Stille. Dann durchströmte mich ein sprudelnder Quell von Energie und Licht. Er war so stark und berauschend, daß ich mich ihm hingeben mußte. Ich dehnte und streckte mich, während ich die gewaltige Kraft in mir aufnahm. Die Energie- und Lichtflut dauerte ungefähr eine halbe Stunde. Als sie verebbt war, hatte sie mehrere Wahrheiten und Erkenntnisse hinterlassen. Ich weiß bis heute noch nicht, woher diese kamen, doch ich bin mir ganz sicher, daß sie nicht irgendeinem bewußten Prozeß meines logischen Denkens entstammten.

Dies waren die Erkenntnisse: Mein Leben hatte sich bis dahin im Konflikt zwischen Körper und Geist bewegt. Gefühle wie Angst oder Wut hatte ich für gewöhnlich vom Kopf her ignoriert, verleugnet oder bagatellisiert. Mir wurde auf einmal bewußt, daß ich Geist und Körper miteinander verbinden mußte, um meine Gefühle annehmen und klar zum Ausdruck bringen zu können. Dazu mußte ich das Leben nur erfahren, anstatt es mir vorzustellen. Um in Harmonie zu leben, brauchte ich nur bei und mit dem zu sein, was ich gerade fühlte. Um im Zustand großen Glücks zu leben – also den Zuckerguß auf dem Kuchen zu bekommen –, brauchte ich nur mich selbst zu lieben, was auch immer ich gerade erlebte. Natürlich haben auch Vorstellungen ihre Berechtigung, doch ich hatte sie bislang ausschließlich dazu benutzt, Distanz zu mir selbst zu schaffen. Unverzüglich machte ich mich daran, diese Erkenntnis auf die Probe zu stellen.

Ich sagte mir: Also gut, ich bin bereit, alles Erforderliche zu erfahren oder zu tun, wenn ich dadurch lerne, in Harmonie zu leben. Welche Erfahrungen brauche ich dazu? Sekunden später durchströmten mich Gefühle, die ich nie im Leben verspürt hatte. Ich weinte um Verluste in meiner Kindheit, bebte vor Angst, und die Augen liefen mir über vor Wut. Ich empfand Freude und Erregtheit, Elend und Liebe. Ich widersetzte mich nicht und ließ alles heraus, was da war. Etwa eine Stunde lang überrollte mich eine Gefühlswelle nach der anderen; ich tat nichts, ich fühlte nur. Die Gefühle kamen im wahrsten Sinne des Wortes in Wellen; dazwischen lag jeweils ein weiter, offener Raum. Und ich lernte, mich noch weiteren Gefühlen zu öffnen, indem ich einfach noch etwas tiefer atmete. Aber was ich herausfand, war noch weitaus subtiler: Ich erfuhr, daß volles, tiefes Atmen Gefühle ungehindert und mühelos passieren läßt. Sobald ich mich anspannte oder den Atem anhielt, wurden die Gefühle unangenehm und schmerzlich.

Alle Gefühle, selbst meine Wut und meine Trauer, fühlten sich gut an, solange ich *mit ihnen atmete*. Dies war (und ist immer noch) erstaunlich für mich. Mir wurde bewußt, daß ich, solange ich zurückdenken konnte, immer meinen Atem angehalten hatte, um auf diese Weise meine Gefühle zu zügeln. Es tauchten ganz spezifische Erinnerungen daran auf, wie ich meinen Atem damals angehalten hatte, um den Schmerz über den Tod meiner Großmutter zu dämpfen und den Zorn und die Demütigung körperlicher Züchtigung durch meine Mutter zurückzudrängen. Ich erkannte, daß ich meinen Atem stets angehalten hatte, um meinen Schmerz und andere Gefühle in den Griff zu bekommen.

An jenem Tag im Wald machte ich einen herzhaften Atemzug nach dem anderen und erquickte mich an dem erregenden Gefühl, das mich dabei durchflutete. Nach einer Weile verschwanden all die geschilderten Emotionen, und mein ganzer Körper war durch und durch von Energie und einem Gefühl der Glückseligkeit erfüllt. Wie ich so atmete, kam mir eine weitere Erkenntnis in den Sinn: Auf dem Grund aller Gefühle finden sich Friede und Glückseligkeit! Friede und Glückseligkeit sind unser natürliches Geburtsrecht, doch wir decken sie unaufhörlich mit schmerzvollen Gefühlen zu, in die wir nicht *hineinzuatmen* wagen. Wagen wir es, in unsere unangenehmen Gefühle bewußt hineinzuspüren, indem wir unseren Atem wie ein Suchlicht benutzen, so gelangen wir vielleicht jenseits davon in einen sich organisch manifestierenden Zustand von Klarheit und Glück.

In den folgenden fünf Jahren nach dieser Erleuchtung schien mir jede einzelne Therapiesitzung etwas Nützliches und Wertvolles zu liefern, was das ursprünglich Erlernte vervollständigte. Schon am Tag nach meinem Erlebnis im Wald hatte ich eine Therapiesitzung mit einer Klientin, die ihren Ängsten und Wutanfällen völlig ausgeliefert war. Aufgrund meines neuen Wissens bat ich sie, die Emotionen in ihrem Körper zuzulassen und diese Empfindungen durch Hineinlenken des Atems noch zu verstärken. Als die Intensität der Gefühle zunahm, hielt sie den Atem an und sagte etwas höchst Aufschlußreiches: »Ich verstehe nicht, warum ich all diese Gefühle überhaupt haben soll.« Ich machte sie darauf aufmerksam, daß sie durch den Versuch, den Sinn ihrer Gefühle zu ergründen, aufgehört hatte, diese aktiv zu erfahren; der Akt des Verstehens (oder in ihrem Fall des Nichtverstehens) hatte sowohl ihr Erleben als auch ihre Atmung unterbrochen. Sie war völlig perplex, als sie dies hörte. Dann wandte sie sich erneut ihren Gefühlen zu. Sie erlebte sie aktiv und atmete mit ihnen; wenige Sekunden später brach sie in Tränen aus. Nachdem sie sich wieder beruhigt hatte, fühlte sie sich schon viel besser als zu Beginn der Sitzung. Und darüber hinaus fiel ihr spontan eine kreative Lösung zu ihren Alltagsproblemen ein.

Ich war sprachlos zu sehen, welche Kreativität die Klientin

entwickelte, nur weil sie sich auf ihre Gefühle eingelassen hatte. Ich erinnerte mich an unzählige mühsame Sitzungen, in denen wir – meine Klienten und ich – uns den Kopf zermartert hatten, um eine Lösung für ein bestimmtes Problem zu finden. Was, wenn nun tatsächlich ein verborgenes Reservoir an Kreativität genau auf der anderen Seite unseres Widerstandes läge? Was, wenn der Schlüssel zu diesem Schatz nur einen Atemzug entfernt wäre?

## Atemmuster

Der Mensch ist mit zwei unterschiedlichen Atemmustern ausgestattet, die jeder kennen und sich zunutze machen sollte. Allein die Tatsache, daß wir uns diese beiden Muster bewußtmachen können, wird uns in vielen Lebenslagen nützlich sein. Besonders für Therapeuten empfiehlt es sich, über diese beiden Grundmuster Bescheid zu wissen, denn so können sie auf einen Blick feststellen, wann ihre Klienten im Bann einer für sie unangenehmen Emotion stehen. Das erste Atemmuster – das sogenannte »Atmen in die Mitte« oder die »Bauchatmung« – tritt in entspanntem Zustand auf, dann also, wenn wir uns völlig sicher fühlen. Das zweite Atemmuster – wir nennen es »Kampf-oder-Flucht-Atmen« – zeigt sich in Augenblicken erkennbarer Bedrohung. Ein drittes Atemmuster – »aerobisches Atmen« – entsteht bei körperlicher Anstrengung; es ist in diesem Zusammenhang jedoch nicht von Belang.

Bei der Kampf-oder-Flucht-Atmung ist zu unterscheiden zwischen Bedrohungen, die nur in der Vorstellung, und solchen, die tatsächlich existieren. Die Kampf-oder-Flucht-Atmung entstand vor langer Zeit, als physische Bedrohungen noch an der Tagesordnung waren. Rennen und mit den Fäusten kämpfen waren die beiden wichtigsten Formen, sich

Eine Atemübung, die Sie gleich ausprobieren können

Machen Sie jetzt einen bewußten Atemzug. Atmen Sie langsam ein und langsam aus. Achten Sie genau darauf, wie es sich anfühlt, wenn man bewußt atmet. Wiederholen Sie den Vorgang noch einmal. Atmen Sie ganz tief ein und dann wieder vollständig aus. Achten Sie auf die Empfindungen in Ihrem Körper, während Sie bewußt atmen. Beim Weiterlesen dieses Kapitels empfehlen wir, hin und wieder innezuhalten und einen langen, bewußten Atemzug zu machen.

in einer Welt voll von exotischen und hungrigen Tieren zu behaupten. Im Laufe der Zeit bereicherten Stöcke und Steine unser Verteidigungsrepertoire, und erst viel, viel später kam dann die Sprache hinzu. Heute sehen wir uns weitaus weniger physischen Bedrohungen gegenüber, dennoch setzen wir die Kampf-oder-Flucht-Atmung immer noch in allen Situationen ein, in denen sich unser Ego bzw. unsere Identität bedroht fühlen. Der größte Teil des Lebens kann als eine solche Bedrohung angesehen werden, wenn wir nicht über eine außergewöhnlich starke Identität verfügen. Oft fühlen wir uns schon früh am Morgen auf dem Weg zur Arbeit von anderen Verkehrsteilnehmern, dem Busfahrer, dann dem Chef oder den Neuigkeiten aus der Tageszeitung bedroht.

Wenn wir in die Mitte atmen, hebt und senkt sich der Abdomen auf deutlich sichtbare Weise – daher auch der gebräuchlichere Name »Bauchatmung« –, und zwar in einem Rhythmus von weniger als 14 Atemzügen pro Minute. Kampf-oder-Flucht-Atmung findet hauptsächlich in der Brust statt, mit 14 und mehr Atemzügen pro Minute. Sie geht fast immer mit angespannter Bauchmuskulatur einher. Man kann sehr gut nachvollziehen, wie sich dieses Muster

entwickelt haben könnte. Der primitive Mensch wollte sicherlich die Organe in seinem Bauch schützen und spannte
die Muskeldecke dementsprechend an; er wollte wohl auch
die energieraubenden Verdauungsprozesse anhalten, um alle
Kräfte zum Handeln zu mobilisieren. Steht der Mensch
unter physischer Bedrohung, atmet er schnell und in die
Brust. Gleichzeitig wird von den Nebennieren massiv Adrenalin ausgeschüttet. Der Puls beschleunigt sich, und die
Muskeln spannen sich an. Der Organismus ist in Alarmbe-
reitschaft. Unsere primitiven Vorfahren setzten die so auf-
gebaute Energie unmittelbar durch Rennen und Kämpfen
frei. Im modernen Leben ist weder das eine noch das andere
angezeigt, und so laufen wir ständig auf Hochtouren, ohne
zu wissen, was wir mit der in uns angestauten Energie
anfangen sollen.

Als wir begannen, den Unterschied zwischen Kampf-oder-
Flucht-Atmung einerseits und »Atmung in die Mitte« andererseits herauszuarbeiten, erstaunte es uns ungemein zu sehen, wie oft erstere anzutreffen war. Was uns besonders
bestürzte, war die Tatsache, daß wir selbst so oft auf das
Muster der Kampf-oder-Flucht-Atmung zurückgriffen. Läuft
denn wirklich jeder andauernd mit Angst herum? Zunächst
glaubten wir, unser Beruf würde uns ein verzerrtes Weltbild
vermitteln, weil eben die meisten unserer Klienten emotionale
Probleme haben. Doch dann fingen wir an, auch im Alltag
auf das Atemverhalten unserer Mitmenschen zu achten. Wir
beobachteten die Menschen, wenn wir beim Einkauf an der
Kasse Schlange standen oder in der U-Bahn saßen. Was wir
sahen, war fast immer das gleiche: Die meisten Menschen
waren in der Kampf-oder-Flucht-Atmung steckengeblieben
und holten auch nur soviel Luft, wie sie zum Überleben
brauchten. Wir verbrachten sogar mehrere Stunden in Dis-
ney-World, um zu beobachten, wie die Menschen dort atmen, wo man sich eher amüsiert und vergnügt; und auch hier

registrierten wir ebensoviel Kampf-oder-Flucht-Atmung wie in der New Yorker U-Bahn.

Wir besuchten auch eine Schulklasse, um das Atemverhalten von Schülern zu analysieren. Die insgesamt 25 Kinder wurden nacheinander jeweils zu einem zweiminütigen mündlichen Vortrag aufgerufen. Mit Ausnahme von drei Schülern wechselten alle vor ihrem Auftritt zur Kampf-oder-Flucht-Atmung über. Die Mehrzahl behielt dieses Atemmuster sogar noch eine ganze Weile nach Beendigung des Vortrages bei. Offensichtlich beginnt die weitverbreitete Angst vor dem Reden in der Öffentlichkeit bereits sehr früh im Leben. Bei einer anderen Gelegenheit saßen wir im Konferenzsaal einer größeren High-Tech-Firma; wir waren dort im Rahmen einer Unternehmensberatung tätig. Sechs der insgesamt sieben Teilnehmer waren Männer. Zwei der Männer sowie die einzige Frau verharrten während der gesamten Sitzung in Kampf-oder-Flucht-Atmung. Interessanterweise fanden wir später heraus, daß ausgerechnet diese drei Mitarbeiter der Firma hohe Kosten verursacht hatten, weil sie mehr Fehlzeiten als üblich aufwiesen und die betriebsinterne Krankenversicherung in den letzten Jahren hohe Arztrechnungen für sie begleichen mußte. Noch eine Gelegenheit zur Beobachtung von Atemmustern bot sich uns beim Schlangestehen im Postamt. Von unserem Standort aus konnten wir den meisten Bediensteten bei ihrer Arbeit zusehen, die keine schwereren Verrichtungen beinhaltete, als Briefmarken auszugeben und das Wechselgeld abzuzählen. Dennoch praktizierten vier von sechs Anwesenden die Kampf-oder-Flucht-Atmung. Wovor fürchteten sich die Postangestellten denn bloß?

Als uns zum erstenmal der Wechsel von der Bauchatmung oder »Atmung in die Mitte« zur Kampf-oder-Flucht-Atmung auffiel, geschah dies unter recht amüsanten Umständen. Eines Nachmittags Anfang der siebziger Jahre saßen wir auf der Veranda hinter unserem Haus und beobachteten das Atemverhalten unserer englischen Schäferhündin Millie. Gay hatte sich die Aufgabe gestellt, das Atmen in- und auswendig zu erforschen, indem er über hundert verschiedenen Organismen beim Atmen zuschaute. Er studierte das Atemverhalten von Babys, von Frauen bei der Arbeit, von Tieren und Amöben sowie von Dutzenden von Menschen, die unter emotionalem Druck standen. Gay hatte also eine ganze Zeitlang dem Auf und Ab von Millies Atmung zugesehen, während sich diese zu seinen Füßen sonnte. Plötzlich tauchte im Hof Georg, der fette, alte Kater des Nachbarn auf. Millie knurrte leise, und ihre Atmung wechselte sofort in den Kampf-oder-Flucht-Modus. Millie war ein ausgesprochener Feigling, und man konnte bei ihr nie sicher sein, ob sie nun angreifen oder weglaufen würde, denn von einer fauchenden Katze hatte sie sich mindestens schon einmal in die Flucht schlagen lassen.

## Atemarbeit

In diesem Kapitel möchten wir aufzeigen, wie man Atemarbeit erfolgreich in jeden einzelnen Augenblick des täglichen Lebens integrieren kann. Beherrschen wir erst einmal die grundlegenden Atemprinzipien, eröffnen sich uns die vielfältigsten Anwendungsmöglichkeiten. Für den Therapeuten ist Atemarbeit von besonderer Bedeutung. Sie ermöglicht es ihm, seinen Rapport zum Klienten erheblich zu verbessern. Der Therapeut kann seine eigene Atmung wahrnehmen und so bei der Therapierung Streßmomente vermeiden, und er kann seine Achtsamkeit auf die Atmung des Klienten richten, um den Therapieprozeß im großen und ganzen leichter und effektiver zu gestalten. Wir selbst wenden unser Wissen über die Atemarbeit überall im täglichen Leben und auch in der Therapie an und achten dabei sehr sorgfältig auf unsere eigene

Atmung. So bemerken wir beispielsweise bei der Diskussion über gewisse Punkte in unserem Zusammenleben immer wieder, wie wir beide gleichzeitig den Atem anhalten. Diese Beobachtung signalisiert uns in der Regel, daß tiefere Gefühle – vielleicht etwas, wovor wir Angst haben – bei dem Gespräch ausgeklammert bleiben. Selbst wenn wir ein verborgenes Gefühl nicht im einzelnen ergründen können, tragen ein paar tiefe Atemzüge unweigerlich zur Belebung der Konversation bei, vor allem wenn wir den Eindruck haben, irgendwie festgefahren zu sein.

Wir möchten nachstehend anhand verschiedener Beispiele aufzeigen, wie wir das Atemprinzip in der Therapie zur Anwendung bringen. Wird es eingesetzt, geschieht dies zur Vervollkommnung unseres Seins und Fühlens, unserer Ganzheitlichkeit und unserer Fähigkeit, das Leben zu meistern.

## Der Einsatz des Atemprinzips zur Vervollkommnung unseres Seins und Fühlens

Unser Sprechzimmer ist ein heller, sonniger Raum, ausgestattet mit einer blaugrauen Ledercouch und einem massiven hölzernen Schaukelstuhl. Zwei Videokameras sind betriebsbereit installiert, damit der Klient sich nach der Sitzung ein Band mit nach Hause nehmen kann und auch wir uns das Ganze hinterher nochmals anschauen können. Im Hintergrund spielt leise Musik, und der Kristall auf der Fensterbank wirft Lichtspiegelungen in allen Farben des Regenbogens an die Wand. Wir öffnen die Tür zum Wartezimmer und begrüßen Bob, einen Mann mittleren Alters, der bisher noch nicht bei uns gewesen ist.

Lustlos und müde betritt er den Raum. Jede seiner Bewegungen drückt Schwere aus, und dies äußert sich nicht nur in seinem altersbedingten Bauch, sondern auch darin, daß alle

Teile seines Körpers von der Schwerkraft hinabgezogen zu werden scheinen. Sein Kinn ist erschlafft, sein Brustkorb eingefallen, sein Schritt dumpf und schwer. Gesenkten Hauptes bewegt er sich zur Couch hinüber. Sogar die klobige goldene Rolex wirkt an seinem Handgelenk wie eine Last und nicht wie ein Zeichen von Wohlstand. Unsere Augen richten sich sogleich auf seine Atmung, die ziemlich flach ist. Sein Brustkorb hebt und senkt sich nur ganz leicht. (Eine gesunde Atmung ist mit einer deutlichen Bewegung des Bauches und einer etwas weniger markanten Bewegung der Brust verbunden.) Es sieht so aus, als sei Bobs Bauchmuskulatur total verspannt; sie scheint sich überhaupt nicht zu bewegen. Wir haben es uns zur Grundregel gemacht, keine Zeit mit einleitenden Nettigkeiten zu verlieren, sondern direkt zur Sache zu kommen. Wir bitten Bob also, Platz zu nehmen.

*Gay*: Mir fällt eine ungeheure Schwere in Ihrer Haltung auf. Ihre Atmung wirkt ausgesprochen flach. Sie erscheinen ziemlich deprimiert.
*Bob: (schaut zum erstenmal auf)* Ich bin in dieser Woche sehr deprimiert gewesen. Die ganze Woche über.

Einen Moment halten wir inne, um uns auf seine depressiven Gefühle einzustimmen. Wir probieren seine Niedergeschlagenheit und Schwere am eigenen Leib aus und spüren in die damit einhergehende bleierne Leblosigkeit hinein.

*Gay*: Spüren Sie einen Augenblick lang in Ihr Gefühl des Deprimiertseins hinein. Bleiben Sie einfach dabei.
*Bob*: Was meinen Sie damit?
*Gay*: Fühlen Sie, wo Sie in Ihrem Körper Ihre Depression empfinden. Beachten Sie, welche Gefühle Ihnen signalisieren, daß Sie deprimiert sind.
*(Eine lange Pause tritt ein.)*

Dies war ganz offensichtlich das erste Mal, daß jemand mit
einem derart ungewöhnlichen Ansinnen an ihn herantrat. Wo
sonst würde man einen Menschen auch schon zu so etwas
auffordern, wenn nicht im Rahmen einer ganz bestimmten
Art von Therapie. Der Trend unserer Gesellschaft – der unter
anderem Ausdruck findet in Werbung, Schule und Religion
– steuert doch eher dahin, uns davon fernzuhalten, nach innen
auf unsere tatsächlichen Empfindungen zu schauen. Haben
wir Kopfschmerzen, so tönt es im Fernsehen, brauchen wir
nur dieses oder jenes Schmerzmittel zu nehmen, das alle Ärzte
empfehlen. Und man stelle sich vor, wir gehen zu unserem
Pfarrer und sagen ihm: »Ich trage irdische Gelüste in meinem
Herzen«, er würde uns bestimmt nicht antworten: »Fühle sie,
mein Sohn, sei bei ihnen, heiße sie willkommen.«
Im Wörterbuch fehlt das passende Verb, um auszudrücken,
was der Klient machen soll. Deshalb mußten wir einen
eigenen Begriff – *gegenwärtigen* – prägen, um diesen Vorgang zu definieren. Wir fordern Bob also auf, seine Aufmerksamkeit auf die Gefühle in seinem Körper zu lenken,
ohne dabei zu versuchen, etwas mit ihnen zu *tun*. Wahrscheinlich hatte er ein Leben lang seine Gefühle ignoriert,
verleugnet, zensiert oder im Keim erstickt. Es könnte gut
sein, daß er unsere Anleitungen als eine Aufforderung dazu
mißversteht, seine Gefühle zu beurteilen oder zu versuchen,
sie loszuwerden. Doch glücklicherweise führte ihn sein Weg
an einen der wenigen Orte, wo ihm wirkliche Hilfe zuteil
wird. Er hatte schon fast alles andere ausprobiert, von
Motivationskassetten bis hin zu Antidepressiva. Alles hat
ihn nur zusätzlich irritiert, und letztere machten ihn gar
manisch depressiv oder auch nur schläfrig. Jetzt aber passiert etwas radikal anderes: Er nimmt Urlaub von allem,
was er weiß, um den Sprung in das Unbekannte zu wagen.
Kurzum, er fühlt, was er fühlt.
Die Art und Weise, wie ein Mensch auf eine solche Aufforde-

rung reagiert, läßt bemerkenswerte Schlüsse zu. Manche werden feindselig, sobald wir sie bitten, in ihre körperlichen Empfindungen hineinzuspüren. Sie starren uns an und fragen: »Wozu soll *das* denn gut sein?« Andere wiederum sind überhaupt nicht in der Lage dazu und verkriechen sich hinter Fragen oder dem Wunsch nach weiteren Informationen. Wir erinnern uns noch gut an jenen ausgewachsenen Mann, der seinerzeit gar in einen gesunden Schlaf fiel, nachdem er einige Sekunden lang still war, um in seine Gefühle hineinzuspüren. Wir glaubten zunächst, er stehe in außergewöhnlich tiefer Berührung mit seinen Empfindungen, bis plötzlich lautes Schnarchen ertönte. Bittet der Therapeut seinen Klienten, sich auf seine Gefühle einzulassen, muß er stets damit rechnen, daß dieser seine bevorzugten Verteidigungsstrategien – ob nun Schlaf oder Wut – zum Einsatz bringt, um sich irgendwie aus der Affäre zu ziehen.

Bob war jedoch so verzweifelt, daß er unserer Aufforderung keinen nennenswerten Widerstand entgegensetzte.

*Bob*: Ich habe einen schweren Druck auf meiner Brust, so als würde irgend etwas darauf lasten.

*Gay*: Hm, gibt es sonst noch etwas?

*Bob*: Ein Brennen in der Magengegend. Und es ist fest wie ein Klumpen.

*Gay*: Können Sie uns zeigen, wo genau Sie dieses Brennen und diesen Klumpen verspüren? *(Wir wollten ganz sicher sein, wo er es fühlte, denn viele Menschen haben nur eine vage Vorstellung davon, wo der Magen eigentlich sitzt. Bob weist auf seinen Nabel.)*

*Gay*: Was fühlen Sie sonst noch in Ihrem Körper?

*Bob*: Da ist noch so eine Art Rasen in meiner Brust. Und mir ist vom Magen her irgendwie übel.

*Gay*: Bleiben Sie bei dem Gefühl, und achten Sie auf alles, was Sie darüber hinaus noch empfinden.

*Bob*: Ich habe ein wenig Kopfschmerzen.

*Gay*: Wo genau empfinden Sie den Schmerz?

*Bob: (hält 10 Sekunden lang inne)* Nun, ich glaube, hier an den Schläfen.

*Gay*: Bemerken Sie noch etwas anderes im Bereich des Kopfes?

*Bob*: Mein Nacken ist total verspannt.

Dieses kurze Gespräch lieferte uns eine Fülle von Hinweisen darauf, wie wir Bob helfen konnten. Es bewirkte außerdem etwas sehr Wichtiges, das letztlich zu einem Wandel seiner inneren Einstellung und damit zum Loslassen seiner Anspannung führte. Wenn wir in vagen Formulierungen über ein Problem wie die *Depression* sprechen, erscheint es uns riesig – allemal weitaus größer als wir selbst. Sobald wir jedoch auf etwas ganz Spezifisches deuten können, beispielsweise eine Last auf der Brust oder ein Brennen im Bauch, orten wir das Problem in Zeit und Raum. Dann werden wir plötzlich größer als das Problem.

Eine Begebenheit aus Gays Kindheitstagen veranschaulicht, worum es hierbei geht: Eines Nachts glaubte er, in seinem Zimmer einen Geist zu sehen. Seine Mutter gab ihm klugerweise eine Taschenlampe, damit er ihn anleuchten möge. Daraufhin entpuppte sich der vermeintliche Geist als ein Vorhang, der nicht wie normal herunterhing. Bis zu dem Augenblick, da Gay den Geist in Zeit und Raum lokalisierte, war dieser größer als er selbst gewesen. Bob hatte im übertragenen Sinne genau das gleiche getan, und sein tiefer Atemzug sagte uns, daß sich allmählich eine Wirkung einstellte. Doch wir erfuhren noch mehr aus jener Unterredung.

Erstens handelte es sich bei der Empfindung, die Bob als »Depression« bezeichnete, in Wirklichkeit um physische Auswirkungen der fehlenden Zwerchfellatmung. Korrektes Atmen geht zwangsläufig mit einer Bewegung des Zwerchfells einher; das Zwerchfell kann sich aber nicht richtig bewegen, wenn man den Bauch anspannt. Nur wenn sich der Bauch beim Einatmen aufbläht und weitet, hat das Zwerchfell ausreichenden Spielraum. Bewegt sich dieser große und so außerordentlich wichtige Muskel nicht bei jedem Atemzug, stellen sich bald bestimmte vorhersagbare und unangenehme Nebenwirkungen ein. In der Brust baut sich Druck auf, und ein Gefühl der Schwere entsteht. In den Adern scheint es zu kribbeln. In der Brust verspüren wir ein gewisses Rasen und Übelkeit im Bauch.

Einige dieser Empfindungen können auch Angst signalisieren. Es besteht in der Tat ein enger Zusammenhang zwischen Angst und Atmung. Wie der Gestalttherapeut Fritz Perls einst sagte: »Angst ist Erregung ohne den Atem.« Wenn wir tief und in vollen Zügen atmen, erleben wir Angst als Erregung und Energie. Worauf Perls eigentlich hindeutete, war das Zwerchfell. Erreicht das Zwerchfell bei jedem Atemzug seine ganze Ausdehnung, ist es aus physiologischen Gründen unmöglich, Gefühle der Schwere, des Drucks und Rasens zu empfinden. Die beschriebenen Symptome sind also samt und sonders auf mangelhafte Zwerchfellatmung zurückzuführen.

Wir haben noch etwas aus dem kurzen Dialog mit unserem Klienten gelernt. Zwei der von Bob geschilderten Gefühle haben uns eine deutliche und unmißverständliche Botschaft geliefert: verborgene Wut. Erfahrungsgemäß wird die Mehrzahl aller Kopfschmerzen, besonders in Verbindung mit verspannten Nackenmuskeln, durch eine Verkrampfung jener Muskeln verursacht, mit deren Hilfe wir Wut zu verbergen oder in Schach zu halten suchen. Wir entschlossen uns also, in Richtung Wut weiterzumachen.

*Kathlyn*: Wie gehen Sie mit Wut um?
*Bob: (kneift die Augen zusammen und stockt plötzlich beim*

*Einatmen)* Also, hm – ich bin kein Mensch, der zu Wut neigt.

Man beachte, daß Bobs Antwort eigentlich gar nicht zu unserer Frage paßte. Wir hatten nämlich gefragt, wie er mit der Wut umgeht, nach einem Prozeß also, und er erwiderte mit einer Beschreibung seines Wesens. Sobald jemand das Thema auf diese Weise wechselt – oder es neu definiert –, deutet dies mit an Sicherheit grenzender Wahrscheinlichkeit auf eine fundamentale Spaltung im Menschen hin. Das Zusammenkneifen der Augen und der Wechsel der Atmung sind weitere Signale für eine solche Spaltung.

*Gay:* Was aber, wenn Sie, der Sie eigentlich nicht zu Wut neigen, doch einmal in Wut geraten?

*Bob: (sein Blick verschleiert sich für den Bruchteil einer Sekunde)* Ich glaube, ich würde nie jemandem sagen, wenn ich zornig oder wütend bin.

*Kathlyn:* Und wenn Sie es täten?

*Bob: (Pause und tiefer Seufzer)* Man würde mich nicht gern haben.

*Gay:* Jemand hat Ihnen also früher einmal die Liebe entzogen, weil sie wütend waren, Bob?

*Bob: (sarkastisches Lachen, Tränen in den Augen)* Das war mein ganzes Leben lang immer so! Niemand in meiner Familie konnte es sich herausnehmen, wütend zu werden. Wir mußten immer auf Zehenspitzen herumschleichen.

*Kathlyn:* Bitte schildern Sie uns ein konkretes Erlebnis aus jener Zeit.

*Bob: (hält wieder seinen Atem an)* Ich – ich –

*Gay:* Atmen Sie tief durch. Atmen Sie in Ihre Gefühle hinein. Schicken Sie Ihren Atem genau dorthin, wo Sie Wut und Traurigkeit oder was sonst auch immer empfinden.

*Bob: (schnappt nach Luft, versucht gleichzeitig zu atmen und nicht zu atmen, zu fühlen und nicht zu fühlen)* Das ist schwer.

*Gay:* Ja, ich weiß. Atmen Sie tief ein und aus. Achten Sie einmal bewußt darauf, daß Sie Ihren Atem anhalten, wenn Sie gegen Ihre Gefühle ankämpfen.

*(Bob nimmt Fühlung zu seiner Traurigkeit und seiner Wut auf. Er atmet jetzt tiefer, und seine Wangen röten sich erkennbar. Obwohl er noch gegen seine Gefühle ankämpft, wirkt er jetzt wesentlich lebendiger als zu Beginn unserer Sitzung.)*

*Kathlyn:* Wann haben Sie zum erstenmal Gefühle wie diese gehabt?

*Bob:* *(nach einer Pause von etwa 30 Sekunden)* Ich glaube, es war, als meine Großmutter starb. Ich war damals acht Jahre alt.

*Gay:* Und Sie waren traurig und wütend.

*Bob:* Und verlassen.

*Gay:* Verlassen?

*Bob:* Sie war das einzige, woran ich mich festhalten konnte. Meine Eltern waren so unberechenbar, immer zornig und unnahbar. Meine Großmutter war beständig. Und eines Tages traf sie der Schlag, und sie starb einfach.

*Kathlyn:* Und welche Zusammenhänge gibt es zwischen ihrem Tod und Ihrem jetzigen depressiven Zustand?

*Bob:* Naja, ich habe meiner Großmutter versprochen, daß ich immer verantwortlich handeln und einen festen Arbeitsplatz behalten würde. Und jetzt hasse ich meine Arbeit. Ich möchte sie aufgeben, aber ich kann und darf es nicht.

*Gay:* So, als ob Sie befürchten, sie sonst zu enttäuschen?

*Bob:* *(läßt den Kopf hängen und schluchzt)* Ja, so ähnlich.

Bob hätte sich sicher nicht ganz so schnell offenbart, wenn er nicht vorher gelernt hätte, *bei seinen Gefühlen zu sein und seinen Atem in sie zu lenken.* Als er aufhörte, gegen seine Empfindungen anzukämpfen, machte sein inneres Selbst

spontan einen Schritt nach vorn mit einer alles verändernden
Erkenntnis. Bobs Konflikt, ob er nun fühlen oder nicht fühlen
sollte, war vom ersten Moment an deutlich an seiner Atmung
zu erkennen. Noch hatte die Entscheidung, nicht zu fühlen,
Oberhand. Als er zur Tür hereinkam, atmete er gerade genug,
um am Leben zu bleiben, doch nicht genug, um sich wohl zu
fühlen und voll entfalten zu können. Mit viel Mut gelang es
ihm, seinen Atem und sein Bewußtsein einzusetzen, um die
Spaltung in seinem Inneren zu heilen. Als Bobs Behandlung
nach nur drei Sitzungen abgeschlossen war, fühlte er sich
blendend und begann, sein Leben neu zu organisieren.

Der erste wichtige Schritt bei der praktischen Anwendung des
Atemprinzips in der Therapie ist somit, darauf zu achten,
wann der Klient seine Atmung benutzt, um seine Fähigkeit
zu beschneiden, Gefühle zu empfinden oder sich in irgendeiner Form auf sich selbst einzulassen. Wenn uns dieses Muster
begegnet, haben wir zwei Möglichkeiten, die jede für sich
oder auch gemeinsam eingesetzt werden können. Wir können
uns zum einen auf das Gefühl einstimmen, das der Klient
leugnet, und die zurückgehaltene Angst, Wut oder Trauer
hinterfragen. Wir können aber auch direkt bei der Atmung
intervenieren und den Klienten bitten, sich von dem Muster,
das ihn einengt, zu befreien, indem er tief durchatmet und
dabei die in Kapitel 10 beschriebenen Grundtechniken der
Atmung beachtet. (Es empfiehlt sich, auch im Alltag ständig
auf unser Atemverhalten zu achten. Wann halten wir den
Atem an, oder wann ist unsere Atmung eingeschränkt? Was
geht in solchen Augenblicken in unserem Körper vor? Wir
sollten unsere Achtsamkeit schulen und unserer Atmung
gegenüber öffnen.)

### Der Einsatz des Atemprinzips zur Vervollkommnung unseres Ganzseins

Ein weiterer Blick in die therapeutische Praxis zeigt uns die Folgen der Kampf-oder-Flucht-Atmung auf. Wie bereits gesagt, kommt es bei dieser Art der Atmung zu einer Mobilisierung des Organismus. Evolutionsgeschichtlich basiert sie auf zwei unterschiedlichen Grundgedanken, die für den primitiven Menschen von größter Bedeutung waren: »Ich bin hier, und ich möchte woanders sein« (Flucht) oder »Du bist hier, und ich möchte, daß du woanders bist« (Kampf). Jeder dieser Gedanken bringt eine fundamentale Spaltung zum Ausdruck. Solange wir ihnen folgen, fehlt uns die Ganzheit, und wir sind getrennt von den anderen. Die Kampf-oder-Flucht-Atmung ist ihrer Art nach total konträr zum Sein, und wenn sie im Menschen die Oberhand gewinnt, dann überschattet sie das Sein vollständig. Manchmal ist die Atemarbeit wie geschaffen dazu, die Ganzheit wiederherzustellen, wenn jemand über lange Zeit gespalten war. Eine 57jährige Klientin namens Gladys kam zu Gay in die Behandlung, weil sie schon seit sechs Monaten unter schleichenden Depressionen litt, die mit wachsender innerer Unruhe und Angst einhergingen. Gladys war eine füllige, sympathische Frau von ausgesprochen gepflegter Erscheinung. Sie arbeitete als Sprechstundenhilfe in einer Gemeinschaftspraxis von Allgemeinärzten. Was sie uns beschrieb, war ein uns nur allzu vertrautes Muster von Depression. Ihr Mann hatte sich nach 30 Jahren Ehe von ihr scheiden lassen, und mehrere Menschen, sie selbst eingeschlossen, hatten anschließend versucht, ihr ihre Gefühle auszureden. Ihr Pfarrer hatte gemeint, daß Scheidung eine Sünde und es ganz allein ihre Schuld gewesen sei, und ihr Arzt und Chef hatte ihr Antidepressiva aufgedrängt. Sie selbst aber hätte sich von den beiden eigentlich gewünscht, daß sie ihr nur einfach zuhörten, anstatt sie zu beurteilen oder mit

Medikamenten zu behandeln. Keiner der beiden hatte sie
gebeten, bei ihren Gefühlen zu sein, sie zu gegenwärtigen,
und folglich hatte sie sich von Kirche und Arbeit innerlich
zurückgezogen unter dem Eindruck, daß sich sowieso niemand wirklich um sie sorgte.

Auf einer tieferen psychischen Ebene durchlebte Gladys einen
beunruhigenden Konflikt, wie er in unserer heutigen Gesellschaft ziemlich häufig anzutreffen ist. Sie hatte ihre Rollen im
Leben ausgefüllt – Ehe, Mutterschaft, Beruf, Kirche –, als
plötzlich zwei von ihnen scheiterten. Ihre Kinder lebten weit
entfernt, und ihr Ehemann hatte sich eine Jüngere genommen. Wo sie auch hinkam, fühlte sie sich zurückgewiesen oder
unerwünscht. Gladys sah sich selbst als Opfer, und wenn auch
manch einer in der Beurteilung ihrer Lage Gladys Meinung
teilte, darf der Therapeut diesen törichten Fehler niemals
begehen. Er muß seinem Klienten in jeder Beziehung Mut
und Kraft geben, und das Schlimmste, was er tun kann, ist,
ihn in seiner Opferrolle noch zu bestärken. Jeder so verbrachte Augenblick ist vertane Zeit, die besser für Maßnahmen zur
Herbeiführung von Veränderungen hätte genutzt werden
können.

Gladys' Problem spiegelte sich deutlich in ihrer Atmung
wider. Gay konnte in ihrem Abdomen beim Atmen keinerlei
Bewegung feststellen: Er erschien völlig erstarrt, so als trüge
sie einen eisernen Gürtel. Aufgrund der angespannten Bauchmuskulatur wurde die Atmung nach oben in den Brustraum
verlagert – Gladys praktizierte also Kampf-oder-Flucht-Atmung. Zuweilen sprechen wir hier auch von verkehrter Atmung, weil sie exakt das Gegenteil vom gesunden Atmen ist.
Gay erkannte Gladys' Problem und bemühte sich, weder der
Klientin selbst noch ihrem Ehemann oder der Welt im allgemeinen irgendwelche Schuld zuzuweisen.

*Gay:* Es scheint, als hätten Sie niemanden gehabt, der Ihnen einfach nur zuhörte. Auf Ihnen lasten Traurigkeit und Wut und womöglich auch noch andere Gefühle. Und bisher haben Sie keinen Weg gefunden, einfach bei diesen Gefühlen zu sein. Daneben fällt mir auf, wie verkrampft Sie atmen.

*Gladys: (nickend)* Ich glaube nicht, daß ich in den letzten Monaten auch nur einmal tief Luft geholt habe. *(Gleich nachdem sie dies sagte, setzte eine zaghafte Bewegung in ihrem Bauch ein.)*

Während dieser Sitzung wurden vorrangig Gladys' Gefühle besprochen. Gay bemühte sich, einfach nur mit Interesse zuzuhören, während Gladys ihre Empfindungen im Zusammenhang mit ihrer Scheidung schilderte. In den letzten 20 Minuten der Sitzung begann Gay dann mit dem Atemtraining.

Wie wir in Kapitel 10 sehen werden, geht es beim Atemtraining vor allem darum, den Bewegungsspielraum des Zwerchfells wieder voll ausschöpfen zu lernen. Die Atmung kann zwar in einer Sitzung vorübergehend korrigiert werden, doch man braucht in der Regel jahrelange Übung, bis sie permanent so bleibt. Irgendwo und -wann muß jeder einmal beginnen, und wir sind überzeugt, daß allein zehn Minuten des korrekten Atmens angesichts des damit einhergehenden Stimmungswandels genügen, um den Betreffenden in die richtige Richtung zu lenken. So war es auch bei Gladys.

Gay forderte sie auf, ihre Hände im unteren Bereich der Rippenbögen, ein paar Zentimeter oberhalb der Hüften, aufzulegen. So konnte sie das Auf und Ab ihrer Atmung (oder das gänzliche Fehlen ebendieser Bewegung) fühlen. Gladys konnte tatsächlich keinerlei Bewegung ihres Bauches feststellen. Gay bat sie nicht, die Bauchmuskulatur locker zu lassen. Wenn sie das gekonnt hätte, hätte sie es wahrscheinlich ohnedies getan. Im Gegenteil, er veranlaßte sie, ihre Bauchmuskeln anzuspannen. Diese waren jedoch derart verkrampft, daß sie kaum einen Unterschied zwischen Anspannung und Entspannung empfand; erst nach mehreren Anläufen konnte sie eine Veränderung spüren. Endlich hatte sie den Schlüssel zur Lockerung und Entspannung gefunden. Das war zwar nur ein kleiner Anfang, doch er schuf die Voraussetzung für den nächsten Schritt.

Nun forderte Gay Gladys auf, ihre Muskeln so fest und lang wie möglich anzuspannen. Wenn sie die Anspannung nicht mehr aufrechterhalten konnte, sagte er: »Lassen Sie locker« oder »Entspannen Sie«, und dann ließ sie los. Schon nach wenigen Minuten hellte sich ihr Gesicht etwas auf, und ihre Stimmung schien sich zu bessern. Sie gewann die Oberhand über etwas, dem sie früher ausgeliefert gewesen war, und es war ein gutes Gefühl, wieder die Führung übernommen zu haben. Gay forderte sie sodann auf, ihre Bauchmuskulatur zu entspannen, jedoch ohne sie vorher anzuspannen. Sie sollte also aus einer neutralen Anfangsposition heraus lockerlassen, denn dadurch würde sie noch mehr in die Entspannung gehen als zuvor. Bei der Durchführung dieser einfachen Übung brach sie in Tränen aus und weinte einige Minuten lang. Die Tränen hätten nichts zu bedeuten, meinte sie, es seien nur Tränen der Erleichterung. Gay konnte es ihr gut nachfühlen. Es mußte einfach höllisch für sie gewesen sein, in solch einer Zwangsjacke der Anspannung zu leben.

Nun konnten wir einen Schritt weiter gehen. Während des vollen Einatmens wird das Zwerchfell flach und bewegt sich nach unten. Der Inhalt der Bauchhöhle muß dieser Bewegung ausweichen, und so schwillt und rundet sich die Bauchdecke. Gay forderte Gladys nun auf, ihren Bauch beim Einatmen rund werden zu lassen und das Anschwellen dabei mit den Händen zu fühlen. Gleich nach dem erstenmal stellte Gladys die berühmte Frauenfrage, wie wir sie nennen: »Bei dieser Art von Atmung würde doch mein Bauch vorstehen, nicht wahr?« In unseren Kulturkreisen gilt der gerundete Bauch bei einer Frau als ein ausgesprochenes Tabu. So kommt es, daß ein ansehnlicher Prozentsatz der Bevölkerung allein aus diesem Grund heraus mit total angespannten Bauchmuskeln umherläuft. Dieses Verhalten ist jedoch nicht nur soziokulturell fragwürdig, sondern zudem ausgesprochen abträglich und schädlich. Halten wir unsere Muskeln nämlich unnötigerweise in einem Zustand ständiger Anspannung, werden sie am Ende nachgeben und erschlaffen. Ist dies erst einmal geschehen, ist es sehr schwierig, sie wieder in Form zu bringen und den richtigen Grad an Anspannung wiederherzustellen. Darüber hinaus führt ein übermäßiges Anspannen der Muskulatur in einem Bereich des Körpers häufig zur Erschlaffung der Muskulatur in einem anderen Körperbereich. Ist die Bauchmuskulatur verspannt, leiden die Muskeln im Kreuz, und so haben viele Menschen im Alter dann Rückenprobleme.

Gay erklärte Gladys dies alles ausführlich und betonte, daß er sie nicht dazu anhalte, den Bauch herauszustrecken, sondern ihn einfach ein wenig zu entspannen. Bei richtiger Ausführung sieht man diese Entspannung von außen überhaupt nicht. Im Inneren aber ist sie deutlich zu spüren. Und was man spürt, ist einfach großartig!

Als Gladys losließ und ihren Bauch mit jedem Einatmen ganz und gar füllte, brach sie in ausgelassenes Gekicher aus. Es war so lange her, seitdem sie in rechter Weise geatmet hatte, daß ein kleines bißchen davon bereits genügte, sie zu berauschen. Das Kichern eines Menschen, der eine Stunde zuvor noch in dumpfe Depression versunken war, hat einen besonders köstlichen Klang. Gladys ruhte sich einige Minuten aus, bevor sie weitermachte. Bald schon atmete sie voll und gleichmäßig, und ihr Zwerchfell bewegte sich wieder so, wie es von der Natur beabsichtigt war. Das

Ergebnis war verblüffend. Sie bekam Farbe im Gesicht, die Blässe, mit der sie in unsere Praxis kam, war wie verflogen. Als Gay sie fragte, wie sie sich nun fühle, antwortete sie: »Einfach großartig!«

Gay verabschiedete die Klientin mit Anleitungen zur Übung der neu gefundenen Atemfähigkeit. Gladys sollte jeden Morgen jeweils zehn Minuten lang konzentriert atmen und auch tagsüber dann und wann einmal innehalten, um kräftig und bewußt ein- und auszuatmen. Sie versprach auch, täglich in der Mittagspause zehn Minuten für einen forschen Spaziergang einzuplanen. Sie verließ die Praxis mit »wehenden Fahnen«, und ihre Hochstimmung hielt noch ganze zwei Tage an.

Doch noch in derselben Woche erhielt Gay einen Anruf von einer sehr deprimierten Gladys: »Es wirkt nicht mehr«, meinte sie und erzählte uns, daß sie sich zwei Tage lang so gut gefühlt hatte, um dann doch wieder in ihre alte Depression zu verfallen. Gay lud sie kurzentschlossen zu einer Minisitzung nach seinem letzten Termin an jenem Tag ein, um der Sache sofort auf den Grund zu gehen.

Gleich zu Beginn bat er Gladys, ihm aufzuzeigen, wie sie ihre Atemübungen daheim absolviert hatte. Was sie uns vorführte, zeigte uns erneut, welche Fallstricke unsere Personas uns in den Weg legen. Die Klientin hatte total vergessen, wie man richtig atmet. Mehr noch, sie war ein Paradebeispiel dafür, wie man *nicht* atmen soll. Anstatt zu entspannen und den Bauch beim Einatmen zu füllen, spannte sie ihre Bauchmuskulatur an und zwang so ihren Atem gewaltsam nach oben in den Brustraum. In schneller Folge schnappte sie nach Luft und stieß diese wieder aus; dabei blähte sie ihren Brustraum auf wie ein Ochsenfrosch. Kein Wunder, daß sie sich nicht mehr gut fühlte. Wenn man so atmet, muß man ja depressiv und ängstlich werden!

Gay ging mit ihr nochmals das ganze Trainingsprogramm durch, so wie sie es beim erstenmal geübt hatten. Diesmal begriff sie sehr viel schneller, worauf es ankam. Innerhalb weniger Minuten wich die Depression, und Gladys fühlte sich wieder prima. Gay erläuterte ihr, daß es durchaus normal sei, zunächst alles Gelernte zu vergessen und zum alten Atemmuster zurückzukehren; schließlich habe sie ja lange Zeit hindurch so falsch geatmet. Es wäre unrealistisch, nach weniger als einer Stunde praktischen Übens eine totale und bleibende Veränderung zu erwarten. Die beiden sprachen auch über Gladys' Programmierung zur Perfektion, die, seit sie sich erinnern konnte, einen festen Platz in ihrem Leben gehabt hatte. Gay forderte die Klientin auf, sich selbst zuzugestehen, in rechter Weise atmen zu lernen, es wieder zu vergessen und erneut richtig einzustudieren. Er schilderte ihr, daß er selbst heute noch – nach fast 20jähriger Achtsamkeit auf sein eigenes Atemgeschehen – gelegentlich in seinen früheren ungesunden Atemrhythmus zurückfalle.

In der Zeit bis zur nächsten Sitzung wurde Gladys zu einem echten Atemfan. Einer der Ärzte, für den sie arbeitete, rief uns sogar an, um zu fragen: »Was haben Sie mit ihr gemacht? Sie sieht einfach großartig aus!« Dank einer korrekten Zwerchfellatmung war sie nun Herrin ihrer Stimmungen geworden, oder wie Gladys es formulierte: »Das Atmen befreit mich nicht von allen Problemen im Leben, doch es gibt mir die nötige Energie, sie Stück für Stück zu lösen.« Sie kam noch ein weiteres Mal zu einer Einzelsitzung mit Gay. Danach schloß sie sich auf sein Anraten hin für ein bis zwei Monate einer Atemgruppe an. Fast ein Jahr lang hörten wir nichts von ihr, bis Gay eine Postkarte von ihr bekam, worin sie ihm mitteilte, daß sie an die Ostküste der Vereinigten Staaten gezogen sei, um näher bei ihren Kindern zu sein. Sie mache weiter ihre Atemübungen (Gott sei Dank!), und sie habe eine neue Stelle bei einer Elektronikfirma angenommen.

Gladys' Beispiel veranschaulicht, wie wir durch direkte Atemarbeit emotionale Veränderungen herbeiführen können. Offensichtlich war zumindest ein Teil von Gladys' Problem der
Kampf-oder-Flucht-Atmung zuzuschreiben. Sobald nämlich
der Atem »zurechtgerückt« worden war, wandelte und besserte sich ihre Stimmung auf drastische Weise. Natürlich
kommt es immer auch auf den feinfühligen Umgang mit
Gefühlen und psychischen Problemen an. Es ist die Kombination von Atemarbeit und Sensibilität, die den Schlüssel zum
raschen Heilungsprozeß birgt.

### Der Einsatz des Atemprinzips zur Vervollkommnung unserer Fähigkeit, das Leben zu meistern

In der Therapie wenden wir das Atemprinzip nicht nur zur
Vervollkommnung unseres Seins und Fühlens sowie unserer
Ganzheitlichkeit an, sondern auch zur Stärkung unserer Fähigkeit, Gefühle und Probleme zu meistern, die größer als wir
selbst zu sein scheinen. Zu den bemerkenswertesten Aspekten
einer bewußten Atmung zählt, daß dadurch Gefühle oft
zunächst verstärkt, dann vermindert und schließlich eliminiert
werden. Gay hatte zu Beginn seiner Karriere immer Probleme
damit, vor einem größeren Publikum zu sprechen. Nach dem
Erscheinen seines ersten Buches Mitte der siebziger Jahre
hatte er häufig Gelegenheit, dieser Angst entgegenzutreten.
In Kansas City hielt er einmal ein Seminar, bei dem er zu einer
Gruppe von mehreren hundert Menschen sprechen mußte.
In der Mittagspause machte ihm einer der Teilnehmer ein
höchst zweifelhaftes Kompliment. Er fühle sich ihm richtig
verbunden, meinte er, denn Gays Stimme zitterte genauso wie
seine eigene, wenn er in der Öffentlichkeit auftrete. Nach
diesem ernüchternden Kommentar schwor sich Gay, auf
schnellstem Weg Abhilfe für sein Problem zu schaffen.

Aus irgendeinem Grund war es Gay nie zuvor in den Sinn gekommen, es über den Atem zu versuchen. So entschloß er sich, es noch vor der Nachmittagsveranstaltung auszuprobieren. Während er vom Podium aus den langatmigen einleitenden Worten seines Gastgebers lauschte, ortete er die Angst in seinem Körper. Er spürte in Bauch und Brust ein flaues, mulmiges, an Übelkeit grenzendes Gefühl. Gay schickte seinen Atem direkt in dieses Gefühl hinein. Es verschlimmerte sich, wurde noch stärker. Er fuhr dennoch fort, und schon nach ein paar weiteren Atemzügen legte sich das Gefühl. In diesem Moment wurde der Grundstein für einen der Hauptpfeiler unserer Therapie gelegt, nämlich für die Verstärkungstechnik (siehe Kapitel 8). Von da ab setzte Gay seinen Atem zur Verstärkung aller Art von Gefühlen ein, die ihm zu schaffen machten. Und indem er sie verschlimmerte, lösten sie sich stets auf.

Es gibt im wesentlichen zwei Gründe, warum diese ungewöhnliche Strategie so effektiv ist. Erstens: Solange wir uns einer Sache widersetzen, wird sie fortbestehen. Dies trifft ganz besonders auf den Bereich der Gefühle zu. Wir werden unsere Angst nicht los, indem wir uns ihr widersetzen. Sie bleibt, wo sie ist, solange wir uns nicht mit ihr anfreunden. Alle Energie, die wir dazu aufwenden, die Angst aus unserem Bewußtsein zu vertreiben, ist verlorene Energie. Zudem verursacht unser dahingehendes Bemühen eine Spaltung in uns. Gehen wir mit dem Atem auf das Gefühl zu, ist dies ein erster entscheidender Schritt auf dem Weg zur Heilung dieser Spaltung. Zweitens: Es besteht ein feiner, wenn auch ganz gewaltiger Unterschied zwischen »kontrollieren« und »meistern«. Kontrolle ist der Versuch zurückzuhalten, zu unterdrücken, zu beschneiden. Das Kontrollieren von Gefühlen ist eine Bewältigungsstrategie aus der Persona heraus. Das Meistern von Gefühlen hingegen ist die Fähigkeit, sie willentlich entstehen und wieder verschwinden zu lassen. Durch das bewußte Hineinatmen in ein Gefühl, erfahren wir etwas höchst Erfreuliches: Wenn wir es größer machen können, dann können wir es auch kleiner machen und sogar ganz verschwinden lassen.

Lernt der Mensch, seine Gefühle bewußt zu verstärken, erinnert er sich wieder daran, wer »der Herr im Hause« ist. Solange er ein Gefühl nicht willentlich größer werden lassen kann, muß er sich von ihm beherrscht vorkommen. Dieses Zerrbild löst sich in dem Maße auf, wie er sich seiner möglichen Meisterschaft bewußt wird. (Kapitel 10 veranschaulicht, wie diese Technik im Detail angewendet wird.)

### Hauptvorteile der Atemarbeit

Der wohl erstaunlichste Erfolg der Atemarbeit, den wir je erlebt oder aus Berichten erfahren haben, begegnete uns vor einigen Jahren, als uns unser Kollege Dr. Jassy zu einem Fall hinzuzog. Dr. Jassys Patientin litt an einer höchst seltenen Lungenkrankheit, die bis dahin im gesamten Westen der USA nur zwölfmal aufgetreten war. Die Stanford University School of Medicine hatte Mittel zur Erforschung der Krankheit und der Entwicklung von Behandlungsformen erhalten. Die besagte Patientin nahm an dieser Studie teil, hatte sich jedoch mittlerweile dazu entschlossen, die Behandlung ihrer Krankheit selbst in die Hand zu nehmen. Anstatt auf ein neues Medikament zu warten, das man an ihr ausprobieren wollte (das Hauptziel des Stanford-Programmes), überlegte sie sich, daß sich ein Lungenleiden eigentlich über die Atmung behandeln lassen müsse. So kam sie zu Dr. Jassy, der für unser Institut im Westen der USA einige Übungsseminare abgehalten hatte. Seinen Ausführungen zufolge war die Frau an Mitarbeiter der Forschungsgruppe am Klinikum mit der Bitte herangetreten, ihr beizubringen, wie man richtig atmet. Doch niemand dort hatte ihr erklären oder zeigen können, was eine

gesunde Atmung ist! Als Dr. Jassy uns ihr Atemmuster schilderte, wurde offensichtlich, daß sie ebensowenig Ahnung
davon hatte, wie man mit dem Zwerchfell in rechter Weise
atmet, wie seinerzeit Gladys. Dr. Jassy führte sie durch drei
Atemsitzungen mit Hilfe der in Kapitel 10 beschriebenen
Techniken. Innerhalb von nur einem Monat war ihr Leiden
vollständig kuriert, und es hat keinen Rückfall gegeben. Dr.
Jassys Klientin ist bislang die einzige Teilnehmerin der Studie,
die geheilt werden konnte. Trotz dieses außergewöhnlichen
Resultats hat keiner der Mitarbeiter des Forschungsteams
irgendein Interesse daran gezeigt zu erfahren, auf welche
Weise sie geheilt wurde. In den Unterlagen erscheint der Fall
mit dem Vermerk »spontane Remission«.

### Streßabbau

Für die meisten von uns liegt der größte Vorteil der Atemarbeit wohl darin, daß man mit ihrer Hilfe Streß abbauen kann.
Unter Streß neigen selbst Tiere zur Kampf-oder-Flucht-Atmung – so versucht die Natur, ihr Überleben zu sichern! Für
den modernen Menschen ist es so gut wie unmöglich, sich
eine streßfreie Umgebung zu schaffen. Wir können auch nicht
darauf hoffen, je so gelassen zu werden, daß wir allen Situationen mit entspanntem Körper und wachem Geist entgegenzutreten vermögen. Wir benötigen also streßabbauende
Techniken, mit deren Hilfe wir zu unserer Mitte zurückfinden
können, wenn wir durch Gedanken, Gefühle oder besondere
Lebensumstände aus der Bahn geraten sind. Nach unserer
eigenen Erfahrung ist Atemarbeit – insbesondere die in Kapitel 10 beschriebene erste Grundtechnik des Atems – das beste
Mittel zur Streßreduktion. Man braucht nichts dazu (keine
Mantras, keine besonderen Schuhe), und man kann sie überall
praktizieren. Mit der rechten Atmung ist es wie mit dem

Fahrradfahren. Hat man es erst einmal gelernt, und ist es auch noch so lange her, genügt ein einziger Atemzug, um sich wieder zu erinnern.

### Behandlung von Angst und Depression

Aus der Sicht des Therapeuten liegt das größte Potential der Atemarbeit in der Möglichkeit, beunruhigende Emotionen aus dem Körper-Geist-Bereich des Menschen zu klären und zu beseitigen. Hauptsächlich aus zwei Gründen suchen wir einen Therapeuten auf: Depression und Angst. Mit Atemarbeit lassen sich beide Krankheitsbilder wirksam therapieren. Unserer Ansicht nach wird die Atemarbeit innerhalb der nächsten 20 Jahre ganz bestimmt eine Vorrangstellung bei der Behandlung dieser Probleme einnehmen.

Wir haben mit eigenen Augen sehen können, wie Psychopharmaka bei anhaltender Depression und Angst wahre Wunder wirken, und wir haben großen Respekt vor diesem Zweig der Wissenschaft. Es gibt sicherlich Menschen, die ohne Medikamente nicht leben können. Etwa 10 bis 15 Prozent unserer Klienten überstellen wir Facharztkollegen zwecks medikamentöser Behandlung. Doch die Mehrzahl der Angst- und Depressionspatienten benötigen gar keine Medikation. Zu viele Menschen werden heutzutage mit Medikamenten behandelt, wo sie eigentlich nur ihre Lebensweise und die Art, wie sie mit Spannung umgehen, anpassen und ändern sollten. Immer mehr Menschen, denen vorschnell Medikamente verordnet wurden, sind mit ihrer Behandlung unzufrieden. Fast ein Drittel unserer Klienten haben zuvor Antidepressiva oder angstdämpfende Mittel eingenommen und suchen nun nach alternativen, natürlichen Heilweisen mit weniger Nebenwirkungen. Darin stimmen wir voll und ganz mit ihnen überein und befürworten, ja empfehlen sportliche Betätigung, Meditation,

Kommunikationsspiele und Atemarbeit als gesunde Alternativen. Wir selbst haben mit Hunderten von Menschen zusammengearbeitet, die durch gezielte Atemarbeit und andere Naturheilverfahren schließlich ohne Psychopharmaka auszukommen lernten.

Das Erlernen der im Kapitel 10 vorgestellten Techniken des Atmens in die Mitte ist für die meisten Menschen, besonders aber für all jene, die unter Angst und Depressionen leiden, zu empfehlen. Das Zwerchfell ist die »Sollbruchstelle«, an der sich die fundamentale Spaltung manifestiert, sobald wir die Essenzverbindung aufgeben und uns in unsere Personas zurückziehen und einigeln. Durch Anspannung der Bauchmuskulatur und Einfrieren der Zwerchfellbewegung lassen sich unangenehme Gefühle unterdrücken, die wir nicht spüren wollen. Der Vorteil dieser Bewältigungsstrategie liegt darin, daß wir vorübergehend dem Schmerz aus dem Wege gehen, der mit diesen von uns bewerteten Empfindungen einhergeht. Dies kostet uns allerdings eine Menge Lebendigkeit. Wir meinen womöglich, wir könnten eine Sache aus dem Weg räumen, indem wir alle damit verbundenen Empfindungen und Gefühle unterdrücken. Doch diese Strategie ist ungefähr ebenso effektiv wie die eines vierjährigen Kindes, das seine Hände vor die Augen legt und sagt: »Du kannst mich nicht sehen.« Das genaue Gegenteil ist nämlich der Fall. Spalten wir uns von unseren Gefühlen ab, kommen diese entweder stärker als zuvor zurück, oder aber sie nagen just unterhalb der Ebene der bewußten Wahrnehmung in uns. Lernen wir, wieder richtig mit dem Zwerchfell zu atmen, können die meisten Ängste und Depressionen beseitigt werden.

Als wir geboren wurden, wußten wir um das Atmen in die Mitte, doch als Schüler hatten wir es zumeist schon verlernt. Bis wir erwachsen sind, hat uns das Leben oft so sehr mitgespielt, daß sich die Kampf-oder-Flucht-Atmung viel natürlicher bei uns einstellt als die Atmung in die Mitte. Mit Hilfe der Grundtechniken des Atmens, wie wir sie in Kapitel 10 beschreiben, gelingt es uns für gewöhnlich, die Atmung des Menschen in weniger als einer Stunde zurechtzurücken. Will man jedoch einen bleibenden Effekt erzielen, besonders bei Streßsymptomen, ist das etwas ganz anderes. Immerhin: Wer das Zehn-Minuten-Programm täglich absolviert, kann sich in der Regel eine korrekte Atmung innerhalb von wenigen Wochen permanent aneignen.

### Physischen Schmerz in den Griff bekommen

Physische Schmerzen lassen sich durch das Atmen in die Mitte lindern und manchmal sogar ganz beseitigen. Dies ist nirgends besser zu beobachten als bei der Entbindung. Hin und wieder werden wir zur Betreuung von Frauen während der Geburt hinzugezogen. Wir wundern uns immer wieder, wie schnell der Wehenschmerz verschwindet, sobald die Frau *mit* dem Schmerz statt gegen ihn zu atmen anfängt. Einmal trafen wir relativ spät im Kreißsaal ein – etwa eine Stunde vor der Entbindung – und fanden die mit uns befreundete Frau mit weitgeöffneten Augen in einem Zustand der Ekstase vor. Wir fragten, was sie gerade erfahre. »Es funktioniert!« antwortete sie und verwies auf die Atemarbeit. »Ich habe gelernt, Schmerzen in Ekstase zu wandeln. Sobald ich die Schmerzen mit dem Atem in Einklang bringe, schlagen sie um in reines Empfinden. Wenn ich dann daran denke, meinen Atem in dieses Empfinden zu schicken, verwandelt es sich in Ekstase.« Dieses in einem der wohl streßbelastetsten Momente des Lebens abgegebene Zeugnis führt uns anschaulich vor Augen, welches Potential in der Atemarbeit steckt.

## *Physische Beschwerden lindern*

Bei vielen physischen Beschwerden läßt sich durch Atemarbeit Abhilfe schaffen. Eine von einer Klinik in Minneapolis durchgeführte Studie mit 153 Herzinfarktpatienten brachte ein verblüffendes Ergebnis: Keiner der Patienten atmete mit dem Zwerchfell. Alle Teilnehmer der Studie praktizierten Kampf-oder-Flucht-Atmung; ihre Bauchmuskulatur war angespannt, und sie atmeten flach, schnell und stoßweise in die Brust. In Holland wurde ebenfalls eine diesbezügliche Studie durchgeführt, bei der man zwei Gruppen von Herzinfarktpatienten miteinander verglich. Jeder der Teilnehmer hatte bereits einen Herzanfall hinter sich. Der einen Gruppe von zwölf Personen wurde beigebracht, wie man richtig atmet, und zwar unter Anwendung von Techniken, wie wir sie im Kapitel 10 beschreiben. Der anderen Gruppe wurden die Atemtechniken nicht erklärt. Im Zeitraum von einem Jahr erlitten sieben Teilnehmer der Gruppe ohne Atemtraining einen zweiten Herzinfarkt, während es zu keinem einzigen Rückfall in der Gruppe mit Atemtraining kam.

Auch Asthma gehört zu den physischen Beschwerden, die man mit Hilfe der Atemarbeit in den Griff bekommen kann. Bei Hunderten von Asthmafällen haben wir mit den behandelnden Ärzten zusammengearbeitet und mehrheitlich die Atmung in die Mitte erfolgreich anwenden können. In den wenigen Fällen, wo die Atemarbeit keine Abhilfe brachte, lag dies zumeist daran, daß dem Patienten über längere Zeiträume hinweg hochdosierte Medikamente verabreicht worden waren und der Körper ohne diese nicht mehr auskam.

Asthmatiker sind auffallend selten in der Lage, mit dem Zwerchfell zu atmen, und daher kann ihnen mit dem Einüben des richtigen Atemrhythmus häufig direkt geholfen werden. Durch die Atemarbeit gelingt es den meisten fast immer, auch psychische und emotionale Probleme, wie beispielsweise ein bestimmtes bedrückendes Gefühl, zu klären. Asthmatiker werden bei der praktischen Anwendung der Atemtechniken aus Kapitel 10 feststellen, daß dadurch oft Emotionen zutage gefördert werden. Dies liegt daran, daß sich der Asthmatiker sein Atemmuster zugelegt hat, um dahinter gewisse Emotionen zu verbergen, die meist bereits in der Kindheit aufgetreten sind. Wer mit Asthmatikern arbeitet, muß bereit sein, sich mit den während des Heilungsprozesses aufsteigenden Emotionen zu befassen. Asthmapatienten sollten zunächst einmal bis zu jenen Gefühlen vordringen, die sie während ihrer ersten Asthmaanfälle in ihrem Körper hatten, und dann ihren Atem durch ebendiese Gefühle hindurchschicken.

Die Behandlung langwieriger Asthmaleiden über die Atemarbeit ist eine eigene Fachrichtung, die den Rahmen dieses Buches sprengt. Therapeuten, die unsere körperzentrierten Behandlungsmethoden im Bereich der Asthmatherapierung einsetzen möchten, empfehlen wir eine entsprechende Spezialausbildung. An unserem Institut werden Fachseminare zu diesem Thema abgehalten; eine Liste der Übungsleiter und Veranstaltungen kann auf Wunsch zugestellt werden.

### *Gestehen Sie es sich zu, sich gut zu fühlen*

Ungeachtet des enormen Potentials der Atemarbeit bei der Heilung bestimmter Krankheitsbilder geht es unseres Erachtens bei den Atemtechniken in erster Linie darum, daß sich gesunde Menschen mit ihrer Hilfe noch wohler fühlen. Man braucht nicht krank zu sein, um sich besser zu fühlen – eine Binsenwahrheit, die ganz besonders auf die Atemarbeit zutrifft. Ausgesprochen erfolgreiche Menschen haben sich diese Techniken angeeignet, nur um es auf ihrem Gebiet noch weiter zu bringen. Erst kürzlich kam ein 45jähriger Marathonläufer wegen bestimmter »Feineinstellungen« seines

Atemmusters zu uns in die Praxis. Wir stellten fest, daß er nie richtig voll durchatmete, also nie den gesamten Spielraum seiner Atmung ausschöpfte. Etwa eine halbe Stunde arbeiteten wir an der Korrektur dieses Problems. Kurz darauf nahm der Sportler in New York an einem Marathonlauf teil und unterbot seine persönliche Bestzeit um mehr als zehn Minuten. Überdies machte er das Rennen, ohne irgendwelche körperlichen Beschwerden zu empfinden. Niemand weiß, ob die Atemarbeit dies bewirkt hatte, jedenfalls meinte er anschließend, geschadet hätte sie bestimmt nicht.

Heute sind wir Menschen endlich an dem Punkt angelangt, an dem wir es uns zugestehen, uns auf natürliche Art gut zu fühlen. Millionen von Menschen sind zur Zeit damit beschäftigt, ihr Leben so zu verändern, daß sie sich organisch wohl fühlen können. Zu Beginn dieses Jahrhunderts sagte Teddy Roosevelt einmal: »Dreiviertel der Arbeit in diesem Land wurde von Leuten erbracht, die sich nicht wohl fühlen.« Und einer unserer Klienten meinte: »Man muß wohl atmen, um sich wohl zu fühlen.« Über die Formulierung ließe sich streiten, doch von der Sache her hatte er den Nagel auf den Kopf getroffen. Wenn der Mensch in rechter Weise atmet, funktionieren sofort viele seiner Körpersysteme besser. So profitiert beispielsweise die Haut unmittelbar vom Atmen in die Mitte. In unseren Atemseminaren stellen die Teilnehmer häufig fest, wie gesund ihre Haut bereits nach wenigen Minuten des korrekten Atmens aussieht. Über die Atmung scheidet der Körper etwa 70 Prozent aller Toxine aus. Bei richtiger Atmung müssen die anderen Entgiftungsorgane (wie Haut, Harnwege und Dickdarm) keine Überstunden machen.

Das Atmen in die Mitte steigert unsere Fähigkeit, mit positiven Gefühlen umzugehen. Der Körper hat Kapillargefäße mit einer Gesamtlänge von etwa 96 000 Kilometern. Bei regelmäßiger sportlicher Betätigung vergrößert sich das Kapillarsystem um etliche Kilometer. Nicht nur unser Wohlbefinden können wir durch sportliche Aktivitäten steigern, wir bekommen auch mehr Raum, mehr Weite zum Wohlfühlen. Sehr wahrscheinlich ist es die mit der sportlichen Betätigung einhergehende tiefe Atmung, die eine Erweiterung des Kapillargefäßsystems zur Folge hat. Tiefe, entspannte Atmung, wie wir sie im Kapitel 10 beschreiben, scheint einen direkten Einfluß auf die Fähigkeit unseres Körpers zu haben, Gefühle noch tiefer zu erfahren.

In unserem Buch *Liebe macht stark* haben wir die Problematik der »oberen Grenzwerte« beschrieben, also die Neigung des Menschen, seine Sensoren für positive Gefühle auf einen gewissen Punkt einzustellen und sich selbst herunterzuziehen, sobald dieser Punkt überschritten wird. Er zieht sich herunter, indem er einen Streit vom Zaun bricht, oder er überfrißt sich, damit er sich nur ja nicht wohl fühlt. Auch in unserer eigenen Beziehung begegnete uns dieses Problem, denn nach längeren Zeiten des Wohlbefindens beschwören auch wir immer wieder das Problem der »oberen Grenzwerte« herauf. Die nächstliegende Lösung zu diesem Thema bestand für uns darin, besser mit unseren positiven Gefühlen umgehen zu lernen. Wir beobachteten uns fast ein Jahr lang und registrierten immer mehr Aktionen in Zusammenhang mit unseren »oberen Grenzwerten« (wir kritisierten, waren müde, hörten nicht zu, taten uns weh...), und nach und nach lernten wir, diese Verhaltensmuster abzulegen. Bald schon lebten wir in einem Zustand der Konfliktlosigkeit, von dem wir nur hatten träumen können.

Da wir nun wissen, wann und wie wir uns selbst herunterziehen, sind wir auch in der Lage, rechtzeitig einzugreifen, bevor größerer Schaden angerichtet wird. Dank dieser Fähigkeit hat es in unserer Beziehung seit fast zehn Jahren keine Konflikte mehr gegeben. Die Energie, die wir früher mit Auseinandersetzungen vergeudet haben, floß ein in ge-

meinsame Bücher, Hunderte von Vorträgen und Seminaren
pro Jahr sowie schöne Augenblicke, die wir mit der Familie
verbringen. Uns selbst und unseren Klienten hat die Atemarbeit maßgeblich dabei geholfen, unsere Grenzwertsenso-
ren neu zu justieren. Wenn wir nämlich ein Grenzwertpro-
blem früh genug erkennen, können wir unseren Atem hindurchschicken und es so auflösen.

Früher hatte Gay ein solches Problem mit dem Essen, daß er
am Ende über 130 Kilogramm wog. Wenn er auch noch
immer nicht schlank wie eine Tanne ist, so konnte er doch
sein Gewicht während der zurückliegenden 20 Jahre bei etwa
90 Kilogramm halten. Bei einer Größe von 1,85 m verteilt
sich dieses Gewicht, und er sieht eher wie ein Athlet und nicht
wie eine Birne aus. Wenn auch die meisten überflüssigen
Pfunde vor langer Zeit abgespeckt wurden, bleibt die Neigung zum übermäßigen Essen als ein Problem der oberen
Grenzwerte weiterhin bestehen. Doch heute kann sich Gay
fast immer selbst abfangen, bevor er erneut zuschlägt, und
seine Eßlust über den Atem im Zaume halten.

Kürzlich einmal wachte Gay morgens auf und fühlte sich
einfach großartig. Seinen Gewohnheiten entsprechend medi-
tierte er eine halbe Stunde lang, duschte sich und setzte sich
danach zwei Stunden an den Schreibtisch. Die Schreibarbeit
ging ihm gut von der Hand, und er fühlte sich hinterher fast
noch besser als zu Beginn. In der anschließenden Pause begab
er sich in die Küche und legte eine Riesenauswahl an Essen
für das Frühstück heraus. Unbewußt mampfte er eine Banane,
während er einen Teller mit Cornflakes füllte und zwei dicke
Scheiben Weißbrot in den Toaster packte. Plötzlich »wachte
er auf«. Er merkte, daß er eigentlich nicht hungrig war. Schon
die Banane hatte das akute Hungergefühl im Magen weggenommen. Er wußte, daß er sich aufgebläht und vollgestopft
fühlen würde, wenn er seinen Bauch mit »Körnerfutter«
belastete. Auf einmal erkannte er, daß er es mit einem Grenz-

wertproblem zu tun hatte. Anstatt nun der Eßlust nachzugeben, atmete Gay einfach zwei Minuten lang voll und entspannt in den Bauch. Sein Essensdrang ging vorüber, und er fühlte sich besser denn je.

Wir können gar nicht genug betonen, wie hilfreich die Atemarbeit bei der Neueinstellung unserer Sensoren des Wohlbefindens ist. Einer der wenigen Mechanismen im menschlichen Körper, der sowohl auf das Bewußte als auch auf das Unbewußte in uns empfindlich reagiert, ist die Atmung. Welches Programm das Unbewußte auch immer in uns abspulen mag, mit ein wenig Bewußtheit kann man es ändern. Wir haben bei Hunderten von Menschen das Atmen in die Mitte beobachtet und festgestellt, wie sie einen, wenn auch noch so kurzen kritischen Moment im oberen Grenzwertbereich problemlos passieren konnten; anschließend konnten sie sich zugestehen, sich länger und intensiver wohl zu fühlen.

## Begegnung mit der Transzendenz

In unserer Praxis birgt etwa jede zehnte atemtherapeutische Behandlung eine Transzendenzerfahrung für den Klienten (und zuweilen auch für uns selbst). Gefühle der Seligkeit, Einheit und Ekstase sind ansteckend, und wenn ein Klient sich in diese Gefilde begibt, fühlen oftmals auch wir eine Resonanz in unserem eigenen Sein. So zum Beispiel, wenn ein Klient atmet – vielleicht mit einem beunruhigenden Gefühl ringend –, bis plötzlich die Spannung dahinschmilzt und sich sein Gesicht mit einem verzückten Lächeln erhellt. Solche Momente gehen häufig einher mit Wahrnehmungen und Erkenntnissen aus dem kosmischen oder persönlichen Bereich.

Das Göttliche im Leben sollte man lieber selbst erfahren, anstatt darüber zu reden. Es wäre für uns alle nur von Vorteil, wenn man ein paar Jahrtausende lang ganz darauf verzichten würde, darüber zu reden. Und wenn man schon über das Göttliche reden muß, sollte man es nur in einem Augenblick tiefempfundener Einheit und Ekstase tun. Einer unserer Klienten meinte, er habe sich schon in sehr frühen Jahren von Gott abgewandt, weil der Gedanke an ihn niemandem ein Lächeln zu entlocken schien. Wir haben in unseren Atemsitzungen beobachtet, daß immer ein ganz bestimmter Ausdruck im Gesicht erkennbar wird, wenn jemand das Göttliche spürt und erlebt: eine Mischung aus Verzückung, Vollendung und Glückseligkeit.

Transzendenzerfahrungen sind stets ein »Nebenprodukt« der Atemarbeit, denn die Menschen suchten nicht danach. Solche Erfahrungen ergeben sich immer aus der Auseinandersetzung mit ganz irdischen Themen, beispielsweise wenn man den Atem in seine Wut oder Angst lenkt. Dies ist ein wichtiger Punkt, der uns zeigt, daß die körperzentrierte Psychotherapie auch ein Weg zu spirituellem Wachstum ist.

Einer unserer Klienten, ein Geistlicher, ist hierfür ein leuchtendes Beispiel: Als er das erste Mal zu uns in die Praxis kam, war er völlig am Ende wegen der in ihm angestauten Wut. Er hatte Beschwerden im ganzen Körper – Kopf, Rücken und Glieder taten ihm weh. Auf seine Wut angesprochen, reagierte er, wie zu erwarten, zurückhaltend und defensiv. Er stellte eine ausführliche kritische Betrachtung zum Thema Wut an mit der Maßgabe, daß es in seiner spirituellen Welt dafür keinen Platz gäbe. Täglich bete er um Vergebung für diejenigen, die ihm Böses angetan hätten. Erst nach einem halben Dutzend intensiver Arbeitssitzungen gelang es ihm schließlich, seine Wut zuzulassen. Endlich konnte er sich zu ihr bekennen, dabeibleiben und seine Wutgefühle wahrnehmen, ohne sie zu beurteilen. Während der letzten Behandlung geschahen zwei wunderbare Dinge. Erstens verschwanden seine Schmerzen – Kopf und Rücken taten ihm also nicht

mehr weh. Zweitens durfte er authentische Vergebung erleben. Diese Art von Vergebung war nichts Theoretisches,
nichts, worum er gebetet hatte. Es war etwas in seinem
Körper, das er wirklich empfand. Das war der Wendepunkt
für ihn, denn er hatte begriffen, daß Transzendenz nur erreicht wird, wenn man willentlich bereit ist, das Irdische zu
akzeptieren und es sich zu eigen zu machen.
Unser Ansatzpunkt ist stets das Offensichtliche. Die Wut des
Geistlichen war offensichtlich, und das sagten wir ihm auch.
Nach seiner vehementen Verteidigung zu urteilen, war sie für
ihn ebenfalls offensichtlich, doch er setzte all seine Energie
ein, um diese Wut zu verdrängen. Wir hatten allerdings einen
Trumpf auf unserer Seite: Er litt, und je mehr er die Wut
verdrängte, desto mehr litt er. Ein Teil in ihm war weise
genug, im Außen nach Hilfe zu suchen, wenn er sich auch
noch so hartnäckig dagegen wehrte. Der leidende Teil des
Menschen ist der, der am meisten Liebe braucht. Und hierin
liegt der Hauptnutzen der Atemarbeit.


## Der Weg der Liebe

Durch das Atmen in die Mitte lernen wir, uns selbst und
andere mehr zu lieben, wenngleich wir unser Augenmerk
nicht direkt auf die Liebe richten. Atemarbeit kann zusätzli-
chen Raum schaffen, wobei der Mensch erstmals die Freiheit
findet, sich für oder gegen die Selbstliebe zu entscheiden.
Und zuweilen kommt die Liebe ganz spontan, so wie bei
unserem Freund, dem Geistlichen, Vergebung spontan aus
der Wut erwuchs. Unzählige Male haben wir bei unserer
Therapiearbeit mit Ehrfurcht beobachtet, wie ein Klient sich
öffnete und seinen Atem in ein Gefühl wie Angst, Trauer und
Wut hineinschickte, um es gänzlich und mühelos in der Liebe
aufzulösen. So wurden wir zu Gläubigen einer besonderen

Art. Wir glauben, daß jeder die Freiheit und allumfassende Liebe in seinem Innersten trägt. Wird dieses organische Absolute auch für gewöhnlich von den Problemen des Lebens überschattet, geht es doch nie und nimmer verloren. Ist der Mensch bereit, voll und ganz bei sich zu sein, steht am Ende seiner Selbsterkundung immer eine göttliche Überraschung bereit.

# 10
## Die drei Grundtechniken des Atmens

Die drei von uns entwickelten Atemtechniken decken fast alle psychischen oder emotionalen Problembereiche ab, die uns im täglichen Leben begegnen. Wir selbst haben sie in unser eigenes Leben einbezogen und sie im Rahmen unserer beruflichen Tätigkeit Tausenden von Menschen weiterempfohlen. Der große Vorteil dieser Techniken liegt darin, daß sie sowohl zu Hause als auch in der Therapie nutzbringend eingesetzt werden können. Dem Therapeuten eröffnen sie ein weites Anwendungsfeld. Vertreter aller einschlägigen größeren Therapieschulen in den Vereinigten Staaten haben unsere Seminare besucht und unsere drei Grundtechniken der Atmung in ihre Arbeit erfolgreich integriert. In Kapitel 9 haben wir einen ersten Eindruck von der praktischen Anwendung dieser Techniken vermittelt; im folgenden werden wir nun die spezifischen Anleitungen geben und mit entsprechenden Beispielen belegen. Darüber hinaus stellen wir ein Atemprogramm vor, dessen regelmäßige tägliche Anwendung wir empfehlen. Die Übungen, die nicht einmal zehn Minuten pro Tag beanspruchen, verhelfen uns zu Entspannung und Ausgewogenheit und verbessern unsere Atmung von Tag zu Tag.

Die erste Atemtechnik ist die Methode des *Atmens in die Mitte*. Sie läßt den Menschen zu jener Kombination aus innerer Ausgewogenheit und Entspannung finden, die man am treffendsten als »in der Mitte sein« beschreibt. Wir empfehlen diese Technik uneingeschränkt jedem, der sich gut fühlen möchte. Wie vor der Aufnahme eines jeden psychophysischen Übungsprogramms empfiehlt es sich auch hier, vorab einen Gesundheitscheck beim Arzt durchführen zu lassen. Alle in diesem Kapitel beschriebenen Übungen sollten sanft und mit Bedacht durchgeführt werden; eine gewisse körperliche Bewegung und eine Änderung der Atemgewohnheiten gehören jedoch mit zum Programm. Bei Herz- und Lungenproblemen, Glaukom, Arthritis, Epilepsie oder sonstigen Erkrankungen sollte man den Arzt befragen, ob das hier vorgestellte Programm geeignet ist. Es ist gut möglich, daß der Arzt diese Art der Betätigung begrüßt und unterstützt; dennoch ist es immer sinnvoll, auch hier ganz sicherzugehen.

## Atmen in die Mitte

Es ist einfach zu sagen, ob es für jemanden empfehlenswert ist, das Atmen in die Mitte zu lernen: Atmet man vornehmlich in die Brust und dabei flach oder schnell, wird man bestimmt davon profitieren. Ob uns diese Technik helfen kann, läßt sich auch dadurch feststellen, daß man die Atemzüge zählt, während man stillsitzt. Atmet man schneller als 14mal pro Minute, würde ein Atmen in die Mitte sicherlich guttun. Therapeuten werden die Erfahrung machen, daß Klienten bei den beiden am häufigsten auftretenden klinischen Problemen – Depression und Angst – von der Atmung in die Mitte nur profitieren können, vorausgesetzt, es liegt keine organische Störung zugrunde. Wenn wir es für angezeigt halten, führen wir den Klienten während der Therapiesitzung in diese Atemmethode ein. Dies könnte etwa mit folgenden Worten geschehen:

> Mir fallen verschiedene Dinge an Ihrer Atmung auf, die in Ihrem Körper Streß erzeugen. Zunächst einmal atmen Sie überwiegend oben in die Brust und nicht unten in die Mitte Ihres Körpers, wie es eigentlich sein sollte. Atmen Sie in

den oberen Brustbereich hinein, bedeutet das, daß Ihre Kampf-oder-Flucht-Mechanismen in Aktion sind. Dies allein verhindert, daß Sie sich so gut fühlen, wie Sie es eigentlich könnten. Es ist nämlich so, daß zwei Drittel der Blutzirkulation der Lunge in deren unterem Drittel erfolgen. Es ist wichtig, dorthin zu atmen, wo das meiste Blut zirkuliert. Pro Minute durchfließt nur eine halbe Tasse Blut den oberen Brustbereich, während in der Mitte des Körpers etwas über einen Liter zirkuliert. Zweitens ist Ihre Atmung schneller und flacher als normal. Atmen Sie zu schnell, halten Sie Ihren Körper in einem permanenten Zustand der Erregung. Dies ist bei vielen Menschen der Fall, doch wir verfügen über eine wirksame Methode, hier Abhilfe zu schaffen. Wir nennen es das »Atmen in die Mitte«, und um es zu lernen, braucht man nur etwa 20 Minuten. Um es richtig zu beherrschen, müssen Sie es allerdings regelmäßig üben, am besten jeden Tag. Wenn wir hier in der Therapie unsere Zeit darauf verwenden, Sie in die Technik einzuführen, wären Sie Ihrerseits dann auch bereit, die Übungen jeden Tag 5 bis 10 Minuten lang allein zu Hause zu praktizieren, bis Sie sie voll und ganz beherrschen?

Wir unterrichten auch Gruppen ab sechs bis hin zu einigen hundert Teilnehmern in den Grundtechniken der Atmung. Überdies führen wir Atemgruppen, denen sich interessierte Klienten anschließen können. Der Gruppenunterricht hat mehrere Vorteile. Für den Therapeuten bedeutet er eine ganz klare Zeiteinsparung, und für den Klienten kommt es weniger teuer, zumal auf diese Weise in der Einzeltherapie nicht soviel Zeit verlorengeht.

## 1. Teil: Atmen im Liegen.

Das Atmen in die Mitte ist eine direkte Methode; das heißt, sie wirkt sich direkt auf das Atemmuster aus. Sie hat zwar auch Einfluß auf die Emotionen eines Menschen, doch das Hauptaugenmerk gilt hier den Atemmechanismen selbst. Hier nun die schrittweise Anleitung:

---

**Grundanleitung**

1. Legen Sie sich auf den Rücken. Ziehen Sie die Knie an, so daß Ihre Füße flach auf dem Boden stehen. Stellen Sie die Füße in bequemem Abstand voneinander (etwa 30 bis 40 cm) und in bequemer Entfernung zum Gesäß. Legen Sie die Arme auf den Boden, nicht auf Brust oder Bauch. Nehmen Sie sich etwa eine halbe Minute Zeit, bis Sie ganz bequem liegen, und lassen Sie Ihren Körper zur Ruhe kommen. Atmen Sie dabei langsam und ruhig. Alle Bewegungsabläufe sollten leicht und sanft sein. Die gesamte Übung sollte angenehm für Sie sein. Hören Sie sofort auf, wenn Sie Anzeichen von Verspannungen, Schmerzen oder Schwindelgefühl verspüren. Machen Sie erst dann weiter, wenn diese Erscheinungen wieder vorübergegangen sind. Atmen Sie immer durch die Nase ein, es sei denn, Sie haben Schnupfen. Dann können Sie natürlich vorübergehend durch den Mund atmen.

2. Beobachten Sie, wie sich Ihre Wirbelsäule bewegt, wenn Sie das Becken langsam hin- und herwiegen. Dies ist wichtig, denn im Idealfall sollten sich Wirbelsäule und Becken mit jedem Atemzug leicht bewegen. Im Zusammenspiel von Atmung und korrekter Bewegung der Wirbelsäule liegt nämlich das Geheimnis der Flexibilität bei zunehmendem Alter. Hier verraten wir Ihnen, wie Sie dies erreichen können. Drücken Sie den unteren Teil des Beckens sanft auf den Boden. Achten Sie darauf, daß sich dabei das Kreuzbein leicht wölbt. Machen Sie dies sehr behutsam. Drücken Sie das Becken immer wieder auf

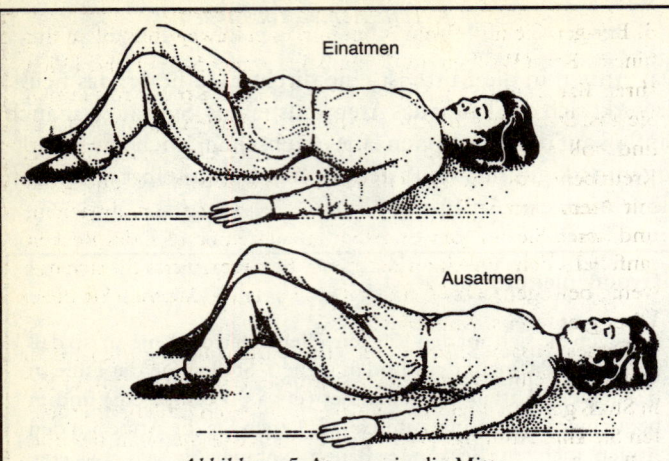

Einatmen

Ausatmen

*Abbildung 5*: Atmung in die Mitte

den Boden, und wölben Sie dabei jedesmal ein wenig den Rücken. Drücken Sie nun langsam das Steißbein fester an den Boden. Beachten Sie, daß mit zunehmender Belastung des Steißbeins die Rückenwölbung größer wird. Machen Sie Ihre Bewegungen behutsam und ganz langsam. Drücken Sie jetzt wieder langsam und sanft das Kreuzbein flach gegen den Boden. Achten Sie darauf, daß sich dadurch der Beckenboden hochhebt, also kippt. Wiederholen Sie mehrmals ganz langsam dieses Wölben und Andrücken des Kreuzbeins. Beachten Sie, daß sich dabei Ihr Becken hin- und herbewegt. Wiegen Sie das Becken weiter hin und her, ganz langsam. Machen Sie eine weiche Bewegung daraus: Wölben Sie das Kreuzbein leicht, und kippen Sie das Becken in Richtung Steißbein, dann drücken Sie Ihr Kreuzbein wieder flach auf den Boden. Lassen Sie daraus eine rollende Bewegung entstehen, langsam und ruhig. Die Bewegungen können ganz subtil sein. Man braucht es nicht einmal zu sehen, wenn Sie es gerade tun. Machen Sie diese Übung etwa eine halbe Minute lang (siehe Abbildung 5).

3. Bringen Sie nun Ihren Atem in diesen Bewegungsablauf mit hinein. Beim Wölben des Kreuzbeins atmen Sie ein und füllen Ihren Bauch mit Luft. Beim Abflachen des Kreuzbeins atmen Sie aus. Strengen Sie sich bitte nicht an. Atmen Sie nur voll ein und voll aus, tief und ruhig. Atmen Sie ein, wenn Sie das Kreuzbein wölben, und füllen Sie Ihren Bauch voll und ganz mit Atem. Atmen Sie aus, wenn Sie das Kreuzbein abflachen, und lassen Sie den ganzen Atem hinaus. Rollen Sie das Becken sanft bei jedem einzelnen Atemzug. Es reicht, wenn Sie sich nur wenig bewegen, 3 bis 4 cm sind völlig genug. Machen Sie diese Übung etwa eine Minute lang.

4. Dieses Zusammenspiel von Atmung und Bewegung ist das, worauf es beim Atmen in die Mitte ankommt. Wann immer Sie in Streß geraten oder sich sonstwie nicht wohl fühlen, überprüfen Sie Ihre Atmung. Wenn Sie merken, daß Sie nicht tief und voll in den unteren Bauchbereich hineinatmen und sich Ihre Wirbelsäule nicht im Einklang dazu wiegt, dann achten Sie bitte darauf, Ihre Atmung gleich wieder in die Mitte zu verlagern.

Machen Sie diese Übung, solange Sie möchten, und kehren Sie dann zu Ihrer normalen Tätigkeit zurück.

## 2. Teil: Atmen im Sitzen und Stehen

Es empfiehlt sich, diese Atemtechnik auch im Sitzen und Stehen zu üben. Hierfür gelten die gleichen Prinzipien wie oben, doch durch Aktivierung der bei aufrechter Haltung schwerpunktmäßig angespannten Muskeln wird der Technik eine weitere Dimension hinzugefügt.

**Anleitung zum Atmen im Sitzen**

1. Setzen Sie sich bequem und aufrecht auf einen Stuhl mit gerader Rückenlehne. Wölben Sie zuerst das Kreuzbein langsam vor, und drücken Sie es dann wieder flach gegen die Stuhllehne. Beachten Sie, wie sich dabei Ihr Becken vor- und zurückwiegt. Bewegen Sie sich sanft und behutsam. Machen Sie diese Übung eine halbe Minute lang.

2. Kombinieren Sie nun die wiegende Bewegung Ihres Beckens mit der Atmung. Atmen Sie ein, wenn Sie das Kreuzbein vorwölben. Atmen Sie aus, wenn Sie es flach gegen die Stuhllehne drücken. Füllen Sie Ihren Bauch ganz mit Atem und entspannen Sie dabei. Lassen Sie den Atem einfließen, und füllen Sie dabei den Bauch voll und ganz. Atmen Sie dann wieder aus, und leeren Sie dabei den Bauch vollständig, während Sie den Rücken flach an die Lehne drücken.

**Anleitung zum Atmen im Stehen**

1. Stellen Sie sich mit dem Rücken gegen eine Wand. Fühlen Sie, wie Ihr Rücken die Oberfläche der Wand berührt. Wölben Sie nun das Kreuzbein vor, und drücken Sie es dann wieder flach gegen die Wand. Machen Sie dies sehr langsam und sanft.

2. Wenn Sie das Kreuzbein wölben, atmen Sie nach unten ein, und füllen Sie den Bauchraum. Probieren Sie aus, wie weit Sie ihn füllen können, ohne sich anzustrengen. Atmen Sie dann wieder aus, und drücken Sie das Kreuzbein dabei flach gegen die Wand. Machen Sie diese Übung ein bis zwei Minuten lang, langsam und sanft.

*Zusätzliche Anleitungen*

Manche Menschen können ihre Bauchmuskeln einfach nicht genug entspannen, um eine ausreichende Menge an Atemluft in die Mitte einströmen zu lassen. Wenn Sie während der beschriebenen Übungen Probleme beim Entspannen der

Bauchmuskulatur hatten oder den Mittenraum Ihres Körpers nicht genau orten konnten, um den Atem dorthin zu schicken, dann sollten Sie die nachfolgenden Anleitungen beherzigen. Sie dienen insbesondere zur Entspannung der Bauchmuskulatur. Wie man die Bauchmuskeln richtig entspannt, lernt man eigenartigerweise am einfachsten dadurch, daß man sie zunächst anspannt. Die untenstehenden Instruktionen sind eine Ergänzung zu Schritt 3 der Grundanleitung.

> Spannen Sie die Bauchmuskeln beim Ausatmen an. Es handelt sich dabei um die Muskeln, die Sie brauchen, um beispielsweise die Kerzen auf einem Geburtstagskuchen auszublasen. Atmen Sie dann ein, entspannen Sie dabei dieselben Muskeln, und füllen Sie den entstehenden Raum mit Ihrem Atem. Beim Ausatmen spannen Sie die Bauchmuskulatur erneut an, und drücken Sie den gesamten Atem hinaus, so als ob Sie Kerzen ausblasen würden. Achten Sie darauf, daß der gesamte Atem hinausgepreßt wird. Entspannen Sie dann die Bauchmuskulatur wieder, und füllen Sie den freien Raum mit einem tiefen Einatmen. Wiederholen Sie diese Abfolge mehrmals, langsam und sanft, etwa eine Minute lang. Danach atmen Sie wieder normal.

Durch diese Übung lernen Sie, welche Muskeln entspannt sein müssen, damit Sie in rechter Weise atmen können. Eigentlich sollte die Bauchmuskulatur beim Ein- und Ausatmen immer entspannt bleiben, viele Klienten haben jedoch ihren Bauch über so lange Zeit ständig angespannt gehalten, daß sie anfangs überhaupt nicht mehr wissen, wie man ihn locker lassen soll.

Die zweite zusätzliche Anleitung richtet sich an all jene, die es verlernt haben, zwischen Bauch- und Brustraum zu unterscheiden. Einige Menschen haben den sensorischen Kontakt zur Vorderseite ihres Körpers verloren; Moshe Feldenkrais bezeichnet dies als »sensorisch-motorische Amnesie«. Die folgenden Instruktionen können bei Bedarf an Schritt 3 der Grundanleitung angehängt werden.

---

Auf dem Rücken liegend, legen Sie sich ein Buch auf den Bauch, oberhalb des Nabels. Das Buch muß so schwer sein, daß Sie es auch wirklich fühlen. Es sollte möglichst einen festen, rauhen Einband und keine Schutzhülle haben; ein rauher Einband verhindert nämlich, daß es allzuleicht herunterrutscht. Atmen Sie langsam und tief, so daß sich das Buch bei jedem Atemzug hebt und wieder senkt. Wenn sich das Buch nicht bewegt, legen Sie sich ein zweites auf den Bauch, bis Sie das Gewicht deutlich spüren. Manchmal dauert es ein paar Minuten, bis man herausgefunden hat, wo sich der Bauch eigentlich befindet. Haben Sie Geduld. Sobald Sie spüren, daß sich Ihr unterer Bauchraum mit Atem füllt, nehmen Sie das Buch weg. Sollte sich der Atem wieder aus diesem Bereich verlagern, legen Sie das Buch noch einmal auf. Mit Hilfe dieser Übung begreifen die meisten Menschen bereits nach wenigen Minuten, worauf es beim Atmen in die Mitte ankommt.

---

Unter unseren Klienten gibt es nur wenige, denen diese scheinbar so simplen Übungen auf Anhieb gelingen. Ungesunde Atemmuster sind häufig sehr stark ausgeprägt und in der Regel über lange Zeit verankert. Es ist daher unrealistisch anzunehmen, daß ein paar Minuten gesunder Atmung genügen, um ein solches Muster zu korrigieren. Doch bei täglicher Übung über einen Zeitraum von mehreren Wochen hinweg lassen sich normalerweise enorme Veränderungen erzielen. Regelmäßig zu üben kostet nicht viel Überwindung und Disziplin, denn man fühlt sich ausgesprochen wohl dabei. Hat der Mensch erst einmal begriffen, daß sich seine ganze Stimmung mit ein paar Minuten Atmen verändern läßt, ist er für den Rest seines Lebens »bekehrt«.

Nachdem wir gelernt hatten, wie eine gesunde Atmung aussieht, waren wir geradezu bestürzt zu sehen, wie wenige Menschen auf der Welt sie eigentlich praktizieren. Ein Kollege erzählte uns von seinem Besuch in der geschlossenen Abteilung einer psychiatrischen Klinik, wo er einen Tag lang verschiedene Therapietechniken demonstrierte. Ihm fiel sofort auf, daß – abgesehen von der Vielzahl der ohnedies vorhandenen Probleme – keiner der insgesamt 15 Patienten korrekt atmete. Daraufhin bat unser Freund einen der Patienten als Probanden zu sich und zeigte dem anwesenden Betreuungspersonal, wie dieser beim Atmen seinen Körper genau entgegen dem richtigen Muster bewegte. Das heißt, der Proband spannte seinen Bauch beim Einatmen an; durch die ständig verkrampfte Bauchmuskulatur verlagert sich die Atmung zwangsläufig in den Brustraum. Der Therapeut forderte die Ärzte und Pfleger auf, dieses Atemmuster einmal an sich selbst auszuprobieren, und wie voraussehbar gerieten alle schon nach wenigen Minuten in einen Zustand der Übererregtheit. Dann brachten sie das korrekte Atemmuster zur Anwendung und stellten mit Erstaunen fest, wie schnell sich spürbares Wohlbefinden einstellte. Auch der Proband lernte im Verlauf der nächsten Stunde, wie man korrekt atmet, und – kurz gesagt – im darauffolgenden Monat konnte er zum erstenmal nach vielen, vielen Jahren aus der Klinik entlassen werden.

## Gegenwärtigen durch Atmen

Die Atmung ist ein Ort im Körper-Geist, wo sich Bewußtsein und Unbewußtes begegnen. Wir können bewußt einen Atemzug machen und den Atem willentlich anhalten. Wir können aber auch acht Stunden lang unsere Atmung und alles damit Zusammenhängende vergessen und werden trotzdem am darauffolgenden Morgen – mehrere tausend unbewußte

Atemzüge später – wieder aufwachen. Die Atmung ist somit
ein Idealplatz der Wahrnehmung möglicher Unstimmigkei-
ten zwischen dem Bewußtsein und dem Unbewußten. Die
meisten Menschen nutzen ihre Atmung zur Kontrolle oder
Unterjochung ihrer Gefühle. Kinder halten oftmals den Atem
an, um gegen aufsteigende Tränen anzukämpfen. Auch beim
Erwachsenen finden wir dieses Muster, wenn auch in wesentlich subtilerer Form: Wir lernen das Maß an Empfindungen,
das zu unserem Bewußtsein vordringen soll, durch Veränderung der Atmung zu steuern. Problematisch dabei ist, daß
dadurch Lebendigkeit verlorengeht und unser Wohlbefinden
dementsprechend leidet. In unserer Therapiearbeit konnten
wir feststellen, daß viele unserer Klienten sich spontan besser
fühlten oder gar zu durchbruchartigen Erkenntnissen gelang-
ten, nachdem sie kleine Korrekturen an ihrer Atmung vorgenommen hatten und dadurch *mit* ihren Gefühlen atmeten
anstatt *gegen* sie. Diese Erkenntnis war Anlaß zur Entwicklung
der zweiten Grundtechnik des Atmens – Gegenwärtigen
durch Atmen.
Diese Technik läßt sich nur am praktischen Beispiel erklären,
denn es handelt sich hier eher um einen therapeutischen
»Schachzug« als um eine direkt vermittelbare Anweisung. Die
nachfolgenden Ausschnitte aus zwei Therapiesitzungen sollen diesen »Schachzug« veranschaulichen:

*Alice*: Ich glaube... – nun ja, ich habe das Gefühl, daß ich mich
    irgendwie aufgegeben habe.
*Wir*: Es klingt, als seien Sie entmutigt und traurig.
*Alice: (nickt, beißt die Zähne zusammen, schnieft leise)* Ja.
*Wir*: Achten Sie bitte einmal auf Ihre Atmung. Sie atmen nicht
    tief genug. Sie schnappen nur kurz nach Luft. Unter-
    drücken Sie Ihren Atem, weil Sie sich zusammenreißen?
    Oder um nicht traurig zu sein?
*Alice*: Ich glaube schon *(versucht, einen tiefen Atemzug zu*

*machen, doch es gelingt ihr nicht. Sie atmet angestrengt hoch oben im Brustbereich).*

*Wir:* Lassen Sie die Bauchmuskeln locker, und atmen Sie nach unten, in Ihre Traurigkeit hinein. Atmen Sie bitte nicht dagegen.

*(Alice macht einen tiefen Atemzug, fängt an zu weinen und hält dann wieder die Luft an.)*

*Wir:* Es ist schon in Ordnung, wenn Sie diese Traurigkeit fühlen. Atmen Sie ganz mit ihr, nicht gegen sie! Schicken Sie Ihren Atem dorthin, wo Sie sie fühlen.

*(Alice atmet zwei- oder dreimal tief ein und läßt den Atem wieder ausströmen. Sie schluchzt etwa ein bis zwei Minuten lang.)*

*Wir:* So ist es gut. Lenken Sie Ihren Atem geradewegs in all jene Gefühle hinein.

*(Alice atmet jetzt voll und tief durch. Sie hört auf zu schluchzen.)*

*Alice:* Puh, ich wußte nicht, daß da soviel drin war!

*Wir:* Hm. Wie fühlen Sie sich jetzt?

*Alice:* Wie gereinigt.

*Wir:* Großartig. Schicken Sie ein paar tiefe Atemzüge in dieses Gefühl des Gereinigtseins hinein.

*Alice: (macht mehrere tiefe Atemzüge)* Es breitet sich bis in meine Arme aus *(sie streckt die Arme weit aus).*

Der nun folgende Fall ist etwas komplexer.

*Howie:* Manchmal frage ich mich, ob mein Sohn auch nur das geringste Interesse an mir hat.

*Wir:* Sie fragen sich, ob er Sie lediglich in Ihrer Funktion wahrnimmt, das heißt als jemanden, der ihm Geld gibt?

*Howie:* Ja, und er hat nicht einmal danke schön gesagt, als ich seine Rechnung für ihn bezahlte, wegen der man ihn schon verklagen wollte.

*Wir*: Sie scheinen sich darüber zu ärgern.

*Howie*: Nein, ich bin nicht verärgert. Ich würde mich ärgern, wenn ich mir etwas daraus machen würde. Doch ich habe es längst aufgegeben, mir etwas daraus zu machen.

*Wir*: Während Sie so reden, atmen Sie ganz schnell und flach in die Brust. Verstärken Sie das ein wenig, und versuchen Sie zu ergründen, was das über Ihre Gefühle aussagt.

*Howie*: Es tut mir leid, ich habe das nicht bemerkt (*bemüht sich verzweifelt, tiefer zu atmen*).

*Wir*: Haben Sie bemerkt, wie Sie sich sofort entschuldigten, sobald wir Ihre Aufmerksamkeit auf Ihren Atem gelenkt haben! Woran erinnert Sie das?

*Howie*: Ich weiß nicht. *(Runzelt die Augenbrauen, beißt die Zähne zusammen.)*

*Wir*: Bleiben Sie einen Augenblick lang dabei. Denken Sie nach. Spüren Sie in sich hinein, was Sie empfinden.

*Howie: (schweigt etwa fünf Sekunden lang)* Ich glaube, es ärgert mich doch, nicht wahr?

*Wir*: Es scheint so. Holen Sie ein paarmal tief Luft, und lenken Sie den Atem dorthin, wo Sie Ihren Ärger verspüren.

*Howie*: Ich fühle ihn da vorne in meinen Unterarmen. Am ganzen Rücken.

*Wir*: Ja, atmen Sie damit – bleiben Sie ganz bei Ihrem Ärger.

*Howie*: Es ärgert mich, daß man meine Mühe nicht anerkennt.

*Wir*: Ja, erinnert Sie das vielleicht an etwas aus Ihrer Vergangenheit?

*Howie*: O ja, sicher! Meine Mutter war ständig krank, als ich noch ein Kind war. Und sie war wirklich ekelhaft zu meinem Vater. Er konnte es ihr nie recht machen. Niemand konnte es. Sie setzte andauernd ihre Leidensmiene auf und sagte »Danke, mein Lieber«, wenn man ihr etwas brachte. Ich haßte es, in ihr Zimmer zu gehen, und ich fühlte mich unendlich schuldig dafür, daß ich es so haßte.

*Wir*: Sie haben also eine Menge Erfahrung mit Märtyrern?

*Howie: (ein irritierter Blick huscht über sein Gesicht)* Ich hasse Märtyrer! Meine Mutter war die absolute Märtyrerin.

*Wir:* Sie haben die gleiche Art von Beziehung zu Ihrem Sohn. Sie glauben, eine Menge für ihn zu tun, ohne Anerkennung dafür zu bekommen.

*Howie:* So habe ich das nie betrachtet. Mein Gott, Sie sind also der Meinung, ich mache genau das gleiche mit meinem Sohn, was meine Mutter mit mir tat?

*Wir:* Denken Sie darüber nach.

*Howie:* Das ist ein harter Brocken!

*Wir:* Merken Sie, wie Sie Ihren Atem anhalten.

*Howie: (macht ein paar tiefe Atemzüge)* Ich ärgere mich darüber. Ich kann mich mit der Idee gar nicht anfreunden, daß ich selbst etwas tue, was ich als Kind so gehaßt habe!

*Wir:* Fühlen Sie, was hinter diesem Ärger verborgen ist! Es sieht so aus, als ob Sie auch traurig seien.

*Howie: (holt noch ein paarmal tief Luft)* Ja, das bin ich auch. Es soll nämlich nicht so sein!

*Wir:* Wie soll es denn sein?

*Howie:* Ich möchte anerkannt und geschätzt sein.

*Wir:* Horchen Sie in sich hinein, und fühlen Sie, wie sehr Sie sich damals nach Nähe zu Ihrer Mutter sehnten. Sie ist nun schon lange tot, doch womöglich spüren Sie in Ihrem Innern immer noch eine tiefe Sehnsucht nach ihr.

*Howie: (fängt an zu weinen)* Ich glaube, das stimmt.

*Wir:* Und spielt das eine Rolle in Ihrer Beziehung zu Ihrem Sohn?

*Howie: (nickt zustimmend)* Es ist genau das gleiche, Sie haben recht. Er und ich, wir kommen nie richtig zusammen.

Hinter Howies Märtyrer-Persona verbargen sich Ärger und Traurigkeit über eine lang zurückliegende Beziehung. Diese Gefühle lebten in seinem Körper und prägten seine heutigen Beziehungen. Die Atemindikatoren signalisierten uns zuver-

lässig, wann Howie sich hinter der Maske seiner Persona
bewegte. Aufgrund dieser Indikatoren konnten wir ihn ziemlich rasch durch die tieferen Schichten zu seinem authentischen Selbst führen.

Gegenwärtigen durch Atmen ist eine Möglichkeit, sich den
Gefühlen über den Atem zu nähern. Die Traumata des Lebens
haben uns oftmals dahingehend programmiert, daß wir unseren Atem als ein Mittel benutzen, unseren Gefühlen auszuweichen. Wir halten sie in Schach, indem wir unseren Atem
einschränken. Gegenwärtigen durch Atmen verkehrt diese
Tendenz ins Gegenteil. Wir erkennen, daß uns jeder Atemzug
Dehnung und willkommene Expansion bringt.

Das Augenmerk des Therapeuten mag zwar zunächst darauf
gerichtet sein, seine Klienten von unangenehmen Gefühlen
zu befreien; dabei sollte allerdings keinesfalls übersehen werden, daß die Atemarbeit durchaus auch zur Steigerung angenehmer Gefühle eingesetzt werden kann. So konnten wir
beispielsweise einer Klientin bei der Bewältigung ihrer sexuellen Probleme helfen. Sei hatte seit langem keinen Orgasmus
mehr gehabt, bis wir sie lehrten, in die angenehmen Gefühle
hineinzuatmen, die Sex im Menschen hervorruft, und ihr so
wieder zu mehr Spaß an der Liebe verhelfen konnten. Eines
Nachts erlebte sie den Durchbruch in eine neue Dimension
sexueller Lust. Hier ihr Bericht: »Als wir miteinander schliefen, habe ich zuerst nicht viel dabei empfunden. Ich war
irgendwie taub da unten. Ich entschloß mich also, meinen
Atem in diese Taubheit zu schicken. Schon wenige Atemzüge
genügten, um meine Genitalien zu beleben. Bald war die
Taubheit wie weggeblasen. Allmählich empfand ich wieder
Erregung und Lust. Ich schickte meinen Atem weiter in dieses
angenehme Gefühl hinein, und es breitete sich aus, bis hinunter zur Innenseite meiner Schenkel und hinauf zum Magen. Das Gefühl kam und ging. Hin und wieder verlor ich es.
Doch ich brauchte nur wieder auf meine Atmung zu achten,

um es zurückzuholen. Ich konnte also über die Atmung steuern, wie stark ich dieses angenehme Gefühl empfinden wollte. Wenn ich mehr haben wollte, habe ich einfach nur tiefer geatmet.«

Was die Klientin da berichtete, freute uns sehr. Sie hatte ihre Atmung eingesetzt, um Taubheit – ein unangenehmes Gefühl also – aufzulösen. Doch damit nicht genug. Als sie ihren Atem in ihr erwachendes Sexualgefühl lenkte, empfand sie mehr Erregung und Lust als je zuvor. Die Möglichkeit der Steigerung und Intensivierung angenehmer Gefühle ist einer der erfreulichsten Aspekte der Atemarbeit.

## Verstärken durch Atmen

Wenn die zweite Grundtechnik des Atmens gewissermaßen die Handbremse löst, so wirkt die dritte wie ein Tritt aufs Gaspedal. Hier geht es darum, Gefühle mit Hilfe des Atems noch intensiver werden zu lassen. Das Prinzip ist einfach darzustellen. Angenommen, wir verstärken ein unangenehmes Gefühl in uns, dann verschwindet es entweder, oder ein dahinterliegendes Grundgefühl wird freigelegt. Die Atmung ist der direkteste Weg zur Verstärkung von Gefühlen. In den nachfolgenden Kapiteln beleuchten wir im Detail den Wert einer solchen Verstärkung von Gefühlen. In der Fähigkeit, Gefühle und Probleme zu intensivieren, steckt ein großes Heilpotential.

Im folgenden finden Sie ein praktisches Beispiel zur Verdeutlichung des Prinzips »Verstärken durch Atmen«. Wir blenden uns in eine Sitzung ein, in der Chuck, ein 37jähriger Klient, über Spannungsgefühle in seiner Brust berichtet.

*Wir*: Was also genau spüren Sie im Moment in Ihrer Brust?

*Chuck*: Es ist, als wäre ein Band über meine Brust gespannt, so wie ein Gürtel.

*Wir*: Quer über die Brust, von einer Seite zur anderen gehend?

*Chuck*: Ja.

*Wir*: Und was noch?

*Chuck*: Druck. So als ob ein Gewicht auf meiner Brust lastet.

*Wir*: Also gut, nun möchten wir Sie um etwas bitten, was Ihnen womöglich etwas ungewöhnlich vorkommt. Schicken Sie Ihren Atem in diesen Druck und in das Band hinein. Versuchen Sie, es noch schlimmer, noch größer zu machen.

*Chuck*: Hm, ja, aber ich weiß gar nicht so recht, wie ich das tun soll.

*Wir*: Nehmen Sie sich einfach nur vor, Ihre Gefühle größer zu machen, so als ob Sie sie mit Ihrem Atem aufblähen könnten.

*Chuck*: *(macht mehrere langsame und tiefe Atemzüge)* Ja, es wird größer und größer.

*Wir*: Gut so, atmen Sie weiter. Machen Sie es noch größer.

*Chuck*: Es wird zu einem Brennen. Ich empfinde es jetzt nicht mehr als Druck oder Band.

*Wir*: Ein Brennen. Gut, atmen Sie weiter und verstärken Sie das Brennen.

*Chuck*: *(holt voll und tief Luft)* Nun wird daraus eine Art Surren. Es ist irgendwie unheimlich. Ich habe so etwas vorher noch nie gefühlt. Ähnlich wie elektrischer Strom.

*Wir*: Das ist ganz in Ordnung. Es ist völlig normal und zeigt an, daß da eine Menge Spannung ist, die sich jetzt löst.

*Chuck*: O ja, es ist auch nicht unangenehm. Im Gegenteil, es fühlt sich irgendwie gut an.

*Wir*: Stimmen Sie sich auf das ein, was Sie dabei fühlen. Atmen

Sie hinein, und machen Sie es größer. Probieren Sie, ob Sie auch dieses gute Gefühl verstärken können.

Wenn wir den Atem zur Verstärkung eines Gefühls benutzen, bringen wir ein unbewußtes Muster ins Bewußtsein. Das Unbewußte hat festgelegt, wieviel Angst und Wut man in sich trägt. Niemand hat bewußt darum gebeten. Sobald wir das Muster aber kennen, können wir es ganz bewußt verstärken. Paradoxerweise wird es sich beim Verstärken entweder ganz auflösen oder aber das offenlegen, was hinter dem Oberflächengefühl verborgen liegt. Andersherum scheint es nicht zu funktionieren. Etwas durch Atmung zu verkleinern oder abzuschwächen, geht offenbar nicht, denn wenn wir wüßten, wie wir Gefühle abschwächen können, hätten wir dies bestimmt schon längst getan.

Als Therapeuten empfanden wir es natürlich als außerordentliches Glück, auf diese Technik gestoßen zu sein. Die meisten unserer Klienten möchten von verschiedenen Gefühlen loskommen. Den ersten Hinweis auf diese Technik erhielten wir, als wir Fritz Perls bei seiner Arbeit mit einer jungen Klientin beobachteten. Die Frau drückte sich mit auffällig großen, dramatischen Gesten aus. Perls ging zunächst nicht auf den Inhalt ihrer Schilderung ein, sondern bat sie, ihre Gesten noch weiter zu verstärken. Schon bald erlangte sie Zugang zu den Gefühlen, die sich hinter ihrer theatralischen Persona verbargen. Wir brauchten nicht lange, um das gleiche Prinzip auf die Atmung zu übertragen. Bereits am nächsten Tag schnappten wir uns praktisch den ersten Klienten, der zur Tür hereinkam, und forderten ihn auf, seine Gefühle mit Hilfe des Atems zu verstärken. Sehr zu unserem und seinem Erstaunen klappte es. (Wie das Verstärkungsprinzip im einzelnen funktioniert, steht in Kapitel 7.)

## Das tägliche Atemprogramm

Wir empfehlen, dieses Atemprogramm zum festen Bestandteil Ihres zukünftigen Lebens werden zu lassen. Wir selbst machen die Übungen jeden Morgen, ganz gleich, ob wir nun in Chicago oder Kalkutta sind. Wir machen sie morgens gleich nach dem Aufstehen, weil sie uns in einen Zustand der klaren Energie versetzen und somit die Weichen für den ganzen weiteren Tagesverlauf stellen. Sie verleihen uns ein Gefühl der Leichtigkeit und des In-der-Mitte-Seins, das wir schätzen und lieben gelernt haben. Wir haben dieses Programm Tausenden von Menschen an die Hand gegeben und die Erfahrung gemacht, daß es bei tagtäglicher Anwendung eindeutig zur Streßreduzierung und Steigerung des Wohlbefindens beiträgt. Den Berichten unserer Klienten zufolge wirkt es sich positiv auf die verschiedensten Lebensbereiche aus. Erstens verfügt man für den Rest des Tages über eine höhere physische Energie, wenn man die Übungen gleich am Morgen durchführt. Zweitens wird man ausgeglichener, es gibt weniger Höhen und Tiefen. Drittens kommt es fast immer zu einem Abbau von Angstgefühlen. Viertens steigern sich die geistige Klarheit und transzendente Erlebnisfähigkeit.

Das tägliche Atemprogramm nimmt nur wenige Minuten in Anspruch. Es kann auch als Gedächtnisstütze angesehen werden. Praktiziert man die Übungen nämlich am Morgen, ruft man damit dem Körper und dem Geist in Erinnerung, wie man sich fühlt, wenn man in rechter Weise mit dem Zwerchfell atmet. Dort ist der Ort und Raum, wohin wir tagsüber immer wieder unsere Atmung zurückkehren lassen können.

Das tägliche Atemprogramm besteht aus drei Abschnitten. Zuerst wird zwei Minuten lang in die Mitte geatmet. Dann folgte eine Übung zur Entspannung und Stärkung des Zwerchfells, um diesem anatomisch so wichtigen Organ wieder zu seinem vollen Potential zu verhelfen. Schließlich wird die Beweglichkeit aller wesentlichen Gelenke durch leichte Streckübungen gesteigert. Alle drei Übungsabschnitte werden am besten im Liegen auf dem Rücken gemacht; sie können gegebenenfalls aber auch im Sitzen durchgeführt werden.

---

Tägliches Atemprogramm

*Schritt 1:* Sinn und Zweck dieser Übung ist es, zu einer korrekten Zwerchfellatmung zu gelangen und die Atembewegungen mit der Bewegung der Wirbelsäule zu koordinieren.

Legen Sie sich auf den Rücken. Winkeln Sie die Beine an, und stellen Sie die Füße in bequemer Entfernung voneinander flach auf den Boden. Beim Einatmen wölben Sie das Kreuzbein leicht und sanft; beim Ausatmen drücken Sie es gegen den Boden. Atmen Sie langsam und tief. Füllen Sie Ihren Bauch behutsam mit Atem, bis er ganz gefüllt ist, und wölben Sie dabei Ihr Kreuzbein. Atmen Sie langsam aus, und drücken Sie das Kreuzbein dabei gegen den Boden. Machen Sie diese Übung langsam und mit Bedacht etwa zwei Minuten lang.

*Schritt 2:* Sinn und Zweck dieser Übung ist die Entspannung und Stärkung des Zwerchfells, des großen Muskels in der Mitte unseres Körpers, der die Atmung steuert.

Legen Sie sich auf den Rücken. Winkeln Sie die Beine an, die Füße stehen flach auf dem Boden in bequemer Entfernung voneinander. Entspannen Sie Ihre Bauchmuskulatur, atmen Sie voll ein, und dehnen Sie dabei Ihren Bauch so weit, wie es noch bequem und angenehm für Sie ist. Wenn der Bauch voll gedehnt ist, halten Sie den Atem an. Lassen Sie den Atem nicht entweichen. Spannen Sie Ihre Bauchmuskeln an, so als ob Sie die Luft dabei hinauf in den Brustraum »schießen« wollten. Schießen Sie sie dann wieder zurück in den Bauchraum. Machen Sie dies mehrmals in schneller Abfolge, etwa einmal pro Sekunde. Schießen Sie die Luft ständig zwischen Bauch- und Brustraum hin und her, bis Sie den nächsten Atemzug machen müssen. Atmen Sie dann 15 bis 20 Sekunden lang normal, und wiederholen Sie danach das Ganze. Die Übung sollte insgesamt etwa zwei Minuten dauern.

*Schritt 3:* Sinn und Zweck dieser Übung ist es, die wichtigsten Gelenke zu entspannen und beweglicher zu machen. Man kann viel freier und effektiver atmen, wenn sich die Gelenke geschmeidig und im Einklang mit der Atmung bewegen lassen. Die folgende Streckübung eignet sich besonders zur Steigerung der Beweglichkeit unserer Gelenke.

Legen Sie sich auf den Rücken, Knie angewinkelt, die Füße flach auf dem Boden. Strecken Sie die Arme im rechten Winkel zu Ihrem Körper aus. Ihre Arme sollten ein T mit dem Körper bilden und nicht nach oben weisen. Lassen Sie nun den einen Arm nach unten und den anderen nach oben gleiten. Lassen Sie die Arme auf dem Boden liegen, wenn sie auf- und abwärtsgleiten. Machen Sie diese Übung mehrmals hintereinander, so daß daraus eine fließende Bewegung wird. Während Sie die Arme auf- und abwärtsgleiten lassen, lassen Sie nun zusätzlich Ihre Knie zu der Seite fallen, auf der sich der eine Arm gerade herunterbewegt. Machen Sie diese Übung so lange, bis sie fließend und leicht wird. Beginnen Sie jetzt parallel zur Bewegung der Arme und Beine damit, den Kopf in entgegengesetzter Richtung zu den Knien seitwärts zu drehen. Machen Sie das langsam und behutsam etwa zwei Minuten lang (siehe Abbildung 6).

Mit der Zeit werden Ihnen die Übungen dieses Programms immer leichter fallen, und Sie werden sich jedesmal gut danach fühlen. Wir selbst haben die Übungen im Laufe der Jahre tausende von Malen gemacht und sind ihrer dennoch nie überdrüssig geworden.

*Abbildung 6:* Schritt 3 des täglichen Atemprogramms

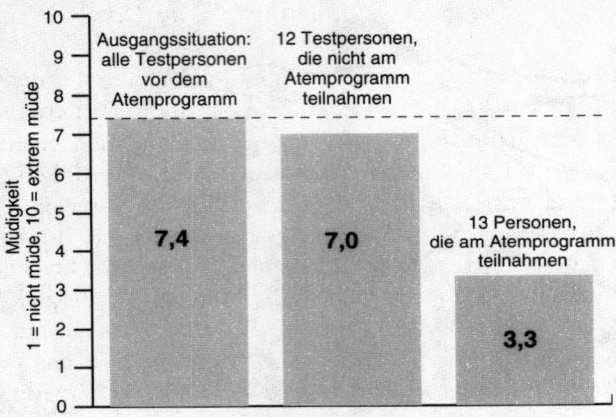

*Abbildung 7:* Auswirkung des täglichen Atemprogramms auf Müdigkeit

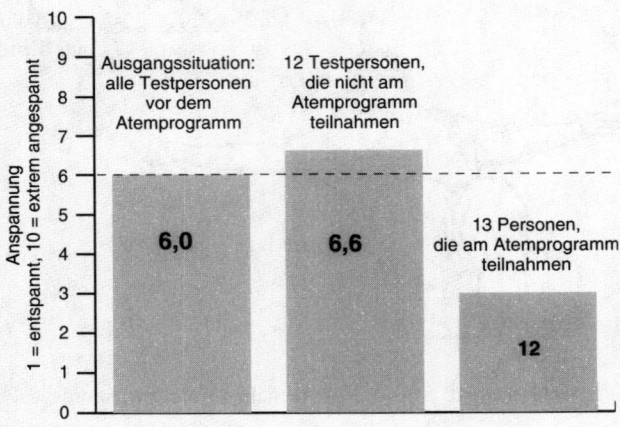

*Abbildung 8:* Auswirkung des täglichen Atemprogramms auf Anspannung

## *Das tägliche Atemprogramm im Test*

Wir haben das tägliche Atemprogramm einem Test unterzogen, um seine Wirksamkeit zu erproben. Wir arbeiteten mit einer Versuchsgruppe von 25 Personen, die sich eigenen Aussagen zufolge allesamt angespannt und müde fühlten (sie hatten den ganzen Tag über an einem anspruchsvollen Projekt gearbeitet). Der einen Hälfte der Teilnehmer brachten wir das tägliche Atemprogramm bei. Wir überwachten ihre praktischen Übungen zehn Minuten lang. Die Vergleichsgruppe saß während des gleichen Zeitraums einfach nur da und las in den entsprechenden Unterlagen über das Programm. Die in den Diagrammen niedergelegten Ergebnisse sind verblüffend (siehe Abbildungen 7 und 8).

Wenn wir uns hier auch ausschließlich mit den Symptomen der Anspannung und Müdigkeit befaßt haben, lassen sich mit dem täglichen Atemprogramm zweifelsohne eine Vielzahl anderer Symptome positiv beeinflussen. Wir hoffen auf detailliertere Studien und Experimente im Rahmen der klinischen Forschung, um die Effizienz des Programms bei der Linderung weiterer Symptome bestätigt zu sehen.

# 11
## Das Bewegungsprinzip:
## Die Rolle der Bewegung im Rahmen
## des Heilungsprozesses

Alle wissen, daß der Tropfen in den Ozean eingeht;
nur wenige wissen, daß der Ozean in den Tropfen eingeht.
*Kabir*

**Bewegungsmuster sind ein genaues Spiegelbild der Emotionen, mit denen sich der Mensch auseinandersetzen muß. Bewegung ist der Seismograph der Lebendigkeit eines Klienten. Gleichzeitig schlägt sie eine Brücke zum inneren Selbst. Die aufmerksame Beobachtung der Bewegung eröffnet dem Therapeuten großartige Möglichkeiten zur Entdeckung und Transformation.**

Bewegung ist Lebendigkeit. Was lebendig ist, ist in Bewegung. Beim Menschen bewegt sich das Zwerchfell in einem Rhythmus von Anspannung und Entspannung, und Luft strömt dabei in die Lungen. Blut fließt und transportiert dabei die Nährstoffe bis in unsere allerentlegensten Körperregionen wie die Zehen. Die Verdauung ist mit einer wellenförmigen Bewegung der Därme verbunden. Sprache entsteht durch Schwingungen und Bewegungen von Kehlkopf, Kiefer und Mund. Wir sehen, weil sich unsere Augen bewegen. Unsere Ohren setzen die Bewegungen der Luft in Ton um. Der Tod tritt ein, wenn die Gehirnwellen zum Stillstand kommen. Unsere Persönlichkeit manifestiert sich nach außen hin durch unsere Bewegungen. Unser Charakter läßt sich daran ablesen, wie wir stehen, gehen oder auf einer Party ein Gespräch anfangen. Jeder von uns hat eine ganz eigene Art, durchs Leben zu tanzen, sich in der Welt zu bewegen. Mehr noch als den Namen eines anderen Menschen kennen wir dessen Bewegungsmuster. Wir erkennen einen Freund, der uns auf der Straße entgegenkommt, an seinem besonderen Gang oder an der Art, wie er sich die Haare aus dem Gesicht streicht. Treffen wir einen guten Freund, wissen wir bereits, bevor er zu sprechen anfängt, ob er unglücklich oder in Hochstimmung ist.

Als Kinder beherrschen wir die Sprache des Körpers mit all ihren Feinheiten und Ausdrucksformen. Jüngste Forschungsberichte weisen nach, daß Föten regelrechte Trainingszeiten haben, in denen sie innerhalb ihres Lernfeldes, der Gebärmutter, ihre Bewegungsmöglichkeiten erforschen. Die Bewegungen der Mutter – Atmung, Verdauung, die bevorzugten Rhythmen des Gehens usw. – umgeben das sich entwickelnde Kind neun Monate lang und stellen damit die Weichen für dessen eigenes späteres Bewegungsverhalten. Bei einem Dreijährigen sind Essenz und Körper eins. Entdeckt er einen Käfer, bückt er sich und betrachtet fasziniert dieses Wunder der Schöpfung in all seinen Einzelheiten. Sein Ausdruck ist total, ganz und fließend. Emotionen huschen über sein Gesicht wie Wolken über die Landschaft, immer wechselnd in ständigem Hin und Her. Das Kind geht mit ganzem Herzen und ganzem Körper auf das Leben zu – zumindest eine Zeitlang.

Risse und Sprünge in unserer ursprünglichen Offenheit dem Leben gegenüber werden stets von Stockungen in den Bewegungsabläufen begleitet. Kathlyn erinnert sich noch an den Tag, an dem unser Sohn Chris als kleines Kind erstmals die Bedeutung des Wortes *heiß* zu spüren bekam, als er über eine Bodenheizung ohne Schutzabdeckung krabbelte. Er fing an zu schreien, zog seine Hand ruckartig von dem Heizelement zurück und stockte dann vor Schmerz mitten in seiner Bewegung. Emotionale Wunden bringen unsere Bewegungen ebenso effektiv zum Stocken wie physische. Instinktiv weichen wir vor dem Geräusch eines Kampfes, einer drohend erhobenen Hand oder einem tadelnden Blick zurück. Mit der Zeit bildet sich als Summe dessen, wo unsere Bewegungen fließen und wo sie stocken, unser Persönlichkeitsbild, unser Gang und unser Stil heraus.

Auch Kommunikation ist eine Funktion der Bewegung. Über 80 Prozent der zwischenmenschlichen Interaktionen sind nichtverbal. Wir meinen, was wir *tun*, und nicht, was wir *sagen*. Als Kinder haben die meisten von uns schon sehr bald den Unterschied zwischen dem, was die Menschen sagen, und dem, was sie tun, bemerkt. Wir haben gelernt, die Zukunft anhand dessen vorauszusagen, was in der Vergangenheit regelmäßig geschah. Das Klappern von Töpfen in der Küche wurde beispielsweise stets von unüberhörbarem Seufzen und dem Ruf nach »jemandem«, der helfen soll, begleitet. Das Rascheln der väterlichen Zeitung bedeutete: »Sei still und komm mir nicht zu nahe!« Auf ein bestimmtes Lächeln des Bruders folgte stets eine neckende Bemerkung. Nach und nach haben wir gelernt, der Stimme unseres Körpers zu vertrauen und auf den Ausdruck des Körpers zu achten, bevor wir zu sprechen begannen. Bewegung bedeutete für viele von uns auch Freude. Kathlyns Mutter macht im Baby-Tagebuch folgenden Eintrag: »Sie steht in der Wiege auf und tanzt!« Kathlyn erinnert sich daran, daß sie sich beim Tanzen ganz und gar frei fühlte – in Kontakt mit den Urrhythmen des Lebens. Dies war ihre erste Verbindung zur Göttlichkeit.

Über die Bewegung erfahren wir uns selbst zum erstenmal. Wir spielen mit unseren Zehen. Wir gehen voran ins Unbekannte. Wir gehen zurück in die Vergangenheit, das Wohlvertraute. Wir weiten uns, wenn wir vergnügt oder erregt sind, und wir ziehen uns in uns selbst zurück, um neue Kraft zu schöpfen oder uns zu schützen. Wir wachsen und schreiten aufrecht unter dem Einfluß von Macht; unter Schmerzen und in Furcht hingegen werden wir immer kleiner, bis wir fast verschwinden. Wir alle unterliegen den gleichen organischen Prozessen der Fortbewegung und Bewegung. Aus der Reaktion auf jede einzelne Erfahrung erwächst das Potential zur Formung unseres ganz persönlichen Bewegungsausdrucks.

In der Therapie kann uns das Prinzip der Bewegung aufschlußreiche Informationen liefern. Donna, die geschäftige Leiterin eines psychologischen Beratungsdienstes, bemerkte, daß sie sich immer ausgesprochen unwohl fühlte, wenn sie sich bei Ausschußsitzungen nach vorn über den Tisch lehnte. In der Therapie machten wir uns diese Wahrnehmung des Unwohlseins zunutze, um ihr Verhältnis zu Fortschritt und Rückzug – also das Vorwärtsschreiten und das Zurückgehen – zu beleuchten. Sie stand still, machte dann ein paar Schritte nach vorn und beobachtete ihre Reaktion. Dann trat sie ein paar Schritte zurück und blieb wieder stehen, um ihre Gedanken und Empfindungen wahrzunehmen. Nachdem sie dies mehrere Male gemacht hatte, sah sie auf und sagte: »Ich habe mich nie sehr wohl gefühlt beim Hinausgehen in die Welt. Ich habe Angst, meine Mitmenschen allzusehr zu vereinnahmen oder sie einzuschüchtern. Wenn ich rückwärts gehe, habe ich das Gefühl, unsichtbar zu sein. Ich weiß, daß das vom logischen Standpunkt her absurd ist, doch ich meine, mich beim Rückwärtsgehen verstecken zu können.« Einer anderen Klientin der Gruppe fiel auf, daß der abrupte Wechsel ihr Hinundhergerissensein zwischen aktivem Im-Leben-Stehen und Rückzug in die Rolle des hilflosen Opfers widerspiegelte.

Unsere Bewegungen sind eine direkte Brücke zu unserem Inneren. Bewegen wir uns in echtem Einklang mit unseren Gefühlen, kann dies in der Tat zu einem reichen Schatz an innerer Erfahrung führen und uns zeigen, was für uns falsch ist. Manchmal bezeichnen wir unser therapeutisches Prinzip der Bewegung auch als »innere Bewegung«, um den Begriff von rhythmischer Gymnastik und Fortbewegung abzugrenzen. Zweck der inneren Bewegung ist es, sowohl die verletzten als auch die wunderbaren verlorengegangenen Teile unseres Selbst zurückzuerobern. Allein durch das Nach-innen-Lenken der Aufmerksamkeit und die Bewegung im Einklang mit unseren wahren Impulsen können wir die ursprünglichen Motive zum Rückzug zunächst wiederentdecken und dann löschen. An ihrer Stelle erschaffen wir eine neue Landschaft der Lebendigkeit auf der Grundlage von Liebe und der Akzeptanz der unerschöpflichen Fülle menschlicher Möglichkeiten. Aus der bewußten Wahrnehmung tatsächlicher Erfahrung heraus können wir uns einen immer größeren Bereich von Gefühlen und Aktionen zu eigen machen.

Im Tanzunterricht auf dem College war Kathlyn immer eine unbequeme Schülerin. Sie wollte stets ganz genau wissen, warum der Lehrer eine bestimmte Schrittkombination bzw. bestimmte Wiederholungen von Schrittkombinationen für so wichtig hielt. Sie wußte, daß in der Bewegung noch etwas ganz anderes lag, das ihr Freude machte, und daß es nicht nur darum ging, eine bestimmte Figur richtig zu tanzen. Schließlich empfahl ihr der Lehrer eine andere Tanzgruppe, die zum College gehörte. Was Kathlyn sah, als sie den Probenraum betrat, sollte ihr ganzes Leben verändern. Eine Gruppe von Lehrern arbeitete unter Anleitung eines Tanztherapeuten. Dabei bewegte sich einer nach dem anderen gestikulierend durch den Raum und sagte »Nein!«. In ihren Bewegungen lag etwas, das Kathlyn in keiner ihrer Tanzstunden gesehen hatte. Die Lehrer bewegten sich von innen, aus ihren Gefühlen heraus. Ihre Bewegungen waren nicht einstudiert, sondern improvisiert; dies verlieh ihnen eine überraschende, elektrisierende Note, die sich mit Worten kaum fassen läßt. Wie sie sich so bewegten, sah Kathlyn, wie die Erwachsenenkörper zu triumphierenden

Zweijährigen und aufbegehrenden Jugendlichen wurden. Sie
fühlte all jene vergessenen »Neins« in ihrem eigenen Körper.
Sie dachte daran, welch überschwengliche Freude sie beim
Erproben einer neuen Bewegung überkam, wenn ihr Geist sich
durch ihren Körper Ausdruck verschaffte. Sie erkannte, wie
weit entfernt sie von der Realität ihres Körpers lebte. »Nein!«
– der Anfang der Selbstdefiniton – war gleichfalls der Anfang
für ihre Entscheidung, Tanz- und Bewegungstherapeutin zu
werden.

Die meisten von uns haben nicht sehr viel über die Körpersprache gelernt. In der Schule bringen wir unzählige Stunden
mit dem Zerpflücken, graphischen Darstellen und Auswen-
diglernen von Formeln zu. Wann aber hat man uns beigebracht, auf unsere innere Stimme und Erfahrung zu hören
und mit den Botschaften unseres Körpers in Dialog zu treten?
Diese innere Leere hinter den Personas der meisten Menschen
muß im späteren Leben teuer bezahlt werden. Sind aus den
Kindern erst einmal Erwachsene geworden und die Berufszie-
le erreicht – was bleibt dann noch im Leben zu erkunden
übrig? Haben wir der inneren Bewegung nicht genügend
Aufmerksamkeit geschenkt, so stehen uns ab der Lebensmitte
oftmals düstere Zeiten bevor. Ein Großteil unserer Klienten
kommt zur Therapie, weil ihr Vorrat an interessanten Personas erschöpft ist. Die Aussicht, den Rest des Lebens als
ehemaliger Fußballfan, Workaholic oder Computerfreak zu
verbringen, erscheint plötzlich trostlos und kläglich. Fragt
man solche Leute zu Beginn der Therapie: »Was geht in
Ihnen vor?«, antworten Sie nicht selten mit: »Wie meinen Sie
das?« oder: »Ich habe keine Ahnung« oder in den traurigsten
Fällen gar: »Nichts. Ich fühle mich leer.«

Grund für diese Leere ist die Entfremdung von der Spontaneität körperlichen Ausdrucks, die Angst, dumm auszusehen,
wenn man sich bewegt. Die meisten von uns haben gelernt,
den Körper funktionell und nicht expressiv zu gebrauchen. In

der Schule wurde uns beigebracht, stillzusitzen, außer in bestimmten vorgegebenen Situationen wie in der Turnstunde, wo man uns in der Regel gesagt hat, welche Bewegungen richtig und angemessen seien. Einer von Kathlyns ersten Klienten blieb plötzlich mitten in seiner Sitzung reglos stehen, als er erkannte, daß er sich nie »ohne irgendeinen Grund« bewegt hatte. Die meisten neuen Klienten fühlen sich sehr unwohl in ihrer Haut bei dem Gedanken, sich expressiv zu bewegen. Sie haben oft Erfahrungen gemacht, bei denen Bewegung und Tanz mit Peinlichkeit oder Ablehnung assoziiert worden sind. Denken Sie nur einmal an Ihre Schulfeste oder die Tanzstunde zurück: Wie oft haben Sie miterlebt, wie Sie selbst oder andere erniedrigt wurden, sich lächerlich, blöd oder abgelehnt fühlten? Reaktionen wie diese gehen oft auf noch frühere Erfahrungen zurück, in denen wir wegen unseres natürlichen Ausdrucks kritisiert wurden. Kinder, denen man immer wieder sagt, sie seien zu ungestüm, zu laut oder zu lästig, nehmen solche Botschaften in sich auf und speichern sie. Mit der Zeit werden ihre natürlichen Bewegungen strukturiert und ritualisiert. Als Menschen werden sie gespalten. Anstatt sich von innen heraus zu bewegen, bewegen sie sich so, wie sie glauben, gut oder adäquat zu wirken. Sobald sie ein gewisses Maß an Konformität erlangt haben, kommen die Kinder dann in die Schule, wo man ihnen mittels Stundenplänen, Konkurrenzdruck, Lernnormen und Fokussierung auf den Intellekt den Rest gibt. Sie vergessen, daß sie früher einmal durch ihren Körper gelernt haben. Sehr viel später schaffen sie es vielleicht mit Hilfe der Bewegungstherapie, sich diese Ressourcen ihres Körpers wieder zu eigen zu machen.

Selbst nach langjähriger Tätigkeit als Bewegungstherapeutin ist Kathlyn immer wieder überrascht zu sehen, daß die winzigste Geste ein genaues Porträt des gesamten Problems eines Menschen liefern kann. Durch die Konzentration auf emotional geladene Bewegungen erkennt sie das größere Muster, das diesen zugrunde liegt. Bei einer Klientin bildeten das Anspannen der Kiefermuskulatur und das Nach-vorne-Schieben des Kinns den Kern ihrer gesamten Lebensaussage: »Ich mache nicht mit. Was auch immer ich Ihrer Meinung nach tun soll, ich mache es nicht!« Ein Mann blickte zur Seite, wenn seine Frau ihn gefühlvoll ansprach, genauso wie er dem direkten Kontakt mit den Forderungen seines Vorgesetzten, dem emotionalen Verlangen seiner Kinder oder der Unberechenbarkeit des Lebens auswich. Vor kurzem schwirrte eine Klientin lächelnd und redend durch unser Sprechzimmer. Als sich Kathlyn auf ihre besondere Art der Bewegung konzentrierte, erkannte sie, daß das »Herumschwirren« den Kern ihrer Maske, ihrer Persona einer südländischen Schönheit, bildete. Sie glitt an der Oberfläche der Schwierigkeiten des Lebens dahin, ohne jemals eine Bindung an etwas zu riskieren, das man ihr wegnehmen könnte, denn ihre Sicherheit war ihr weggenommen worden, als ihr Vater zum zweitenmal heiratete und sie mit ihren Gefühlen allein ließ.

## Das Bewegungsprinzip und die Therapie

Was kann uns der bewußte Umgang mit dem Bewegungsprinzip für unser tägliches Leben geben? Wenn unsere Klienten sich eingehend mit ihren Problemen auseinandersetzen, tauchen immer wieder dieselben Themenkreise auf. Der größte Wandel, den wir durch den Bewegungsprozeß erzielen können, liegt in der wachsenden Fähigkeit, sich mit Veränderung anfreunden zu können. Bei Beginn der Therapie sind die meisten Klienten in einer oder mehreren Haltungen dem Leben gegenüber festgefahren und suchen nach einer sicheren Nische in einer sich ständig ändernden Welt. Ihre Haltung könnte lauten: »Wenn ich mich richtig bemühe, werde ich es schaffen.«

Oder aber das Gegenteil: »Leben ist nichts als ein Kampf.« Sie wissen nicht um die Macht eines Paradigmenwechsels oder was es heißt, alte Verhaltensweisen loslassen zu können, um sich Veränderungen anzupassen und von diesen zu profitieren. Haben sie jedoch erst einmal gelernt, das Leben als einen Prozeß zu erfahren, können sie im wahrsten Sinne des Wortes wie Windsurfer auf den Wellen des Wandels gleiten. Sie sind in der Lage, bevorstehende Veränderungen im voraus zu erkennen und die sich bietenden Gelegenheiten beim Schopfe zu fassen, um sicher im Strom des Lebens zu schwimmen.

Unsere Klientin Leslie formulierte eine häufig anzutreffende Form der Geist-Körper-Spaltung wie folgt: »Ich denke darüber nach, wie ich mich fühle. Dann entscheide ich, was zu tun ist.« Problematisch an dieser Einstellung ist, daß sie uns paralysiert. Häufig standen Leslies Gedanken und Gefühle in Widerspruch. Ihr Ausdruck war oft leer, ihre Atmung flach und ihre Bewegung ausdruckslos. Damals hatte sie gerade die dritte Affäre während ihrer langjährigen Ehe. Ein paar Jahre nach der zweiten Affäre hatte sie ihrem Mann von ihren beiden Seitensprüngen berichtet. Er war ziemlich aufgebracht gewesen und hatte gesagt, daß er »das nicht noch einmal mitmachen werde«. Folglich hatte ihm Leslie diesmal nichts gesagt, aus Angst, »die Familie auseinanderzureißen«. Sie meinte, sie wolle das, was sie tue, eigentlich gar nicht tun. Mit ihren bewußten Gedanken wünschte sie sich Entschlossenheit; unbewußt aber folgten ihre Handlungen genau den entgegengesetzten Impulsen. Leslie betrachtete sich selbst als entscheidungsfreudig, war aber dennoch seit Monaten (seit Beginn der Affäre) zu keiner Entscheidung fähig gewesen, und zwar nicht nur in bezug auf ihre Ehe, sondern auch im Beruf. Ihren eigenen Worten zufolge wünschte sie sich, daß alles wieder so wäre, wie es einmal war. Sie meinte: »Ich weiß überhaupt nicht, warum ich das tue. Ich glaube, wenn ich verstehen würde, *warum* ich es tue, könnte ich diese Situation beenden.« Auf Kathlyns Frage: »Wie ist es beim letztenmal ausgegangen?«, rief sie: »Da habe ich mir *geschworen*, es nie wieder zu tun – alle in meiner Familie, meine Eltern, meine Großeltern, waren geschieden. Als Kind habe ich nichts anderes gekannt!« Wir kamen zu dem Schluß, daß sich in ihrem Fall Verständnis und Analyse nicht als geeignete Mittel erwiesen hatten, um einen Verhaltenswandel herbeizuführen. Dennoch war dies die Strategie, die sie – wie viele andere Menschen auch – zuerst ausprobierte.

Viele Menschen nähern sich der Heilung und der Therapie wie einer philosophischen Übung. Wenn sie erst einmal ein Problem durchschaut haben, können sie entscheiden, was zu tun ist. Ihre Weltsicht besteht aus kleinen sicheren Inseln, die man Glaubenssätze nennt. Diese Glaubenssätze lähmen ihre direkte Teilhabe am Fluß ihrer Gefühle, ihrer Empfindungen und ihrer Vitalität. Als Leslie begann, ihre Gefühle direkt zu erfahren, erkannte sie, daß sie als Kind zu lügen gelernt hatte, um sich in einer widersprüchlichen Welt sicher zu fühlen. Als sie ihren Atem in ihre »eingefrorenen« Gefühle lenkte und sich im Einklang damit bewegte, konnte sie sich auf einmal wieder daran erinnern, daß sie sich um all das hatte kümmern müssen, was ihre alkoholkranke Mutter und ihr abwesender Vater nicht erledigt hatten. Sie hatte gelernt, sich zurückzunehmen und abzuwägen, bevor sie irgendeine Handlung riskierte. Sicherheit und Apathie wurden miteinander verwoben. Das Auftauen solcher »eingefrorenen« Gefühle ist Kernstück des Prinzips der Bewegung.

### Blockaden im impulsiven Bewegungsausdruck

Ist der Bewegungsausdruck frei von Blockaden, ist die Bewegung natürlich. Im Innern bildet sich zunächst ein Impuls; dieser formt sich zu einer Bewegung, die ihn voll und kongruent zum Ausdruck bringt; damit ist der Impuls völlig ausgeschöpft. Verletzt sich jemand beispielsweise den Zeh, wandert die emotionale Ladung durch den Körper, und der Betreffende hüpft, fuchtelt mit den Armen und schreit: »Au!« Lesen wir einen bestimmten Satz in einem Buch oder hören wir jemandes Stimme am Telefon, kann dies Impulse hervorrufen, die zum Ausdruck gebracht werden müssen. Unser Körper wird permanent von Emotionen und Empfindungen durchströmt, und ein gesunder Mensch ist offen, um diese voll und ganz in der Bewegung zu erfahren und zum Ausdruck zu bringen.

Kommt es zu Blockaden, wird der Impuls in der Regel entweder nur unvollständig ausgedrückt, oder er wird polarisiert. Wird er unvollständig ausgedrückt, sprechen wir vom »Pfeil«, denn der Impuls erreicht nie den vollen Ausdruck, das heißt sein Ziel. Das äußert sich beispielsweise darin, daß jemand keinen seiner Sätze zu Ende spricht. Ein anderer hingegen unterdrückt womöglich seinen Impuls, nach etwas zu greifen. Liegt eine solche Blockade vor, bringt der Klient oft nur 50 bis 60 Prozent seiner selbst zum Ausdruck.

Kommt es im Ausdruck eines Impulses hingegen zu einer Polarisierung, so sprechen wir von der »Wippe«. Bei dieser Art von Blockade erfährt der Mensch das Leben als eine Aneinanderreihung von Entweder/oder-Situationen. Die volle Breite der Ausdrucksmöglichkeiten wird weder als sicher noch als angenehm empfunden, und der Betreffende pendelt zwischen den Extremen hin und her. Der Klient könnte seinen Alltag etwa folgendermaßen beschreiben: »Entweder geht es mir blendend, und die Arbeit geht mir ausgesprochen gut von der Hand, oder ich bleibe den ganzen Tag im Bett und lese Liebesromane.« Auch in seinen Bewegungen wechselt ein solcher Mensch immer wieder von einem Extrem zum anderen. Bei einem unserer Klienten trat eine solche »Wippe« zutage, als er eines Tages händeringend durch die Tür unseres Sprechzimmers stürzte und dann wie wild auf und ab lief. »Ich kann einfach keinen Draht zu meinen Kunden kriegen!« rief er. »Was wollen die eigentlich?!« Nachdem er ein paar Minuten aufgeregt hin und her gerannt war, ließ er sich auf das Sofa fallen und sagte: »Ich geb's auf. Ich schaffe es sowieso nie!«

### Grundtechniken der Bewegung im Überblick

Bei jedem Menschen können praktisch in jeder Sitzung beide Blockaden auftreten. Wir haben ihre Unterschiede herausgearbeitet, damit der Therapeut die nachfolgend beschriebenen Grundtechniken der Bewegung sinnvoll einsetzen kann. Ist ein Klient bereit, sich auf seine Bewegungen einzulassen oder hat er eine Blockade bei Ausdruck eines Impulses festgestellt, so empfiehlt sich der Einsatz einer der drei nachfolgenden Techniken. Die *Mikrobewegungswahrheit* hilft dabei, den Klienten von Anfang an in den Bewegungsprozeß einzubeziehen. Die *Bewegungsverstärkung* ist eine ideale Technik zum Ausgleich einer Pfeil-Blockade. Der *Polaritätsprozeß* ist besonders im Falle einer Wippen-Blockade hilfreich, wenn es darum geht, neue Alternativen zu schaffen. Das eigentliche Geheimnis der Bewegungstherapie liegt darin, daß der Prozeß selbsttätig zum Erfolg führt. Arbeitet der Klient mit dem Bewegungsprinzip, weiß der Körper genau, was zu tun ist. Der Therapeut beobachtet nur. Im nun folgenden Ausschnitt aus den ersten zehn Minuten einer Therapiesitzung erhalten wir einen kurzen Überblick über die drei Techniken; eine eingehendere Beschreibung folgt im nächsten Kapitel.
Maggie kam zu einer Einzelsitzung im Rahmen eines einwöchigen Trainingsseminars unter Kathlyns Leitung. Sie war eine sehr lebhafte, aufgeschlossene junge Frau und hatte sich freiwillig für den ersten freien Termin gemeldet.

*Maggie:* (*betritt den Raum mit forschem Schritt*) Ich habe ja
  gewußt, daß ich als erste drankommen würde.
*Kathlyn:* Wann haben Sie das gewußt – woher wußten Sie es?
  *Maggie:* (*lacht und fährt sich mit beiden Händen durchs
  Haar*) Ich bin die Erstgeborene, und ich mache immer alles
  zuerst, muß immer alles ausprobieren.
*Kathlyn:* Nehmen Sie bitte die Körperhaltung ein, die dieser
  Erfahrung, immer die erste zu sein, entspricht.

Diese Aufforderung bildet die Überleitung zur ersten
Grundtechnik der Bewegung, der Mikrobewegungswahrheit. Wir definieren eine »Mikrowahrheit« als etwas, worüber
sich nicht diskutieren läßt. Wahrheit in diesem Sinne ist der
verbale Ausdruck von innerer Erfahrung, von Gedanken,
Bildern, Empfindungen und Emotionen. Die Mikrobewegungswahrheit ist nur unter Beteiligung des Körpers
möglich.

(*Maggie bleibt stehen, lacht wieder und holt tief Luft, während
sie beide Arme energisch waagerecht ausstreckt. Ihr Atem füllt
ihren Brustraum nicht ganz, und Kathlyn fällt eine gewisse
Verspannung im vorderen Schulterbereich auf.*)
*Kathlyn:* Achten Sie darauf, was unmittelbar unterhalb Ihres
  Schlüsselbeins vor sich geht.
*Maggie:* Ich bin glücklich – nein, mehr als glücklich. Voller
  Freude.
*Kathlyn:* Wie möchte sich dieses Gefühl der Freude Ausdruck
  verschaffen? Spüren Sie in sich hinein, wie Sie dieses Gefühl
  in der Bewegung zum Ausdruck bringen können.
(*Maggie fängt fast augenblicklich an, sich hin und her zu
wiegen. Ihre Hände zittern leicht, und dieses Zittern breitet sich
schnell auf ihre Brust aus.*)
*Kathlyn:* Folgen Sie diesem Zittern. Lassen Sie es stärker
  werden.

Dies ist das Stichwort zur Einleitung der zweiten Technik, der Bewegungsverstärkung.

(*Maggie zittert weiter, und ihre Bewegungen werden noch ruckartiger.*)

*Kathlyn:* Achten Sie genau darauf, wo in Ihrem Körper Sie das Zittern unterdrücken oder kontrollieren.

(*Maggie verharrt einen Augenblick still und deutet dann auf den Ansatz von Kehle und Kinnbacken. Ihre Gesten wirken stoßartig.*)

*Kathlyn:* Es sieht so aus, als ob Sie sich selber durchbohren wollen. Spüren Sie in das hinein, was Sie im Augenblick empfinden.

*Maggie:* (*runzelt die Augenbrauen und beißt die Zähne zusammen*) Ich bin wütend. (*Lacht verächtlich und hüstelt.*)

*Kathlyn:* Lassen Sie Ihren Atem in Ihre Kehle und Ihre Kinnbacken strömen.

*Maggie:* (*mit zusammengebissenen Zähnen*) Ich will das nicht.

*Kathlyn:* Sagen Sie das noch einmal, und holen Sie Luft, um dieses Gefühl des »Ich will nicht« in Ihrem Körper zu lokalisieren.

*Maggie:* Ich *will* das nicht tun. (*Während des Sprechens streicht sie sich mit der Hand über ihr Becken und an der Innenseite ihrer Beine entlang. Einen Augenblick lang hält sie in ihrer Bewegung und Atmung inne.*) Aber *das* will ich! (*Sie richtet sich steil auf, öffnet ihre Hände und schlägt durch die Luft wie mit einem Schwert.*)

*Kathlyn:* Gehen Sie nun ein paarmal rückwärts und vorwärts, Maggie. Sagen Sie »Ich will« und »Ich will nicht«, und machen Sie die entsprechenden Bewegungen.

(*Maggie macht dies konzentriert ein paar Minuten lang. Dabei wiegt sie sich mal hin und her und schüttelt dabei den Kopf, mal stampft sie mit den Füßen auf und schlägt mit den Armen um sich.*)

Dies sind Reaktionen auf die dritte Grundtechnik der Bewegung, den Polaritätsprozeß. Die Empfindungen und Erfahrungen eines Klienten sind oftmals zwiespältig. Der Polaritätsprozeß bietet ihm die Gelegenheit zu einer direkten Erfahrung von Gegensätzen.

*(Maggie wirft ihren Kopf zurück und stampft noch einmal auf. Dann holt sie spontan dreimal tief Luft und beginnt, von ganz unten im Hals zu weinen.)*
*Kathlyn:* Spüren Sie in sich hinein, Maggie. Welcher Teil von Ihnen will sich Ausdruck verschaffen?
*Maggie:* Schon gut, schon gut. *(Sie wiegt sich wieder sanft hin und her, faßt sich mit den Armen um die Schultern und dreht ihren ganzen Körper in einer langsamen, schaukelnden Bewegung.)* Ich lasse nicht oft zu, daß ich so weich bin. Um erste zu sein, mußte ich ziemlich hart mit mir umgehen, mich um alles mögliche kümmern und meine Gefühle zurückstellen. Es fühlt sich gut an, meinen »Ich will nicht«-Teil zu spüren.

Zehn Minuten sorgfältiger Beobachtung des Prozesses, den Maggie unter Zuhilfenahme der drei Bewegungstechniken durchlief, reichten aus, um eines ihrer Grundprobleme ins Bewußtsein zu holen. Das Annehmen und Gegenwärtigen der wahren inneren Impulse verhalfen ihr zu mehr Atem, mehr Lebendigkeit und mehr Alternativen. Im weiteren Sitzungsverlauf deckten wir eine Reihe von Körperspaltungen und Erfahrungen auf, die Maggie bis dahin verleugnet hatte, um ihre Persona der »Ersten« aufrechtzuerhalten.

## Alte Schulden begleichen

Nicht ausgelebte Emotionen, gebrochene Vereinbarungen und unausgedrückte Wahrheiten lassen den Menschen erstarren. Jedesmal, wenn wir nicht die Wahrheit sagen, unsere Gefühle verbergen oder eine Vereinbarung brechen, wird dies von unserem Körper registriert und gespeichert. Die meisten von uns haben sich mit so vielen Schichten nicht zum Abschluß geführter Prozesse umgeben, daß uns diese wie ein Panzer vor der direkten Erfahrung des Lebens schützen. Die meisten entscheiden sich dafür, ihren solchermaßen erstarrten Körper einfach zu ignorieren. Wenn sie nur selbst ihre Augen vor ihren alten Schulden und deren Folgen verschließen, so glauben sie, werden diese auch allen anderen verborgen bleiben. Unsere Klienten sind immer wieder erstaunt, daß der Körpertherapeut so leicht erkennt, was sie für geheim und nach außen hin unsichtbar halten. Das Offensichtliche zu sehen und beim Namen zu nennen – »Verzeihen Sie, aber in bezug auf diese Angelegenheit stecken Sie Ihren Kopf in den Sand« – setzt den »Auftauprozeß« in Gang.

Vor kurzem ließen wir die Teilnehmer eines unserer Trainingsseminare eine Übung machen, durch die sich die Lebendigkeit und Vitalität unmittelbar steigern lassen. Die Studenten malten sechs Kreise auf ein Blatt Papier. In jeden Kreis trugen sie den Namen eines Menschen ein, dem gegenüber sie alte Schulden im Bereich der Gefühle, der Wahrheit oder bestimmter Vereinbarungen hatten. (»Alte Schulden« nennen wir alles, was wir bedauern, ebenso wie unausgesprochenen Ärger, ausgesprochene Lügen, vorenthaltene Wahrheiten und unterlassene Entschuldigungen.) Dann fragte Gay: »Um wieviel lebendiger möchten Sie sich morgen früh fühlen?« Die Teilnehmer nannten einen bestimmten Prozentsatz von null bis hundert. Dann folgte die Überraschung. Gay sagte: »Gut, kommen Sie mit den in den Kreisen genannten Menschen ins reine. In dem Maß, in dem Ihnen daran liegt, sich lebendiger zu fühlen, spüren Sie in Ihre Gefühle hinein, seien Sie ehrlich zu sich selbst, bereinigen Sie die gebrochenen Vereinbarungen. Um hundert Prozent mehr Lebendigkeit zu empfinden, müssen Sie die in Ihren Kreisen ausgewiesenen »alten Schulden« zu hundert Prozent ins reine bringen.« Welch ein Aufschrei ging durch den Saal! Viele der Studenten waren völlig außer Fassung, daß aus einer Übung Realität geworden war. Einer sagte: »Ich dachte, dies sei nur ein Spiel! Ich habe das aufgeschrieben, was mich im Leben am meisten berührt, und nun sagen Sie, ich *muß* es bis morgen ins reine bringen!?« Aufgabenstellungen, die auf ein Mehr an Lebendigkeit abzielen, rufen oft starken Widerstand hervor. Wir forderten die Studenten auf, ihre Bereitschaft zur Begleichung aller Schulden in einer für sie und alle anderen positiven Weise zu betrachten. Einige von ihnen erkannten, daß sie die eigene Bereitwilligkeit mit früheren Forderungen seitens ihrer Eltern oder anderer Autoritätspersonen verwechselt hatten. Andere stellten Listen von Dingen zusammen, die sie in den kommenden Wochen ins reine bringen wollten.

Eine der Teilnehmerinnen betrat am nächsten Morgen strahlend den Hörsaal, nachdem sie alles, was sie in ihren Kreisen vermerkt hatte, ins reine gebracht hatte. Ihre Augen leuchteten, ihre Stimme klang melodiös, und ihre Bewegungen waren fließend und harmonisch. Sie berichtete davon, wie sich ihr Zeitgefühl völlig verändert habe; sie habe sich in Harmonie mit dem Leben gefühlt und nicht versucht, alles mögliche in ein paar Stunden hineinzupacken. Lächelnd sagte sie: »Ich hatte Zeit genug für alles. Zuerst brachte ich alles ins reine, was ich mir vorgenommen hatte, dann blieb mir etwas Zeit ganz für mich allein, und dann verbrachte ich ein paar wunderschöne Stunden mit meinem Mann.«

## Bewußte Bewegung

Neben einer gesteigerten Fähigkeit zu mehr momentaner Gegenwärtigkeit verleiht bewußte Bewegung dem täglichen Leben zusätzliche Würze. Einer unserer Klienten formulierte es so: »Mensch, ich werd' richtig high, wenn ich das mache!« Die moderne Altersforschung weist mit Nachdruck darauf hin, daß körperliche Betätigung ein wichtiger Schlüssel für ein längeres Leben und höchste Lebensqualität ist. Bewußt oder unbewußt denken die meisten von uns, daß Altwerden weniger Bewegung und mehr Starrheit bedeutet. In unserer Praxis wird uns Woche für Woche eines immer wieder vor Augen geführt: Wenn wir Bewegung eher als einen Akt der Erkundung denn als eine Last empfinden, wächst unsere Vitalität. Einige unserer Freunde nahmen an einer Feier teil, die im Rahmen eines großen Psychotherapie-Kongresses anläßlich des 80. Geburtstags von Alexander Lowen, dem Pionier der Bioenergetik, stattfand. Ihnen fiel auf, um wie vieles vitaler dieser Verfechter der Körper-Geist-Integration wirkte als manche seiner traditionellen Therapeutenkollegen, die erst halb so alt waren. In seiner Ansprache vor den zahlreichen Gästen sagte er: »Ich lache jeden Tag, ich weine jeden Tag, und ich rege mich jeden Tag auf. Und ich fühle mich *großartig*!« Auch wir persönlich üben uns täglich darin, Muster aufzubrechen und neue Arten der Bewegung auszuprobieren. Machen Sie doch selbst einmal das Experiment, Ihre routinemäßigen Alltagsverrichtungen völlig anders zu tun. Fangen Sie zum Beispiel beim Anziehen der Hose mit dem anderen Bein an, putzen Sie sich Ihre Zähne ausnahmsweise einmal mit der linken Hand (bzw. mit der rechten, wenn Sie Linkshänder sind), oder frühstücken Sie, wenn es eigentlich Zeit fürs Abendessen ist. Bringen Sie Forschergeist in Ihr Leben, und Ihr Alltag wird lebendig und verlockend statt gleichförmig und monoton.

Das oberste Prinzip der Bewegung ist die uneingeschränkte Teilhabe am Fluß des Lebens. Wenn wir uns neuen Möglichkeiten der Bewegung öffnen und die Erstarrungen in unserem inneren Bewegungsfluß beseitigen, so führt dies zu einer vermehrten Teilhabe und Reaktionsbereitschaft. Unsere Ge-

---

**Ein Bewegungsexperiment, das Sie gleich ausprobieren können**

Achten Sie während Ihrer normalen alltäglichen Verrichtungen darauf:

– *Wie Sie sich vorwärts bewegen*. Durchqueren Sie den Raum direkt und auf kürzestem Weg? Oder trödeln Sie lieber ein bißchen und bleiben unterwegs ab und zu stehen, um sich etwas anzusehen? Wie ist Ihre Körperhaltung, während Sie sich vorwärts bewegen: vorgeneigt, abgerundet, kompakt?

– *Wie Sie sich rückwärts bewegen*. Wann verspüren Sie den Impuls, sich zurückzuziehen? Weichen Sie zurück, um sich Platz zu verschaffen (anstatt vorzutreten, damit man Sie annimmt)? Werden Sie innerlich größer oder kleiner, wenn Sie rückwärts gehen? Fühlen Sie sich sicherer?

– *Wie Sie größer werden*. Was geschieht in Ihrer Umgebung, wenn Sie sich aufrichten? Geschieht es in Gegenwart Ihrer Familie oder von Kollegen? Fühlen Sie sich wohl, wenn Sie sich so groß machen?

– *Wie Sie kleiner werden*. Wann verspüren Sie den Impuls, sich »klein zu machen«? Was erweckt in Ihnen den Wunsch, verschwinden zu wollen?

– *Wie Sie durchs Leben gleiten*. Haben Sie es immer eilig, oder sind Sie ein Trödler? Wenn Sie sich von einem Ort zum anderen bewegen, nehmen Sie dann den Weg bewußt wahr, oder wachen Sie erst wieder auf, wenn Sie am Ziel angelangt sind?

hirnzellen leiten komplexe Informationen weiter, indem sie chemische Botenstoffe über die Synapsen oder dazwischenliegende Lücken schießen. Auf gleiche Weise kann die Bewegung Erfahrungslücken überwinden und Kontakt zu unserem innersten Selbst herstellen.

## Aus Übergängen lernen

Bewegung bietet eine ideale Möglichkeit, Übergänge in unserem Leben zu erforschen. Die Leerräume zwischen den Ereignissen machen unbewußte Muster sehr schnell erkennbar. Die meisten Menschen achten überhaupt nicht auf sich selbst, wenn sie sich von einem Ort zum anderen bewegen, das heißt aufstehen, eine Tür aufmachen oder sich den Mantel anziehen. Was ein Mensch tut, wenn er glaubt, nicht im Rampenlicht zu stehen (mit anderen Worten, wenn er die Maske seiner Persona fallenläßt), legt Muster und Mechanismen offen, die seinen Wesenskern bestimmen. Während der Therapie achten wir sehr sorgfältig darauf, wie ein Klient den Raum betritt und sich hinsetzt. Manche Klienten setzen sich gar nicht hin. Sie gehen vom ersten Moment an auf und ab oder lassen ihre Tasche und sonstigen Habseligkeiten fallen und fangen sofort an zu erzählen, während sie noch durch die Tür treten. Einer betritt beispielsweise das Sprechzimmer wie aus der Kanone geschossen und verrät damit seinen gehetzten Lebensstil, den es zu »bremsen« und auszugleichen gilt. Ein anderer kommt durch die Tür, als wollte er erst einmal mit dem Zeh die Wassertemperatur prüfen, und legt eine Zögerlichkeit an den Tag, die für viele andere Bereiche seines Lebens charakteristisch ist. Manche Klienten lassen sich ins Sofa sinken, während andere auf der Kante sitzen und auf Anweisungen warten.

Es gibt kleine Übergänge, wie das Einsteigen in ein Auto, und große Übergänge, wie das Aufstehen am Morgen. Der tägliche Wechsel von der unbewußten Phase des Schlafs zur bewußten Aufmerksamkeit des Wachens kann tiefe Gefühle im Zusammenhang mit Kindheits- oder Geburtserfahrungen wecken. Kommt es zu Veränderungen in normalerweise geordneten Mustern, kann dies frühere Übergänge an die Oberfläche bringen.

So kam Rosie, eine unserer ehemaligen Klientinnen, eines Tages in die Praxis, um mit uns an einer unerklärlichen und für sie etwas beunruhigenden Angelegenheit zu arbeiten. Sie hatte im gesamten vergangenen Jahr viel Freude an ihrer Familie und ihrer Arbeit gehabt. Doch in den letzten paar Wochen hatte sie ihrem Mann Tom gegenüber so ein Gefühl gehabt, als müsse sie sich »auf die Hinterbeine stellen«, um nicht von ihm links liegengelassen zu werden.

*Wir:* Was war gerade los, als dieses Gefühl in Ihnen aufkam?
*Rosie: (nach einer kurzen Denkpause)* Ich sehe, wie Tom zur Tür hinausgeht, und ich fühle mich dermaßen festgefahren; mir ist die ganze Zeit zum Weinen zumute.

Tom hatte vor kurzem eine neue Stelle angetreten, die gute Aufstiegschancen und Verdienstmöglichkeiten bot. Doch in der Übergangszeit mußte er vorübergehend viel reisen. Es war ein ständiges Kommen und Gehen, und oftmals blieb er nur für kurze Zeit, bevor er wieder weg mußte.

*Wir:* Erzählen Sie uns mehr darüber, wie das ist, wenn Tom wegfährt.
*Rosie:* Ich fühle mich hoffnungslos und völlig allein gelassen *(ihre Hand bewegt sich zitternd zu ihrer Brust, und sie fängt an zu weinen).*
*Wir:* Ist das ein vertrautes Gefühl, Rosie?
*Rosie: (weint und wiegt sich leicht hin und her)* Es war da,

solange ich denken kann. Wenn ich alles unter Kontrolle habe und nicht allzu viele Überraschungen kommen, fühle ich es nicht sehr häufig. Doch bei dieser ganzen Unruhe fühle ich mich einfach hilflos.

*Wir:* Lenken Sie Ihren Atem in diese Gefühle, und bewegen Sie sich im Einklang damit.

*(Ein paar Minuten lang wiegt sich Rosie hin und her; sie weint, mal händeringend, mal die Hände schüttelnd. Allmählich versiegen ihre Tränen, und sie blickt auf.)*

*Rosie:* Ich bin so traurig, daß ich keine richtige Beziehung zu meiner Mutter habe.

Kurz nach ihrer Geburt war Rosie mehrere Tage lang von ihrer Mutter getrennt worden, weil diese an einer Infektion erkrankt war. Nun löste eine Kleinigkeit wie Toms Abfahrt – wenngleich in eine glänzendere, wohlhabendere Zukunft – bei Rosie Erinnerungen an ihren ersten Übergang ins Leben aus. Obwohl dieses Thema bereits in früheren Sitzungen in unserer Praxis zur Sprache gekommen war, hatte sie bis dahin nicht die Verbindung zwischen Toms Abfahrt und ihrer eigenen Geburt hergestellt. Nachdem das Kernproblem feststand, suchten wir gemeinsam mit Rosie nach Alternativen in ihrem jetzigen Dasein. Sie erkannte deutlich, daß sie vor der Abfahrt ihres Mannes immer eine kurze Zeit ganz allein mit ihm brauchte, um so ihre Verbundenheit bestätigt zu wissen.

### Die Bewegung erforschen

Wenn wir mit dem Bewegungsprinzip umgehen können, gewinnen wir größere Flexibilität und Vielfalt in unseren Gefühlen und den Ereignissen unseres täglichen Lebens. Hank, einer unserer Klienten, reagierte bei allen Konflikten in einer Abfolge verschiedener Liebesbeziehungen automatisch auf eindeutig vorhersehbare Weise. Seine Reaktionen waren polarisiert: Entweder explodierte er vor Zorn, um sich in seiner Macht zu bestätigen, oder er brach in hilfloser Trauer zusammen. War er zornig, blähte sein Brustraum sich auf; war er depressiv, fiel er zusammen. In beiden Extremsituationen fühlte er sich außerstande, seiner Partnerin zuzuhören oder sich seine Bedürfnisse zu erfüllen. Er war ausgesprochen frustriert über seine Unfähigkeit, einen Mittelweg zu finden. Während der Therapiesitzung befaßten wir uns zunächst mit den intensiven Gefühlen der Wut und Trauer, die er während eines Großteils seiner Kindheit empfunden hatte. Sein Körper bebte, und er schluchzte angesichts von Emotionen, die sich über Jahre hinweg in ihm aufgestaut hatten.

Nun baten wir ihn, eine Haltung einzunehmen, bei der er sich im wahrsten Sinne des Wortes *über* seine polarisierten Gefühle stellte. Hank stand nun da wie ein Sumoringer und stellte sich vor, ein lebender Energieberg zu sein. Er wankte stampfend hin und her, und bei jedem seiner dröhnenden Schritte zitterte der Boden. Sein Gesicht leuchtete, als er einen Strom von Lebendigkeit in sich spürte, der mal die eine, mal die andere Seite seines Körpers erfaßte. »Wenn ich mich so bewege, fühle ich, wie mich Wellen tiefer Ruhe und Kraft durchziehen«, sagte er, »ich kann der Welt direkt gegenübertreten.« In seinen Interaktionen mit seiner derzeitigen Partnerin gelang es ihm, einen Mittelweg zu finden, bei dem er seine Gefühle anerkennen und die Forderungen seiner Partnerin zur Kenntnis nehmen konnte, ohne die Kontrolle über sich selbst zu verlieren.

Wir machen uns das Prinzip der Bewegung zunutze, um im Rahmen improvisierter Hinterfragungen festzustellen, was einen Klienten daran hindert, voll am Leben teilzunehmen. Manchmal fehlt es ihm lediglich an Lebendigkeit bzw. am notwendigen »Brennstoff« zum Anfachen der Lebendigkeit. Beispielsweise haben die meisten depressiven Klienten eine ausgesprochen flache Atmung und eine stark eingeengte Bandbreite der Bewegung. Sie haben eine Blockade oder einen Mangel an fundamentaler Lebensenergie. Sie verstehen einfach nicht, warum andere Menschen das Leben so aufregend finden. Einer unserer Klienten formulierte das mit den Worten eines altbekannten Liedes von Peggy Lee: »Is this all there is?« (»Ist das etwa alles?«) Andere Klienten haben so viel »Strom«, daß ihr Körper nicht damit fertig zu werden vermag und es zu Kurzschlüssen in Form von Krankheiten, Unfällen oder Aufspaltungen kommt. Manch ein Klient kommt ganz schief und krumm daher und hat das Gefühl, überall und nirgends zu sein. Andere leben in ihrem Kopf und haben kaum eine Ahnung davon, was unterhalb der Halslinie in ihnen an Gefühlen und Empfindungen vorgeht. Und gelegentlich ist, wie bei Hank, der Fluß an Lebendigkeit gespalten und in unüberbrückbare Gegensätze polarisiert. Durch die Erforschung seiner Bewegungen erweitert der Klient automatisch die Bandbreite der Möglichkeiten. Selbst für körperlich untrainierte Menschen ist es nicht schwierig, eine Handbewegung zu verstärken, bis sie das dahinterliegende Gefühl entdecken, oder sich auf Bewegungsimpulse einzulassen und diesen zu folgen. So gelangen sie von roboterhaften Reaktionen zu kreativem Spiel. Viele Klienten haben freudestrahlend davon berichtet, daß sie größere Spontaneität und Inspiration bei der Arbeit sowie sehr viel mehr Spaß im Alltagsleben fanden.

Eine der wichtigsten Anforderungen an den Therapeuten ist, das Bewegungsprinzip als ein Werkzeug zu nutzen, mit dem er Einfühlungsvermögen schaffen und zum Ausdruck bringen kann. Akzeptanz und Erfahrung in diesem Bereich schaffen Vertrauen und schlagen eine Brücke zur tieferen Erkundung. Ein in der Bewegungsarbeit erfahrener Therapeut kann das Energieniveau, die Haltung, den Gang und die Gefühlsebene seines Klienten erkennen, ohne daß nur ein einziges Wort

gesprochen wird. Als Kathlyn beispielsweise zu Beginn ihrer
Sitzung mit Pam das Sprechzimmer betrat, saß die Klientin
in vornübergebeugter Haltung auf der Couch und starrte
deprimiert zu Boden. Kathlyn ging schweigend zu ihr hinüber
und setzte sich neben sie. Sie legte ihre Hand sanft auf Pams
Arm und atmete langsam und ruhig. Pam fing leise zu weinen
an. Nach ein paar Minuten sagte sie: »Ich war in dieser Woche
so hart zu mir selbst. Ich gestand mir einfach nicht zu, lieb
und gut zu sein, weil ich meine Diät nicht eingehalten habe,
und ich schrie die Kinder an. Bis Sie sich eben neben mich
setzten, habe ich in einer Art Gefängnis gesessen.« Ein deutlicher Indikator für den Therapieerfolg ist die aktive Teilnahme des Klienten am Prozeß. Wir haben mit Menschen gearbeitet, die jahrelang eine Gesprächstherapie im traditionellen
Sinne mitgemacht haben, ohne daß es zu einer signifikanten
Veränderung gekommen wäre. Nach nur wenigen Sitzungen
mit Bewegungs-, Atem- und Gegenwärtigungsübungen wird
ihre aktive Beteiligung am Prozeß deutlich fühlbar. Die
Klienten sind bereit, »Hausaufgaben« durchzuführen und
sich mit Mustern auseinanderzusetzen, die während der Therapiesitzung aufgetreten sind. Der Prozeß der Bewegung
basiert auf der Zusammenarbeit, und der Klient öffnet sich
schon nach kurzem für die Erkundung seines Innersten, weil
er den Unterschied in seiner Lebensqualität bemerkt.

## Das Körperimage

Mehr Sicherheit und Wohlbefinden in der Bewegung bringt
gleichzeitig mehr Sicherheit und Wohlbefinden für den gesamten Körper. Viele Menschen brauchen ein ganzes Leben
dazu, ihren Körper annehmen zu lernen. Körperliche Unsicherheit und Probleme mit dem Körperimage werden durch
das kulturelle Umfeld, in das wir hineingeboren wurden, noch

verstärkt. Die *New York Times* berichtete über Forschungen des Psychologieprofessors Thomas F. Cash, der gemeinsam mit seinen Kollegen die Langzeitfolgen einer negativen Einstellung zum Körper untersucht hatte. Das Forscherteam war überrascht festzustellen, wie hartnäckig sich Glaubenssätze in bezug auf das eigene Körperimage hielten. Ein Kind, das wegen seines andersartigen Aussehens gehänselt wurde, schleppt seine negative Selbsteinschätzung oft ein Leben lang mit sich herum. Cash geht davon aus, daß die psychischen Auswirkungen einer negativen Einstellung zum Körper ein breites Spektrum an Verhaltensweisen auslösen können, darunter Eßstörungen, psychische Fehlfunktionen und den Wunsch nach kosmetischer Chirurgie. In unserer jahrelangen therapeutischen Praxis ist uns nicht eine einzige Frau begegnet, die mit ihrem Körper rundum zufrieden war! Und mittlerweile bedienen sich auch Männer der kosmetischen Chirurgie, wenn auch die Tyrannei des Aussehens vor allem die Frauenwelt beherrscht.

Unser Körperimage verändert sich, wenn wir unsere Aufmerksamkeit von unserem Aussehen darauf verlagern, wie wir uns fühlen, wie wir unsere Bewegung und unser Sein *erfahren*. Wenn man uns immer wieder mit Ablehnung, Kritik und mangelndem Verständnis begegnet, lernen wir mit der Zeit, uns selbst auch so zu sehen und unsere Erfahrung zu unterdrücken oder zu verleugnen. Erst wenn wir uns wieder direkt auf unsere Körperempfindungen einlassen, können wir diesen Teufelskreis durchbrechen. Dann hören wir auf, uns durch die Zerrbrille der anderen zu betrachten, und erfahren uns selbst wieder auf authentische Weise.

Unsere Klientin Sophie erkannte einen zentralen Glaubenssatz in bezug auf ihr Körperimage, der ihr im Alter von vier Jahren eingeimpft worden war. Bis dahin hatte ihr Vater sie nach der Arbeit oftmals in die Arme genommen und in die Luft gewirbelt. Damit bekundete er, daß sie für ihn etwas ganz

Besonderes war und er sie innig liebte. Eines Tages lief sie wieder einmal in Erwartung dieses Willkommensrituals auf ihn zu, doch ihr Vater sagte: »O nein, Sophie, mein Liebling, ich kann dich nicht mehr hochheben. Du bist zu schwer.« Sophie verinnerlichte unbewußt diese an und für sich harmlose Bemerkung. »Oh«, dachte sie, »ich bin also zu schwer. Mein Körper ist zu schwer. Ich habe zu viele Bedürfnisse. Wahrscheinlich bin ich wirklich zu schwer.« Schnell wurde sie mollig – nie richtig dick, doch immer ein wenig »zu schwer«. In ihren Beziehungen hielt sie entweder ihre Wünsche und Bedürfnisse zurück, oder sie formulierte sie auf eine derart ungeschickte Weise, daß ihre Kollegen und Lebensgefährten nur schwer damit zurechtkamen. In der Therapie arbeiteten wir gemeinsam daran, ihren Impuls wiederzubeleben, sich anderen mit ausgebreiteten Armen zu nähern, um voll angenommen zu werden. Wir erforschten das »Zu-schwer-Sein« mit allen erdenklichen Bewegungen und konnten so mit der Zeit den Zerrspiegel auflösen, durch den Sophie ihr Körperimage geformt hatte. Sie war sprachlos, als sie erkannte, daß die Wurzel ihres Problems in der Fehlinterpretation der Bemerkung ihres Vaters lag.

## Neue Alternativen

Als weiteres Ergebnis der Bewegungsarbeit verzeichnen unsere Klienten eine verbesserte Reaktionsfähigkeit und eine größere Vielfalt von Möglichkeiten. Eine der am häufigsten vorgebrachten Klagen, die wir Therapeuten zu hören bekommen, ist die, der Alltag sei zu eintönig und zur Routine geworden. Die Klienten sehen einfach keine Alternativen, die sie aus ihrer derzeitigen Situation befreien könnten, und fühlen sich festgefahren in einem begrenzten Repertoire an Problemlösungsstrategien. Wie Hank erleben viele neue

Klienten, wie sie von einem Extrem ins andere zu verfallen drohen: »Entweder schlinge ich Unmengen in mich hinein, oder ich esse überhaupt nichts«, sagte Vicky, »bis ich es schließlich vor Hunger nicht mehr aushalten kann. Dann stopfe ich mich wieder voll, hasse mich selbst deswegen und hungere erneut.«

Susanna, eine andere Klientin, war verzweifelt, weil sie nicht innehalten und einen ruhigen Moment genießen konnte, ohne gleich krank zu werden und sich so die notwendige Zeit dazu zu verschaffen. »Ich renne und renne und renne, bis ich schließlich auf der Nase liege und alles liegen- und stehenlassen muß. Dann nehme ich mir ein paar Tage Zeit und ziehe den Telefonstecker aus der Dose. Und nachher geht's im gleichen Tempo wie zuvor weiter.« Durch eine eingehende Analyse ihrer Bewegungsabläufe gelang eine neue Synthese. Wir erkundeten den diametralen Unterschied zwischen Susannas atemberaubendem Arbeitstempo und dem Drang nach Stille, den sie im oberen Rückenbereich verspürte. Durch abwechselndes bewußtes Vorpreschen und abruptes Stehenbleiben kam eine neue Gehweise zum Vorschein, sozusagen ein mittlerer Gang. »Oh, ich spüre beim Gehen, wie ich atme«, sagte sie, »und ich fühle mich in mir zu Hause. Wenn ich renne oder alles fallen lasse, erfahre ich mich selbst nicht wirklich! Kein Wunder, daß ich nicht mit mir selbst klarkam. Ich war mir selbst entweder weit voraus oder hatte total zugemacht.«

Es eröffnet sich ein Mittelweg mit ganz neuen Perspektiven und Möglichkeiten. Vicky mit ihrer »Jo-Jo-Diät« entdeckte neue Arten, sich zu ernähren, beispielsweise im Rahmen von mittäglichen Selbsthilfegruppen an ihrem Arbeitsplatz. Sie merkte, wie gut es ihrem Körper tat radzufahren, und so setzte sie sich auf ihr Fahrrad, anstatt ihrem Heißhunger nachzugeben. Susanna, die Arbeitswütige, hat endlich den Weg gefunden, ihr Leben in Übereinstimmung mit den Anforderungen zu bringen. Nach und nach erschloß sie sich den Bereich zwischen Sturmschritt und Zusammenbruch. In dem Maße, wie sie auf dieses »Mittelfeld« zugreifen konnte, erkannte sie, daß sie früher dem Leben mit Blick auf das nächste Projekt immer ein wenig vorausgeeilt war. Sie lernte, sich im richtigen Tempo zu bewegen, um »den Duft der Rosen« wahrzunehmen und zu genießen, um ihr Leben direkt zu erfahren. Dabei entdeckte sie stets neue kreative Möglichkeiten sowohl am Arbeitsplatz wie auch im Privatleben.

Die Bewegung ist das Medium unserer Lebendigkeit, und so erlangen wir durch zunehmende Leichtigkeit und Elastizität in der Bewegung gleichzeitig auch größere Freiheit in allen Aspekten des Lebens. Manche unserer Klienten berichten beispielsweise, daß sie das Schlangestehen nicht mehr als eine persönliche Beleidigung empfinden, sondern vielmehr als einen Augenblick der Muße und Gelegenheit, sich ein neues Lied auszudenken. Die Auseinandersetzung mit einem Problem bei der Arbeit wird nicht mehr als Druck, sondern als Chance gewertet. Ein leitender Angestellter hat gelernt, tief Luft zu holen und seine Körperhaltung zu ändern, wenn er erste Anzeichen für Streß in sich verspürt. Er verschafft sich – so seine Worte – »eine neue Sicht der Dinge« und berichtet, daß sich kurz darauf fast ausnahmslos neue Lösungen oder Kombinationsmöglichkeiten für Ideen ergeben. Eine unserer Klientinnen hat sogar ein Gespür dafür entwickelt, Dinge zu finden, die verlorengingen. Sie braucht sich nur an ihren »Findeort« zurückzuziehen – so ihr Wort für jene Stätte der inneren Ruhe, an dem die Dinge vor ihr auftauchen. Wir denken, daß die Einheit von Körper und Geist die Menschen schlauer, glücklicher und zufriedener macht.

## Ein körperzentriertes Modell

Wie nun sehen die Bewegungen eines gesunden Körpers aus? Die meisten Modelle, mit denen Medizin und Psychologie arbeiten, basieren auf Dysfunktion, nicht auf Gesundheit oder Wohlbefinden. Die Mediziner beschränken sich in der Regel darauf, gewisse Symptome zu beseitigen oder eine bestimmte Krankheit zu diagnostizieren und zu behandeln, und sprechen dann von Gesundheit. Das körperzentrierte Modell basiert dagegen auf der Vorstellung der Ganzheitlichkeit des Menschen. Unsere Ansicht fußt auf der Annahme, daß sich unter der Oberfläche von Personas und Gefühlen der eigentliche Mensch in seiner Gesamtheit bewegt und atmet. Unsere Aufgabe ist es, gemeinsam mit dem betreffenden Menschen Blockaden zu beseitigen, die sich dem ganzheitlichen Leben in den Wege stellen.

Ein gesunder Mensch steht und bewegt sich auf sehr kennzeichnende Weise. Seine Gesten sind ökonomisch und vollkommen. Die Augen sprühen vor Vitalität und Gegenwärtigkeit, die Haut ist frisch und rosig. Steht er, so ist seine Körperhaltung ausgewogen und fließend. Er verfügt über ein scheinbar endloses Potential zur spontanen Reaktion auf die Herausforderungen des Lebens. Er bringt seine Gefühle voll und kongruent zum Ausdruck; die Körperbotschaften stimmen mit seiner inneren Erfahrung überein. Seine Gegenwart wirkt inspirierend auf die Mitmenschen, denn er scheint das kreative Potential eines jeden von ihnen zu verstärken. In seiner Nähe fühlen sich die Menschen besser, leichter und glücklicher. Das kennzeichnendste Merkmal der Bewegung eines gesunden Körpers ist ihr Fließen. Jeder Bewegungsimpuls fließt von seiner Quelle über angespannte Muskeln bis an die Peripherie des Körpers, in einem kleinen, seinem Ausdruck nach einzigartigen Tanz.

Gesunde Menschen erfinden sich stets neu. Sie neigen nicht

dazu, sich in Manieriertheit zu verfangen, denn sie verfügen über eine große Bandbreite an möglichen Bewegungen. Anstatt des 300 bis 400 Gesten umfassenden Vokabulars der meisten Menschen steht ihnen ein Großteil der etwa 3000 möglichen Bewegungen zur Auswahl. Versuchen Sie, sich beim Lesen dieser Zeilen jene Menschen vor Augen zu führen, die durchs Leben zu fließen scheinen und mit ihrer Gegenwart Ruhe und Gelassenheit verbreiten. Sie sind Musterbeispiele dafür, was möglich ist.

Kathlyn erinnert sich an ihre Highschool-Tanzlehrerin, die die Kraft des jahrelangen Trainings mit der Spontaneität und Direktheit ihrer Bereitschaft kombinierte, Gefühle in ihrer ganzen Bandbreite zu erkunden und zu erfahren. Sie schien über ein endloses Energiepotential zu verfügen und näherte sich dem Leben mit unablässiger Neugier. Jeden Tag aufs neue stachelte sie ihre Schüler dazu an, den nächsten Schritt zu wagen, unbekanntes Territorium zu erforschen. Immer wieder war sie ohne Zögern zu den ungewöhnlichsten Kombinationen bereit. Sie stellte zum Beispiel dem bulligsten Sportler in der Gruppe das winzigste Mädchen zur Seite, um das Geben und Nehmen von Gewicht zu erforschen. Sie stellte »Zufallstänze« zusammen, bei denen bestimmte Bewegungsabläufe jedesmal neu arrangiert wurden, so daß wir im wahrsten Sinne des Wortes eine permanente Änderung unserer Sichtweisen und Erwartungen erlebten. Sie war eine Zauberfee, die ihren Schülern mit dem Funken ihrer liebenden Gegenwart ständig neue Lebendigkeit entlockte.

Das Bewegungsprinzip schafft Zugang zu größerer Vitalität, indem es sowohl beim Klienten als auch beim Therapeuten das Hauptaugenmerk vom »Warum« auf das »Wie« verlagert. Aus dieser veränderten Perspektive heraus werden Muster sehr schnell deutlich, und eine direkte Teilhabe an den Gefühlen wird möglich. Anstatt sich im *Inhalt* zu verlieren, nehmen wir den *Kontext* – die sich wiederholenden Bewegungen und Körperhaltungen – wahr. Der Klient erkennt, daß seine jüngste »Geschichte« mit all ihren komplizierten Details nur eine neue Blüte an ein und demselben Stamm ist. Konzentrieren wir uns auf ebenjenen Stamm und gelangen wir über die Bewegung zu einer tieferen Ergründung, kann der Faden aufgenommen und zu Ende geführt werden, so daß neuer Raum für Direktheit und Spontaneität entsteht. Die Bewegung erlaubt es uns, im Fluß des Prozesses zu schwimmen und im Strom des Lebens zu baden.

Als Gloria, die in einer großen Firma arbeitet, zu uns kam, beklagte sie sich darüber, wie sie von ihrem Chef behandelt wurde. Sie hatte große Angst, denn ihr stand eine Leistungsbeurteilung bevor und ihr war zu Ohren gekommen, daß es seitens ihres Vorgesetzten zu gewisser Kritik gekommen war. Sie konnte nicht verstehen, warum es immer wieder Konflikte mit ihrem Chef gab. Wir baten sie, uns zu beschreiben, wie und wo in ihrem Körper sie dieses Gefühl der Angst empfand. Sie sagte: »Es ist, als packt mich etwas unten an den Rippen, und heiße Spitzen schießen hinter meinem Brustbein hinauf. Das Ganze bleibt mir wie ein Kloß im Hals stecken.« Etwas später forderten wir sie auf, sich im Einklang mit ihrer Angst zu bewegen und sich darauf zu konzentrieren, was ihr ihre momentanen Empfindungen zu sagen haben. Gloria beschrieb mit den Händen eine Abfolge kaskadenförmiger Bewegungen, etwa so, als spiele sie auf einer Harfe. Da plötzlich fühlte sie, wie ebenjenes Gefühl der Besorgtheit von ihrer Brust in ihren Kopf strömte. Wir ermutigten sie, fortzufahren und genau zum Ausdruck zu bringen, was in ihr vorging. Nach wenigen Minuten hatte sich ihre Angst gelöst, sie fühlte sich voll Energie und klar im Kopf. Sehr zu ihrer eigenen Überraschung erkannte Gloria, daß dieses Muster der Angst oft Kopfschmerzen ausgelöst hatte, die ihre Arbeitsleistung beeinträchtigten.

*Gloria:* Sie meinen wirklich, ich bräuchte nur zu fühlen, was ich empfinde, und müßte es nicht zu einem Drama oder einer Konfrontation kommen lassen?!

*Kathlyn:* Sie können jetzt selbst entscheiden, wenn Sie solche Gefühle in sich aufkeimen spüren.

*Gloria:* Aber sie sind so stark! Ich fühle mich so unter Druck gesetzt von ihnen – so als würde ich wirklich in Schwierigkeiten geraten.

*Kathlyn:* In welchem Zusammenhang kommt Ihnen diese Empfindung vertraut vor?

*Gloria: (überlegt einen Moment)* Oh, ich erinnere mich, wie aufgeregt ich war, wenn ich mit dem Zeugnis nach Hause kam. Es war, als könnte ich niemals gut genug sein. Wenn ich Einser und Zweier nach Hause brachte, fragte mein Vater: »Was sollen die Zweien?«

Unter Tränen erinnerte sich Gloria daran, wie sehr sie sich gewünscht hatte, daß ihr Vater sie aufgrund ihrer Eigenart und nicht nur ihrer Leistungen wegen liebte. Sie erkannte, daß sie ihr familiäres Muster jetzt auf ihren derzeitigen Chef übertragen hatte. Ein paar Wochen später kam sie wieder in unsere Praxis. »Ich war überrascht, mit welcher Ruhe und Gelassenheit ich das Beurteilungsgespräch hinter mich gebracht habe«, sagte sie. »Die Worte meines Vorgesetzten wertete ich als Ansporn, nicht als Kritik. Es war wunderbar, die Dinge einmal anders zu hören!« »Und wie haben Sie abgeschnitten?« fragten wir. »Na ja«, lachte sie, »es lief gut für mich. Ich bekomme einige neue Aufgaben mit mehr Verantwortung.«

Die Erforschung der Bewegung befaßt sich mit der Körpersprache, die universal und zugleich für jeden Menschen einzigartig ist. Sie erlaubt dem Therapeuten, auf seinen Klienten zuzugehen, ihn zu erkennen und anzunehmen. Und was noch wichtiger ist: Sie verschafft Zugang zur

Deutung der Bewegung beim Klienten. Der Erkenntnisprozeß ist in hohem Maße beglückend und kreativ. Jene Momente, in denen eine spontane Verbindung entsteht, helfen dem Klienten wesentlich mehr als alle, wenn auch noch so zutreffenden, Interpretationen oder Ratschläge seitens des Therapeuten. Wenn wir den Ursprung eines Musters aufdecken oder uns an einen verschütteten Teil unserer Vergangenheit erinnern, gewinnen wir ein Stück Ganzheitlichkeit und kommen der Einheit näher. Am Anfang ihrer Therapie mißtrauen die meisten Klienten den Botschaften ihres Körpers; sie interpretieren sie nicht richtig oder reagieren falsch darauf. Durch den Prozeß der Gegenwärtigung, des Sichverbindens und der Bewegung aufgrund von inneren Impulsen lernen die Klienten, wiederkehrende oder geläufige Gesten zu deuten. Nehmen wir als Beispiel das Nägelkauen. Wer sich eingehend mit dieser einfachen und scheinbar trivialen Angewohnheit befaßt, stößt auf eine wahre Flut möglicher Bedeutungen. Hier einige Erklärungen, die wir aus einem halben Dutzend Sitzungen mit verschiedenen Klienten zusammengestellt haben:

– »Ich hasse meine Hände. Sie sind zu groß und unbeholfen.«
– »Ich mache das, wenn ich nervös bin. Es beruhigt mich irgendwie.«
– »Wenn ich nicht an meinen Nägeln kaue, sage ich irgend etwas Schreckliches und gerate dadurch in Schwierigkeiten.«
– »Ich bin wirklich wütend auf meine Eltern. Ich würde sie am liebsten kratzen.«
– »Meine Großmutter nörgelte immer an mir herum. Und sie war der Ansicht, kurze Fingernägel seien außerordentlich ordinär. Ich glaube, ich kaue an meinen Nägeln, um mich an ihr zu rächen.«
– »Wenn ich an meinen Nägeln kaue, versuche ich nicht mehr so sehr, alles unter Kontrolle zu haben.«

Bewegungsmuster *sind* Lebensmuster. Hat der Therapeut gelernt, sich mehr auf den Kontext als auf die Geschichte an sich zu konzentrieren, tritt das Muster im »Lebensgewebe« seiner Klienten deutlich zutage.

Die Bewegung ist ein wichtiger Schlüssel zum inneren Mysterium. Im nächsten Kapitel werden wir die drei Grundtechniken der Bewegung und deren praktische Anwendung im Detail vorstellen.

# 12
## Die drei Grundtechniken
## der Bewegung

Die drei Grundtechniken der Bewegung, mit denen wir uns jetzt eingehend befassen wollen, sind ausnahmslos so angelegt, daß sie den Klienten zu einer direkten Teilnahme an der Lösung seiner Probleme anregen. Zugleich geben sie dem Therapeuten ein Mittel an die Hand, um an dem Erleben seines Klienten teilzuhaben und dessen Leben um zusätzliche Alternativen zu bereichern. Die drei Techniken – Bewegungsverstärkung, Mikrobewegungswahrheit und Polaritätsprozeß – sind im Sitzungsablauf für gewöhnlich eng miteinander verwoben. Die zur Verdeutlichung der Techniken angeführten Beispiele beinhalten oftmals mehrere Techniken, obgleich wir unser Hauptaugenmerk in den einzelnen Fällen immer auf eine bestimmte Technik konzentrieren.

### Bewegungsindikatoren

Die Bewegungstechniken bauen auf der Kenntnis der in Kapitel 4 erläuterten Bewegungsindikatoren auf. Kurz gesagt, ist ein Bewegungsindikator eine Geste oder größere Bewegung, die auf irgendeine Weise im Widerspruch zu den Aussagen des Klienten steht und damit eine Lücke oder eine Ausbuchtung im oberflächlichen Interaktionsfluß bildet. Bewegungsindikatoren sind Signale des Unbewußten. Sie wollen uns sagen: »Gib hierauf acht!« Eine junge Klientin namens Bobbie saß auf ihren Händen, als sie uns von einer kürzlichen Ausschußsitzung berichtete. Wir baten sie, sich bewußtzumachen, was ihr diese Bewegung wohl sagen wollte. Sie lachte und meinte: »Mir war gar nicht klar, wie sehr mir daran gelegen war, nicht allzu forsch zu erscheinen. Ich glaube, ich kann nicht viel anstellen, wenn ich auf meinen Händen sitze, oder etwa nicht?!« Mit einfachen Worten: Ein Bewegungsindikator ist jede Art von Bewegung, die nicht ins Bild paßt. Sie macht im Gesamtzusammenhang irgendwie keinen Sinn. Der Therapeut kann lernen, auf auffällige Gesten und Bewegungen zu achten und deren Bedeutung mit Hilfe des Prinzips der Gegenwärtigung zu erhellen.

Bewegungsindikatoren sind hervorragende diagnostische Hilfen, und aus diesem Grunde werden wir einige Beispiele dazu betrachten. Es handelt sich hier um emotionale Lecks, die mit ein wenig Übung leicht festzustellen sind. Sie sind deshalb so nützlich, weil sie oftmals neben den Atemindikatoren die offensichtlichsten Signale des Unbewußten darstellen. Bewegungsindikatoren weisen den Therapeuten darauf hin, daß sich ein Riß in der bewußten Aufmerksamkeit gebildet hat und sich hier eine Gelegenheit zur eingehenden Erkundung ergibt. Sie manifestieren sich in der Regel unter Einbeziehung der Extremitäten. Weniger häufig treten sie am Oberkörper oder in anderen Körperregionen zutage.

Es darf nicht übersehen werden, daß Bewegungsindikatoren jeweils den spezifischen Bewegungsmustern des Klienten entspringen. Jeder von uns trägt in sich die gleichen Grundemotionen, doch er bringt diese auf seine eigene, ganz persönliche Art und Weise zum Ausdruck. Unsere Darstellung der Bewegungsindikatoren und -techniken soll als Arbeitsgrundlage dienen. Sie ist kein Lexikon der Körpersprache. Weisen wir eine Klientin darauf hin, daß sie mit ihrem Ehering spielt, fragt sie vielleicht: »Und was bedeutet das?« Geben wir ihr aber eine Interpretation, mißachten wir all die Jahre des nonverbalen Lernens, die in ebenjener besonderen Geste ihren Ausdruck finden. Mag sein, daß wir im Laufe jahrelanger Arbeit mit unseren Klienten bestimmte Vorstellungen hierzu entwickelt haben, am effektivsten und durchschlagendsten sind jedoch immer die Vorgehensweisen, die den Klienten nach innen zu seinem eigenen Wissen führen. Selbst für all jene, die nicht die Absicht haben, je im Leben Therapeut zu werden, schafft das Studium der Bewegungsindikatoren ein breites Feld an Möglichkeiten zur Selbstfindung und tieferen inneren Erfahrung.

Nach diesen klärenden Worten nun einige häufig anzutreffende Bewegungsindikatoren, auf die sich der Anfänger zunächst konzentrieren sollte:

– *Gesichtszucken oder -verzerrungen:* Dazu gehören das Schneiden von Grimassen, das Verziehen des Mundes oder das Hochziehen eines Teils des Gesichtes.

– *Kratzen:* Dies ist ein interessanter Bewegungsindikator, der oftmals auf Verärgerung hindeutet. Der Therapeut mag wie ein Hellseher wirken, wenn er einem Klienten, der sich kratzt, die Frage stellt: »Haben Sie sich darüber geärgert?«

– *Kauen und Zupfen:* Bei diesem Indikator gibt es mehrere Unterkategorien. Manche Klienten kauen an den Nägeln oder zupfen an ihrer Nagelhaut bzw. im Gesicht oder an anderen Körperstellen; sie zupfen Fusseln von der Kleidung oder lesen Staubkörnchen vom Sofa oder Teppich auf, um nur einige geläufige Muster zu nennen.

– *Glätten:* Auch dieser Indikator ist in verschiedenen Bereichen anzutreffen: Haar oder Gesicht, Kleidung und direktes Umfeld des Klienten. Unter anderem kann es sich als besonders aufschlußreich erweisen, wenn jemand den Teppich glattstreicht. Vor kurzem identifizierte eine unserer Klientinnen ihren unbewußten Versuch, in ihrer Ehe »die Wogen zu glätten«, als ebendieser Indikator zutage trat.

– *Festhaltende oder greifende Bewegungen:* Oftmals greift sich ein Klient auf eine emotional geladene Art und Weise an den Hals oder den Arm. Eine Hand kann die andere wiederholt fest- oder zurückhalten. Manche Klienten verschränken ihre Arme und halten sich selbst fest. Jeder beliebige Körperteil kann im Verlauf einer Sitzung festgehalten werden, wenn etwas zutage tritt, das ebendiesen Bereich betrifft. Einer unserer Klienten namens Lou griff sich von unten her ans Knie, als er über seine Beziehung zu seinem Vater sprach. Als wir seine Aufmerksamkeit auf diesen Bewegungsindikator lenkten und ihn aufforderten, diesen etwas zu verstärken, erinnerte er sich daran, daß er sich mehrmals während seiner Schulzeit die Unterstützung seines Vaters bei bestimmten sportlichen Wettkämpfen gewünscht hatte. Doch sein Vater hatte immer wieder einen anderen Grund, warum er nicht kommen konnte, und Lou fühlte sich durch diesen Mangel an Unterstützung »an den Knien abgeschnitten«.

– *Fahrende oder wischende Bewegungen:* Manche Klienten wischen einen Arm weg, fahren sich mit der Hand durchs Haar, wischen imaginäre Krümel von der Vorderseite ihres Körpers oder machen im Verlauf des Gesprächs immer wieder eine Geste, als wollten sie etwas wegwischen.

– *Schaukeln:* Dieser oftmals subtile Bewegungsindikator ist häufig ein Signal dafür, daß der Klient Gefühle und Empfindungen aus seiner frühen Kindheit durchlebt. Man empfindet schaukelnde Bewegungen als etwas Tröstendes, Erdendes, Beruhigendes, Schützendes oder als ein Mittel, um sich von der Außenwelt abzukapseln. Schaukelbewegungen lassen sich leicht verstärken und stellen eine direkte Verbindung zu frühen Problemen des Klienten im Zusammenhang mit dem Geliebt- und Umhegtwerden her.

– *Sich selbst berühren:* Auch dies ist ein häufig anzutreffender Bewegungsindikator, der oftmals das gerade besprochene Thema unterstreicht. Dadurch, daß man sich selbst berührt, vergewissert man sich, daß man da ist, und unterbricht oder erdet seine Gefühle. Manche unserer Klienten haben festgestellt, daß sie sich selbst so berühren, wie man sie während ihrer Kindheit berührte. Eine Klientin berührte ihre Brust so, als wolle sie sich selbst zu Boden drücken, während sie über ihre Arbeit in der vergangenen Woche berichtete. Als wir sie aufforderten, ihren Atem in diese Berührung zu lenken und die dahinterstehende Botschaft zu gegenwärtigen, erkannte sie, daß sie ihren Oberkörper und ihren Ausdruck lähmte, wenn sie sich derart niederdrückte. Sie hatte Angst, ihr überschwengliches Wesen sei womöglich »zuviel« für ihre konservative Firma, und so gab sie sich unbewußt das Signal, sich zu dämpfen. – *Sich ducken oder sich zusammenkauern:* Ängstliche oder ausweichende Klienten ziehen sich oft zu einer kauernden Körperhaltung zusammen, und zwar meistens durch ein Abknicken der Körpergelenke. Durch das Ducken ihres Körpers, so berichten die Betroffenen, fühlen sie sich auch innerlich kleiner. Uns ist aufgefallen, daß viele Übergewichtige sich dadurch Raum verschaffen, daß sie zurücktreten und sich kleiner machen, anstatt ihren eigenen Raum vorwärtsstrebend zu behaupten.

Vor dem Einsatz der Bewegungstechniken muß der Therapeut zunächst ein Haupthindernis überwinden: Die meisten Menschen haben sich so weit von ihrem natürlichen Körperausdruck entfremdet, daß die Bewegung ihrer Ansicht nach das letzte ist, was ihnen bei der Lösung ihres Problems helfen kann. Unzählige Male haben wir Einwände wie den folgenden gehört: »Wollen Sie etwa, daß ich mich hin und her bewege, also tanze oder so etwas? Wie soll denn das mit irgendeinem meiner Probleme zu tun haben?« Es gibt einige einfache, doch effektive Mittel, um den Klienten in den Bewegungsprozeß einzubeziehen. Sehen wir uns einige Beispiele hierzu an.

## Die Überleitung vom Gespräch zur Bewegung

Wichtiges Material kann sich aus den fünf Indikatoren ergeben. Nehmen wir als Beispiel folgende Wortwiederholung, also einen Sprachindikator: »Ich würde so gerne *wissen*, was ich tun soll. Mein Vater *wußte* es immer; eigentlich *wußte* er alles.« In diesem Fall kann der Therapeut zur Bewegung überleiten, indem er fragt: »Was empfinden Sie dabei in Ihrem Körper?« In den Worten des Klienten kann eine gewisse Emotionalität mitschwingen, beispielsweise wenn er sagt: »Das mache ich *nicht* noch einmal!« Mit Hilfe des Verstärkungsprinzips könnte der Therapeut seinen Klienten in solch einem Fall auffordern, den betreffenden Ausdruck bzw. Satz mit lauterer Stimme zu wiederholen und den Tonfall zu verstärken. Oder die Worte könnten von einem Bewegungsindikator begleitet werden. »Ich bin etwas aufgeregt wegen einer Verabredung heute abend«, könnte der Klient etwa sagen und dabei an seinem Kragen zupfen. Hier könnte der Therapeut den Betreffenden auffordern, stärker an seinem Kragen zu zupfen und dabei seine Worte »Ich bin etwas aufgeregt« zu wiederholen.

Eine andere Zugangsmöglichkeit zur Bewegungsarbeit liegt in den Körperempfindungen. Beim Klienten kann es zu Übelkeit, Kopfschmerzen, Druckgefühlen, Schmerzen oder Verspannungen kommen. Körperempfindungen lassen sich am wirksamsten und schnellsten mit Hilfe der *Mikrobewegungswahrheit* erschließen. Selbst bewegungsunwillige Klienten scheinen problemlos auf eine Aufforderung nach folgendem Muster einzugehen: »Zeichnen Sie dieses Gefühl mit den Händen vor sich in die Luft. Bewegen Sie Ihre Hände so, wie Sie Ihre Übelkeit empfinden.« Wir haben unzählige Schüler im Umgang mit diesem Werkzeug geschult, das sich mühelos in die verschiedensten therapeutischen und erzieherischen Kontexte einbeziehen läßt. Auch wenn uns außerhalb der Arbeit eine bestimmte

Unklarheit oder ein Problem zu schaffen macht, nehmen wir uns ein paar Minuten Zeit und lassen unsere Hände spielen, anstatt ziellos im Zimmer auf und ab zu laufen. Da die Hände und manchmal auch andere Teile unseres Körpers unsere innere Erfahrung wahrheitsgetreu wiedergeben, taucht auf diese Weise schon bald eine Lösung vor uns auf, oder wir gewinnen Klarheit über die jeweilige Angelegenheit.

Im Reich der Bewegung selbst liegt das brauchbarste Material oftmals in Bewegungsindikatoren wie einem Zupfen mit den Fingern, einem Zucken im Gesicht oder Wippen mit dem Fuß … Die Technik der *Bewegungsverstärkung* verschafft schnellen Zugang zum Auslöser des Indikators. Bewegungsarmut ist ein ebenso wichtiger Indikator wie wiederholte Bewegung. Verschränkt eine Klientin ihre Arme, als ob sie sich dadurch verteidigen wolle, könnte der Therapeut sie auffordern, sich schnell und mit Nachdruck zu verschließen. Auch starre Schultern oder ein krampfhaft nach unten gedrücktes Kinn sind wertvolle Ansatzpunkte. Hier könnte man zum Beispiel sagen: »Es fällt mir auf, daß Sie beim Sprechen Ihr Kinn überhaupt nicht bewegen.«

Nach diesen einleitenden Informationen wollen wir uns nun den eigentlichen drei Grundtechniken der Bewegung zuwenden. Diese Techniken sind – unabhängig von der jeweiligen Fachrichtung und Vorbildung des Therapeuten – immer von Nutzen. Sie lassen sich mit Massagen, Physiotherapie und einer ganzen Reihe unterschiedlicher psychotherapeutischer Ansätze kombinieren.

## Mikrobewegungswahrheit

Für die meisten von uns beginnt die Tragödie unserer Trennung vom Selbst damit, daß wir unsere innere Erfahrung ableugnen oder ignorieren. Erkennen wir die innere Erfahrung hingegen und nehmen Sie durch die Bewegung an, schließt sich die Kluft, und wir kehren wieder heim zu unserem Gefühl der Einheit. Jedesmal, wenn wir die Wahrheit unverblümt zum Ausdruck bringen, verstärken wir den in uns pulsierenden Strom des Lebens.

Die erste Bewegungstechnik, die sogenannte Mikrobewegungswahrheit, ist die praktische Umsetzung des Prinzips der Gegenwärtigung. Sie ermöglicht es, eine Brücke zwischen innerer und äußerer Wahrnehmung zu schlagen, indem sie sich auf Bewegungen konzentriert, die den Gefühlen, Empfindungen oder Gedanken entsprechen. Der Klient wird aufgefordert, jede Bewegung, die sich äußern will, zuzulassen und zu gegenwärtigen. Während Personas den Fluß der Lebendigkeit durch den Körper-Geist zum Erstarren bringen, befreit die Mikrobewegungswahrheit unsere innere Bewegung und die uns innewohnende Essenz.

### *Arbeit mit einem Verhaltensindikator*

Die Mikrobewegungswahrheit kann auf jedem der fünf Indikatoren – Atem, Bewegung, Haltung, Sprache und Verhalten – aufbauen. In folgendem Beispiel haben wir es mit einem Verhaltensindikator zu tun. Als Dana zu ihrer zweiten Sitzung kam, betrat sie das Sprechzimmer zögernd und leise. Ihr Verhalten war von Angst gezeichnet. Sie sah aus wie eine Käthe-Kruse-Puppe, die sich in einen Horrorfilm verirrt hat. Dana ist groß und blond und hat sehr ausdrucksvolle Augen. Als wir sie fragten, welche Erfahrungen sie zu Hause mit ihren Entspannungsübungen gemacht habe, verzog sie ihre ohnedies ausgeprägten Lippen zu einem Schmollmund. Sie hielt den Atem an und zögerte, zupfte an ihrem Ärmel, sah sich im Zimmer um und seufzte: »Ich glaube, ich habe es nicht richtig gemacht.« Diese Flut an Indikatoren war geradezu überwältigend, doch Danas Aussage stand deutlich im Einklang mit ihrem Verhaltensindikator. Viele Klienten gehen wie gelähmt durchs Leben aus Angst, irgend etwas falsch zu machen.

Wir führten Dana an die Mikrobewegungswahrheit heran, indem wir sie aufforderten, im Raum umherzugehen und sich dabei ganz besonders zu bemühen, es richtig zu machen. (Der Klient empfindet den alltäglichen Akt des Gehens in der Regel nicht als unangenehm. Der Therapeut kann ihn zu verschiedenen Verhaltensweisen ermuntern sowie bestimmte Aspekte des Gehens betonen und ihn so schnell in den Prozeß der Mikrobewegungswahrheit einbinden.) Dana erhob sich steifgliedrig und ging langsam durch den Raum. Ihre Wirbelsäule war starr und der obere Rückenbereich leicht nach hinten geneigt, so als wäre sie starkem Gegenwind ausgesetzt. Ihr Blick war absolut geradeaus gerichtet, während sie von einem Spannungsgefühl im Rücken und einer Verkrampfung der Zehen berichtete.

*Dana:* Natürlich muß ich aufpassen, wo ich hintrete, um sicherzugehen, daß ich den Fuß immer an die richtige Stelle setze.

*Wir:* Wie können Sie wissen, daß Sie Ihren Fuß an die richtige Stelle setzen, wenn Sie gar nicht dorthin sehen, wo Sie Ihre Schritte machen?

*Dana:* Hm, vielleicht weiß ich gar nicht, wohin ich gehe.

*Wir:* Es sieht so aus, als würden Sie den Horizont beobachten oder in die Ferne schauen.

*Dana:* Ja, ich glaube, das mache ich. Ich schaue so weit voraus, daß ich den nächsten Schritt nicht sehe.

*Wir:* Überlegen Sie mal, ob es noch einen anderen Bereich in Ihrem Leben gibt, wo Sie das tun – in die Ferne schauen, anstatt auf den nächsten Schritt zu achten.

*Dana: (lacht nach einer Pause)* Ja, wenn ich wandern gehe. Ich stolpere über Zweige, weil ich so weit vorne auf den Weg schaue, daß ich nicht sehe, wohin ich trete.

Danas Persona, die immer alles richtig machen wollte, schmolz mit dieser Erkenntnis dahin. Die kantigen Ecken ihres vorgereckten Kinns und ihrer angewinkelten Ellbogen wurden in dem Maße weicher, wie sie ihr Tempo verlangsamte und sich im Raum umsah. Dabei bemerkte sie zum erstenmal einen Wandbehang, und stellte uns eine Frage dazu. Wie sie nun durch den Raum schlenderte, gelang es ihr, eine weitere Verbindung herzustellen. Sie hatte eine mehrjährige Ausbildung als Physiotherapeutin gemacht, weil man ihr gesagt hatte, daß in diesem Bereich gute Berufsaussichten für Frauen bestünden. Sie hatte sich nie die Zeit genommen, darüber nachzudenken, was sie bei dieser Art Arbeit mit Menschen empfand. Sie hatte sich auf das Ziel konzentriert und dabei den Prozeß aus den Augen verloren. Nach einem Jahr Praxis in ihrem Beruf erkannte sie, daß sie ihre Arbeit geradezu haßte.

Die Mikrobewegungswahrheit versetzt den Klienten in die Lage, seine innere Erfahrung zu erkunden. Sie ist ein Prozeß der Entdeckung, in dem es immer wieder zu Überraschungen kommt. Sich bewegend erforscht der Klient seine innere Welt, indem er sein sensorisches Erleben wahrnimmt und seinem Gefühl mit kongruenten Bewegungen folgt. Dabei ist es gleichgültig, ob der Ausgangspunkt vage oder sehr spezifisch ist. Die Mikrobewegungswahrheit webt aus jedem Faden der Erkenntnis ein Stück neue Lebendigkeit.

### Gestalten eines inneren Raumes

Teresa, eine Teilnehmerin eines unserer Bewegungskurse, begann ihren Selbstfindungsprozeß mit der Deutung eines leeren Raumes, den sie in ihrem Inneren fühlte. Unter Zuhilfenahme der Mikrobewegungswahrheit baten wir sie, ihre Hände so zu bewegen, wie es diesem Gefühl der Leere in ihrem Körper entsprach. Als sie daraufhin mit den Händen die Umrisse dieses freien Raumes beschrieb, sah es so aus, als formte sie eine große Kiste. Teresa sprach von einem harten, granitartigen Raum rings um ihre Herzgegend. Sie beschrieb ihn als schwarz mit roten Einschlüssen. Während sie ihre Aufmerksamkeit ganz nach innen richtete und dabei die Hände weiter bewegte, schien sie die »Kiste« mit ihren Händen zu drehen, zu schütteln und jeden ihrer Winkel genau zu untersuchen. Sie sagte, sie könne nicht hineinsehen, doch sie wisse, daß etwas Lebendiges darin sei. Sie fühlte Risse in ihrer Oberfläche, die etwas Elektrisierendes an sich hatten. Wir forderten sie auf, dieses Bild mit all den sich einstellenden Veränderungen weiter mit den Händen nachzuformen, es anzunehmen und ihm zu erlauben, sich auszudrücken. Für die verbleibende Zeit der Sitzung fuhr sie mit ihren Bewegungen fort und fühlte die elektrisierende Wirkung. Sie versprach, ihre Erkundung zu Hause fortzusetzen.

Als Teresa zu ihrer nächsten Sitzung erschien, berichtete sie aufgeregt von ihrer Odyssee. »Zuerst habe ich festgestellt, daß dieser Teil von mir so richtig böse mit mir ist«, sagte sie. »Es fühlt sich so an, als hätte ich zwei Menschen in mir, die aufeinander wütend sind. Die ersten paar Tage standen wir uns frontal gegenüber, von Angesicht zu Angesicht sozusagen. Dann verschwand dieses granitartige Etwas für ein oder zwei Tage, und ich konnte es überhaupt nicht mehr fühlen. Ich hielt mich zurück und bemühte mich nicht sonderlich, es zu finden. Ich ruhte nur aus und ließ ihm etwas Platz. Als ich mich am vierten Tag dazu bewegte, erkannte ich plötzlich, daß dies der Ort ist, an dem ich all meine vernachlässigten Gefühle in mir trage. Während ich mich auf die Traurigkeit einließ, die ich empfand, spürte ich zum erstenmal, wie mein Atem dort hineinströmte. Da scheint sich eine Menge Mist angesammelt zu haben! Es fühlt sich wirklich so an, als wäre dies mein persönlicher Müllsack. Wenn ich mich selbst vernachlässige und meinem Herzen keine Aufmerksamkeit schenke, bläht sich der schwarze Müllsack auf und knistert. Sobald ich ihm Aufmerksamkeit schenke und über die Bewegung in Dialog mit ihm trete, zieht er sich zusammen. Doch am interessantesten ist, daß diese Bewegungserfahrung mit einem Traum in Zusammenhang steht, den ich in den letzten drei Wochen mehrmals hatte. In diesem Traum werde ich von Teufeln gejagt, die schwarz sind mit roten Augen. Seit ich mich im Einklang mit mir selbst bewege, haben die Träume aufgehört.«

### Die Mikrobewegungswahrheit in der Praxis

Wir arbeiten fast in jeder Sitzung mit der Mikrobewegungswahrheit, weil diese Technik den Klienten sehr schnell dazu verhilft, Querverbindungen zu ihren Problemen herzustellen. Sie kann zum Beispiel für eine fünfminütige Erkundung eines bestimmten Gefühls im Magen oder eines nagenden Gedankens eingesetzt werden und gegebenenfalls zu längeren Bewegungssequenzen ausgebaut werden. Damit Heilung geschieht, muß die Erfahrung mit dem Ausdruck in Einklang gebracht werden.

In einer Therapiesitzung wollte unsere Klientin Jean sich mit ihrer Angewohnheit befassen, ständig im Gesicht und am Dekolleté Pickel auszudrücken bzw. daran zu zupfen oder zu kratzen. Sie hatte in den letzten Tagen eine Verstärkung dieser Angewohnheit bemerkt, und das störte sie gewaltig. Wir fingen mit den Bewegungsübungen an, noch bevor Jean Zeit hatte, sich hinzusetzen.

*Kathlyn*: Jean, machen Sie doch einmal diese kratzende Bewegung nicht in Ihrem Gesicht, sondern einfach in der Luft.

*(Jean schließt die Augen, um sich besser konzentrieren zu können, und macht kleine, kratzende Bewegungen mit ihren Fingern.)*

*Jean:* Mir ist es irgendwie peinlich, das vor anderen Menschen zu tun.

*Kathlyn:* Lassen Sie sich auf dieses Gefühl ein. Wie möchte Ihr Körper diese Peinlichkeit zum Ausdruck bringen?

*Jean: (in gebeugter, ausweichender Haltung mit gesenktem Haupt)* Ich würde mich am liebsten von Ihnen abwenden.

*Kathlyn:* Nur zu, machen Sie das ruhig.

*(Jean wendet sich mit einer Deckung suchenden, duckenden Bewegung ab.)*

*Kathlyn:* Es sieht so aus, als wollten Sie sich verstecken.

*Jean:* Ja, ich weiß nicht, warum, aber es stimmt.

*Kathlyn:* Machen Sie sich im Augenblick keine Gedanken über das Warum. Lassen Sie sich lieber auf eine Erkundung des Sich-verstecken-Wollens ein. Wie möchte Ihr Körper das zum Ausdruck bringen?

*(Jean streckt sich abrupt, reckt ihr Kinn wie zum Trotz vor und läßt keine bewußten Bewegungen des Versteckens zu.)*

*Kathlyn:* Es sieht so aus, als wäre es schwierig für Sie zuzulassen, daß Sie sich verstecken.

*Jean: (mit Tränen in den Augen)* Die anderen sollen nicht merken, daß ich mich verstecke. Ich schäme mich dafür, mich zu verstecken. Man erwartet von mir, stark zu sein, und Sichverstecken ist eine Schwäche.

*Kathlyn:* Jean, lassen Sie diese beiden Impulse sprechen. Lassen Sie sie einen Dialog führen, so ausführlich oder kurz, wie Sie möchten. Sichverstecken, dann Sichstellen, Starksein.

*(Jean verbringt mehrere Minuten im schnellen Wechsel zwischen Sichverstecken und Sichöffnen, Kontraktion und Expansion. Als die Intensität dieses Polaritätsprozesses nachläßt, fangen ihre Hände wieder an, sich zu bewegen. Ihre Hände scheinen einan-*

*der tastend zu suchen, in einer schüchternen und sehr schmerz-*
*lichen Geste.)*
*Kathlyn:* Ihre Hände scheinen sich berühren zu wollen.

Oft ist es am wirksamsten, wenn der Therapeut einfach die
Gestik des Klienten spiegelt.

*(In diesem Augenblick ändert sich Jeans Gesicht; sie sieht*
*plötzlich aus wie ein kleines Kind. Ihr Mund zuckt und*
*zittert.)*
*Kathlyn:* Achten Sie auf Ihren Mund und Ihre Hände, Jean.
   Bewegen Sie sich im Einklang mit diesen Gefühlen.
*(Jeans Gesichtsausdruck ist so, als wolle sie etwas zurückhalten,*
*als wolle sie etwas sagen und es dann doch für sich behalten. Wie*
*sie so dasteht, in diesem Gefühl gefangen, ballt sie ihre Hände*
*langsam zu Fäusten. Gleichzeitig beginnt ihr Kinn zu zittern,*
*und ihre Wangen röten sich.)*
*Kathlyn:* Was empfinden Sie jetzt bei diesen Bewegungen?
*Jean:* Hmmm... Ich bin ärgerlich, wütend.
*Kathlyn:* Wie möchte sich diese Ärgerlichkeit äußern? Gibt es
   irgend etwas, das Sie sagen möchten?
*(Jeans Gesicht und Körper spiegeln ein wellenartiges, krampf-*
*haftes Hin und Her zwischen Sprechen- und Nicht-sprechen-*
*Wollen wider.)*
*Jean:* Ich will »Mama« sagen. *(Plötzlich fängt sie an, laut und*
   *tief zu schluchzen. Ihre Hände bewegen sich mit flatternden*
   *Gesten um ihr Gesicht und scheinen dann nach etwas in nur*
   *wenigen Zentimetern Entfernung zu greifen. Ihr Schluchzen*
   *hält mehrere Minuten an.)*
*Kathlyn:* Lassen Sie Ihre Hände dorthin wandern, wo sie sich
   hinbewegen möchten.
*(Jean streckt die Hände aus, zieht sie gleich darauf schnell ganz*
*zu sich zurück und streckt sie dann nochmals zögernd aus.)*
*Kathlyn:* Was wollten Sie Ihrer Mutter sagen?

*Jean:* Ich will sagen: »Mama, geh nicht!«
*(Jean nimmt Kathlyns Hand und weint noch mehr; nach einer*
*Weile kuschelt sie sich eng an Kathlyn.)*
*Jean:* Ich wollte ihr eigentlich sagen: »Ich liebe dich.«

Kathlyn und Jean sprachen leise weiter, bis die Sitzung
vorüber war. Jean erkannte, daß sich ihre unausgesprochenen Gefühle unbewußt durch ihre Angewohnheit, an
ihren Pickeln zu kratzen, Ausdruck verschafften. Sie
verstand, daß es ihr tiefster Impuls war, die Arme auszu-
strecken, um sowohl mit ihrer Mutter als auch mit der Welt
Kontakt aufzunehmen. Weil dies nicht funktionierte, hatte
sich dieser Greifimpuls gegen sie selbst gewandt und war
schließlich zur Angewohnheit des Sichkratzens entartet. Als
Übung für zu Hause gaben wir ihr die Aufgabe, ihr
Bedürfnis zu greifen bewußt wahrzunehmen und diesem
nachzugehen.
Der Therapeut kann die Mikrobewegungswahrheit verbal
und nonverbal unterstützen, indem er den Klienten dazu
bringt, sich im Einklang mit seinem Erleben zu bewegen.
Hier einige Sätze, die sich als nützlich erwiesen haben:

– »Lassen Sie Ihre Hände (bzw. Ihre Füße oder Ihr Gesicht)
sich im Einklang mit Ihren momentanen Empfindungen
bewegen.«
– »Zeichnen Sie die Art dieses Gefühls vor sich in die Luft.«
– »Achten Sie darauf, wie es sich gerade im Moment anfühlt.
Bewegen Sie sich im Einklang dazu.«
– »Geben Sie diesem Gefühl mit den Händen Gestalt.«
– »Öffnen Sie sich dafür, was gerade in Ihnen vorgeht.«
– »Mir fällt auf, daß Sie sich mit den Händen am Ärmel
zupfen. Machen Sie sich bewußt, was Sie empfinden, während
Sie das tun.«
– »Lassen Sie die Bewegung ebenso intensiv (groß, abge-

hackt, voll usw.) werden, wie Sie es in Ihrem Inneren empfinden.«

– »Lassen Sie Ihren Magen direkt durch Ihre Hände sprechen.«

– »Bejahen Sie dieses Gefühl in Ihrem Körper.«

– »Nehmen Sie beim Gehen diesen Charakter an. Gehen Sie so, wie er sich in Ihrem Inneren anfühlt.«

Bei der Mikrobewegungswahrheit bitten wir unsere Klienten oft, zuerst ihre Hände zu bewegen. Sich ausdrucksvoll zu bewegen ist für die meisten von uns eine derartige »Fremdsprache«, daß manche Klienten die Bitte »Bewegen Sie Ihren Körper im Einklang dazu« als eine Aufforderung werten, total zuzumachen. Doch die meisten Klienten trauen sich, ihre Hände zu bewegen, die Tag für Tag auf tausenderlei Weisen mit der Welt in Berührung kommen. Es ist zwar eine neue Erfahrung, die Hände kreativ und nicht funktionell einzusetzen, doch der Mensch entwickelt in der Regel sehr schnell ein Interesse für alles, was er neu entdeckt.

Der Therapeut kann die Mikrobewegungswahrheit auch innerlich anwenden. Mit Hilfe der »Schleife der Achtsamkeit« stimmt er sich auf die Atmung des Klienten ein und spürt in dessen Gefühle und Verhaltensindikatoren hinein. Die innere Auseinandersetzung mit der Haltung des Klienten schafft oftmals eine tiefe gefühlsmäßige Bindung, die dieser braucht, um auch wenig bekannte Regionen zu ergründen.

Ein besonders erfolgversprechender Aspekt der Mikrobewegungswahrheit liegt in der Möglichkeit, dem Klienten dabei zu helfen, Atmung und Bewegung in Einklang zu bringen. Es kommt zu Lücken in unserer Erfahrung, wenn wir den Atem anhalten, während wir uns bewegen, oder wenn Atmung und Bewegung in Disharmonie geraten. Erstarrte Bewegungen gehen normalerweise mit erstarrtem Atem einher. Mit anderen Worten, Atem- und Bewegungsindikatoren treten oftmals parallel zueinander auf. Ein schmerzender Rücken ist für gewöhnlich steif und unbeatmet. Eine einfache, aber dennoch sehr wirksame Anleitung in einer Bewegungssitzung lautet: »Bringen Sie Ihren Atem in Einklang mit Ihren Bewegungen.« Oder: »Bringen Sie Ihre Bewegungen in Einklang mit Ihrem Atem.« Wenn Atem und Bewegungen kongruent zueinander fließen, wird Energie zur Heilung und Transformation freigesetzt. Als unsere Klientin Robin von einem Telefongespräch mit ihrer Schwester berichtete, fing ihr Kinn an zu zittern. Gleichzeitig holte sie heftig Luft und schluckte. Wir forderten sie auf, ihren Atem in Einklang mit dem Gefühl in ihrem Kinn zu bringen. Daraufhin verstärkte sich ihr Zittern, und sie atmete noch kraftvoller aus. Schon bald erkannte sie, daß sie wütend auf ihre Schwester war, dieses Gefühl aber in der Regel hinunterschluckte, anstatt es zum Ausdruck zu bringen.

### Die Technik der Bewegungsverstärkung

Bei der zweiten Technik, der Bewegungsverstärkung, heißt der Leitsatz: »Machen Sie das, was Sie gerade tun, und verstärken Sie es.« Tritt während der Therapie ein Bewegungsindikator auf, ist die Verstärkung oftmals die einfachste und effektivste Methode. Sie ist besonders in Verbindung mit Bewegungsindikatoren wirksam, da die kleinen idiosynkratischen Bewegungen, die wir alle machen, die Spitzen der Eisberge unserer Erinnerungen, unvollendeten Interaktionen und unerfüllten Möglichkeiten sind. So kann beispielsweise ein Achselzucken in der Vergrößerung zum Abwerfen einer alten Last werden. Ein Blinzeln kann sich als Erinnerung an eine Bestrafung durch den Großvater und die Flucht vor seinem mißbilligenden Blick erweisen. Die Technik der Bewegungsverstärkung versetzt den Klienten in die Lage herauszufinden, was seine Gesten und gewohnten Muster für ihn persönlich bedeuten. Unserer Erfahrung nach hilft sie unseren Klienten dabei, langjährige unbewußte Muster ins Licht des Bewußtseins zu bringen. Der sich dabei vollziehende Prozeß wird von den Klienten als faszinierend und in hohem Maße aufbauend empfunden. Zu wissen, daß man sich selbst besser als jeder Fachmann in der Welt seiner eigenen Erfahrung auskennt, ist ein erhebendes Gefühl für jeden, der es wagt, aus dem Schatten der alles kontrollierenden Personas herauszutreten.

Der Prozeß der Bewegungsverstärkung läßt sich am effektivsten verbal mit Sätzen einleiten, die von Bewegungen unterstrichen sind. Ein Sprachindikator kann dadurch verstärkt werden, daß man den Klienten auffordert, ebendiesen mit noch lauterer Stimme bzw. mit mehr Betonung auf den emotional aufgeladenen Worten zu wiederholen. Die Absicht dabei ist, Worte und Bewegungen in Beziehung zueinander zu bringen. Zum Beispiel:

*Klientin:* (*in sich zusammengesunken, seufzend*) Ich empfinde so eine *Niedergeschlagenheit.*

*Therapeut:* Sagen Sie das noch einmal – *Niedergeschlagenheit* –, sagen Sie es lauter und intensiver in Ihrem ganzen Körper.

*Klientin:* Ich fühle so eine **Niedergeschlagenheit**. (*Sie fällt in sich zusammen wie ein Ballon, dem die Luft entweicht.*) Oh, ich falle richtig zusammen, wenn ich Angst habe.

Die folgenden Sätze verwenden wir, um den Verstärkungsprozeß einzuleiten. Wählen Sie als Experiment für zu Hause eine Ihrer häufigen Gesten, und befolgen Sie die nachstehenden Anleitungen.

– »Machen Sie ... stärker.«
– »Fahren Sie mit ... fort, und machen Sie es größer.«

– »Machen Sie ... noch intensiver.«

– »Übertreiben Sie ..., und achten Sie darauf, was sonst in Ihrem Körper vorgeht.«

– »Lassen Sie mehr von Ihrem Körper das ... Gefühl zum Ausdruck bringen.«

– »Ziehen Sie ... bis zum Ende durch.«

– »Lenken Sie Ihren Atem tiefer in dieses ... Gefühl, und bewegen Sie sich im Einklang mit dieser ... Empfindung.«

Wir wollen nun einen Blick auf eine Therapiesitzung werfen, in der sich die Technik der Bewegungsverstärkung als nützlich erwies. Zu Beginn der Sitzung schilderte Janice ihre gestörte Partnerschaft. Dabei strich sie sich wiederholt mit der linken Hand ihr Haar aus der Stirn, seufzte und machte einen leeren Gesichtsausdruck. Wir baten sie, ihre Streichbewegung und ihr Seufzen zu verstärken. Nachdem sie dies ein paar Minuten lang getan hatte, meinte sie: »Ich bin festgefahren. Es müßte mir irgendwie gelingen, aus dem Ganzen herauszukommen.« Während sie dies sagte, preßte sie ihre Hand gegen die Stirn und verdrehte die Augen, so daß sie auf die Nase blickte. Wir forderten sie auf, auch diese pressende Bewegung der Hand zu verstärken. Da stiegen ihr die Tränen in die Augen, und sie sagte: »Ich muß fühlen, daß meine Anstrengungen zu etwas führen – keiner beachtet mich.« In diesem Moment fing sie an, sich mit der Hand an der Stirn zu reiben. Wir wiesen sie wiederum an, diese Bewegung zu intensivieren. Sie rieb ein paar Augenblicke, und aus dem anfänglichen Verdrehen der Augen wurde ein Verzerren des gesamten Gesichts. Ihre linke Körperhälfte wurde unruhig, zog sich zusammen und wich nach hinten aus.

Als wir Janice aufforderten, die Bewegungen zu verstärken, die ihre linke Körperhälfte machen wollte, antwortete sie: »Meine linke Körperhälfte weiß nichts. Sie ist leer, im verborgenen.« Wir baten sie, weiter auf ihre Bewegungsimpulse zu achten und dabei etwas tiefer zu atmen. Da fiel ihr auf einmal auf, daß es in ihrer rechten Körperhälfte stärker pulsierte und daß sich diese völlig anders bewegte als die linke. Wir ermutigten sie dazu, die unterschiedlichen Bewegungen jeder Körperhälfte unabhängig voneinander zuzulassen und dabei die jeweiligen Impulse zu verstärken. Schon bald erkannte sie, daß ihre rechte Körperhälfte »alles regeln wollte«. Diese Information war spontan aus der Teilhabe an ihren inneren Bewegungsimpulsen erwachsen. Sie war sichtbar überrascht über ihre eigenen Worte.

Während sie fortfuhr, den Rückzug ihrer linken und die Dominanz ihrer rechten Körperhälfte zu verstärken, keimten in ihr Gedanken über ihr fundamentales Gespaltensein im Leben. Während sie ihre linke Körperhälfte einer fließenden, forschenden Bewegung überließ, hörte sie, wie eine kritische Stimme sagte: »Für so einen Unsinn ist nicht genug Zeit!« Bei den gemessenen, zügigen Bewegungen ihrer rechten Körperhälfte erschien vor ihrem geistigen Auge ein Bild ihres Vaters, der über eine Zeitung gebeugt war und den von ihr geschriebenen Artikel nicht mit dem kleinsten Blick würdigte. Ihre rechte Körperhälfte hatte eine Beschützer-Persona entwickelt, die ihr Augenmerk auf äußere Aufgaben anstatt auf ihr inneres Selbst und ihre Gefühle lenkte. Ihre rechte Körperhälfte glaubte, daß sie nicht kreativ war und nicht schreiben konnte – sie hatte immer Schriftstellerin werden wollen. Mit der Zeit hatte sie aufgehört, die Impulse ihrer kreativen linken Körperhälfte wahrzunehmen und darauf zu hören.

Wir forderten Janice auf, ihre rechte und linke Körperhälfte miteinander in Dialog treten zu lassen und nichts zu tun, als die beiderseitigen Standpunkte anzuhören. Dies schaffte einen fließenden Übergang zum Polaritätsprozeß, einer Technik, auf die wir im nächsten Abschnitt eingehen werden. Während sich nun ihre Arme mal weich, mal kantig bewegten, ihre Füße mal über den Boden huschten und mal stampften und sie sich dabei mal mit genüßlicher Langsamkeit und mal in panischer Eile durch den Raum bewegte, fühlte sie nach und nach mehr Weite in sich. Sie sprach von einem inneren Raum etwa in ihrer Mitte, in dem sie »mehr« fühlte und wo sie sich bewußt war, »daß nicht immer alles Konflikt sein muß«. Sie hatte entdeckt, daß mehr in ihr steckte als die Polarität von Verstecken und Konfrontieren. Zum erstenmal während der Sitzung erstrahlte ihr Gesicht in einem glücklichen Lächeln, und sie blickte mit klaren Augen auf. An Janices spontaner Atmung in die Mitte konnten wir ablesen, daß sie die neugewonnenen Informationen integriert hatte.

## Der Polaritätsprozeß

Die dritte Grundtechnik der Bewegung, der sogenannte Polaritätsprozeß, stellt eine Verbindung im Entweder/oder-Erleben her, das bei vielen Menschen eine große Rolle spielt. Eine Frau sagte: »Entweder ich komme morgens nicht aus dem Bett, oder ich habe den ganzen Tag keine stille Minute. Irgendwie kann ich keinen Mittelweg finden.« Ein älterer Mann überlegte: »Seit ich erwachsen bin, war ich immer viel zu verantwortungsbewußt. Die einzige Möglichkeit, mir selbst ein wenig Ruhe zu gönnen, ist wohl, wenn ich krank werde.« Polaritäten wie diese, hinter denen sich oftmals Persona-Strategien verbergen, lassen sich in einer neuen Synthese vereinen, die der Essenz im Menschen genau entspricht. Der Polaritätsprozeß macht »entweder/oder« zu »sowohl/als auch«. Er gibt den Klienten die Möglichkeit, einen neuen Mittelweg zu finden, wie dies in Kapitel 9 erläutert ist, oder aber die Bandbreite ihrer Erfahrungen in Gegensätze auszudehnen, die bis dahin nicht voll zugänglich waren oder ausreichend erlebt wurden.

Anleitungen zum Polaritätsprozeß sind sehr einfach; nachfolgend einige der Fragen, mit denen wir oft arbeiten:

– »Was ist das Gegenteil dieser Empfindung?«
– »Wie sieht die andere Seite dieses Problems aus?«
– »Wenn Sie nicht (so reagieren) würden, was würde dann
geschehen?«
– »Lassen Sie sich zuerst auf die Rolle des (braven Kindes),
dann auf die Rolle des (unartigen Kindes) ein, und machen
Sie das abwechselnd ein paarmal. Achten Sie darauf, was
geschieht, wenn diese beiden Teile in Dialog miteinander
treten.«
– »Lassen Sie beide Impulse sich gleichzeitig bewegen.«

Polaritäten äußern sich oft als Links/rechts-Körperspaltun-
gen. Der Mensch neigt dazu, bestimmte Stimmungen und
Eigenschaften in der einen oder anderen Körperseite zu
speichern, wobei es oftmals keine oder nur eine geringe
Kommunikation in der Mitte gibt. Bei einer unserer Klientinnen trug die linke Körperhälfte eine Persona des Aufge-
bens und Zusammenbrechens, während ihre rechte die
scharfen, sarkastischen Impulse speicherte. Ein Mann entdeckte, daß seine heruntergezogene linke Schulter seine
Unwilligkeit, sich auf neue Erfahrungen einzulassen, zum
Ausdruck brachte. Der zugrundeliegende Leitsatz lautete:
»Ich möchte das nicht tun. Muß ich es tun?« Im Gegensatz
dazu war seine rechte Körperhälfte mit dem kräftiger entwickelten Brustkorb und der höheren Schulter ein militanter
Anführer und rief: »Du *mußt* stark sein und immer alles
unter Kontrolle haben.«
In einem unserer kürzlichen Fortbildungsseminare war un-
sere Studentin Jessie in ihrer Sitzung an einem verfahrenen
Punkt angelangt. Sie legte sich auf die Bodenmatte, und ihr
Therapiebegleiter forderte sie auf, all ihre widersprüchlichen

Gefühle zur gleichen Zeit zuzulassen. Sie hatte bemerkt, daß ihre linke Körperhälfte sehr traurig, ihre rechte dagegen nervös und unruhig war. Sie war wie gelähmt gewesen, als sie versuchte, entweder das eine oder das andere Gefühl zu erleben. Ihre Persona war darauf ausgerichtet, alles perfekt und auf lineare Weise – also immer eines nach dem anderen – machen zu wollen. Jessies Therapiebegleiter sagte: »Laß jede Körperhälfte das ausdrücken, was wirklich in ihr vorgeht. Mach dir keine Gedanken, wenn das nicht dasselbe ist.« Nach wenigen Minuten, in denen Jessie gleichzeitig ihre Traurigkeit und ihre Nervosität in der Bewegung zum Ausdruck brachte, fing sie plötzlich an, sich spontan zu winden und aufzubäumen, so daß die ganze Gruppe wie gebannt auf sie starrte. Der Ausbruch dauerte nur wenige Minuten. Dann setzte sich Jessie auf und sagte: »Oh, ich kann zum erstenmal in meine Mitte atmen. Das fühlt sich fantastisch an!«

Später führte sie ihre Erfahrung des Gespaltenseins darauf zurück, daß sie die gegensätzlichen Grundhaltungen ihrer Eltern verinnerlicht hatte. Die Weltanschauung ihrer Mutter folgte dem Prinzip »Wozu das Ganze?«, während ihr Vater eher vom Typ »Also los, unternehmen wir etwas!« war. Jessie meinte, sie sei oft wie gelähmt gewesen, wenn sie eine Entscheidung fällen mußte, weil es nicht nur *eine* innere Stimme gab, die in ihr redete. Sie hatte den Grundkonflikt ihrer Eltern in ihren Körper eingespeichert und diesen so lange unbewußt gelebt, bis es ihr mit Hilfe des Polaritätsprozesses gelang, einen neuen Mittelweg zu finden.

Der Polaritätsprozeß hilft den Klienten, sich eine größere Bandbreite an Erfahrungen zu eigen zu machen. Nehmen wir beispielsweise an, Effektivität und Raserei seien Gegensätze, so ergäbe sich etwa folgendes Kontinuum möglicher Gefühle und Empfindungen:

effektiv
angemessen
matt
frustriert
ablehnend
ärgerlich
wütend
rasend

Ein Klient kann von der Effektivität zur Raserei gelangen, ohne sich im geringsten der dazwischenliegenden Stadien oder der inneren Anzeichen für den sich aufbauenden Zorn bewußt zu werden. Ein anderer reagiert womöglich immer wieder von der ärgerlichen Seite des Kontinuums aus, sobald er bei seiner Arbeit unter Streß gerät, und es fehlt ihm völlig der Zugang zur effektiven Handlung. Im Polaritätsprozeß fordern wir unsere Klienten dazu auf, die ihnen fehlenden Reaktionsmöglichkeiten der Skala in ihr Repertoire aufzunehmen.

In den meisten Fällen entwickelt sich der Polaritätsprozeß aus den anderen Grundtechniken der Bewegung, doch manchmal ist es auch sinnvoll, ihn ganz am Anfang einzusetzen. Gleich zu Beginn unserer zweiten Sitzung mit Norm, einem freiberuflichen Journalisten, fiel uns ein polarisierter Bewegungsindikator auf. Während der Klient uns seine Probleme schilderte, hielt er seinen Kopf auffällig geradeaus, und vor Anspannung bildeten sich Falten am Hals. Sobald wir ihm eine Frage zu seinen Erfahrungen stellten, drehte er seinen Kopf um 45 Grad und bedachte uns mit einem mißtrauischen Blick aus den Augenwinkeln. Nach wenigen Runden unseres Frage-und-Antwort-Spiels erkannten wir, daß dieser steife, mißtrauische Wechsel der Kopfpositionen ein Muster war. Daraufhin baten wir Norm, bewußt erst die eine und dann die andere Haltung einzunehmen und sich beim Wechsel zwischen striktem Geradeausblicken und 45-Grad-Haltung

auf seine Gefühle und andere Körperempfindungen zu konzentrieren. Nachdem Norm dies mehrere Male gemacht hatte, rötete sich sein Gesicht. Wir vermuteten, daß dieser Bewegungsindikator eine gewisse Veränderung des Musters signalisierte.

*Wir:* Was geht im Moment in Ihnen vor?
*Norm:* Einen Augenblick lang blitzte Wut in mir auf. Ich habe
  erkannt, daß ich wütend auf Sie bin.

Dies ist *das* Erfolgserlebnis für den Therapeuten, und wir
waren überglücklich, daß Norm seine Wut fühlen und zum
Ausdruck bringen konnte.

*Wir:* Lassen Sie sich auf diese Wut ein. Lenken Sie Ihren Atem
  hinein. Gegenwärtigen Sie sie.
*(Norm atmet etwas tiefer, räuspert sich, zuckt mit den Schultern
und schüttelt den Kopf. Es sieht so aus, als schüttle er eine schwere
Last ab.)*
*Norm:* Ich habe das Gefühl, daß ich mein Leben lang ständig
  auf der Hut sein mußte. Mein Vater wartete immer nur
  darauf, mich in einem Moment der Unaufmerksamkeit zu
  ertappen. Er hatte die Angewohnheit, mir seitlich an den
  Kopf zu klopfen, wenn ich nicht aufpaßte. Als Sie mich
  immer wieder aufforderten, darauf zu achten, was ich tue,
  und aufmerksam zu sein, hörte sich das an wie mein Vater.
  Wissen Sie, ich dachte, Sie würden mich bei irgend etwas
  ertappen.

Fühlt sich der Klient sicher genug, die Wahrheit zu erfahren
und zum Ausdruck zu bringen, kann mit dem Polaritätsprozeß sehr schnell etwas in Bewegung geraten. Der auslösende
Bewegungsindikator kann dabei noch so subtil und unauffällig sein. Mel war ein sehr sympathischer Klient, der bereitwil-

lig in seine Erfahrung eintauchen und unbedingt seine volle Lebendigkeit auskosten wollte. In der nachfolgend zitierten Sitzung sprach er über ein »totes Gefühl«, das immer wieder auftauchte, obwohl er sowohl geschäftlich wie auch privat in hohem Maße erfolgreich war. In diesem Augenblick spaltete sich sein Gesicht zu zwei radikal verschiedenen Ausdrücken. Seine linke Gesichtshälfte und das linke Auge sahen so aus, als würden sie schmelzen, wogegen im rechten Auge ein wacher, alarmierter Blick aufleuchtete. Mel fuhr mit der Beschreibung seiner Empfindungen fort, bis ihm plötzlich auffiel, daß sich seine linke Seite irgendwie taub anfühlte. Je tauber die linke Seite wurde, desto lebendiger und ausdrucksvoller wirkte seine rechte Seite. Wir konnten richtig den Moment sehen, wie ihm ein Licht aufging. Er sah bestürzt aus, und ein Schauer lief über seinen Körper. Anhängern der Körperarbeit wird sofort auffallen, daß er im folgenden Dialog von seinem »Augenmerk« spricht; es waren seine Augen, wo sich der erste Bewegungsindikator manifestiert hatte.

*Mel:* Ja, ich verstehe. Daß ich mein Augenmerk immer darauf gelegt habe, den größten Laden und die glücklichsten Kinder zu haben, war meine Art, diesem toten Gefühl in mir auszuweichen. Ich bin also die ganze Zeit davor weggelaufen!

*Wir:* Lassen Sie sich auf dieses tote Gefühl ein, Mel, bleiben Sie dabei. Freunden Sie sich damit an.

*Mel: (seufzt, fängt dann an zu weinen)* Oh, es ist so tief. Ich bin so traurig. Ich trage diese Traurigkeit nun schon so lange in mir.

Als Mel zwei Jahre alt war, war seine Mutter plötzlich gestorben. Er hatte eine Draufgänger-Persona entwickelt, um seinen übermächtigen Trauer- und Verlassenheitsgefühlen den Boden zu entziehen. Interessanterweise hatte sich seine Trauer in der linken Körperhälfte festgesetzt, wo vor allem die femininen Aspekte des Menschen angesiedelt sind. Durch das jahrelange Verleugnen und Verdrängen der Traurigkeit hatte sich in der linken Körperhälfte eine ständig wachsende Taubheit ausgebreitet. Diese sandte schließlich Signale aus, die Mel nicht ignorieren konnte. Durch seine Bereitwilligkeit, seine wahren Gefühle zu gegenwärtigen, konnte Mel schließlich die Kluft überbrücken und so Zugang zu all der Liebe und Zärtlichkeit finden, die ebenfalls in seiner linken Körperhälfte wohnten.

Die Grundtechniken der Bewegung schlagen eine Brücke zwischen dem bewußten und dem unbewußten Selbst. Sie bringen Muster ins Bewußtsein, verleihen dem Klienten die Fähigkeit, sich kreativ auszudrücken, und erschließen Wege zur Freiheit und zu neuen Alternativen. Durch die Bewegung kann ein jeder von uns seinen eigenen inneren Tänzer wiederentdecken und zu seinem einzigartigen Tanz erwachen. Und wie wir aus unserer Erfahrung wissen, sind diese drei Techniken die ersten Schritte im neu beginnenden Tanz des Lebens.

# 13
## Das Kommunikationsprinzip:
## Wie die Wahrheit heilen kann

Die Wahrheit ist wie ein Fluß, der sich in Nebenarme verzweigt,
die sich am Ende wieder vereinen.
Die Bewohner der Inseln zwischen den Flußarmen
streiten ein Leben lang,
welches nun der Hauptfluß sei.
*Cyril Connolly*

**Ein Problem bleibt so lange bestehen, bis jemand auf einer grundlegenden Ebene die Wahrheit darüber sagt. Wurde die Wahrheit zum Ausdruck gebracht, gibt es Raum für eine heilsame Wandlung des Problems. Die Wahrheit wird als das definiert, was unstrittig ist.**

Dank des im Laufe der Jahre gewonnenen tieferen Einblicks in unsere Arbeit machten wir eine Entdeckung, die unser eigenes Leben veränderte und die Therapierung unserer Klienten wesentlich beschleunigte. Wir lernten, die Wahrheit zu erkennen und uns ihre Kraft im Sinne einer schnellen Transformation zunutze zu machen.

### Am Anfang steht die Wahrheitsfindung

Jeder von uns wird sich daran erinnern, wie er als Kind die Wahrheit herauszufinden suchte. Wir erinnern uns daran, wie Menschen das, was sie für wahr hielten, oftmals hitzig zum

Ausdruck brachten, und daran, welch verheerende Folgen eine Verzerrung der Wahrheit mit sich brachte. Wir verwendeten eine Menge Energie darauf, herauszufinden, wessen Version der Wahrheit nun die richtige war. Gay erinnert sich, wie er oft als Bote zwischen seinen kriegführenden Großeltern hin- und hergeschickt wurde. Diese waren jeder für sich aufgeweckte, liebenswürdige Menschen, doch wenn sie im gleichen Raum zusammen waren, erschien es so, als habe man an ihnen eine Persönlichkeitstransplantation vorgenommen.

---

**Ein Kommunikationsexperiment, das Sie selbst gleich ausprobieren können**
Bei den Teilnehmern unserer Seminare findet dieses Experiment immer großen Anklang. Sie können es gemeinsam mit einem Partner oder allein durchführen. Bilden Sie zwei Minuten lang so viele Sätze wie möglich, die folgendem Kriterium gerecht werden: Jede Aussage muß etwas sein, worüber man nicht streiten oder diskutieren kann. Es kann sich dabei um simple oder tiefgründige Wahrheiten handeln, von »Ich trage eine Krawatte« über »Mein Vater ist ausgezogen, als ich fünf Jahre alt war« bis hin zu »Mein Mund ist trocken«. Nennen Sie so viele Dinge wie möglich, die so wahr sind, daß man sich nicht darüber streiten kann.
Wenn es Ihnen wie unseren Seminarteilnehmern ergeht, werden Sie feststellen, daß zwei Minuten lang die Wahrheit zu sagen nicht so einfach ist, wie es klingt.

---

Sie wurden verbittert, sarkastisch und streitsüchtig – Eigenschaften, die sie in dem Augenblick ablegten, in dem sie nicht mehr zusammen waren. Für Gay war es ein Rätsel, wie sie sich so schnell ändern konnten. Sein Großvater teilte ihm die »Wahrheit« mit, daß es unmöglich sei, mit seiner Großmutter auszukommen. Für Gay war es offensichtlich, daß jeder der beiden eine entsprechend seiner persönlichen Interessenlage verzerrte Version der Wahrheit vertrat. Als kleines Kind pendelte Gay zwischen Rückzug von den beiden und Parteiergreifen für den einen oder anderen hin und her. Einmal dachte er, daß sein Großvater das Opfer sei, ein anderes Mal erschien er als der Täter und seine Großmutter als das Opfer. Mit zunehmender Reife erkannte Gay, daß beide ihre wahren tieferen Gefühle in ihrem Inneren begraben hatten und sich unter anderem deswegen in ihren äußeren Kampf verstrickt hatten, damit sie sich nicht mit diesen tieferen Gefühlen auseinanderzusetzen brauchten. Beide waren enttäuscht über das, was aus ihrem Leben geworden war, weil sie ihre kreativen Impulse unterdrückt hatten. Doch anstatt sich offen mit dieser schmerzlichen Empfindung auseinanderzusetzen, wiesen sie sich gegenseitig die Schuld zu.

Bei unserer späteren Arbeit als Psychotherapeuten hatten wir es oft mit ähnlich gelagerten Situationen zu tun. Wir arbeiteten immer wieder mit Paaren, bei denen ein jeder seine eigene Position vehement verteidigte und dabei den anderen in die Rolle des Schuldigen drängte. Einige der Paare berichteten uns, daß sie seit Jahrzehnten denselben Streit führten. Lange Zeit versuchten wir herauszufinden, wer recht hatte. Dann kam die Erleuchtung: Wenn eine bestimmte Aussage immer wieder Konflikte schafft, bedeutet dies, daß es auf einer tieferen Ebene eine Wahrheit gibt, die mitgeteilt werden will. Wir tauften dieses Phänomen das Kommunikationsprinzip.

Daß ein jeder von uns dieses Prinzip versteht, ist von größter Bedeutung. Als Menschen müssen wir herausfinden, was die Wahrheit ist unter all den Verzerrungen, die wir uns von ihr schaffen. Als Therapeuten müssen wir uns mit der Durchdringungskraft eines Laserstrahls in unsere Klienten hineinversetzen. Einfühlungsvermögen ist wichtig und notwendig: Wir alle brauchen jemanden, der unseren Geschichten aufmerksam zuhört. Ohne angehört zu werden, ist kaum jemand bereit, seine Position aufzugeben. Daß sich ein Klient auf seine Position zurückgezogen hat, ist eine Art Sicherheitsmaßnahme im Umgang mit seiner Angst. Es muß erst eine gewisse Vertrauensbasis geschaffen und ein Gefühl der Sicherheit vermittelt werden, bevor er loslassen kann. Doch ein guter Therapeut geht noch einen Schritt über das Sich-in-den-Klienten-Hineinversetzen hinaus. Seine Aufgabe ist es, den Menschen dabei zu helfen, den Laserstrahl des Bewußtseins auf sich selbst zu richten, so daß sie zur Wahrheit hinter ihren Geschichten – zur wahren Sicherheit hinter allen Positionen also – gelangen. Ohne das Kommunikationsprinzip läßt der ungeübte Therapeut seinen Klienten oftmals länger als nötig in seiner Geschichte verharren, weil er das Meer des Bewußtseins jenseits des oberflächlichen Dahinplätscherns von dessen Schilderungen zu wenig kennt, um sich selbstbewußt darin zu bewegen.

An diesem Punkt erlangen die fünf Indikatoren entscheidende Bedeutung. Sie signalisieren dem Therapeuten, wann der Klient bereit ist, zur nächsttieferen Ebene vorzudringen. Die Indikatoren sind unbewußte Signale des Klienten, daß er bereit ist, unter die oberflächliche Geschichte zur unstrittigen Realität zu gelangen. Versucht man zu früh, einen Klienten zum Aufgeben seiner Position zu bewegen, bevor er Vertrauen zum Therapeuten und zu seiner inneren Quelle geschöpft hat, erhält man die Quittung sofort: Der Klient wird entweder wütend, oder er erscheint nicht zu seinem nächsten Termin und teilt dadurch mit, daß für eine gewisse Zeit mehr Einfühlungsvermögen und weniger Laserlicht gefragt ist.

## Unsere funktionale Definition des Wahrheitsbegriffs

Im Laufe unserer jahrzehntelangen Tätigkeit haben wir eine funktionale Definition des Begriffs Wahrheit entwickelt. Unter »funktional« verstehen wir eine Definition, die funktioniert. Sie funktioniert, wenn sie den Konflikt im Inneren eines Menschen und zwischen den Menschen beilegt. Sie funktioniert, wenn sie Harmonie herstellt, wo früher Kampf war. Die Wahrheit ist etwas, worüber sich keine Auseinandersetzung führen läßt. Ist die Wahrheit erst einmal aufgedeckt, löst sich der Konflikt in uns selbst und in den Beziehungen zu unseren Mitmenschen. In dem diesem Kapitel vorangeschickten Zitat von Cyril Connolly kann sich der Streit nur in dem Augenblick lösen, in dem alle Beteiligten die Wahrheit anerkennen: »Wir leben auf einer Insel.« Solange jeder denkt, daß seine Version der Wahrheit die richtige sei, wird jeder Fortschritt vereitelt. Spannungen im Körper entstehen immer dann, wenn der Körper mit sich selbst über die Wahrheit streitet. Ein Magengeschwür ist ein durch mangelnde Ganzheitlichkeit eingebranntes Loch. In der Ehetherapie haben wir die Erfahrung gemacht, daß der Streit zwischen den Partnern in dem Augenblick beigelegt wird, in dem sie eine Form der Wahrheit finden, über die sich nicht diskutieren läßt. Bevor uns selbst der Durchbruch zur Wahrheit gelang, gaben wir in unserer eigenen Beziehung Sätze von uns wie: »Du versuchst, mich zu kontrollieren« oder »Du wirst mich verlassen!« Wir dachten dann, wir würden die Wahrheit sagen, doch in Wirklichkeit verewigten wir damit nur unsere Auseinandersetzung. Dann gelang es uns, auf eine Ebene jenseits des Konfliktes vorzudringen, und wir fanden Wege, das Unstrittige zum Ausdruck zu bringen: »Ich habe Angst, daß du mich verlassen willst« oder »Ich befürchte, völlig vereinnahmt zu werden.« Wir entwickelten eine funktionale Definition der Wahrheit: Führte sie zu einem Streit, so bewegten wir uns auf einer zu oberflächlichen Ebene der Wahrheit. Wir führten unseren Dialog so lange auf immer mehr in die Tiefe gehenden Ebenen fort, bis sich alle Meinungsverschiedenheiten in nichts auflösten.

Eines Tages sollte Kathlyn in Santa Barbara vor einem großen, interessierten Publikum über unsere Arbeit sprechen. Als sie anfing zu sprechen, machte der Mann, der ihren Vortrag angekündigt hatte, hinten auf dem Podium Lärm. Er rückte verschiedene Gegenstände hin und her, raschelte mit Papieren, verstellte Stühle und war derart unbekümmert über die Geräusche, die er dabei machte, daß die Zuhörer in den ersten Reihen über sein mangelndes Einfühlungsvermögen zu lachen begannen. Kathlyn ärgerte sich über den Lärm, doch sie war so sehr auf die Einleitung ihres Vortrages konzentriert, daß es ihr nicht in den Sinn kam, etwas dagegen zu sagen. Das Ganze dauerte nur etwa 20 Sekunden, doch als der Mann das Podium verließ, fiel ihr auf, daß ihr Hals zu schmerzen anfing. Damals stellte sie keine Verbindung zwischen ihrer unausgedrückten Wut und ihren Halsbeschwerden her. Im Gegenteil: Irgendwo in ihrem Hinterkopf schrieb sie sie dem Smog in Südkalifornien zu. Nach dem Vortrag erwähnte sie ihren Ärger über das Verhalten des Mannes ihrer Mutter gegenüber, die in Santa Barbara wohnte und im Publikum anwesend war. Augenblicklich verschwanden ihre Halsbeschwerden, und erst jetzt erkannte sie die Verbindung zwischen ihrer unterdrückten Wut und den Schmerzen in ihrem Hals.

Wenn wir uns die Wahrheit als einen Fluß vorstellen, ist das Zurückhalten der Wahrheit wie ein Damm. Wir alle wissen, was geschieht, wenn ein Fluß auf einen Damm trifft: Der Damm gibt nach, oder es bildet sich ein Rückstau, oder aber der Fluß teilt sich und sucht sich anderswo ein neues Bett. In unserer therapeutischen Praxis begegnen uns Beispiele aller drei Möglichkeiten. Ein Paar kommt zur Ehetherapie. Mit Hilfe der fünf Indikatoren gelangen wir zu dem Schluß, daß es Geheimnisse zwischen den beiden gibt. Wenn wir eines in unserer jahrzehntelangen Praxis gelernt haben, ist es dies: Geheimnisse machen den Menschen krank. Also fragen wir: Wo liegen in diesem Fall die Geheimnisse? Ist das Paar kooperativ und machen wir unsere Arbeit gut, gibt der Damm nach, und die Wahrheit wird ausgesprochen. Der Fluß kann wieder ungehindert fließen. Manchmal werden in einer ersten Therapiesitzung Geheimnis-

se offenbart, deren Entstehung bis weit in die Kindheit zurück-
reicht. Doch nicht immer läßt sich der Damm so leicht durchbrechen. Oftmals halten Klienten selbst dann noch an ihrem
Geheimnis fest, wenn sie erfahren, wie sehr sie diese Strategie
innerlich lähmt. Viele Male wurden wir Zeuge, wie Menschen
eine langjährige Ehe opferten, weil sie Angst hatten, die Wahrheit zu sagen. Die Unterdrückung der Wahrheit wurde für sie
wichtiger als die Partnerschaft selbst.

Nicht immer bringt die Wahrheit die Menschen einander
näher. Bis zu diesem Zeitpunkt, wo wir dieses Buch schreiben,
haben wir mit etwa 1500 Paaren gearbeitet. Etwa ein Fünftel
dieser Paare entschied sich nach der Offenlegung ihrer tieferen Wahrheit zu einer Trennung. Es gibt viele Menschen, die
einfach nicht zueinander passen; für sie ist die Konfrontation
mit der Wahrheit ein Vorspiel zur Trennung. Analog hierzu
haben viele Menschen ihre Stellung gewechselt, nachdem sie
bestimmte unstrittige Wahrheiten über ihre Arbeit erfahren
und akzeptiert haben. Es gibt zwar auch Fälle, in denen sich
Menschen neu in ihre Arbeit »verlieben«, sobald ein bestimmtes Ärgernis oder eine schmerzliche Situation geklärt wurde,
doch in vielen Fällen ist auch das Gegenteil der Fall. Die
Wahrheit ist ein Energiespender, so wie das Durchbrechen
eines Dammes den Fluß schneller fließen läßt. Wie diese
Energie eingesetzt wird, kann niemand voraussagen.

Staut sich der Fluß auf, so entstehen Probleme. Neben den
psychologischen Problemen lösen sich auch viele physische
Beschwerden, sobald der Klient auf einer grundlegenden
Ebene die Wahrheit zum Ausdruck gebracht hat. Und diese
Beschwerden sind keineswegs immer harmlos: Sie umfassen
Magengeschwüre, Krebs, Darmentzündungen und chronische Kopfschmerzen. Hunderte von Paaren aus unserer Therapiearbeit litten bei ihrem ersten Besuch in unserer Praxis
ganz offensichtlich unter Geheimnissen. Ein häufig vorkom-
mendes Geheimnis ist, daß einer – manchmal auch beide –

eine intime Affäre hatten. Wird dieses Geheimnis gehütet, ist ein Verlust an Dynamik in der Beziehung vorherzusagen. Wir brauchten Jahre, um herauszufinden, daß der Mensch über wesentlich ausgeprägtere telepathische Fähigkeiten verfügt als gemeinhin angenommen. Oftmals weiß der eine intuitiv, daß etwas nicht stimmt. Fragt er: »Was ist los?«, antwortet der Partner: »Nichts« – und mit der Zeit fühlen sich beide verwirrt. Wir haben mit vielen Menschen gearbeitet, die jahrelang in diesem Zustand der Geheimniskrämerei lebten und dabei ihre Gesundheit und Kreativität einbüßten. Derjenige, der das Geheimnis in sich trägt, hat sicherlich den Löwenanteil an innerlich aufgestautem Druck zu tragen. In vielen Fällen wird er krank, fühlt sich müde und niedergeschlagen oder konstruiert eine Situation, um erwischt zu werden.

Der gestaute Fluß der Wahrheit wird sich womöglich in Nebenarme teilen, die sich willkürlich in irgendwelchen Richtungen ein neues Bett suchen, bevor sie zu ihrem positiven, vorwärtsstrebenden Strom zurückfinden. Wir können dies an Menschen beobachten, die in trivialen Beschäftigungen ein Ventil für die ungeheure Spaltungsenergie suchen, ohne nach deren Quelle und Ursache zu forschen. Es gibt wenige Dinge, die den Menschen in derart fieberhafte Aktivitäten verfallen lassen wie die unausgesprochene Wahrheit.

Wie wir unseren Klienten immer wieder sagen, gibt es nur drei Regeln für den Erfolg im Leben und in der Partnerschaft: Lassen Sie sich auf Ihre Gefühle ein, sagen Sie die Wahrheit, und halten Sie Ihre Vereinbarungen.

Jede dieser drei Regeln setzt voraus, daß die Wahrheit mitgeteilt wird. Lassen wir uns nicht auf unsere Gefühle ein, belügen wir uns selbst. Enthalten wir anderen die Wahrheit vor, belügen wir sie, selbst wenn das, was wir ihnen sagen, nicht direkt falsch ist. Brechen wir eine Vereinbarung, kann dies nur durch die Wahrheit bereinigt werden. Entschuldigungen sind nur eine kurzfristige Lösung und machen manchmal ebenso süchtig wie eine Droge. Indem sich der Mensch eines Fehlers bezichtigt – »Es tut mir leid-« –, kann er sich oftmals einer Untersuchung der eigentlichen Gründe für sein Verhalten entziehen.

Jüngste Forschungsarbeiten des Psychologen James Pennebaker liefern faszinierende Erkenntnisse über das Heilpotential der Wahrheit. Pennebaker hat die Ergebnisse seiner Arbeit unlängst in einem Buch mit dem Titel *Sag, was Dich bedrückt* (Düsseldorf, 1991) zusammengefaßt. In einem klassischen Experiment forderte er seine Klienten auf, über vier Tage hinweg jeweils 15 Minuten lang ihr traumatischstes Erlebnis niederzuschreiben. Aus klinischer Sicht mag dies kaum genug erscheinen, um ein wirkliches Trauma auch nur oberflächlich anzukratzen. Doch das Ergebnis war überwältigend. Nach der Niederschrift hatten die Teilnehmer der Studie ein meßbar stärkeres Immunsystem und nahmen im Verlauf der nächsten sechs Monate seltener ärztliche Hilfe in Anspruch. Andere Studien belegen die tiefgreifende Wirkung des Wahrheitsagens (bzw. in diesem Fall des Wahrheitschreibens) auf die Gesundheit und Physiologie des Menschen.

Ein weiteres wichtiges Anwendungsgebiet für Pennebakers Forschungen ist das Lügendetektor-Bekenntnis. Im Umgang mit dem Polygraphen erfahrene Fachleute wissen genau, wie sie bei der Befragung eines Menschen die »heißen Stellen« aufspüren können. Wird jemand beispielsweise der Veruntreuung verdächtigt und registriert das Gerät einen Ausschlag, wenn dieser von seinem Schreibtisch spricht, wird der Vernehmungsbeamte in seiner nächsten Frage womöglich nach dem Inhalt des Schreibtisches fragen. Bei kunstgerechter Fragestellung bricht der Betreffende manchmal zusammen und legt ein Geständnis ab. An diesem Punkt kommt es ausnahmslos zu zwei hochinteressanten Phänomenen. Zum einen beruhigt sich die Physiologie des Befragten, sein Blutdruck sinkt, er schwitzt weniger, und sein Muskeltonus wird schwächer. Zum anderen – und dies ist für den Therapeuten besonders interessant – ist der Befragte dem Mann am Polygraphen außerordentlich dankbar. Pennebaker berichtet, daß in einem Fall der Betreffende dermaßen dankbar war, daß er dem Vernehmungsbeamten jedes Jahr zu Weihnachten eine Ansichtskarte aus dem Gefängnis schrieb. Darin liegt eine geradezu bemerkenswerte Ironie: Nach außen hin hat sich das Leben des Betreffenden drastisch verschlechtert, doch im Inneren machten sich Erleichterung und Entspannung breit. Äußerlich betrachtet war der Mann am Polygraphen das Medium seines Ruins, doch im Inneren ist der Befragte dem Vernehmenden unendlich dankbar.

Betrachten wir zwei Beispiele aus unserer Praxis, die belegen, welch ein hervorragendes Heilmittel die Wahrheit ist. Wir arbeiteten mit Meg, einer Frau, die von ihrem Stiefvater sexuell mißbraucht worden war. Wir hatten ihr geholfen, ihre Gefühle zum Zeitpunkt des Mißbrauchs (sie war damals acht Jahre alt) und die zur Bewältigung des Traumas angenommenen Personas zu analysieren. Ihre Gefühle waren Furcht, Verletztheit und Scham sowie ein großes Maß an Schuldgefühlen, weil es einen Teil in ihr gab, der durch das Erlebnis sexuelle Erregung verspürte. Sie hatte diese Gefühle isoliert und unter der Persona einer unflexiblen, an Regeln orientierten starken Frau vergraben. Schließlich forderten wir sie auf, uns genau zu beschreiben, was damals geschehen war. Dabei bestanden wir auf einer Schilderung bis ins letzte Detail. Während sie redete, fühlte sie sich zunehmend besser. Sie verspürte wesentlich weniger Angst, und ihre unspezifische Depression ließ nach. Dennoch schien immer noch etwas zu fehlen. Auf ihrer Stirn war nach wie vor eine Sorgenfalte eingegraben, und ihre Mundpartie war immer noch verspannt. Schalten wir uns an diesem Punkt in das Gespräch ein:

*Wir:* Meg, Sie wirken unentschlossen, so als gäbe es da noch
   etwas.

*Meg:* Ja, ich weiß nicht, was es ist, doch ich habe das Gefühl,
   noch nicht so ganz im reinen mit mir zu sein.

*Wir:* Ist da noch etwas anderes? Etwas, das vielleicht noch
   einmal durchlebt oder ausgesprochen werden muß?

*Meg:* Hm... Ich weiß nicht.

*Wir:* Sie sehen irgendwie traurig aus, und Ihre Mundwinkel
   zucken. Spüren Sie einmal da hinein.

*Meg: (fängt an zu weinen)* O mein Gott, mir kam gerade ein
   furchtbarer Gedanke.

*Wir:* Etwas, woran Sie mit Schrecken denken?

*Meg: (unter starkem Schluchzen)* Daran habe ich noch nie
   gedacht, doch es gab einen Teil von mir, dem das gefiel.

*Wir:* Es gefiel Ihnen, wenn Ihr Stiefvater Sie berührte?

*Meg: (nickt)* Ja.

*Wir:* Was gefiel Ihnen daran? Die körperlichen Empfindungen oder die Aufmerksamkeit?

*Meg:* Beides, es war angenehm – das Körperliche, meine ich.
   Alles andere war schrecklich, doch ich mochte es, wie sich
   das anfühlte. Ja, ich genoß auch die Aufmerksamkeit, die
   er mir schenkte. Und es gefiel mir, daß ich meiner Mutter
   eins auswischen konnte. Ich war so wütend auf sie, weil sie
   meinen Vater rausgeworfen und diesen neuen Mann ins
   Haus geholt hatte, und ich glaube, ich rächte mich an ihr,
   indem ich sein Interesse von ihr ablenkte und auf mich zog.
   Dann wurde mir das Ganze aber zuviel, und ich wollte, daß
   er aufhörte. Doch eine Zeitlang fühlte ich mich richtig stark
   und mächtig angesichts der Tatsache, daß sich dieser aus-
   gewachsene Kerl für mich interessierte.

Momente wie diese – wenn wir einer Tatsache direkt ins Auge
sehen, die wir bis dahin negiert haben – sind außerordentlich
heilsam. Im Anschluß an unser Gespräch kam es zu einer

endgültigen Heilung zweier gesundheitlicher Probleme (Hefepilzinfektion und leichte Hörstörungen), die Meg seit Jahren zu schaffen gemacht hatten. Darüber hinaus erkannte sie, daß die ungeklärten Aspekte ihrer damaligen Erlebnisse sich störend auf das Intimleben in ihrer derzeitigen Partnerschaft ausgewirkt hatten. Nachdem sie die Wahrheit über ihre damaligen Gefühle zum Ausdruck gebracht hatte, verschwand ihre ablehnende Haltung gegenüber der Intimität, und sie kam ihrem Partner dadurch sehr viel näher.

In der Ehetherapie sind wir durch viele Erfolge und Mißerfolge zu dem Schluß gelangt, daß die Beteiligten aufhören, sich zu streiten, sobald ein jeder ein ausreichend tiefes Maß an Wahrheit zum Ausdruck gebracht hat. Im Laufe der Jahre haben wir unsere Arbeitsweise verfeinert und somit erreicht, daß unsere Klienten bereits nach relativ wenigen Interaktionen vom Streit zur heilenden Ebene der Wahrheit gelangen.

Folgender Gesprächsauszug liefert ein praktisches Beispiel für diesen Prozeß. Peter und Amy kamen zu ihrer zweiten Sitzung, und nach Peters Aussage waren die beiden »mehr festgefahren als vor der ersten Sitzung«. Dies ist nicht gerade etwas, das der Therapeut gerne hört, doch zumindest war Peter ehrlich. Die ersten 20 Minuten der Sitzung vergingen mit beiderseitigen Sticheleien und sarkastischen Bemerkungen. Schließlich unternahmen wir einen Schritt, der letztendlich zum Durchbruch führen sollte:

*Wir:* Wie wir sehen, gibt es eine Menge von Dingen, die Sie an Peter aufregen, Amy. *(Amy schnaubt verächtlich, so als wolle sie sagen: Ihr wißt ja nicht einmal die Hälfte von dem, was los ist!)* Uns ist auch klargeworden, wie sehr Sie sich über Amy ärgern, Peter. Sie sind beide wütend aufeinander. Und Sie haben beide den Eindruck, im Recht zu sein. Bitte sehen Sie ein, daß Ihre Situation so lange verfahren sein wird, wie Sie im Recht sein wollen. Halten Sie einmal nur für einen Augenblick Wut und Recht-haben-Wollen auseinander.

*Peter:* Wie meinen Sie das?

*Wir:* Nun, Sie sind wütend, oder?

*Peter:* Ich denke schon.

*Wir:* Also gut, dann seien Sie's auch!

*Peter:* Ja, ich bin wütend.

*Wir:* In Ordnung. Amy, bereitet Ihnen das Probleme?

*Amy:* Ob er wütend ist oder nicht?

*Wir:* Genau das.

*Amy:* Nein. Er ist halt wütend.

*Wir:* Passen Sie genau auf, Peter! Wenn Sie dagegen gesagt hätten, daß Sie recht haben, hätte Amy sich dagegen verwehrt.

*Peter:* Ja, aber...

*Wir:* Eine Sekunde. Lassen Sie sich nur auf Ihre Wut ein. Sagen Sie Amy, daß Sie wütend sind.

*Peter:* Ich bin wütend.

*Amy: (seufzt tief)* Ja, ich auch.

*Wir:* Konzentrieren Sie sich darauf, wie Sie diese Wut körperlich empfinden. Was spüren Sie?

*Amy:* Enge, der Hals ist wie zugeschnürt.

*Peter:* Mir geht es gut.

*Wir:* Mag sein. Aber wie empfinden Sie denn Ihre Wut?

*Peter:* Nun, mir ist am ganzen Körper heiß. Mein Rücken ist verspannt, dort, wo ich immer Rückenschmerzen habe.

*Wir:* Was fühlen Sie beide noch? Hinter der Wut? An anderen Stellen Ihres Körpers?

*Amy:* Ich bin zum Umfallen müde.

*Wir:* Und Sie, Peter?

*Peter:* Ich habe Angst, daß es immer so sein wird. Daß wir immerzu streiten werden.

*Wir:* Und weit zurück in der Vergangenheit – wo waren Sie,

als Sie zum erstenmal Angst hatten, daß immerzu gestritten
würde?

*Peter: (überrascht)* Oh, mein Gott. Während meiner ganzen
Kindheit ging es um nichts anderes.

*Amy: (hat plötzlich ein »Aha-Erlebnis«)* Wir spielen ja nur den
Streit zwischen seiner Mutter und seinem Vater nach.

*Wir:* Sieht ganz so aus.

Natürlich war das nicht alles, doch dieses Beispiel zeigt, wie
Kommunikation funktioniert. Peter und Amy schafften in
dem Augenblick den Sprung vom Streit zur Heilung, in dem
der Durchbruch zur Wahrheit gelang. Als beide ihr Recht-haben-Wollen beiseite legten und sich lediglich auf ihre Wut
konzentrierten, war der Streit beendet. Daraufhin eröffnete
sich beiden die Chance, tiefere Gefühle wahrzunehmen und
zu der Einsicht zu finden, daß sie lediglich ein altes Familien-
muster nachspielten. In Peters und Amys Fall lief der Prozeß
ausgesprochen reibungslos. Es gibt Dutzende von Dingen,
die den Prozeß aus den Schienen werfen und seine Vollendung vereiteln können. Daher erkennt man den guten Therapeuten immer daran, daß er sowohl mit seinen Gedanken
als auch mit seinen Gefühlen mit beiden Beinen auf dem
Boden der Tatsachen bleibt.

## Die Sprache der Wahrheit erlernen

Die heilende Wahrheit auszusprechen zu lernen wurde von vielen
unserer Klienten mit dem Erlernen einer Fremdsprache verglichen. Unserer Ansicht nach ist es jedoch in Wirklichkeit noch
schwieriger. Wer beispielsweise Portugiesisch lernt, muß nicht
jeden Augenblick aufs neue dem übermächtigen emotionalen
Drang widerstehen, seine Muttersprache zu sprechen. Natürlich ist da die Macht der Gewohnheit, doch die meisten Men-

schen sind emotional wesentlich weniger darin verhaftet, ihre Muttersprache zu sprechen, als sich selbst vor der Wahrheit zu schützen. Wohl kaum einer fühlt sich inmitten einer Portugiesischlektion dazu veranlaßt, innezuhalten und eine Lanze für seine Muttersprache zu brechen. Doch ebendies geschieht, wenn man die Sprache der Wahrheit erlernt.

Es gibt die verschiedensten Weisen, sich vor der Wahrheit zu schützen. Hören wir uns ein paar Minuten einer Therapiesitzung an, in der ein unerfahrener Therapeut sich nach und nach im Netz der ausgeklügelten Verteidigungsstrategien seines Klienten verfängt:

*Therapeut:* Was geht im Augenblick in Ihnen vor?

*Klient:* Es ist alles ihre Schuld. Ich meine das ganz im Ernst. Sie kann es einfach nicht lassen, an mir herumzunörgeln. Schließlich bin ich aus dem Haus gerannt und habe die Nacht bei meinem Bruder verbracht.

*Therapeut:* Es hört sich so an, als seien Sie wütend. Richtig wütend.

*Klient:* O nein, um Himmels willen. Ich hätte allen Grund, wütend zu sein, aber ich bin es nicht.

*Therapeut:* Was geht also im Augenblick in Ihnen vor?

*Klient:* Ich fühle mich einfach großartig. Keine Probleme. Jetzt, da ich sie für eine Weile los bin, fühle ich mich einfach fantastisch.

*Therapeut:* Hm, nun gut ...

*Klient:* Ja, ja, ich weiß schon, wonach Sie suchen. Sie warten darauf, daß ich in Tränen ausbreche oder so etwas, doch mir ist einfach nicht zum Heulen zumute.

*Therapeut:* Das eigentlich nicht. Ich meine ...

*Klient:* Langsam fangen meine Kopfschmerzen wieder an.

Am Anfang stand eine sehr einfache Frage: »Was geht in Ihnen vor?« Diese erscheint – oberflächlich betrachtet – nicht dazu angetan, eine derart massive Mauer des Widerstandes, der Ablehnung und der Feindseligkeit hervorzurufen. Im Grunde genommen verlangt sie von dem Betreffenden lediglich, zu fühlen und über das, was er fühlt, mit einer unkomplizierten Antwort zu berichten, indem er beispielsweise sagt: »Mein Nacken ist verspannt, und es lastet ein großer Druck auf meiner Brust.« Doch diese beiden Schritte – sich auf das, was im Inneren vorgeht, einzustellen und ohne Hinzufügungen darüber zu berichten – sind für viele Menschen außerordentlich schwierig. Und die Schutzmechanismen gegen diese einfachen Schritte sind ausgesprochen raffiniert.

Ein erfahrenerer Therapeut hätte wahrscheinlich eine von zwei möglichen Vorgehensweisen gewählt. Entweder er hätte diesem innerlich aufgewühlten Klienten einfach eine Weile zugehört, um ihm Gelegenheit zu geben, »Dampf abzulassen«. Anschließend wäre womöglich die körperzentrierte Aufforderung, sich auf die Empfindungen seines Körpers einzustellen und in sie hineinzuspüren, auf mehr Gegenliebe gestoßen. Der Therapeut hätte auch eine stärkere Konfrontation wählen können, als der Klient seine erste Frage ignorierte, etwa mit folgenden Worten: »Mir ist aufgefallen, daß Sie auf meine Bitte, über Ihre Gefühle zu berichten, statt dessen Ihre Frau beschuldigt haben.«

Fordert man jemanden auf, die Wahrheit zu sagen, reagiert er in der Regel auf eine der beiden folgenden Arten: Die eine Möglichkeit wäre, das zum Ausdruck zu bringen, was *tatsächlich los ist.* Fragen wir einen Mann, was er in einem bestimmten Augenblick fühlt, und er antwortet: »Ich habe Angst«, so entspricht diese Aussage mit höchster Wahrscheinlichkeit der Wahrheit; zumindest läßt sich kaum darüber streiten. Die zweite Möglichkeit wäre, als Antwort *eigene Anschauungen zu dem jeweiligen Geschehen* zu entwickeln. Was er sagt, mag den Tatsachen entsprechen oder nicht, unterhaltend sein oder nicht, hilfreich oder nicht. Eines steht jedenfalls fest: Man kann darüber streiten. Antwortet der Betreffende: »Ich habe Angst, weil meine Frau droht, mich zu verlassen«, befindet er sich bereits im Reich der Anschauungen. Seine Frau könnte sagen: »Nein, du hast in Wirklichkeit Angst, weil deine Mutter dich verlassen hat, als du drei Jahre alt warst, und diese Situation dich daran erinnert.« Wer weiß, welche der beiden Sichtweisen die zutreffendere ist? Geht es um Anschauungen, darf man nie außer acht lassen, daß diese zu Meinungsverschiedenheiten führen können. Sagt ein Klient: »Ich habe Angst, daß du mich verläßt«, und führt diese Aussage zu einer Auseinandersetzung, muß eine tiefere Ebene der Wahrheit erschlossen werden, die die Harmonie wiederherstellt.

Viel menschliches Leid wird durch hoffnungslos unklare Vorstellungen von der Wahrheit verursacht. Im Rahmen der Therapeutenschulung zeigen wir gelegentlich ein Videoband mit Zehn-Sekunden-Interaktionen zwischen zwei Menschen. Nachdem wir es zum erstenmal abgespielt haben, fragen wir, was geschehen ist. Noch nie hat jemand auf Anhieb die richtige Antwort gegeben, obwohl die Interaktionen ausgesprochen einfach sind und es sich bei den Schulungsteilnehmern um hochintelligente Hochschulabsolventen handelt. Jeder weiß eine eigene Geschichte zu erzählen, oftmals ausgeschmückt mit seinen wildesten Projektionen. Einer der Ausschnitte zeigt lediglich zwei Menschen, die sich auf Stühlen gegenübersitzen. Der eine der beiden fragt: »Wie fühlen Sie sich?«, und der andere antwortet mit einem Achselzucken. Eigentlich ganz einfach. Doch die Geschichten, die unsere Studenten auf diese Interaktion projizieren, sind sagenhaft fantasievoll. Einer der Kursteilnehmer sagte: »Er hat schreckliche Angst, daß ihn sein Therapeut im Stich lassen könnte.« Wer hat da wohl Angst, im Stich gelassen zu werden? Ein anderer meinte, eine »verdeckte sexuelle Komponente« im Tonfall zu entdecken. In wessen Tonfall gibt es wohl eine verdeckte sexuelle Komponente? Erst nachdem wir den Aus-

schnitt etwa ein dutzendmal gezeigt und jedesmal wieder die Frage gestellt haben: »Was geschah?«, hebt eine tapfere Seele die Hand und sagt: »Der Therapeut fragte: ›Wie fühlen Sie sich?‹, und der Klient zuckte die Achseln.«
Daraufhin verschlägt es den Teilnehmern regelmäßig die Sprache, und während ihnen eine Erkenntnis dämmert, bleibt etlichen der Mund offenstehen. Daraufhin stellen wir die gemeine Frage: »Was veranlaßt Sie zu der Vermutung, daß es sich bei den beiden um einen Therapeuten und seinen Klienten handelt?« In der Tat handelt es sich hier um zwei Freunde, von denen der eine etwas besser gekleidet ist als der andere, doch bisher hat noch jeder unserer Studenten die Rolle von »Klient und Therapeut« auf die beiden projiziert.

## Die Hauptabwehrmechanismen gegen das Erkennen und Aussprechen der Wahrheit

Woche für Woche beobachten wir in unserer Praxis, wie Menschen dagegen ankämpfen, die Wahrheit zu erkennen und auszusprechen. Hier einige der häufigsten Strategien, einer Auseinandersetzung mit der Realität auszuweichen.

– *Verleugnung.* Manche Menschen weigern sich schlichtweg, der Wahrheit ins Gesicht zu sehen. Sie fühlen sich sicherer, wenn sie sie verleugnen und einfach in die andere Richtung schauen. Sie zeigen alle Anzeichen der Wut, wie zusammengebissene Zähne oder schroffe Worte, doch befragt man sie, antworten sie: »Nein, alles ist in Ordnung.«
– *Illusion.* Andere tun so, als sei die Wahrheit anders, als sie tatsächlich ist. Sie ergehen sich in Affirmationen und setzen ein zufriedenes Gesicht auf, um vorzutäuschen, daß es Ihren Zorn gar nicht gäbe. Sie beziehen ihre Sicherheit daraus, daß sie sich an ihrer Illusion festklammern.

– *Verzerrung*. Wieder andere verzerren die Wahrheit. Statt: »Ich bin wütend« sagen sie: »Ihr Therapeuten seid alle gleich; darüber immer verschwört ihr euch gegen mich.«

– *Bestrafung des Boten*. Eine der problematischsten Reaktionen, mit der wir es in der Therapie zu tun haben, besteht darin, daß ein Klient seinen Zorn gegen denjenigen richtet, der ihm die Wahrheit überbringt. Mancher Klient geht so weit, seine Familie und seinen Freundeskreis aufzugeben, nur weil offensichtlich all diese Menschen ihm ein und dieselbe Botschaft zu überbringen suchen, zum Beispiel: »Du ruinierst dein Leben, weil du zuviel trinkst.«

– *Dramatisierung*. Manche Menschen dramatisieren die Wahrheit, indem sie sich ein kleines Körnchen von ihr herausgreifen und dieses zu einer Seifenoper aufblasen oder es wie Öl auf die Mühlen von Klatsch und Tratsch gießen.

– *Keinen Zugang zur Wahrheit finden können*. Ein weiteres schwieriges Problem besteht darin, daß viele Menschen ihre Wahrheit seit so langer Zeit von anderen Menschen haben definieren lassen, daß sie nicht unterscheiden können, was wirklich und was nicht wirklich ist. Die Vorstellungen und Meinungen eines anderen Menschen haben die Wahrheit überlagert, und das eine kann nun nicht mehr vom anderen getrennt werden.

Die meisten dieser Abwehrmechanismen lassen sich grob unterscheiden nach solchen, die sich an anderen Menschen orientieren, und solchen, die sich in unsrem Inneren vollziehen. In die erste Kategorie fallen Projektion, Aggression und passive Aggression. Im Falle der *Projektion* wird jemand anderes ins Unrecht gesetzt, und es wird ihm die Schuld für etwas zugewiesen, das eigentlich im Inneren des Betreffenden selbst liegt. *Aggression* kann sich darin äußern, daß der Mensch tatsächlich zum Schlag ausholt und sein Gegenüber verbal, emotional oder physisch einschüchtert. Sie kann sich darüber hinaus auch in selbstzerstörerischem Verhalten wie dem Trinken oder dem Drogenkonsum äußern, wenn dadurch auch andere Menschen in Mitleidenschaft gezogen werden. *Passive Aggression* ist der Versuch, andere durch seine eigene Reaktionslosigkeit zu kontrollieren. Ein typisches Beispiel hierfür wäre ein nicht zur Kommunikation bereiter, schmollender Jugendlicher.

Zu den sich in unserem Inneren vollziehenden Abwehrmechanismen, die uns einen Großteil unserer Energie rauben, gehören Verdrängung, Dissoziation, Überintellektualisierung, Überkompensation und Verlagerung. Verdrängen wir unser »Angstgefühl«, handeln wir so, als existiere es nicht. *Verdrängung* ermöglicht uns, unangenehme Gefühle und Gedanken »auszuradieren«, entweder indem wir vergessen, daß es sie je gegeben hat, oder indem wir so tun, als gäbe es sie im Augenblick überhaupt nicht. Greifen wir zur *Dissoziation*, flüchten wir womöglich in Fantasien oder in immer neue Jobs oder Partnerschaften. Um den Begriff der *Überintellektualisierung* zu erläutern, sei als Beispiel folgende Antwort zitiert, die uns einmal ein Ingenieur auf die Frage »Wie fühlen Sie sich im Augenblick?« gegeben hat. Hier seine Worte: »Im Grunde genommen besteht die Möglichkeit, daß ich in der Vergangenheit unter bestimmten Umständen Anzeichen einer gewissen Nervosität verspürte, wenn ich mit Situationen konfrontiert war, deren Ausgang nur schwer oder vielleicht gar nicht vorhersehbar erschien.« Einfacher ausgedrückt, hatte er Angst, die Kontrolle zu verlieren. Bei der *Überkompensation* verfällt ein Mensch mit Wut- oder Sexualproblemen in das andere Extrem und tritt in ein Kloster ein, in dem völlige Enthaltsamkeit und Schweigen praktiziert werden. Im Falle der *Verlagerung* wählen wir womöglich einen anderen Kanal, um die Energie auszudrücken, deren wahre Quelle verschüttet ist. Ein Klientenehepaar war einer Auseinandersetzung mit seinen schwerwiegenden Partnerschaftsproblemen dadurch aus dem Wege gegangen, daß die beiden all ihre Energie in Kinder und Pferde investierten.

Eine dritte Kategorie von Abwehrmechanismen könnte man als »gereifte« Formen bezeichnen, weil es sich hier um Verhaltensweisen handelt, die im allgemeinen weder für den Betreffenden selbst noch für seine Mitmenschen störend oder belastend sind. Hierzu gehören altruistische Sublimation, Hoffnung, Unterdrückung und Humor. Bei der *altruistischen Sublimation* lenken wir unsere Aufmerksamkeit von unseren eigenen Problemen ab, indem wir anderen Menschen helfen oder uns irgendeiner nützlichen Arbeit widmen. Ist *Hoffnung* unser Abwehrmechanismus, bewältigen wir eine schwierige Situation in der Gegenwart, indem wir unsere Aufmerksamkeit auf zukünftige Möglichkeiten richten. Ein gesunder Mensch wird womöglich auch auf den Mechanismus der *Unterdrückung* zurückgreifen, um eine Einstellung des Sich-nicht-unterkriegen-Lassens zu entwickeln. Der erfolgreichste psychologische Bestseller aller Zeiten – M. Scott Pecks Buch *Der wunderbare Weg* (München 1991) – beginnt mit den Worten: »Das Leben ist schwer.« Diese Einstellung des »Sehen wir den Tatsachen ins Auge!« erweist sich für viele Menschen als hilfreich, weil es sie in die Lage versetzt, bestimmte Dinge anzunehmen, anstatt vor ihnen wegzulaufen. Auf der anderen Seite setzen viele, wenn nicht alle Erwachsenen *Humor* ein, um mit schwierigen Gefühlen und leidvollen Zeiten fertig zu werden. Jeder, der die Filme von Woody Allen kennt, hat erlebt, wie sich die Angst des Durchschnittserwachsenen in Gelächter verwandeln läßt.

Mit zunehmender Bewußtheit wird man aber wahrscheinlich Wert darauf legen zu erfahren, ob man durch den Einsatz der »gereiften« Abwehrmechanismen nicht Intimität und Produktivität einbüßt. Gay erinnert sich, daß Humor in seiner Familie ein vielbenutztes Überlebenswerkzeug war, das er in Form einer Klassenclown-Persona in seinen Schulalltag übertrug. Wenn auch viele Menschen der Ansicht sind, sein Sinn für Humor sei sein liebenswertester Charakterzug, erkannte er mit zunehmendem Alter, daß er ihn in intimen Situationen überstrapazierte und damit seine Fähigkeit blockierte, anderen nahe zu sein. Wenn ihm Kathlyn damals beispielsweise ein Kompliment machte, reagierte er mit einem selbstironischen Witz. Mit fortschreitender Reife wurde es notwendig, seine »gereiften« Abwehrmechanismen einer eingehenderen Prüfung zu unterziehen. Dabei machte er sich bewußt, daß einige von ihnen seine authentischen Gefühle wie Angst und Verletztheit blockierten – Gefühle, die er eigentlich hätte unumwunden zum Ausdruck bringen sollen.

Abwehrmechanismen wie Verleugnung und Verzerrung sind in gesunden Kindern bis zum Grundschulalter anzutreffen, während andere nach außen gerichtete Abwehrmechanismen wie Krankheit, Aggression, passive Aggression und Projektion oftmals noch bei gesunden Jugendlichen bis zum Abschluß der höheren Schule zu beobachten sind. Nach der Pubertät muß der Betreffende jedoch ausnahmslos als Preis für diese Abwehrmechanismen Liebes- und Erfolgsverluste hinnehmen. Nach innen gerichtete Abwehrmechanismen wie Intellektualisierung und Verdrängung sind ziemlich häufig selbst bei erfolgreichen Erwachsenen anzutreffen. Gleiches gilt für »gereifte« Abwehrmechanismen wie Humor und Hoffnung.

### Wie sieht es aus und hört es sich an, wenn jemand die Wahrheit spricht?

*Wir wissen, daß wir die Wahrheit hören, wenn eine Aussage Grundgefühle ohne Vorwurf oder Rechtfertigung wiedergibt.* Es gibt mehrere Grundgefühle, zu denen unsere Klienten vordringen, wenn sie im Rahmen der Therapie »auf Grund gestoßen sind«: Angst, Wut und Trauer. Daneben gibt es natürlich weitere Gefühle wie Scham, Schuld und Erregung. Doch in unserer Arbeit haben sich Angst, Wut und Trauer als die drei wichtigsten erwiesen, weil sie die Kraft haben, Symptome zum Verschwinden zu bringen und Auseinandersetzungen beizulegen. Anders formuliert: Wenn der Mensch diese Grundgefühle direkt und unverblümt zum Ausdruck bringt, lösen sich oft auch seine Probleme. Dabei ist es jedoch wichtig, diese Gefühle »sauber«, vor allem aber frei von Vorwürfen oder Rechtfertigungen, zu äußern. Sagt jemand »Ich bin wütend« oder »Ich habe Angst«, ohne jemandem dafür die Schuld zuzuweisen oder rechthaberisch zu sein, beschleunigt dies in vielen Fällen den Heilungsprozeß. Klingt es jedoch eher wie »Ich bin wütend, weil du mein Leben ruiniert hast« oder »Ich habe Angst, weil ich endlich erkannt habe, was für ein Trottel du bist«, besteht nur eine geringe Chance für eine Lösung des Problems. Hier wird Wahrheit mit Anschauungen verwechselt und auf plumpe Weise mißbraucht. Andererseits kann der Satz »Ich bin wütend« auch mit emotionsloser Oberflächlichkeit dahergesagt werden. Dies bedeutet oftmals, daß darunter ein tieferes Gefühl verborgen liegt, das der Betreffende sorgfältig unter Kontrolle hält. Nur einfache, klare Gefühlsäußerungen führen letztendlich zur Heilung.

*Wir wissen, daß wir die Wahrheit hören, wenn eine Aussage die Qualität eines Gefühls beschreibt.*

Die Heilung wird beschleunigt, wenn der Klient seine Gefühle nach qualitativen Gesichtspunkten unterscheiden kann und deren jeweilige Eigenschaften in Worte zu fassen lernt. Zum Beispiel: »Ich bin traurig, und es fühlt sich so an, als laste ein schweres Gewicht auf meiner Brust.«

Hier ein Gesprächsausschnitt, in dem der qualitative Aspekt eines Gefühls besprochen wird:

*Therapeut:* Wie fühlt sich diese Wut in Ihrem Körper an?

*Klient:* Hm, sie ist heiß, und ich fühle mich so ... so als ob ich gleich platzen würde.

*Therapeut:* Heiß und als ob Sie gleich platzen würden. Achten Sie darauf, wo sich dieses Gefühl, gleich zu platzen, äußert.

*Klient:* In meiner Brust. Ich habe Angst zu explodieren, wenn ich zulasse, daß ich wütend werde.

*Therapeut:* Und woran erinnert Sie das?

*Klient:* O ja, an meinen Vater. Wenn der explodierte, hatten wir alle nichts zu lachen!

*Wir wissen, daß wir die Wahrheit hören, wenn eine Aussage die genaue Art der Empfindungen beschreibt.*

Viele Menschen sind überrascht festzustellen, daß sich ihre Empfindungen in dem Augenblick wandeln oder auflösen, in dem sie diese genau beschreiben. Natürlich gibt es hierbei gewisse Grenzen: Wenn eine Frau mit dem Pfennigabsatz ihres Schuhs auf Ihrem Zeh steht, werden sich Ihre Empfindungen kaum nennenswert ändern, wenn Sie sie beschreiben. Doch viele Empfindungen sind Signale, und sobald Sie die Botschaft erhalten haben, hört das Telefon auf zu klingeln. Diese Erkenntnis ist eine positive Überraschung für uns Therapeuten. Kommt ein Klient mit schmerzhaften Symptomen – beispielsweise Kopf- oder Magenschmerzen – in die Praxis, fordern wir ihn auf, seine Empfindungen so genau wie möglich zu beschreiben. Dabei verschwindet oftmals das Symptom, und es tritt eine tiefere Problemebene zutage. Hinter den Kopfschmerzen liegt womöglich eine verborgene Wut; die Magenschmerzen könnten sich als eine erstarrte Angst erweisen, die bisher nicht angenommen wurde.

Eine der bemerkenswertesten Entdeckungen, die wir bei der Ehetherapie gemacht haben, ist die, daß hinter dem

Kampf oftmals ein von beiden geteiltes Gefühl steht. Zwei
Menschen mögen in polarisierten Positionen festgefahren
sein und sich gegenseitig die Schuld zuweisen. Dennoch
stellen sie bei genauerer Hinterfragung oft fest, daß sie
beide Angst haben oder traurig oder wütend sind. Wir
haben diesen Moment des Aufblitzens der Erkenntnis viele
Male miterleben dürfen; dennoch bewegt er uns immer
wieder aufs neue.

In unserer Therapiearbeit konzentrieren wir uns zu Beginn
der Wahrheitsfindung oft auf bestimmte Körperempfindungen. Nur wenige Menschen brechen einen Streit vom Zaun,
wenn der andere sagt: »Mein Nacken ist verspannt.« Dabei
ist die Unstrittigkeit nur einer der Vorteile, der sich hierbei
in der Therapie ergibt. Es bringt den Heilungsprozeß ein
gutes Stück voran, wenn der Klient in der Lage ist, das
Problem in Zeit und Raum klar zu definieren. Ein Migrä-
nepatient ist beispielsweise auf dem besten Weg zur Heilung, wenn er erkennen kann, daß »Ich bin wütend« in
Zusammenhang steht mit »Meine Schultern und mein
Nacken sind verspannt und nach hinten gezogen«. Bevor
er dies erkannte, glaubte er, die Ursache für seine Kopfschmerzen irgendwo »da draußen« suchen zu müssen. Im
Laufe der Jahre haben wir immer wieder erlebt, wie solche
Klienten ihre Kopfschmerzen auf das Wetter, ihren Ehe-
partner, ihren Chef, falsche Ernährung, mangelhafte tech-
nische Einrichtungen und in einem Fall sogar auf den
Zeitungsjungen schoben. Schuldzuweisungen wie diese haben jedoch in keinem Fall dazu beigetragen, die Symptome
zu lindern – diese verschwanden erst dann, wenn der Betreffende einsah, daß seine Kopfschmerzen durch seine eigene Reaktion auf den Zeitungsboten verursacht wurden
und nicht durch dessen besondere Charakterzüge.

# 14
# Erdung und Manifestation:
# Die Kunst, Einsicht in konkretes Handeln umzusetzen

> Gib mir einen Punkt, wo ich hintreten kann,
> und ich bewege die Erde.
> *Archimedes*

Die Therapie endet mit einem neuen Anfang. Der Endpunkt einer jeden erfolgreichen Therapie ist gekommen, sobald der Mensch dem Leben mit all seinen Höhen und Tiefen gegenübertreten kann, wenn er seine Erkenntnisse in praktisches Handeln umsetzen und sein Dasein nach dem ausrichten kann, was er wirklich will, und nicht danach, was er aufgrund seiner vergangenen Programmierung zu wollen hat. Eine wirksame Therapie gibt dem Klienten die Prinzipien an die Hand, die er braucht, um ein effektives Leben zu führen. Jede Therapiesitzung ist ein Mikrokosmos des gesamten Prozesses. Unter der Anleitung eines guten Therapeuten geht der Klient aus jeder Sitzung mit einem Gefühl des Geerdetseins und einem Aktionsplan zur Umsetzung und Manifestation seiner Erkenntnisse. Dies sind die nächsten beiden Strategien der körperzentrierten Therapie.

## Erdung

In unserer Arbeit hat der Begriff der *Erdung* mehrere Bedeutungsebenen. Die erste ist rein physisch. Am Ende der Therapiesitzung sollte der Klient spüren, daß er mit beiden Beinen auf der Erde steht; er sollte sich mit der Erde verbunden fühlen. Er sollte sich auch in seiner Fähigkeit, auf andere Menschen und seine Umwelt zuzugehen, geerdet fühlen. Dieser Punkt ist deswegen so bedeutsam, weil sich durch die körperzentrierte Therapie oftmals ein anderer Bewußtseinszustand einstellt – einfach ausgedrückt, der Klient fühlt sich »high«. Er muß also unbedingt ausreichend geerdet sein, um nach der Sitzung in der physischen Welt zurechtzukommen, um zu gehen, Auto zu fahren, Verkehrsschilder zu beachten sowie die sonstigen Regeln der realen Welt einzuhalten. Es wäre einfach unverantwortlich, wenn der Therapeut seinen Klienten aus seiner Praxis entließe, ohne sicherzustellen, daß dieser die neugewonnenen Erkenntnisse auf der physischen Ebene eindeutig verarbeiten kann. Im allgemeinen wird dies dadurch erreicht, daß man den Betreffenden aufstehen läßt, sich mit ihm unterhält und Augenkontakt mit ihm herstellt, bis ein ausreichendes Maß an Erdung erzielt ist. Für den Therapeuten hat der Begriff der Erdung eine weitere Bedeutung: Kann der Klient das in der Therapie Gelernte in der realen Welt umsetzen? Werden die neugewonnenen Einsichten nicht in Handlungen in der realen Welt umgesetzt, sind sie letzendlich von nur geringem Nutzen. Manche Klienten sind richtig süchtig auf neue Einsichten und verwenden die Therapie als Ersatz für ein effektives Leben in der realen Welt. Bei solchen Klienten ist es besonders wichtig, darauf zu drängen, daß auf die in der Therapie erzielten Durchbrüche Aktionspläne folgen.

Die dritte Bedeutung der Erdung ist eher metaphorischer Art. Letztlich hängt die Erdung eines Menschen von einem ausgewogenen Verhältnis zwischen Erfahrung und Ausdruck ab. Der Mensch verliert seinen Erdkontakt, entweder wenn er mehr erfährt, als er zum Ausdruck bringt, oder wenn er mehr zum Ausdruck bringt, als er erfahren hat. Im täglichen Leben erfahren wir meist mehr, als wir zum Ausdruck bringen können. Wir sind überwältigenden Gefühlen ausgesetzt, die wir zum Zeitpunkt ihres Auftretens nicht effektiv zu äußern vermögen. Der Chef ruft uns in sein Büro und schreit uns für etwas an, das wir getan oder auch nicht getan haben. Vom Standpunkt unseres primitiven Nervensystems aus wäre die angemessene Reaktion womöglich, uns in seinem Büro auf den Boden zu werfen und so lange zu schreien, bis wir uns wieder gut fühlen. Während der »Standpauke« des Chefs nagen wahrscheinlich Angst, Verletztheit und Wut an unserem Nervensystem. Um Gleichgewicht und Harmonie in unserem Inneren wiederherzustellen, wäre es am besten, all diese aufgestauten Gefühle herauszulassen und deutlich zum Ausdruck zu bringen. Doch unser Verstand hindert uns daran, denn er weiß, daß wir damit unser geregeltes Einkommen aufs Spiel setzen würden. So schleichen wir aus dem Büro des Chefs, bis zum Rande gefüllt mit unausgedrückten Gefühlen – ein Musterbeispiel mangelnder Erdung.

Die zweite Form mangelnder Erdung entsteht, wenn wir mehr zum Ausdruck bringen, als wir erfahren. In jüngster Zeit lieferten amerikanische Fernsehprediger immer wieder Beispiele für diesen Mangel an Erdung. Sie legen großen Wert darauf, ihre Frömmigkeit, die Vorteile ihres Weges und die Notwendigkeit finanzieller Unterstützung zum Ausdruck zu bringen. Im Kern aber fehlt etwas, der Mangel an Integrität verleiht ihrem Ausdruck einen hohlen Klang. Ihre fehlende Erdung, das zu praktizieren, was sie predigen, holt sie früher oder später ein – sehr zur Freude ihrer Widersacher und Konkurrenten. Dieses Beispiel sollte sich der Therapeut unbedingt zu Herzen nehmen, denn es ist ganz wesentlich, daß wir das praktizieren, was wir predigen. Werden wir in unserem Leben nicht den Maßstäben gerecht, die wir für unsere Klienten setzen, kommen wir zwangsläufig in Schwierigkeiten.

**Eine Übung zur Erdung, die Sie selbst gleich ausprobieren können**

Wenn jemand weit in neue innere oder äußere Welten gegangen ist, arbeiten wir manchmal mit der *Grundtechnik der Erdung*, um ihm die Rückkehr zu erleichtern. Hierbei geht der Betreffende schnell auf der Stelle und kreuzt dabei seine Arme und Beine vor der Mittellinie seines Körpers, das heißt, er berührt abwechselnd mit der rechten Hand das linke Knie und mit der linken Hand das rechte Knie. Diese Technik veranlaßt das Gehirn zur schnellen Weiterleitung von Informationen von der rechten zur linken Seite, was einen Zustand der Integration hervorruft. Die meisten Menschen empfinden bereits nach 10 oder 20 Sekunden einen bemerkenswerten Schub an positivem Gefühl. Bitte sehen Sie sich Abbildung 9 an, und nehmen Sie sich ein paar Augenblicke Zeit für diese einfache und dennoch höchst wirkungsvolle Übung.

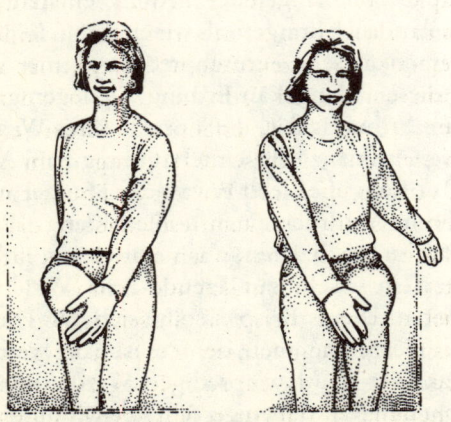

*Abbildung 9:* Grundtechnik der Erdung

Indem wir die Rolle des Lehrers übernehmen, bringen wir uns in Gefahr, unsere Reserven zu verausgaben. Wir selbst behandeln über tausend Klienten im Jahr und arbeiten darüber hinaus mit mehreren tausend auf Seminaren. Wir verbringen also sehr viel Zeit in der Rolle des Lehrers, und gelegentlich fühlen wir uns dabei vor lauter Lehren restlos ausgeleert. Dann nehmen wir uns etwas Zeit für uns selbst, um unsere Batterien wieder aufzuladen. Unseren Urlaub nutzen wir, um vermehrt Atem- und Bewegungsübungen durchzuführen und miteinander zu kommunizieren. Diese Zeiten, in denen wir das praktizieren, was wir predigen, bringen unsere Füße wieder auf den Boden, zur Erdung zurück.

Beide Arten mangelnder Erdung sind in einer schlecht geführten Therapie zu beobachten. Bei der Gesprächstherapie wird oftmals zu viel gesprochen und zu wenig erfahren. Der Klient mag mit dem Therapeuten über seine Gefühle und Probleme reden, doch er dringt nicht auf die Gefühlsebene vor, auf der die Probleme in seinem Körper leben. Diese Art der Therapie führt in vielen Fällen zu einem Übermaß an Einsicht und einem Mangel an wirklichen Veränderungen im Alltag. Bei der körperzentrierten Therapie ist es eher die andere Form mangelnder Erdung, vor der sich der Therapeut in acht nehmen muß. Oft erfährt der Klient seine Gefühle dermaßen tief, daß er dieser Erfahrung nicht ausreichend Ausdruck verschaffen kann. Wenn der Therapeut nicht ausgesprochen umsichtig ist, kann es passieren, daß der Klient beim Verlassen seiner Praxis noch so viel innerlich zu verarbeiten hat, daß er nicht im Gleichgewicht ist.

Als Beispiel möchten wir einen Ausschnitt aus einer besonders intensiven Sitzung zitieren. Zu Beginn sprach Liz über eine gewisse Trauer, die sie angesichts des Scheiterns einer Beziehung empfand. Wir baten sie, unter Zuhilfenahme ihres Atems in diese Trauer hineinzuspüren. Dies führte zu einer noch tieferen Trauer. Es kamen Erinnerungen an ihre Kindheit und den Tod ihres Vaters zum Vorschein. Eine ganze Weile lang schluchzte sie, auf einer Bodenmatte wie ein Ball zusammengerollt liegend. Als unser Gesprächsausschnitt beginnt, weint die Klientin zwar nicht mehr, doch sie ist immer noch stark mit den inneren Erlebnissen beschäftigt.

*Kathlyn:* Liz, es ist Zeit zurückzukehren. Es bleiben uns noch etwa zehn Minuten. Wie fühlen Sie sich?

*Liz:* Hmmmm. *(Lange Pause.)*

*Kathlyn:* Sind Sie immer noch so traurig?

*Liz: (etwa 20 Sekunden lang kommt keine Antwort)* Hmm. Nein, ich glaube ich bin nicht mehr wirklich traurig. Ich fühle mich richtig gereinigt. Es kribbelt nur überall in meinem Körper. *(Bei unserer Arbeit kommt es oft vor, daß der Klient als eine Art emotionales Ventil ein Prickeln oder Kribbeln im Körper verspürt. Dies sind die normalen Anzeichen eines Körpers, der zu neuer Lebendigkeit erwacht.)*

*Kathlyn:* Sobald Sie sich dazu bereit fühlen, richten Sie sich bitte zum Sitzen auf, und kommen Sie anschließend wieder auf die Füße.

*(Liz setzt sich auf, verharrt etwa eine Minute lang mit geschlossenen Augen in dieser Position, öffnet dann ihre Augen und steht vorsichtig auf.)*

*Kathlyn:* Gut so, stehen Sie fest auf dem Boden – stehen Sie mit beiden Beinen fest auf der Erde. Fühlen Sie Ihre Füße an der Stelle, wo sie die Erde berühren.

*Liz:* Oh, mein Gott! Ich fliege immer noch!

*Kathlyn:* Genießen Sie das Gefühl. Lassen Sie sich darauf ein, und halten Sie dabei Augenkontakt mit mir. Machen Sie sich bewußt, daß Sie Ihre Gefühle ganz tief empfinden können und dennoch fähig sind, voll und ganz in der Welt zu leben.

Diese letzte Aussage ist die Quintessenz dessen, worum es bei der Erdung geht. Die meisten Menschen müssen lernen, daß wir sowohl Gefühle haben als auch mit unseren Mitmenschen in Berührung sein können. Das Leben lehrt uns oftmals das Gegenteil – daß wir keine Gefühle haben dürfen, und wenn wir sie dennoch haben, diese für uns behalten und in unserem Inneren unter Verschluß halten müssen.

## Manifestation

Manifestation ist die Umsetzung von Träumen und Wünschen in die Wirklichkeit. Bis der Mensch zur bewußten Übung der Manifestation gelangt, hat er in der Regel bereits jahrelange Erfahrung darin, aus seinen Visionen Realität werden zu lassen. Stellen Sie sich vor, Sie sitzen zu Hause und lesen ein gutes Buch. Dabei taucht vor Ihrem geistigen Auge eine heiße Waffel mit einer zart schmelzenden Kugel Vanilleeis auf. Lassen Sie dieses Bild auf Ihren Körper wirken, so löst es ein tiefes inneres »Mmmmh« aus. Sie gehen also in die Küche, um ebendiesen Leckerbissen zu fabrizieren. Schon bald lassen Sie sich die knusprige, cremig-weiche Süße der fertigen Eiswaffel auf der Zunge zergehen. Dies ist ein Musterbeispiel der Manifestation: Sie haben Ihren inneren Wunsch in eine greifbare physische Realität verwandelt. Es empfiehlt sich, diese bemerkenswerte menschliche Fähigkeit kontrolliert auszubauen und bewußt einzusetzen, um sich deren Vorteile voll zunutze zu machen.

Eine erfolgreiche Therapie führt dazu, daß der Klient schneller und effektiver das erreicht, was er will. Die lateinische Wurzel des Begriffs Manifestation *(manifestus)* bedeutet »sichtbar gemacht«; diese Bedeutung liegt auch der Mani-

**Eine Manifestationsübung, die Sie gleich ausprobieren können**

Halten Sie einen Augenblick inne.
Fragen Sie sich: Was will ich wirklich?
Fangen Sie mit drei Bereichen an: Partnerschaft, Gesundheit, materielle Güter.
Denken Sie sich in jedem dieser Bereiche eine Sache aus, die Sie noch nicht erreicht haben.

festationsstrategie im Rahmen der körperzentrierten Therapie zugrunde. Wir sind überzeugt, daß der letztliche Beweis für die Wirksamkeit einer therapeutischen Methode in der physischen Realität liegt. Und ob Sie es nun gerne hören oder nicht, der letztliche Beweis für die physische Realität einer Sache liegt darin, daß man sie wiegen, messen oder zählen kann. Wenn sich die Veränderungen im Inneren eines Klienten nicht in der realen Welt seines Alltags äußern, ist das Ziel noch nicht erreicht.

### Die Ursache von Manifestationsproblemen

Der Mensch büßt die Fähigkeit, seine Wünsche manifest zu machen, vor allem dadurch ein, daß er bereits früh in seinem Leben seine Verbindung zur Essenz verliert. Es kommt zu einer Kluft zwischen dem, was er wirklich ist, und dem, was er sehen, denken und tun muß, um zu überleben. Geht die Verbindung zur Essenz verloren, hat er keine Wahlmöglichkeit mehr in bezug auf seine Wünsche. Ist er nicht in der Essenz verankert, werden seine Wünsche von seiner Programmierung bestimmt, das heißt, der Mensch will, was ihm seine Programmierung zu wollen vorschreibt. In dem Maße, wie er seine Verbindung zur Essenz zurückerlangt, gewinnen seine Wünsche an Qualität und Kraft.

Dieser Vorgang läßt sich besonders intensiv während des Fastens beobachten. Wir haben mehrmals zu unserem großen persönlichen Nutzen Fastenkuren mit einer Dauer von drei Tagen bis zu einer Woche eingelegt. Am zweiten oder dritten Tag werden wir dabei häufig mit all unseren schädlichen Gelüsten konfrontiert: Schokolade, Eis, fette Saucen ... Doch in dem Maße, wie wir wieder Verbindung mit dem uns angeborenen Körperbewußtsein aufnehmen, gelangen wir in einen tieferen Bereich, der seine eigenen Forderungen stellt. Dieser Bereich hungert nicht nach Schokolade oder Eis. Er will Nahrung, die das Bewußtsein verfeinert und stärkt. Nachdem uns die schädlichen Gelüste verlassen haben, stellen wir immer wieder fest, daß wir ganz tief in unserem Inneren klares Wasser, Säfte, Obst, Gemüse und einfaches Getreide am liebsten mögen. Welch ein Genuß, dem Körper nach einer Woche des Fastens diese fundamentalen Wünsche zu erfüllen. Es kommt nicht selten vor, daß wir am ersten Tag nach dem Fasten eine ganze Stunde brauchen, um einen Apfel zu essen.

Ebendieser Prozeß vollzieht sich bei der Manifestation unserer Wünsche und Bedürfnisse. Stehen wir in Verbindung zu unserer Essenz, wollen wir die Dinge, die unserer Gesundheit zuträglich und für uns und unsere Mitmenschen hilfreich sind. Handeln wir hingegen von der Ebene der Personas aus, wollen wir oftmals etwas, das Disharmonie in unserem Körper und in unseren Beziehungen schafft.

## Barrieren bei der Manifestation

In der Therapie begegnen uns immer wieder drei Gründe, die den Menschen daran hindern, seine Wünsche zu manifestieren. Der erste besteht darin, daß das, was er möchte, nicht *wirklich* das ist, was er möchte. Aufgrund unerfüllter Kindheitsbedürfnisse und Lebenstraumata wollen viele von uns Dinge, die unerreichbar oder auch regelrecht Gift für uns sind. So wünschte sich eine unserer Klientinnen beispielsweise während ihrer Kindheit und Jugend verzweifelt eine Verbindung zu ihrem distanzierten und verschlossenen Vater. Bei unserer ersten Begegnung war sie 41 Jahre alt, und ihre dritte Ehe ging gerade in die Brüche. Als sie die Gründe dafür erforschte, warum sie nicht in der Lage gewesen war, eine funktionierende Partnerschaft manifest werden zu lassen, erkannte sie, daß sie ein wandelndes Gefäß voll alter Wut, kombiniert mit einem unersättlichen Kontaktbedürfnis war. Ihre Ehemänner hatten sie nie zufriedenstellen können, weil sie sich eigentlich nach etwas sehnte, das sie vor langen Jahren nicht hatte bekommen können. Bis wir mit ihr arbeiteten, hatte sie nicht erkannt, daß sie in ihrem Geist zwei Ebenen miteinander verwechselt hatte: die Ebene ihrer Vaterbeziehung und die Ebene ihrer Beziehung zu ihren Ehemännern. Wir haben mit vielen Menschen zu tun, die sich nach etwas Ungesundem, für sie Schädlichem sehnen. In vielen Fällen sind diese Sehnsüchte so stark, daß sie sie der realen Liebe, Verbundenheit und Aufmerksamkeit der Menschen in ihrem Leben vorziehen. Unwiderstehliches Verlangen nach Drogen, Tabak, Essen und Alkohol sind weit verbreitet, doch beileibe nicht die einzigen Süchte. Beispielsweise mißbrauchen manche Menschen sportliche Aktivitäten, indem sie sich damit vor dem Eingestehen von Partnerschaftsproblemen oder vor der Auseinandersetzung mit starken Gefühlen schützen. Ein wichtiger Schlüssel zur Heilung der Sucht liegt darin herauszufinden, welches authentische Bedürfnis unter der Abhängigkeit begraben liegt. Alkohol und Drogen sind ein billiger (wenn auch letztendlich extrem kostspieliger) Ersatz für die Auseinandersetzung mit spezifischen Gefühlen wie Angst oder Trauer. Was sich der Abhängige eigentlich wünscht, sind nicht Alkohol oder Drogen, sondern eine Möglichkeit, mit seinen Gefühlen fertig zu werden. Es bedarf oft einer Menge Arbeit, bis er schließlich dahinterkommt, was er eigentlich will und welche Dinge ihm wirklich dienlich sind.

Eine zweite Barriere, die sich uns bei der Manifestation in den Weg stellt, ist die Tatsache, daß wir unser Denken und Tun in erster Linie nach dem ausrichten, was wir *nicht* wollen, statt nach dem, was wir wollen. In einem Experiment, das wir vor einiger Zeit durchführten, haben wir festgestellt, daß der normale Erwachsene etwa dreimal mehr Dinge nennen kann, die er in einer Partnerschaft für *nicht wünschenswert* hält, als solche, die er für *wünschenswert* hält. Bei einem zweiten Experiment stellten wir mehreren hundert Erwachsenen die einfache Frage: »Was wünschen Sie sich in einer engen Beziehung?« Etwa die Hälfte der Befragten antwortete ausschließlich mit einer Reihe von Dingen, die sie sich *nicht* wünschten. Viele von uns laufen so schnell vor etwas davon, daß sie keine Zeit haben, darüber nachzudenken, wohin sie eigentlich laufen wollen.

Eine dritte Barriere auf dem Weg zur Manifestation besteht darin, daß der Mensch oftmals nicht von der Stelle kommt, weil er sich nicht dafür liebt, an ebendieser Stelle zu sein. Wer zehn Pfund abnehmen will, muß sich unbedingt zuerst mit dem Gewicht lieben lernen, das er im Augenblick hat. Wer sich dafür haßt, wo er gerade ist, oder Angst davor hat, der vergiftet seinen gesamten Manifestationsprozeß mit Haß und Furcht. In der Regel gelingt es den Menschen, auf Haß oder Furcht fußende Wünsche und Vorhaben zu sabotieren, um deren Manifestation zu verhindern.

Der beste Ausgangspunkt für jeden Veränderungsprozeß ist die Liebe. »Lieben Sie es so, wie es ist«, lautet ein Rat, den wir in unseren Therapiegesprächen immer wieder geben. Er mag einfach klingen, doch unsere Klienten empfinden es als außerordentlich schwierig, sich den Moment der Selbstliebe zuzugestehen, der erforderlich ist, um den Prozeß ins Rollen

zu bringen. Schalten wir uns in eine Sitzung ein, in der Gay
seinem Klienten Thomas ebendieses Konzept vorstellt. Thomas war mit einer übermächtigen Angst in die Therapie
gekommen, von der er sich befreien wollte. Der Ausschnitt
beinnt etwa nach der Hälfte der Sitzung.

*Gay:* Achten Sie darauf, wo Sie all Ihre Angst verspüren. Wo
  in Ihrem Körper fühlen Sie sie?
*Thomas:* Hm, ich spüre sie so ungefähr überall. An jeder
  einzelnen Stelle.
*Gay:* Achten Sie darauf, wo die eigentlichen Empfindungen
  liegen.
*Thomas:* Ich fühle sie an der Innenseite meiner Oberschenkel.
  Überall an der Vorderseite meines Körpers. Richtig stark in
  meinen Oberschenkeln und dann auf und ab in meinem
  Bauch und im Brustbereich. Sie reichen hinauf bis in mei-
  nen Hals und hören dort auf.
*Gay:* Ja, gut so. Spüren Sie in diese Gefühle hinein, Thomas.
  Gegenwärtigen Sie sie, lassen Sie sie einfach geschehen.
*Thomas:* Ahh-uhh.
*Gay:* Und nun lieben Sie sie so, wie sie sind.
*Thomas:* Was soll ich lieben?
*Gay:* Die Angst, die Empfindungen.
*Thomas:* Ich weiß nicht ...
*Gay:* Es ist ungewohnt. Wahrscheinlich haben Sie das noch
  nie getan.
*(Thomas lacht nervös.)*
*Gay:* Also gut, versuchen Sie es einmal so: Gibt es jemanden
  oder etwas, den oder das Sie mit absoluter Sicherheit
  lieben?
*Thomas: (Pause)* Ich liebe meine Tochter.
*Gay:* Wie heißt sie?
*Thomas:* Julie.
*Gay:* Gut. Denken Sie an das Gefühl der Liebe, das sie für Julie

empfinden. *(Thomas nickt.)* Und jetzt lieben Sie Ihre Angst genauso, wie Sie Julie lieben.

*Thomas:* Aha. *(Er richtet seine Aufmerksamkeit nach innen.)* Hmm. Es ist schwer, meine Angst so zu lieben, wie ich Julie liebe. Ich meine, Angst ... *(Er verzieht sein Gesicht voll Abscheu.)*

*Gay:* Doch genau darum geht es. Sie verdienen genau die gleiche Liebe, die Sie Julie schenken. Ich bin sicher, Julie möchte, daß Sie sich selbst genauso wie sie lieben.

*Thomas:* So habe ich das nie betrachtet.

*Gay:* Was geschieht mit den Angstempfindungen, wenn Sie ihnen diese »Julie-Liebe« schenken?

*Thomas:* Es ist sonderbar – sie verschwinden.

*Gay:* Sehr gut. Das geschieht deswegen, weil sie Ihre Liebe und Aufmerksamkeit brauchen. Sobald sie die bekommen, belästigen sie Sie nicht länger.

Oft brauchen wir nur eines zu tun – etwas genauso zu lieben, wie es ist. Allein durch diesen scheinbar simplen Akt kommt ohne weiteres Dazutun des Klienten ein Prozeß der positiven, organischen Wandlung in Gang.

### Grundschritte zur Manifestation

Unsere Erfahrung hat uns gelehrt, daß der wichtigste Schritt, um in seinem Leben das zu bekommen, was man möchte, darin besteht, das Gewünschte auf positive Weise zum Ausdruck zu bringen. Wenn es einen Grundsatz gibt, an den wir unsere Klienten (und uns selbst) immer wieder erinnern müssen, dann ist es dieser. Die meisten Menschen sind dermaßen daran gewöhnt, ihr Denken danach auszurichten, was sie *nicht* wollen, daß jede Umkehrung sich als außerordentlich schwierig erweist. Im nachfolgenden Beispiel ist zu sehen, wie hart Kathlyn daran arbeitet, eine Klientin zu einer positiven Denkweise zu bewegen. Susan hatte zuvor eine lange Liste von Beschwerden gegen ihren Mann vorgetragen.

*Susan:* ... Doch was mich völlig fertiggemacht hat, war, daß er einfach so ins Haus hereinspaziert kam und schnurstracks in den Keller ging, ohne mir auch nur »hallo« zu sagen.

*Kathlyn:* Was hätten Sie sich in dieser Situation gewünscht?

*Susan:* Darauf kommt es gar nicht an. Er ist völlig desinteressiert an allem außer ihm selbst. Er denkt an niemanden – weder an mich noch an die Kinder, noch an sonst jemanden.

*Kathlyn:* Ich merke Ihnen an, wie wütend Sie sind. Doch wenn er beispielsweise abends nach der Arbeit zur Tür hereinkommt – was *möchten* Sie, daß er tun soll?

*Susan:* Nun, sicherlich will ich nicht, daß er mich einfach ignoriert und auf direktem Wege nach unten geht, so als gäbe es mich gar nicht.

*Kathlyn:* Nun gut, doch ich würde gerne genau wissen, was Sie sich in dieser Situation wünschen.

*Susan:* Was soll das schon bringen, wenn ich mir darüber Gedanken mache?

*Kathlyn:* Versuchen Sie es doch einfach. Verwenden Sie einen Augenblick lang Ihre Energie darauf, sich auszumalen, was Sie sich eigentlich wünschen, anstatt daran zu denken, was Sie nicht möchten. Was möchten Sie eigentlich?

*Susan: (lange Pause)* Ich weiß es nicht.

*Kathlyn:* Nehmen wir an, Sie könnten sich die Situation auf jede x-beliebige Weise »zusammenträumen«. Was hätten Sie gern, daß er tun soll?

*Susan:* Ich denke, er sollte mich küssen. Interesse dafür zeigen, wie ich meinen Tag verbracht habe.

*Kathlyn:* Er käme also zur Tür herein, würde Sie küssen und Sie danach fragen, was Sie den Tag über gemacht haben.

*Susan:* Ja. *(Ein sanftes Lächeln kommt in ihr Gesicht – zum erstenmal während der Sitzung.)*

*Kathlyn:* Wie wäre es, wenn Sie ihn einfach darum bitten würden? Sagen Sie ihm, wie Sie es gerne haben möchten.

*Susan:* Ich weiß nicht, ob er dazu bereit wäre.

*Kathlyn:* Woran erinnert Sie das? Mit einem Mann zu tun zu haben, der nicht bereit ist, Ihnen Aufmerksamkeit zu schenken?

*Susan:* Hm, mit vier Mädchen im Haus hatte mein Vater nie genug Zeit für jeden von uns. Und eigentlich auch gar kein Interesse daran. Wir gehörten für ihn in den Zuständigkeitsbereich unserer Mutter. Und er hatte seinen eigenen Zuständigkeitsbereich – genug Geld zu verdienen.

*Kathlyn:* Also suchen Sie in Ihrem Inneren seine Zuneigung und können sie nicht bekommen.

*Susan:* Von meinem Vater oder von Richard?

*Kathlyn:* Wahrscheinlich von beiden. Klingt das plausibel für Sie?

*Susan:* Ich glaube schon.

*Kathlyn:* Wir nähern uns dem Ende unserer Sitzung. Ich möchte Sie bitten, Richard in der Zeit bis zu unserem nächsten Termin immer um das zu bitten, was Sie möchten. Betrachten Sie das Ganze als Experiment. Warten Sie einfach ab, was passiert. Schlimmstenfalls bewirken Sie gar nichts. Doch vielleicht ändert sich auch etwas. Einverstanden?

*Susan:* Also gut, ich werde es versuchen.

Aus unseren Beschwerden positive Aussagen dessen zu machen, was wir uns wünschen, war ein Lernprozeß, der unser Leben von Grund auf verwandelt hat. Es hat bei Dingen funktioniert, über die wir uns innerlich grämten – wie unser Gewicht und Gefühle, die wir als unangenehm empfanden –, und bei Dingen, die uns in der Außenwelt störten, wie

estimmte Angewohnheiten oder Verhaltensweisen des Partners, mit denen wir nicht zurechtkamen. Wir stammen beide
aus einer Familie eingefleischter Pessimisten. Wir wuchsen auf
mit Wahlsprüchen wie: »Ja, ja, im Augenblick läuft alles
großartig, doch warte nur ab!« oder »Man soll den Tag nicht
vor dem Abend loben«. Es war immer so, als lauere etwas
Unangenehmes hinter der nächsten Ecke. Jeder von uns
wurde sorgfältig in der fürchterlichen Kunst unterwiesen, in
jeder Situation den allerschlimmsten Ausgang zu sehen. Als
wir erwachsen wurden, erkannten wir jeder für sich die höchst
reale Möglichkeit, daß wir gerade durch unsere permanent
negative Weltsicht verhinderten, daß sich etwas zum Guten
wenden konnte, und daß wir den Boden für schlimme und
unangenehme Ereignisse bereiteten. Diese Erkenntnis wird
für all jene nichts Neues sein, die in den letzten 20 Jahren die
Abteilung »Lebenshilfe und Esoterik« in den Buchhandlun-
gen frequentiert haben, doch für uns kam sie damals in den
sechziger Jahren, als es noch wenig einschlägige Literatur in
diesem Bereich gab, wie eine Erleuchtung. Wenn wir uns
heute dabei »ertappen«, wie wir einen Strom negativer Gedanken in die Welt aussenden, wandeln wir diese routine-
mäßig in eine positive Aussage dessen um, was wir uns
wünschen. Dies hat dazu geführt, daß wir auch unsere Klienten dazu bringen können, ihre Beschwerden in positive Aussagen zu verwandeln.

## Ein Aktionsplan

Eine der wichtigsten Erdungs- und Manifestationstechniken
besteht darin, unsere Klienten aufzufordern, einen Aktionsplan aufzustellen und sich selbst zu dessen Durchführung zu verpflichten. Der Aktionsplan ist so ausgelegt, daß
der Klient das während der Sitzung Gelernte mit seinem

außertherapeutischen Alltag in Verbindung bringt. Durch die Aufforderung zur Aktion bringt man den Klienten dazu, seine Aufmerksamkeit auf die äußere Welt zu lenken.

Beim Schreiben dieses Absatzes beschlossen wir, die Sitzungen der vergangenen Wochen auf der Suche nach Beispielen für solche Aktionspläne durchzugehen. Einer unserer Klienten, ein Arzt, war beruflich derart engagiert, daß er Aktivitäten zur Steigerung der eigenen Lebensqualität wie Sport, angemessene Ernährung und Zeit für die Kultivierung seiner geistigen Interessen völlig außer acht ließ. In der Therapie konnten wir als Ursache hierfür die Tatsache finden, daß er in seiner Kindheit voll darauf programmiert worden war, anderen zu dienen. Um diese Einsichten in die reale Welt zu übertragen, forderten wir ihn auf, für die nächste Woche einen Plan aufzustellen und festzulegen, wann er etwas nur für sich tun wolle. Er legte einen realistischen Zeitrahmen für drei Bereiche fest: körperliche Betätigung, Essen und Meditation. Wir beugten uns einige Minuten lang mit ihm über seinen Terminkalender und halfen ihm dabei, feste Zeiten für diese drei Aktivitäten einzutragen.

Ein weiterer Aktionsplan wurde in den letzten drei oder vier Minuten einer Sitzung mit einer spirituell orientierten 20jährigen Künstlerin aufgestellt. Ihr Plan war weniger konkret. Im Sitzungsverlauf hatten wir uns mit mehreren unterschiedlichen Personas auseinandergesetzt, die ihre Beziehung zu ihrem neuen Lebenspartner belasteten. Nachdem uns ihr Interesse an Träumen aufgefallen war, forderten wir sie auf, ein Traumtagebuch zu führen, so daß sie die Therapiearbeit auch in der metaphorischen Welt der Nacht weiterverfolgen konnte. Wir zeigten ihr verschiedene Methoden, die andere Klienten bei der Erinnerung und Aufzeichnung von Träumen als hilfreich empfunden hatten, und baten sie, das Tagebuch zur nächsten Sitzung mitzubringen.

In einer weiteren Sitzung befaßten wir uns mit einer Chiro-

...kerin Ende 30, die nach der Geburt ihres Kindes 20 ...d zugenommen hatte. Sie hatte panische Angst davor, ...nt wieder auf ihr altes Gewicht zu kommen, wie dies nach ...ner früheren Geburt der Fall gewesen war. Diese Angst und ...estimmte Beziehungsprobleme hatten sie zu uns in die Praxis geführt. In der zweiten Sitzung erkannten wir, daß sie die Luft anhielt, wenn sie über Essen und Fasten sprach. Es lag bei ihr (wie bei vielen Menschen) eine Verbindung zwischen Atmung und Essen vor. Physiologisch gesehen hat der Hypothalamus sowohl mit den Gefühlen als auch mit dem Essen zu tun, und wie wir bereits wissen, wird die Atmung oft zur Kontrolle von Gefühlen eingesetzt. Uns fiel ferner auf, daß sie selbst dann, wenn sie nicht die Luft anhielt, niemals tief einatmete. Sie atmete tief aus, aber flach ein. Gegen Ende der Sitzung arbeiteten wir einige Minuten lang direkt an ihrer Atmung, um ein Gleichgewicht zwischen Ein- und Ausatmung herzustellen. Als dies erreicht war, fühlte sie sich sofort besser, und so forderten wir sie auf, dieses neue Bewußtsein in einen Aktionsplan für ihr Eßverhalten umzusetzen. Sie stimmte zu, ihre Mahlzeiten als »Atemmeditationen« zu gestalten, sich also während des Essens auf eine korrekte Atmung zu konzentrieren und genau darauf zu achten, wann sie während der Mahlzeiten die Luft anhielt.

In wieder einer anderen Sitzung setzte sich ein Paar mit den Problemen im Bereich ihrer gegenseitigen Bindung auseinander. Wir hatten es hier mit einem in der therapeutischen Praxis häufig zu beobachtenden Muster zu tun: Sie wußte, daß sie diese Beziehung wollte, doch er war sich nicht sicher. Es handelte sich hier um ihre erste Sitzung, und nachdem wir ihrer Schilderung des Problems zugehört hatten, das ihre Beziehung seit etwa einem Jahr belastete, arbeiteten wir mit den beiden daran, zu den Gefühlen unter der Oberfläche vorzudringen. Es stellte sich heraus, daß beide Partner durch jähzornige Eltern traumatisiert waren. Sie hatten sich jedoch

auf diametral entgegengesetzte Weise auf die Unberechenbarkeit ihrer Eltern eingestellt. Er hatte sich zurückgezogen
und war auf Distanz gegangen, während sie hilfsbedürftig und
anhänglich geworden war. Ihr altes Drama wurde in ihrer
gegenwärtigen Beziehung immer und immer wieder insze-
niert, wenn auch keiner der beiden die archaischen Hintergründe der Situation je durchschaut hatte. Kurz vor Ende der
Sitzung baten wir die zwei, die neugewonnenen Erkenntnisse
mit Hilfe eines Aktionsplans sofort in die Praxis ihrer Beziehung umzusetzen. Sie hatten eine Idee, auf die wir selbst
sicher nicht gekommen wären. Sie beschlossen, jeden Tag ihre
Hauptsymptome (sein Sichzurückziehen und ihre Anhäng-
lichkeit) zu beobachten. Am Ende eines jeden Tages wollten
sie diese Symptome gemeinsam betrachten und über die
ihnen zugrundeliegenden Gefühle sprechen. Sie beschlossen,
sich jeden Abend zu einer bestimmten Zeit zehn Minuten
Zeit hierfür zu nehmen. Hatten sie keines der Symptome
beobachtet, massierten sie sich in dieser Zeit gegenseitig den
Rücken. Auch wenn es zu einer Diskussion kam, massierten
sie sich im Anschluß daran, wenn auch ein wenig kürzer. So
belohnten sie sich gegenseitig dafür, daß offen und ehrlich
über das Problem gesprochen wurde, ohne eine »Schlamm-
schlacht« daraus zu machen.

## Zusammenfassung der Erdungs- und Manifestationsstrategien

Wenn man sich nicht geerdet fühlt, kann man aus einem
ganzen Spektrum unterschiedlicher Möglichkeiten der Erdung – von der einfachsten bis hin zur allersubtilsten –
wählen. Wer etwas Einfaches sucht, sollte so lange die *Grundtechnik der Erdung* praktizieren, bis sein Körper ausgewogen
und sein Geist klar ist. In unserer therapeutischen Praxis

setzen wir diese Technik Woche für Woche ein – besonders
nach intensiven Sitzungen –, und immer haben unsere Klienten anschließend eine bessere Erdung verspürt. Eine weitere
Erdungstechnik besteht darin, die Wahrheit zu sagen und
dabei mit einem anderen Menschen Augenkontakt zu halten.
Dies bringt Erfahrung und Ausdruck ins Gleichgewicht. Die
Wahrheit zu sagen ist an sich schon erdend. Sieht man dabei
zusätzlich einem anderen Menschen in die Augen, scheint
dies sehr schnell einen Zustand der Ausgewogenheit herbeizuführen.

Komplexer ist die *Manifestationstechnik*, bei der ein Aktionsplan aufgestellt wird. Ein Aktionsplan kann mit soforti-
ger Wirkung verbunden sein, etwa wenn er festlegt, wie der
restliche Tag zu verbringen ist oder wie die Erkenntnisse der
Therapie in einem Telefongespräch mit den Eltern umgesetzt
werden sollen. Er kann aber auch längerfristig angelegt sein,
beispielsweise wenn darin dem Leben eine neue Richtung
gegeben wird. Ein Aktionsplan erdet den Menschen, weil er
damit seine derzeitige Situation, so wie sie ist, bestätigt – »Ich
fühle mich einsam« – und sich dann zu einem bestimmten
Vorgehen verpflichtet, um das gesteckte Ziel zu erreichen:
»Ich möchte neue Freunde kennenlernen, also gehe ich heute
abend zu einer Party.«

Sich zu überlegen, was man möchte, statt was man nicht
möchte, ist sowohl eine Erdungs- als auch eine Manifestationstechnik. Erdung geschieht, weil man tief in sein Inneres
blicken muß, um das benötigte Wissen abzurufen. Es kommt
zur Manifestation, weil die positiven Bilder unserer Wünsche
mit allerhöchster Wahrscheinlichkeit zu positiven Ergebnissen führen. Wer weiß, daß er sich ein rotes Auto wünscht,
wird sich seinen Wunsch mit sehr viel größerer Wahrscheinlichkeit erfüllen können als jemand, der nur weiß, daß er sich
kein lila Auto wünscht.

Einer der Gründe, warum die körperzentrierte Therapie so

erfolgreich ist, besteht darin, daß jede einzelne ihrer Techniken die Verbindung zum inneren Selbst eines Menschen und zur Essenz stärkt. Sie führt rasche Veränderungen herbei und verhilft uns gleichzeitig zur besseren Erdung. Viele andere Therapien mögen ebenfalls zu schnellen Veränderungen führen, doch das allein reicht nicht. Worauf es letztlich ankommt, ist ein Wachsen in Ausgewogenheit, so daß die gewohnten Abläufe des täglichen Lebens nicht ruckartig verändert werden.

Uns selbst genau so zu lieben, wie und wo wir sind, ist letztlich die effektivste Methode zur eigenen Erdung und der Schaffung des nötigen Freiraums zur kreativen Manifestation. Wir haben Hunderte von Klienten erlebt, die infolge eines tiefempfundenen Gefühls den Boden unter den Füßen verloren, also keine Erdung mehr hatten. Ganz gleich, wie aufgewühlt oder vage sie waren, sobald sie ihr Gefühl – wie beispielsweise Angst – gegenwärtigten und sich selbst mit diesem Gefühl lieben konnten, löste es sich auf. Körperzentrierte Techniken funktionieren nach folgendem Prinzip: Der schnellste Weg zu einem bestimmten Ziel beginnt damit, gegenwärtig zu sein und sich zu lieben, wo man gerade ist. Uns selbst tief in unserem Inneren zu erfahren erdet uns und eröffnet uns die Möglichkeit, das manifest werden zu lassen, was wir uns am meisten wünschen.

# 15
## Liebe und Verantwortung:
## Die Alpha- und Omega-Strategien der
## Geist-Körper-Heilung

Im letzten Kapitel haben wir am Rande die Begriffe Liebe und Verantwortung gestreift, die beide für ein effektives Leben von grundlegender Bedeutung sind. Jetzt ist es an der Zeit, uns eingehender damit zu befassen, welcher Stellenwert diesen Begriffen im Rahmen der Selbstveränderung zukommt. In diesem Kapitel erläutern wir die beiden letzten Strategien der körperzentrierten Therapie – Liebe und Verantwortung – und zeigen dann, wie diese durch den Therapeuten in die Praxis umgesetzt werden. Liebe und Verantwortung gehören in unserem therapeutischen Rahmen zusammen, weil sie oftmals die beiden Dinge sind, die unsere Klienten am dringendsten zum Glücklichsein benötigen. Als Therapeuten haben wir erlebt, wie mangelndes Verständnis dieser Strategien großes Leid verursacht hat. Gleichzeitig hatten wir aber auch das große Glück, zusehen und miterleben zu dürfen, wie Tausende von Menschen ihre Lebensumstände entscheidend verändern konnten, nachdem es im Bereich der Liebe und Verantwortung zu einem Wandel gekommen war.

## Das Funktionsprinzip von Liebe und Verantwortung

Im besten Fall fängt eine menschliche Handlung in Liebe an und gipfelt in der Verantwortung. Die meisten von uns wünschen sich, daß unsere Handlungen aus der Liebe heraus geboren werden und auf integre Weise zu Ende geführt

---

**Ein Experiment der Liebe und Verantwortung, das Sie gleich ausprobieren können**

Denken Sie an etwas, womit Sie innerlich gekämpft haben – vielleicht Ihr Gewicht oder Ihre Angst, vor einem Publikum zu sprechen. Konzentrieren Sie sich darauf, bis Sie eine klare Vorstellung davon gewonnen haben. Denken Sie nun an jemanden oder etwas, den oder das Sie mit Sicherheit lieben, beispielsweise an eine bestimmte Person oder eine Handlung wie Radfahren auf dem Lande an einem herrlichen Sonnentag. Es kommt einzig und allein darauf an, daß Sie mit zuverlässiger Sicherheit in Gegenwart dieser Person oder Sache Liebe empfunden haben. Lassen Sie diese Liebe jetzt Ihren Körper und Ihren Geist durchströmen. Wagen Sie nun den Sprung: Lieben Sie das, womit Sie gekämpft haben, genauso wie die Person oder Sache, die Sie mit Sicherheit lieben. Sie könnten einwenden: »Aber ich hasse es!« Nun gut, dann lieben Sie sich dafür, daß Sie es hassen. Und dann lieben Sie es. Heißen Sie es willkommen, und nehmen Sie es liebevoll an.

Nun zum Verantwortungsteil der Übung. Erkennen Sie sich selbst als Quelle und Verursacher des Problems an, auf das Sie sich konzentriert haben. Nehmen wir an, Ihr Problem ist das Gewicht. Selbst wenn Sie von 13 Generationen übergewichtiger Vorfahren abstammen, können Sie sich jetzt dazu entschließen, selbst die Verantwortung für Ihr Gewicht zu übernehmen. Verantwortung fängt in dem Augenblick an, in dem Sie sie übernehmen. Sie müssen nicht warten, daß etwas passiert, bevor Sie Verantwortung übernehmen.

werden. Die körperzentrierte Therapie macht sich die Liebe
und die Verantwortung so zunutze, daß diese Ideale, die
vielfach schwer faßbar erscheinen, in jedem einzelnen Augenblick des Lebens praktische Relevanz erlangen.

Sehen wir uns zunächst einmal ganz genau an, was Liebe und
Verantwortung eigentlich sind. Unsere praktische Erfahrung
hat uns gelehrt, daß bei den meisten Menschen eines der
Haupthindernisse zur deren Verwirklichung darin besteht,
daß sie über keine gute, funktionale Definition der Begriffe
Liebe und Verantwortung verfügen. Erst wenn diese auf
neue, praktikable Weise definiert werden, können sie uns im
Veränderungsprozeß helfen.

## Was ist Liebe?

Seit Jahrhunderten streiten sich die Philosophen darüber, was
Liebe ist, doch für Menschen, die ihr Leben ändern wollen,
hat sich folgende Definition als die beste erwiesen: *Liebe ist
die Aktion, in Gegenwart von jemand oder etwas anderem
glücklich zu sein.* Sind wir in der Lage, in der Gegenwart von
Angst glücklich zu sein, wird uns unsere Angst nicht stören,
weil sie in Liebe gebettet ist. Diese Definition der Liebe
erinnert uns daran, daß Liebe eine Aktion ist, die wir steuern
lernen können. Die Liebe so zu verstehen ist von grundlegender Wichtigkeit, weil unsere Programmierung uns immer
glauben machen will, daß Liebe etwas Launenhaftes außerhalb von uns sei. Wollen wir die Kraft der Liebe zur Selbstveränderung nutzen, müssen wir die Verantwortung dafür
übernehmen, daß ihre Quelle in unserem Inneren liegt.

Liebe heißt, mit nein und ja zufrieden und glücklich zu
sein. In unserem eigenen Leben ebenso wie im Leben unserer Klienten haben wir festgestellt, daß die Liebe zu gleichen Teilen aus Akzeptanz und Abgrenzung besteht. Es ist

unabdingbar, sich mit beidem wohl zu fühlen. Fällt es uns leicht, ja zu sagen, aber schwer, nein zu sagen, werden wir immer wieder mit Abgrenzungsproblemen zu tun haben. Wir werden von anderen ausgenützt, wir ermöglichen ihre Unarten, und schließlich werden wir uns gerade von jenen Menschen entfremden, deren Liebe wir am meisten ersehnen. Auf der anderen Seite gibt es viele Menschen, die in einem Zustand des inneren »Nein« leben, die sich selbst und andere ablehnen und zurückweisen und damit niemals das köstliche Gefühl des Annehmens und Angenommenwerdens kosten, das immer dann entsteht, wenn man das Leben so nimmt, wie es ist.

Bei der Liebe geht es um innere Zufriedenheit und die Bereitschaft, alles Erdenkliche zu unternehmen, um andere auf ihrer Suche nach dem Glück zu unterstützen. Unsere Definition impliziert, daß wir *es immer in der Hand haben, glücklich und zufrieden zu sein, wenn wir dies wünschen,* selbst wenn wir nicht in der Lage sind, die Situationen, in die wir geraten, vorauszusagen oder zu kontrollieren. Diese Einsicht verleiht uns große Kraft, auch in solchen Situationen liebevoll zu sein, die in der Vergangenheit weniger angenehme Emotionen ausgelöst haben. In der Therapie hat unsere Definition der Liebe großen praktischen Wert. Wir haben beobachtet, wie sich das Leben der Menschen drastisch verändert, nachdem sie gelernt haben, in Situationen zu lieben und glücklich zu sein, auf die sie früher mit Verkrampfung, Ablehnung und Abscheu reagierten.

Unsere Klientin Gina ist ein Beispiel für eine solche Transformation. Gina hatte seit Jahren unter einer Reihe lähmender Ängste gelitten, die sie in ihrer Freiheit eingeschränkt hatten. Sie ging nicht mehr ohne Begleitung aus dem Haus, fuhr kein Auto mehr, ging nicht einmal mehr mit ihrem Mann in ein Restaurant und nicht mehr allein zum Einkaufen. Sie hatte in ihrem Auto und im Einkaufszentrum Panikanfälle erlebt und mußte in beiden Fällen von der Polizei nach Hause gebracht werden. Ihr Fall war für uns interessant, weil ihre Behandlung nach nur einer Sitzung abgeschlossen war und wir nie den Grund für ihre Ängste erfahren haben. Gelegentlich bleibt die Neugierde des Therapeuten unbefriedigt, wenn es dem Klienten schnell besser geht. (In solchen Fällen leben wir gern mit unserer Neugier.) Ginas Behandlung bestand in einem tiefgreifenden Bewußtseinswandel.

Nachdem ihr Mann sie in die Praxis begleitet hatte und wieder gegangen war, unterhielten wir uns eine Weile mit ihr, um uns bekannt zu machen. Dann forderten wir sie auf, mit Hilfe der beschriebenen Gegenwärtigungs- und Kommunikationstechniken ihre Empfindungen zu identifizieren. Sie schilderte uns ein Schwindelgefühl, das von einem in ihrem Körper auf- und absteigenden Kribbeln, einem kaum auszuhaltenden Druck auf den Rippenbögen und starkem Brechreiz begleitet war. Im Anschluß daran gab sie uns eine eingehende Beschreibung ihrer Angstempfindungen, und wir forderten sie auf, diese zu lieben und mit ihnen glücklich zu sein. Ihr Kinn sackte nach unten, und aus ihr sprudelte ein ganzer Schwall von Gründen, warum sie dies nicht in einer Million Jahren fertigbringen könne. Schließlich hatten ihre Ängste ihr Leben ruiniert. Und nun verlangten wir von ihr, diese zu lieben und damit glücklich zu sein! Wir hielten entgegen, daß es ihr nichts gebracht habe, ihre Gefühle zu hassen. Warum also sollte sie nicht einmal etwas völlig anderes versuchen? Es folgte eine lange Pause, in der wir förmlich sehen konnten, wie es in ihrem Kopf arbeitete. Auf einmal brach Gina in schallendes Lachen aus. Sie lachte so sehr, daß ihr die Tränen über das Gesicht kullerten. »Sie meinen, ich soll einfach glücklich mit meinen Ängsten sein? Sie einfach lieben? Und gar nicht versuchen, sie loszuwerden?« »Ja«, sagten wir.

Die restliche Zeit der Sitzung verbrachten wir damit, diese

neue Denkweise nuanciert auszuarbeiten und in Ginas Geist und Körper zu verankern. Wir spielten mit verteilten Rollen mehrere Szenen durch, in denen sie sehr wahrscheinlich mit ihren Ängsten konfrontiert werden würde. Nun standen ihr zwei Möglichkeiten zur Wahl: Angst zu bekommen und vor der Angst wegzulaufen oder Angst zu bekommen und damit glücklich zu sein. Wie zu erwarten, kam die Angst jedesmal hoch, doch immer wählte sie den Weg der Liebe und des Glücklichseins, anstatt Widerstand zu leisten und davonzulaufen. Dann schickten wir Gina mit der Hausaufgabe heim, ihre Angst, wann immer sie sie verspürte, zu lieben und damit glücklich zu sein. Bei einem Telefongespräch in der darauffolgenden Woche erfuhren wir, daß diese neue Strategie sie in die Lage versetzt hatte, einkaufen zu gehen, Auto zu fahren, außer Haus zu essen und all das zu tun, wogegen sie sich in der Vergangenheit gewehrt hatte. Sobald ihre Angst auftrat, spürte sie in sie hinein und liebte sie. Bei einer weiteren Unterredung sechs Monate später war das Resultat noch besser: Gina hatte die meisten ihrer Ängste völlig abgebaut. Es ging sogar so weit, daß sie sich an eine der Ängste, über die sie sich bei unserer ersten Sitzung beklagt hatte – die Angst vor dem Essen in einem Restaurant –, überhaupt nicht mehr erinnern konnte!

Dieser bemerkenswerte Fall war allerdings das einzige Mal in unserer gesamten Praxis, wo ein derart lähmendes Symptom in nur einer Sitzung geheilt werden konnte. Könnten wir immer so schnell zu derart durchschlagenden Ergebnissen kommen, wäre es sicher noch schwieriger, einen Parkplatz in unserer Nähe zu finden, als dies ohnehin der Fall ist!

Liebe – die Aktion, in Gegenwart von jemand oder etwas anderem glücklich zu sein – hat eine große Kraft. Gleiches gilt für die Verantwortung. Viele von uns wissen leider mit dem Begriff der Verantwortung ebensowenig anzufangen wie mit dem Begriff der Liebe.

## Was ist Verantwortung?

*Verantwortung bedeutet die Bereitschaft, für alle unsere Hand-*
*lungen volle Rechenschaft abzulegen. Verantwortung bedeutet*
*auch, sich selbst als Quelle für alles, was geschieht, anzusehen.*
Wenn wir Verantwortung übernehmen, sind wir bereit, für all
unsere Handlungen Rechenschaft abzulegen, und identifizieren uns mit deren Ursache. Wahre Verantwortung verbindet
uns mit dem Herzen des Universums, weil wir eins werden
mit der Quelle der Schöpfung. Nach dieser Definition hat
Verantwortung nichts mit Begriffen wie Fehler, Schuld und
Last zu tun, mit denen wir sie oft verwechseln. Beide Aktionen
– Liebe und Verantwortung – haben ein derart gewaltiges
Transformationspotential, daß viele Menschen bis ans Ende
der Welt laufen, um sie zu vermeiden.
Einer unserer Freunde, Paul, reiste um die ganze Welt auf
der Suche nach dem perfekten Guru. Er war soeben erst
von einem langen Aufenthalt in Indien, Nepal und Tibet
zurückgekehrt. Während er dort war, hatte er den Segen
Sai Babas empfangen, mit den Derwischen getanzt, mit
dem Dalai Lama Sutras gesungen und eine Reihe anderer
spiritueller »Abenteuer« erlebt. Dennoch war er weiterhin
unzufrieden. Als wir gemeinsam mit ihm die Begriffe der
Liebe und der Verantwortung erörterten, erkannte er, daß
das eigentliche Motiv für seine Suche die Sehnsucht nach
Liebe war. Er wollte von einem Guru eine Art reine Liebe
erfahren und meinte, daß er frei sein würde, sobald ihm
dies widerfahre. Wir machten ihn auf das größte Problem
dabei aufmerksam: Solange wir glauben, daß die Quelle der
Liebe außerhalb von uns selbst zu finden sei, sind wir zum
Mißerfolg verurteilt. Wir sind in der Rolle des Konsumen-
ten gefangen, anstatt die des Produzenten zu übernehmen.
Wir können nur dann Zufriedenheit erlangen, wenn wir die
Quelle der Liebe in uns selbst erkennen. Zu glauben, man

brauche die Liebe von anderswoher, unterstellt, daß man selbst keine hat.

Paul hatte die Göttlichkeit und die Quelle der Liebe auf seine Mitmenschen projiziert, und nun wartete er darauf, sie von ihnen zu bekommen. Doch der Hauptzweck seiner Reise schien uns offensichtlich: Für ihn war es an der Zeit, sich selbst als Quelle der Liebe und Heiligkeit anzusehen. Dieses Problem ist eng mit der Verantwortung verknüpft. Soll unsere spirituelle Suche von Erfolg gekrönt sein, müssen wir an einem bestimmten Punkt erkennen, daß wir eins sind mit der Quelle. Wir müssen uns mit der Quelle der Göttlichkeit in Einklang bringen, uns diese völlig zu eigen machen und aus dem Bewußtsein heraus handeln, daß wir aus dem gleichen Zeug gemacht sind wie das Universum. Tun wir dies, wird sich unser gesamtes Leben verändern. Unser Freund Paul hatte diesen Schritt nie getan: Er wartete darauf, daß ihm jemand das Einssein gebe. Dies war ein fataler Irrtum in seinem Denken. Wenn wir die Verantwortung für die Quelle der Göttlichkeit nicht übernehmen, halten wir sie uns auf Armeslänge vom Leibe und spalten uns damit in zwei Hälften. Dann heißt es: »Wir gegen das Universum« oder, um es mit den Worten Franz Kafkas zu sagen: »Im Kampf zwischen dir und der Welt sekundiere der Welt!«

Paul löste diese beiden Probleme auf einmal. Wir baten ihn, all die Stellen in seinem Körper zu gegenwärtigen, wo er sich unzufrieden und ungeliebt fühlte. Dann forderten wir ihn auf, an jemanden oder etwas zu denken, den oder das er mit absoluter Sicherheit liebte. Mit anderen Worten, wir baten ihn, das Gefühl der Liebe in seinem Körper gegenwärtig werden zu lassen. Anschließend halfen wir ihm dabei, seine eigene Liebe an jenen Stellen seines Körpers zu erfahren, wo er sich ungeliebt fühlte. Wir setzten diesen Prozeß so lange fort, bis er sich durch und durch geliebt fühlte. In dem Augenblick, in dem er anfing, sich wirklich zu lieben, erlebte er einen spürbaren Wandel –

eine Entspannung seiner Gesichtsmuskulatur. Er brauchte nicht mehr nach Liebe zu suchen; er konnte sie sich selber geben. Er konnte sich mit oder ohne Guru wohl fühlen – es hatte keinen Einfluß auf sein Gefühl des Geliebtwerdens.

Wir hielten ihn ebenfalls dazu an, die Verantwortung dafür zu übernehmen, die Quelle der Göttlichkeit im Universum zu sein. Wir baten ihn, seine Augen zu schließen und sich das Allerheiligste in seinem Leben vorzustellen. Er visualisierte das Lächeln des Dalai Lama. Wir baten ihn, in sich hineinzuspüren und zu beschreiben, wie sich dieses Bild in seinem Körper anfühle. Er empfand es als einen warmen, weiten Raum in seiner Brust. Nun erklärten wir ihm, daß es seine ihm angeborene, natürliche Heiligkeit sei, die es ihm ermögliche, die Heiligkeit im Dalai Lama wahrzunehmen. Für einen hungrigen Hai sieht der Dalai Lama aus wie eine Menge Protein; er würde seine Heiligkeit nicht sehen. Für eine Stechmücke sieht der Dalai Lama aus wie eine Fläche schmackhafter Menschenhaut. Wir zitierten ein altes Sufi-Sprichwort: »Wenn ein Taschendieb einem Heiligen begegnet, sieht er nichts als Taschen.« Wir wollten Pauls Verständnis dafür wecken, daß nur seine eigene Göttlichkeit dazu in der Lage war, das Göttliche außerhalb seiner selbst zu erkennen. Ein sanftes Lächeln breitete sich auf seinem Gesicht aus, als er seine Göttlichkeit anzunehmen begann. Hierdurch gelang es ihm, seine Konsumentenrolle abzustreifen und zum Produzenten und Verteiler zu werden. Kurzum, er übernahm die volle Verantwortung dafür, eine Quelle der Liebe und Göttlichkeit zu sein.

## Barrieren gegen die Verwirklichung der Liebe

Es gibt verschiedene Arten von Widerständen oder Barrieren, die den Menschen daran hindern, sich selbst zu lieben. Einige dieser Barrieren liegen im mentalen Bereich, in Glaubenssätzen und Meinungen über uns selbst und die Welt, die die meisten von uns für wahr halten. Andere Barrieren liegen im Bereich der Emotionen – es sind jene Gefühle, die uns ein effektives Handeln unmöglich machen. Als Körpertherapeuten sind uns Widerstände aufgefallen, die der Aufmerksamkeit kognitiver Therapeuten entgangen sind: Widerstände, die sich auf der Ebene des Körpers als Verspannungen, tote Zonen und Energieblockaden äußern. Oftmals treten im Zusammenhang mit ein und demselben Problem gleichzeitig drei verschiedene Arten von Barrieren auf. Ein Mensch mag beispielsweise im Alter von fünf Jahren eine emotionale Erfahrung der Enttäuschung oder des Versagens gemacht haben. Aus dieser Erfahrung heraus hat er womöglich den Glaubenssatz entwickelt: »Nichts, was ich tue, wird je funktionieren.« Dieser Glaubenssatz wird vielleicht von Gefühlen wie Trauer, Wut und Angst begleitet, die sich gegebenenfalls in Schulterverspannungen, einem verkrampften Bauch und einer Neigung zu Kopfschmerzen manifestieren. Macht sich der Betreffende unter Anleitung seines Therapeuten daran, sein Problem zu erforschen, muß man sich womöglich mit Barrieren auf all diesen Ebenen – dem mentalen, emotionalen und physischen Bereich – auseinandersetzen.

## Mentale Barrieren

Befassen wir uns zunächst mit der mentalen Ebene. Der Mensch hat eine geradezu erstaunliche Fähigkeit, logische Gedankengebäude zur Unterstützung selbst der lächerlichsten Glaubenssätze zu konstruieren. Eines der ersten Dinge, das wir in unserer Arbeit als Therapeuten gelernt haben, ist, daß die Glaubenssätze unserer Klienten – und seien diese noch so verschroben – auf einem kohärenten, logischen Fundament stehen. Mit anderen Worten, selbst die Glaubenssätze, die sie am allerunglücklichsten machen, erscheinen ihnen ausgesprochen sinnvoll. Sie stehen dermaßen im Bann ihres Irrglaubens, daß sie ihn nicht einen Augenblick lang anzweifeln. Wenn wir uns nun daranmachen, die Glaubenssätze in Frage zu stellen, die sie seit Jahren unglücklich gemacht haben, konstruieren sie auch noch Argumente zu deren Verteidigung!

Wir haben gelernt, die Glaubenssätze unserer Klienten auf eine bestimmte Art und Weise zu hinterfragen, um diese so ihres Fundamentes zu berauben. Wir fragen: Was befürchten Sie, könnte passieren, wenn Sie nicht an ... glaubten? Glaubt eine Klientin, dazu verdammt zu sein, ihr Leben lang dick und deprimiert zu bleiben, fragen wir sie, wovor sie sich fürchte, was geschehen könne, wenn sie nicht dick und deprimiert wäre. In vielen Fällen haben wir festgestellt, daß solche Glaubenssätze in der Angst vor etwas zutiefst Bedrohlichem, manchmal sogar vor dem Tod, verankert sind. Sehr früh in seinem Leben, also in einem Stadium der absoluten Verletzlichkeit, hat der Betreffende unbewußt die Entscheidung getroffen, dick und deprimiert zu sein. Dieser Glaubenssatz wurde mit dem Überleben, also mit dem Leben selbst, assoziiert, so daß ihn loszulassen gleichbedeutend damit wäre, das Leben selbst loszulassen.

In manchen Fällen ist im Glaubenssatz ein Wunsch nach Anerkennung verankert. Mit anderen Worten, der Betreffende hat das Gefühl, wenn er seinen Glaubenssatz losläßt, wird er dafür die Anerkennung eines wichtigen Menschen verlieren. Andere Glaubenssätze wurzeln im Wunsch nach Kontrolle. Wir glauben, beim Loslassen unseres Glaubenssatzes die Kontrolle zu verlieren. Einer unserer Klienten hatte Schwierigkeiten, sich von seinem Glaubenssatz zu lösen, er müsse sein sexuelles Verlangen unterdrücken. Als wir ihn aufforderten, seine Sexualität zu lieben, anstatt sie abzutöten, konnte er sich anfangs nicht mit der Möglichkeit anfreunden, daß seine Sexualität liebenswert sei. Er hatte das Gefühl, sie würde außer Kontrolle geraten und sich, um mit seinen Worten zu reden, »wie ein Affe im Dschungel aufführen«, wenn er sie nicht verstecke.

Unsicherheit ist eine der Hauptformen des mentalen Widerstands, der zu beobachten ist, wenn wir unsere Klienten bitten, sich selbst zu lieben. Manche verwechseln Liebe mit anderen Gefühlen wie Akzeptanz, Anteilnahme und Besorgnis. Viele von uns wuchsen in einem Umfeld auf, in dem die Liebe anderer Menschen für uns mit einem Brei anderer Gefühle vermischt war. Als wir später anfingen, uns selbst zu lieben, wußten wir nicht genau, wie wir uns selbst reine Liebe geben sollten.

Eine weitere Art der Unsicherheit entsteht dann, wenn wir uns nicht im klaren sind, ob wir jemals Liebe empfunden haben. Dutzende von Malen haben wir in der Therapie erlebt, wie Menschen auf unsere Aufforderung hin, sich selbst zu lieben, in Tränen ausbrachen und so etwas sagten wie: »Ich weiß nicht, ob ich jemals Liebe empfunden habe.« Manchmal entspricht dies den Tatsachen, manchmal aber auch nicht. Bei der eingehenderen Betrachtung kann sich herausstellen, daß der Betreffende die tatsächlich vorhandene Liebe blockiert hat, weil er einem anderen Gefühl wie Wut, Scham oder Trauer Widerstand leistete. Doch manche Menschen stellen selbst nach beträchtlicher Arbeit an sich selbst fest, daß sie gar nicht wissen, wie sich Liebe anfühlt. In einem solchen Fall muß der Betreffende sich die Liebe einfach selbst schaffen – er muß in sich selbst ein Gefühl erzeugen, das er Liebe nennen kann.

### Emotionale Barrieren

Es gibt viele emotionale Barrieren, die der Liebe im Wege stehen. Weil die Menschen, die uns lieben, nur allzuoft in widerstreitende Emotionen verstrickt sind, empfangen wir ihre

Liebe zugleich mit einer Flut anderer Gefühle. Tausende von Menschen haben in der Therapie Liebe von Angst, Wut, Scham, dem Gefühl des Unerwünschtseins, Schuld und Traurigkeit zu unterscheiden gelernt. Der schnellste Weg, unsere emotionalen Barrieren gegen die Liebe zu entdecken, besteht darin, sich zu lieben und darauf zu achten, welche Gefühle unmittelbar anschließend in uns aufsteigen. Stehen unserer Selbstliebe keine emotionalen Barrieren im Wege, wird man sich selbst gegenüber nichts als Liebe empfinden. Sind jedoch Blockaden vorhanden, können Gefühle an die Oberfläche dringen, mit denen man sich in der Vergangenheit der Liebe widersetzte.

### Physische Barrieren

Physische Barrieren gegen die Liebe sind ohne Hilfe von außen wesentlich schwieriger zu entdecken. Menschen mit Verspannungen sind sich beispielsweise meistens selbst dieser Tatsache gar nicht bewußt. Sie haben so lange mit ihren Verspannungen gelebt, daß sie glauben, diese gehörten ganz natürlich zum Leben. Oftmals werden sie erst dann auf ihre Verspannungen aufmerksam, wenn Symptome auftreten. Eine unserer Klientinnen namens Barbara hatte eine eingefallene Brust, die ihr ein entmutigtes Aussehen verlieh; darüber hinaus neigte sie zu Atembeschwerden. Sie hatte nie ihre Körperhaltung mit ihren Atemsymptomen in Zusammenhang gebracht, bis ihr eines Tages in der Bücherei ein Buch über Geist-Körper-Integration in die Hand fiel. Als wir mit ihr an der Klärung dieser Problematik arbeiteten, zeigte sie uns eine Reihe von Familienfotos. Ihre Mutter hatte die gleiche Körperhaltung wie sie! Als kleines Mädchen hatte Barbara noch keine eingefallene Brust gehabt. Diese hatte sich etwa bis zu ihrem siebten Schuljahr herausgebildet. Inzwi-

schen war sie eine Frau mittleren Alters und hatte diese
Haltung noch immer nicht abgelegt. Nachdem es ihr jedoch
gelungen war, die Verspannung im Brustbereich loszulassen,
ging sie aus sich heraus und stellte fest, daß sie aufrecht stehen
konnte. Sie wuchs tatsächlich um beinahe drei Zentimeter.
Auch ihre Atmungsprobleme verschwanden innerhalb der
nächsten sechs Monate.

Mit einfachen Worten ausgedrückt, sind die meisten Menschen entweder zu verkrampft oder zu locker – das richtige
Maß ist schwer zu finden. Sowohl übermäßige Spannung als
auch allzu große Lockerheit führen zu physischer Amnesie.
Der Mensch vergißt, wie er sich in bestimmten Bereichen
seines Körpers empfindet. Nach jahrelanger physischer Amnesie schließlich gehen der Sinn und die Reichhaltigkeit des
Lebens verloren. Einer unserer Klienten schrieb uns ein Jahr
nach Beendigung seiner Therapie:

»Als ich zu meiner ersten Sitzung kam, fühlte ich nichts. Ich
fühlte mich nicht wirklich schlecht – ich fühlte gar nichts. Es
hat Monate gedauert, um über all die Taubheit und jahrelange Mißachtung meines inneren Selbst hinwegzukommen.
Dann legte ich all jene schlechten Gefühle frei, die ich in mir
begraben hatte. Eine Zeitlang fragte ich mich, ob ich das
Richtige getan hatte. Wäre es nicht besser gewesen, weiter wie
betäubt zu bleiben? Doch es gab einen anderen Teil in mir,
der so lange nicht glücklich werden konnte, bis ich mir mein
gesamtes Potential wieder erschlossen hatte.

Ich erinnere mich noch an den Tag, als mein Körper aufwach-
te. Ich saß zu Hause vor dem Fernseher und machte Atemübungen, die Sie mir aufgetragen hatten. Plötzlich war mir
so, als hätte sich ein Schleier gehoben, und ich konnte wieder
in meinen Körper hineinspüren! Ich konnte fühlen, wo ich
Angst hatte und wo ich wütend war und wo ich an alten
Verletzungen festhielt. Unter all meinen Emotionen konnte
ich diese neue Welt der Körperenergie fühlen. Dies war meine

erste Erkundungsreise in jenen mir bis dahin völlig unbekannten Ozean. Ich kann kaum glauben, daß ich von einem
Augenblick zum nächsten ein völlig neuer Mensch mit ganz
anderen Empfindungen wurde. Ich hätte es nie für möglich
gehalten, daß man sich so schnell ändern kann.«

## Barrieren gegen die Übernahme von Verantwortung

Der Mensch nimmt einiges in Kauf, um sich seiner Verantwortung zu entziehen – man werfe nur einen Blick auf unsere
überfüllten Gefängnisse. Vor einiger Zeit führten die kalifornischen Behörden eine Untersuchung durch, bei der Tausenden von Häftlingen die Frage gestellt wurde: »Warum sind
Sie im Gefängnis?« Nur ein winziger Prozentsatz der Befragten verwies in seiner Antwort auf die jeweilige Straftat. Die
meisten wiesen ihrem Anwalt, ihrer unglücklichen Kindheit
oder gesellschaftlichen Problemen die Schuld zu. Viele gaben
an, ihre Frau oder Kinder hätten sie hintergangen oder
»verpfiffen«. Dies ist der klare Beweis dafür, daß der Mensch
selbst dann noch die persönliche Verantwortlichkeit zu umgehen sucht, wenn man ihn hinter Gitter sperrt.
Als wir in den sechziger Jahren unsere Tätigkeit als Therapeuten aufnahmen, arbeitete Gay in einer Resozialisierungsein-
richtung für jugendliche Straftäter, und Kathlyn arbeitete in
der Psychiatrie. Bei unserer Arbeit hatten wir es mit Menschen
zu tun, die sich derart der Verantwortung für ihr eigenes
Leben entzogen hatten, daß die Gesellschaft eingreifen und
diese für sie übernehmen mußte. Einige waren im Grunde
bereit, wieder selbst Verantwortung zu tragen, wußten aber
nicht, wie, oder waren so verletzt worden, daß sie nicht die
notwendige Energie aufbringen konnten. Mit solchen Menschen zu arbeiten war eine echte Herausforderung, doch der
Lohn war die Mühe wert. Schafften sie es, ihr Leben in den

Griff zu bekommen, war dies auch für uns eine wahre Freude! Andere dagegen zeigten überhaupt kein Interesse daran, Verantwortung zu übernehmen. Sie waren überzeugt, daß die Schuld für ihre Probleme bei jemand anders läge und daß ihnen nichts anderes zu tun blieb, als Rache zu üben an denen, die ihnen unrecht getan hatten. Für manche war dieser Gedankengang absolut endgültig und unverrückbar. Niemand in der Psychiatrie hat je eine wirksame Methode gefunden, um solche Patienten zu behandeln. Auch das Strafsystem ist in diesem Falle angesichts einer Rückfallquote von über 80 Prozent nicht gerade erfolgreich.

Heute arbeiten wir beide in unserer eigenen Praxis und haben nur noch selten mit solchen Klienten zu tun. Die meisten Menschen, die zu uns kommen, sind zumindest auf bewußter Ebene sehr daran interessiert, die Verantwortung für ihr Leben zu übernehmen. Entweder wissen sie einfach nicht, wie sie dies tun sollen, oder es gibt unbewußte Widerstände, die es ihnen erschweren, dies zu lernen. Die Hauptbarriere gegen die Übernahme von Verantwortung liegt darin, daß sie keine Ahnung haben, was wahre Verantwortung ist. Von frühester Kindheit an ist ihre Vorstellung von Verantwortung mit Begriffen wie Schuld, Scham und der Suche nach einem Schuldigen belastet worden. Bis sie erwachsen wurden, war Verantwortung etwas derart Monströses geworden, daß sie jede Berührung damit als leidvoll empfanden. Bei solchen Menschen besteht ein Großteil unserer Arbeit darin, die Definition des Begriffes Verantwortung geradezurücken.

## Ungewohnte geistige Sprünge

Um wahre Verantwortung zu übernehmen, sind geistige Sprünge erforderlich, die für die meisten von uns ungewohnt sind. Der erste Sprung besteht schlicht und einfach darin,

Querverbindungen zwischen bestimmten Ereignissen herzustellen. Es mag uns beispielsweise auffallen, daß wir einen
rauhen Hals bekommen, bevor wir eine Rede halten. Wenn
wir nicht die Verantwortung dafür übernehmen, suchen wir
vielleicht außerhalb von uns selbst nach dem Schuldigen und
schieben es vielleicht auf irgendwelche Krankheitserreger.
Und so gut wie jeder, der uns begegnet, bestärkt uns nur allzu
bereitwillig mit seinem Kommentar: »Die sind im Moment
im Umlauf!« Wer von unseren Freunden wird uns schon auf
den Zusammenhang hinweisen, indem er fragt: »Was in
deiner Umgebung oder welches Ereignis in deinem Leben hat
zu deinen Halsschmerzen geführt?« Die ehrliche Antwort
hätte lauten müssen: »Ich wollte die Rede nicht halten, und
mein Unbewußtes muß diese Botschaft schon vor mir empfangen und mich krank gemacht haben.« Wenn wir aber so
reagieren, wie manche unserer Klienten, werden wir wütend
auf den Menschen, der uns so eine Frage stellt. Es kommt
nicht selten vor, daß ein Mensch einen Freund aus dem Haus
jagt, nur weil dieser zu behaupten wagt, er hätte eine gewisse
Verantwortung für die Ereignisse in seinem Leben. Manche
gehen sogar so weit, daß sie sich ein Sicherheitsnetz von
Freunden aufbauen, die sie darin bestätigen, wenn sie keine
Verantwortung übernehmen.

Ein zweiter ungewohnter geistiger Sprung besteht darin,
einen Zusammenhang zwischen bestimmten Ereignissen zu
erkennen, ohne übermäßigen emotionalen Ballast hinzuzufü-
gen. Die Vermutung, die Emotionen könnten irgend etwas
mit den Halsschmerzen zu tun haben, läßt in manchen Menschen Schuldgefühle hochkommen. Die Übernahme von
Verantwortung beinhaltet etwas, das bei manchen Menschen
Schuldgefühle auslöst, so als hätten sie es eigentlich besser
wissen sollen. Andere reagieren feindselig, wenn wir sie auffordern, die Querverbindungen zwischen bestimmten Ereignissen in ihrem Leben zu betrachten. Zu unseren Therapie-

kursen an der Universität von Colorado gehört ein Fragebo-
gen, der Menschen dabei helfen soll, die Verantwortung für
ihre Krankheiten zu übernehmen. Selbst unter Therapeuten,
die sich eigentlich diesem Unterfangen am meisten verpflichtet fühlen sollten, löst diese Befragung manchmal Empörung,
Ablehnung und Scham aus. In der Regel reagieren etwa ein
Drittel der Studenten mit Feindseligkeit und Verärgerung auf
die Frage, was sich unmittelbar vor ihren letzten paar Krankheiten ereignet hat. Ein weiteres Drittel reagiert mit Scham-
oder Schuldgefühlen. Das verbleibende Drittel zeigt sich
begeistert über die gewaltigen Veränderungsmöglichkeiten,
die sich durch ebendiese Befragung ergeben. Sie verfügen
über eine gute funktionale Definition des Begriffs Verantwortung und können daher in einer Situation freudige Erregung verspüren, die in anderen Angst und Unmut auslöst.
Mitte der siebziger Jahre, zu einer Zeit, da unser eigenes
Verständnis von Verantwortung erst ansatzweise entwickelt
war, sollten wir auf einer Konferenz einen Vortrag halten und
warteten hinter dem Podium auf unseren Auftritt. Wir kamen
mit einem sympathischen Mann mit sanfter Stimme ins Gespräch, der am Vormittag bereits eine Rede gehalten hatte.
Es war Carl Simonton, ein Krebsspezialist, der sich später
dadurch einen Namen machte, daß er die Verhaltensweisen
seiner Patienten als integralen Bestandteil in die Therapie
einbezog. Er sagte uns etwas, was uns stutzen ließ: Die Hälfte
seiner Patienten, so seine Aussage, nahmen nicht weiter an
seinem Programm teil, sobald sie feststellten, daß sie selbst
eine gewisse Rolle in ihrem eigenen Heilungsprozeß spielen
sollten. Angesichts der Tatsache, daß es sich hier fast nur um
Patienten im Endstadium ihrer Krankheit handelte, hätte man
davon ausgehen können, daß diese in hohem Maße motiviert
waren. Doch weit gefehlt: Die Hälfte der Betroffenen zog es
allem Anschein nach vor zu sterben, statt Verantwortung zu
übernehmen.

### Festhalten an der Vergangenheit

Eine weitere wichtige Barriere gegen die Übernahme von
Verantwortung besteht darin, daß viele von uns weiterhin
daran festhängen, Situationen immer wieder in Szene zu
setzen, in denen wir Jahrzehnte zuvor wirklich die Rolle des
Opfers spielten. Sobald sich für uns die Möglichkeit ergibt,
Verantwortung für etwas Gegenwärtiges zu übernehmen,
kehren Geist und Körper sofort zu jenem Augenblick in der
Vergangenheit zurück, in dem wir authentische Opfer waren.
Unser Erwachsenenbewußtsein weicht zurück, und wir sind
im Geist und Körper eines Kindes – oftmals eines Säuglings
oder gar eines Fötus – gefangen und nicht in der Lage, die
Zügel unseres jetzigen Lebens in die Hand zu nehmen.

Für Menschen, die an vergangenen Ereignissen und Traumata festhängen, ist es schwer, wenn nicht sogar unmöglich, in
der Gegenwart Verantwortung zu übernehmen. Wenn wir in
einem Seminar auf diesen Punkt zu sprechen kommen,
schießen im Publikum üblicherweise mehrere Hände in die
Höhe. Die Frage, die man uns stellt, ist immer ähnlich, egal
ob wir nun in Auckland, Oshkosh oder Österreich sind:
»Wollen Sie damit sagen, daß eine Dreijährige dafür verantwortlich ist, wenn ihr Vater betrunken nach Hause kommt
und sie prügelt?« Oder: »Wollen Sie etwa behaupten, daß die
Juden dafür verantwortlich sind, daß sie von den Nazis verfolgt wurden?« Nein, natürlich nicht! Was wir sagen, ist das
genaue Gegenteil. Es gab sehr wahrscheinlich einen Augenblick im Leben des Betreffenden, in dem dieser ein *echtes*
Opfer und seinem Peiniger machtlos ausgeliefert war. Da die
Erfahrung emotional und psychologisch nicht voll verarbeitet
wurde, bildete sich ein Mechanismus heraus, der sich womöglich störend auf das heutige Leben und die darin vorkommenden Beziehungen auswirkt.

Doch hier liegt das entscheidende Moment: Ungeachtet der

Vergangenheit ist es für uns von entscheidender Bedeutung, die Verantwortung *jetzt* zu übernehmen. Jetzt ist die einzige Zeit, auf die es ankommt. Es ist nicht nötig herauszufinden, inwieweit wir als Dreijährige oder auch nur gestern für etwas verantwortlich waren. Solche Erwägungen sollten uns nur dann beschäftigen, wenn sie uns nicht dabei aufhalten, heute die Verantwortung zu tragen. Manche Menschen verlieren sich in weitläufigen Überlegungen darüber, wie sie wohl vor langer, langer Zeit diese oder jene Situation geschaffen haben, und verschwenden damit eine Menge Energie, die sie besser darauf verwenden sollten, jetzt die Verantwortung zu übernehmen. Einer der weniger positiven Aspekte der Philosophie des New Age besteht darin, daß an und für sich intelligente Menschen in ihrem Versuch, wiederkehrende Muster für ihr Handeln verantwortlich zu machen, der Faszination bestimmter Vorstellungen wie beispielsweise dem Glauben an die Reinkarnation erliegen, anstatt ihre gesamte Energie auf eine Transformation jener Muster zu richten. Konzentriert man sich nicht mit all seiner Energie auf das Heute, ist der Versuch, die Verantwortung zu übernehmen, in aller Regel zum Scheitern verurteilt.

Der Mensch schafft sich seine Weltsicht zu einem großen Teil durch die Sprache, die er verwendet. Manch einer fesselt sich selbst an eine armselige Rolle in der Welt, indem er seine Sprache so wählt, daß er keinen Anspruch auf Eigenverantwortung erhebt. Er sagt dann, er »müsse« etwas erledigen oder der Soundso habe ihn wütend »gemacht«. »Ich muß los«, sagt er, »hab' jetzt keine Zeit.« In der körperzentrierten Therapie haben wir Tausende von Klienten erlebt, die sich über »Streß« beklagten, so als sei Streß etwas, das außerhalb von ihnen läge und Druck auf sie ausübte. Doch eigentlich »muß« kein Mensch von irgend etwas zuviel tun; niemand kann uns wütend »machen«, und in unserem Körper gibt es keinen Streß. Sicherlich gibt es Anspannung, und diese An-

spannung ist unsere Reaktion auf bestimmte äußere Ereignisse. Doch nur indem wir die volle Verantwortung für unsere
Reaktionen übernehmen, können wir wirklich etwas gegen
diese Anspannung tun. Haben wir den Auslöser (etwa das
Klingeln des Telefons) und die Reaktion (eine weitere Verkrampfung unserer ohnedies verspannten Schultern) erst einmal identifiziert, können wir das Telefon abstellen oder lernen, unsere Schultern locker zu lassen.

Wenn Verantwortung auf uns zukommt, ist sie oft mit Leid
oder einer Drohung gepaart. »Wer ist für diese Unordnung
verantwortlich?« fragen verärgert die Eltern, und das Kind,
das sich zu seiner Verantwortung bekennt, wird bestraft. Weil
die Übernahme von Verantwortung schon sehr früh in unserem Leben mit Schmerz verknüpft wurde, scheuen wir als
Erwachsene davor zurück. Verantwortung wird zur Last und
nicht, wie es eigentlich sein sollte, zur Freude.

Nach jahrelanger Suche sind wir zu einem Verständnis von
Verantwortung gelangt, das dem einzelnen maximalen Ent-
faltungsspielraum läßt. Wir sind der Ansicht, daß ein jeder die
Kraft und die Freiheit hat, seine Sicht der Welt zu ändern. Wir
glauben, daß alle Menschen in der Lage sind, in jeder Hinsicht
zu einer neuen Einstellung zu gelangen. Jeder von uns hat die
Fähigkeit, unsere Verbindung zum grenzenlosen Sein zu
fühlen und sich mit der Quelle all jener Dinge zu identifizieren, denen wir in unserem Leben begegnen. Nur wenn wir
zu unserer Verbundenheit mit der Quelle der Probleme in
unserem Leben stehen, können wir Anspruch auf die Macht
und die Herrlichkeit erheben, die uns erwarten, wenn wir die
volle Verantwortung übernehmen. Nur sehr wenige von uns
verfügen über ein ausreichendes Maß an Selbstachtung, um
die Verantwortung auf dieser Ebene mit offenen Armen
anzunehmen. Wir scheuen uns, unsere Verbundenheit mit
der Quelle anzuerkennen, und denken, wir seien aus einem
anderen Stoff gemacht als der Rest des Universums. Indem

wir uns von der Quelle trennen, werden wir zum Schatten unseres eigentlichen Selbst. Dann verarmt unsere Existenz, und unser Leben wird zum Schattenspiel.

Doch bedenken wir einmal die Alternative. Wie wäre es, wenn wir aufstehen und unsere Verbundenheit mit dem gesamten Universum anerkennen würden? Wie wäre es, wenn wir stets wachsam nach unserem Anteil an unseren Problemen Ausschau hielten, anstatt deren Ursache außerhalb von uns zu suchen? Diese scheinbar einfachen Schritte würden jeden einzelnen Augenblick unseres Lebens verändern. Als Therapeuten haben wir Tausende von Malen beobachten können, was ein solcher Bewußtseinswandel bewirken kann. Erkennt der Mensch seine Verbundenheit mit der Quelle, erwacht in ihm eine Lebendigkeit, wie sie in unserer Welt nur selten zu sehen ist. Die Übernahme der Verantwortung führt zu einem Energieschub, den wir nutzen können, um die notwendigen Veränderungen in unserem Leben vorzunehmen.

Um ein besseres Verständnis davon zu erlangen, wie eine neue Definition von Verantwortung aussehen könnte, möchten wir hier einen Ausschnitt aus einem Ehe- und Partnerschaftsseminar als Beispiel heranziehen; bei solchen Seminaren verbringen wir immer sehr viel Zeit damit, den Teilnehmern zu zeigen, wie sich Verantwortung auf »saubere« Art frei von Belastungen oder Schuldzuweisungen übernehmen läßt. Nachdem sich die Teilnehmer nach einer Pause wieder versammelt hatten, stellte sich Gay vor sie hin und hielt eine Eindollarnote in die Höhe. Er befestigte sie an einer Wäscheklammer, die Kathlyn in der Hand hielt. »Wer ist dafür verantwortlich, daß der Geldschein dort ist?« fragte er. »Natürlich Sie«, meinten die Teilnehmer. »Warum?« fragte er. Einer nach dem anderen griff zum Mikrofon, doch was gesagt wurde, lief im Grunde immer wieder auf dasselbe hinaus: Gay ist verantwortlich, weil er den Geldschein dorthin gebracht hat. Wir schrieben diese Definition des Begriffes Verantwortung an die Tafel.

Wir setzten das Spiel fort und fragten noch eine Weile weiter:
»Wer ist verantwortlich?« Schließlich sagte jemand, Kathlyn
sei verantwortlich, weil die Wäscheklammer ohne sie nicht da
wäre. Nach langem Hin und Her hatte jeder der Teilnehmer
diese Definition von Verantwortung verstanden; daß wir
selbst dann verantwortlich sein können, wenn wir nur als
Zuschauer beteiligt sind.

Doch wir gaben uns noch nicht zufrieden. Wir wollten immer
noch wissen: »Wer ist verantwortlich?« Einige der Teilnehmer
hatten genug und wurden ärgerlich, während andere rätsel-
ten, worauf wir eigentlich hinauswollten. Schließlich hatte
eine der Teilnehmerinnen nach etwa 20 Minuten einen Gei-
stesblitz. Sie stand auf und strahlte übers ganze Gesicht: »Ich
bin verantwortlich«, sagte sie. »Warum?« fragten wir. »Weil
ich die Verantwortung dafür *übernehme*, daß der Geldschein
dort ist.« »Zeigen Sie es uns«, sagten wir. Ohne zu zögern,
ging sie nach vorne und löste die Dollarnote aus der Wäscheklammer. Sie reichte sie Gay, und dieser gab sie ihr zurück,
indem er sie in ihre Jackentasche steckte. »Wer Verantwortung übernimmt, sollte belohnt werden«, sagte er. Einen
Augenblick lang waren die übrigen Teilnehmer starr vor
Staunen, dann brachen sie in Applaus aus.

Es folgte eine erregte Diskussion, und einer nach dem anderen verstand, daß er die Verantwortung einfach dadurch
übernehmen konnte, daß er sie übernahm. Man muß sich
nicht mit der Vergangenheit oder der Frage auseinandersetzen, wer was gemacht hat. Man kann die Verantwortung
übernehmen, einfach weil man es will. Die Dollarnote ist
dabei nicht der einzige Gewinn: Der Mensch fühlt sich erst
dann wirklich sicher, wenn er diese Art von Verantwortung
übernimmt. Verleugnen wir unsere Verbindung zur Quelle
auch nur in einem einzigen Punkt, stellen wir unser Leben auf
ein wackeliges Fundament. Wir sagen: Der Rest des Universums mag ja auf eine bestimmte Art und Weise funktionieren,

doch ich bin eine Ausnahme. Wer so denkt, bringt sich oft in große Schwierigkeiten. Fragen sie doch einmal die 97 Prozent der Häftlinge aus der oben zitierten kalifornischen Untersuchung, die keinen Zusammenhang zwischen ihren Handlungen und dem Grund ihrer Verurteilung sehen! Das Leben hat versucht, ihnen zu beweisen, daß sie keine Ausnahme im Universum sind. Doch sie haben es nicht begriffen ...

## Liebe und Verantwortung in der Therapie

Nachdem wir nun wissen, wie Liebe und Verantwortung am besten zu definieren sind, wenden wir uns der praktischen Anwendung unserer neugewonnenen Erkenntnisse im Rahmen der Therapie zu. Der erste Dialog stammt aus unserer Arbeit mit einem jungen Vater, Jesse, der sich mit einem höchst heiklen Thema auseinandersetzt, über das nur die Allermutigsten zu sprechen wagen.

*Kathlyn:* Woran könnten wir heute mit Ihnen arbeiten?

*Jesse:* Hm, es gibt da etwas, worüber ich bisher nicht gesprochen habe – es ist etwas, das ich nicht einmal meiner Frau gegenüber erwähnt habe.

*Gay:* Nun?

*Jesse: (reibt sich die Augen, mit peinlich berührtem Gesichtsausdruck)* Manchmal, wenn ich meine Tochter im Arm halte (*seine Tochter ist acht Monate alt*), zum Beispiel wenn ich ihr die Flasche gebe, während meine Frau schläft, werde ich sexuell erregt. Es ist nur ein Anflug einer Erektion. Doch ich weiß ganz eindeutig, daß es sich hier um ein sexuelles Gefühl handelt. Ich werde ganz sicher nie etwas in dieser Richtung tun, doch es beunruhigt mich. Ich liebe sie! Ich empfinde mehr Liebe für sie, als ich jemals zuvor empfunden habe. Und dann passiert das, und es beunruhigt mich sehr.

*Kathlyn:* Was genau beunruhigt Sie?

*Jesse: (mit überraschtem Gesichtsausdruck)* Na ja, ich glaube, es würde jeden beunruhigen.

*Kathlyn:* Das mag sein. Doch was beunruhigt *Sie* daran?

*Jesse:* Ich fühle mich schuldig. Ich glaube, meine Frau wäre schrecklich aufgebracht, wenn ich ihr davon erzählen würde.

*Gay:* Sie sollten wissen, Jesse, daß solche Gefühle ziemlich normal sind. Die übliche Erklärung dafür ist, daß wir alle erotische Empfindungen hatten, wenn wir von unserer Mutter gefüttert wurden oder in ihrer Nähe waren. Wenn Sie jetzt bei Ihrer Tochter sind und sie füttern und ihr nahe sind, steigen ebendiese Gefühle wieder in Ihnen auf.

*Jesse:* Hmmm. Das ist interessant. Aber ich weiß nicht ...

*Kathlyn:* Es klingt so, als ob Sie noch etwas anderes beunruhigen würde.

*Jesse:* Ja, ich glaube, was mich eigentlich beunruhigt, ist die Tatsache, daß ich nicht mit meiner Frau darüber sprechen will. Normalerweise bin ich ziemlich offen zu ihr. Es gibt eigentlich gar keinen Grund, es ihr nicht zu sagen.

*Gay:* Es gibt also offensichtlich zwei verschiedene Gründe; zum einen fühlen Sie sich schuldig wegen der Empfindungen selbst, und zum anderen haben Sie das Gefühl, es sei nicht in Ordnung, daß Sie Ihrer Frau nichts davon erzählen.

*Jesse:* Ja, so als würde sie davonlaufen, wenn ich es ihr sagte.

*Gay:* Konzentrieren Sie sich einen Augenblick auf das Gefühl, das Sie jetzt empfinden.

*(Jesse blickt zu Boden und setzt wieder den peinlich berührten Gesichtsausdruck auf.)*

*Kathlyn:* Öffnen Sie sich nach Möglichkeit überall in Ihrem Körper für dieses Gefühl.

*Jesse:* Es ist so eine Art Schwere, die auf meiner Brust lastet, so als würde ich gleich anfangen zu weinen.

*Gay:* Lassen Sie sich darauf ein, lieben Sie dieses Gefühl.

*Jesse: (überrascht)* Ich weiß nicht genau, wie ich das machen soll.

*Gay:* Denken Sie an jemanden, den Sie ganz sicher lieben. Zum Beispiel an Ihre Tochter.

*Jesse: (lächelt)* Gut.

*Gay:* Lieben Sie nun Ihre Gefühle so, wie Sie Ihre Tochter lieben.

*Jesse:* Das ist schwer.

*Gay:* Was hindert Sie daran?

*Jesse:* Ich liebe diesen Teil von mir nicht.

*Gay:* Denken Sie daran, wie Sie Ihre Tochter lieben. Lieben Sie sich selbst mit genau demselben Gefühl.

*(Jesse entspannt sich etwas, während er anfängt, sich selbst zu lieben. Dann verzieht er schmerzvoll das Gesicht.)*

*Kathlyn:* Woran haben Sie gerade gedacht?

*Jesse:* Ich habe mich daran erinnert, wie ich einmal beim Masturbieren erwischt wurde.

*Kathlyn:* Von Ihrer Mutter?

*Jesse: (nickt)* Sie kam ohne anzuklopfen in mein Zimmer. Ich fühlte mich so erniedrigt. Jemand war in diesen geheimen Teil von mir eingedrungen.

*Gay:* Und was geschah?

*Jesse:* Oh, sie war ungefähr ebenso entsetzt wie ich. Ich glaube, sie hatte nicht mitbekommen, daß ich erwachsen wurde. Sie war sowieso ziemlich verklemmt in bezug auf Sex. Ich kann mich nicht daran erinnern, was eigentlich passiert ist; ob sie mich bestraft hat oder so.

*Gay:* Aber irgend etwas daran erinnert Sie an Ihre heutige Situation.

*Jesse:* Ja.

*Gay:* Spüren Sie hinein. Worin besteht der Zusammenhang?

*Jesse:* O ja. Ich verstehe. Ich glaube, das Verhältnis zu meiner Mutter war nachher nie wieder so wie früher. Wir waren bis dahin wie ... wie Kumpel gewesen. Und das waren wir nun nicht mehr. *(Jesse fängt an zu weinen.)* Das hat mir gefehlt.

*Kathlyn:* Sicher. Und nun scheinen Sie Angst davor zu haben, dieses gewisse Etwas in Ihrer Beziehung zu Ihrer Frau zu verlieren, wenn Sie mit ihr über Ihre sexuellen Gefühle Ihrer Tochter gegenüber sprechen.

*Jesse:* Ja, das stimmt. Wissen Sie, es ist komisch. Ich habe meiner Frau in letzter Zeit oft Vorhaltungen deswegen gemacht, daß sie sich so von mir zurückzieht.

*Gay:* Sie hatten also den Eindruck, daß sie sich von Ihnen zurückzieht?

*Jesse:* Und das paßt ins Bild, nicht wahr?

*Gay:* Wie meinen Sie, das paßt ins Bild?

*Jesse:* Hm, ich schaffe eine Situation, in der es so aussieht, als ob *sie* sich zurückzieht, obwohl doch eigentlich *ich* die Ursache bin.

*Kathlyn:* Ihr altes Muster mit Ihrer Mutter veranlaßt Sie also dazu, bei Ihrer Frau dieselben Verhaltensweisen zu entdecken wie damals bei Ihrer Mutter.

*Jesse:* Erstaunlich, nicht wahr?

*Gay:* Es ist erstaunlich, daß Sie das so klar erkennen können. Ich gratuliere Ihnen dazu! Welche Aktion sollten Sie nun aus alledem unbedingt ableiten?

*Jesse:* Hm, am wichtigsten ist es wohl, mit meiner Frau zu sprechen. Ihr das Ganze zu erzählen, meine Gefühle, das alte Muster, alles.

*Kathlyn:* Das hört sich gut an. Und wann wollen Sie das tun?

*Jesse:* *(lacht)* Jetzt lassen Sie mich nicht mehr von der Angel, oder? Heute abend.

*Gay:* Super! Berichten Sie uns, wie es weitergeht.


Hier hat sich Jesse in klarer Weise sowohl zur Liebe als auch zur Verantwortung bekannt. Wir haben dieses Beispiel als erstes gewählt, weil sich hier weder der Klient noch der

Therapeut in irgendwelchen Haken verfingen. Doch nicht immer gestaltet sich das Ganze derart reibungslos. Es kann zu Widerständen, Übertragungsreaktionen oder anderen Störungen kommen, die den Prozeß verlangsamen. In diesem Fall bleibt uns nichts anderes übrig, als uns damit auseinanderzusetzen. Sie gehören einfach zum Leben – und zur Therapie.

Beachten Sie den Schlüsselmoment, wo wir Jesse halfen, sich der Liebe bewußt zu werden, die er für seine Tochter empfand, um es ihm so leichter zu machen, sich selbst zu lieben. Zu Anfang wußte er nicht, wie er dies tun konnte. Er mochte diesen Aspekt seiner selbst nicht, und ihn zu lieben erschien ihm zunächst recht abwegig. Doch er wußte, wie er seine Tochter liebt, und von diesem schönen Gefühl ausgehend schaffte er den Schritt ins Unbekannte.

Bemerkenswert ist ebenfalls der Schlüsselmoment, in dem er die Verantwortung übernahm. Er hatte gedacht, seine Frau sei es, die sich »zurückziehe«. Es sah so aus, als entferne sie sich von ihm. Doch dies war nur deshalb so, weil er ihre Aktionen aus seinen eigenen Projektionen heraus betrachtete. In dem Augenblick, in dem er zu einer Position der Verantwortlichkeit überwechselte, konnte er erkennen, daß er es war, der die Erwartung, zurückgestoßen zu werden, in sich trug. Diese Art, das Leben zu sehen, birgt ein großes Potential. Sie führt uns dahin, immer zuerst in uns nach Möglichkeiten des Wandels zu suchen und uns die Reaktionen der Welt als Rückmeldung zunutze zu machen.

Hören wir uns nun einen weiteren Ausschnitt aus einem Dialog an, in der Liebe und Verantwortung eine bedeutsame Rolle im Wandlungsprozeß spielen. Während der Sitzung mit unserer Klientin Cindy schlugen die Wogen zunächst hoch, bis es uns schließlich gelang, in ruhigere Gewässer vorzudringen. Der Sitzungsverlauf ist hier sehr viel typischer als in Jesses Fall. Es sind bereits etwa 20 Minuten seit Beginn des Gesprächs vergangen. Cindy ist im Teenager-Alter, und es ist unsere erste Zusammenkunft.

*Kathlyn:* Ich entnehme Ihren Worten also, daß das Verhalten Ihrer Mutter in Ihren Augen unangebracht ist, daß Sie sich ständig in Ihre Angelegenheiten einmischt und Sie dadurch entmutigt werden. Ist das eine akzeptable Zusammenfassung dessen, was Sie uns bis jetzt berichtet haben?

*Cindy:* Ja. Ich sagte zwar nicht entmutigt, doch das trifft es ziemlich genau. Ich habe gesagt, ich sei deprimiert. Das hat zumindest Dr. ... (ihr Hausarzt) gesagt.

*Gay:* Und Sie haben nichts für die Schule getan, wenn ich mich richtig erinnere.

*Cindy:* Ja.

*Kathlyn:* Ich möchte, daß Sie nun einmal etwas völlig Ungewohntes machen. Unserer Erfahrung nach werden Sie sich anschließend sicher besser fühlen. Stimmen Sie sich auf die Empfindungen ein, die Sie im Augenblick in Ihrem Körper fühlen.

*Cindy:* Wie meinen Sie das?

*Kathlyn:* Wenden Sie einfach Ihre Aufmerksamkeit den Gefühlen in Ihrem Körper zu.

*Cindy:* Sie meinen, ich soll darüber nachdenken – oder was?

*Gay:* Nein, eher hineinspüren in das, was Sie in Ihrem Inneren fühlen. Haben Sie zum Beispiel im Moment dieses deprimierte oder entmutigte Gefühl?

*Cindy:* Ein wenig.

*Gay:* Also gut, bleiben Sie einen Augenblick lang bei diesem Gefühl. Sitzen Sie einfach nur da, und verweilen Sie bei ihm.

*Cindy:* Also gut. Und was nun?

*Kathlyn:* Berichten Sie uns von Ihren Empfindungen. Wie lassen sie sich beschreiben?

*Cindy:* (*Pause*) Es ist so eine Schwere.

*Gay:* Mir fällt auf, daß Sie Ihre Brust berühren. Fühlen Sie es dort am meisten?

*Cindy:* Ja.

*Gay:* Können Sie uns mehr darüber sagen?

*Cindy:* Es ist so ein dumpfes Gefühl. So als würde einem das Atmen schwerfallen. Es macht mich lustlos, irgend etwas zu tun.

*Kathlyn:* Es klingt so, als wäre Müdigkeit ein Teil der Empfindung.

*Cindy:* Ja, ich würde am liebsten die ganze Zeit schlafen. Aber wenn ich morgens aufwache, ist es immer noch da.

*Gay:* Also gibt es da noch etwas anderes neben dem Schlafbedürfnis.

*Cindy:* Ich nehme es an.

*Gay:* Das ist wirklich gut für den Anfang, Cindy. Mal sehen, ob Sie noch mehr von dem spüren können, was in Ihnen vorgeht.

*Cindy:* Wissen Sie, da ist auch noch so ein komisches gereiztes Gefühl in meinen Armen.

*Kathlyn:* Unter der Haut?

*Cindy:* Ja, irgendwie schon. An den ganzen Armen entlang, von den Schultern bis in die Finger.

*Gay:* Oh, das ist interessant. Es lastet also eine dumpfe Schwere in Ihrer Brust, und Sie haben ein gereiztes Gefühl in Ihren Armen?

*Cindy:* Ja.

*Kathlyn:* Holen Sie ein paarmal tief Luft, Cindy, und achten Sie darauf, was mit diesen Empfindungen passiert, wenn Sie Ihren Atem in diese Richtung lenken.

*Cindy:* *(macht drei tiefe Atemzüge)* Ich weiß nicht recht.

*Kathlyn:* Achten Sie darauf, ob sie dadurch stärker oder schwächer werden.

*Cindy:* Oh *(sie holt noch ein paarmal tief Luft)*. Meine Brust

wird schwerer – und, ja, das komische Gefühl in den Armen
wird auch stärker.

*Gay:* Gut.

*Cindy: (sarkastisch)* Sie finden das gut?!

*Gay: (lacht verlegen)* Ich meine nicht gut in diesem Sinne. Ich
meine, es hilft uns zu verstehen, was los ist.

*Cindy:* Oh, ich weiß, was Sie meinen.

Wenn ein Gefühl sich bereits mit ein paar Atemzügen verstärken oder abschwächen läßt, ist dies in der Regel ein gutes
Zeichen dafür, daß das Symptom gut auf unsere körperzentrierten Therapietechniken anspricht.

*Kathlyn:* Haben Sie das Gefühl, daß die anderen, vor allem
Ihre Mutter, Sie immer noch wie ein Kind behandeln?

*Cindy:* Ja, ganz recht.

*Kathlyn:* Wie wäre es, wenn Sie die Mutter dazu bringen
könnten, Sie wie jemanden zu behandeln, der voll verantwortlich ist, wie ein Erwachsener? Würden Sie das gerne
lernen?

*Cindy:* Sicher, ich glaube schon.

*Kathlyn:* Also was? »Sicher« oder »ich glaube schon«? Ich
frage danach, weil ich nur dann die Zeit opfern möchte,
es Ihnen zu erklären, wenn Sie wirklich daran interessiert
sind. Es ist eine viel zu wichtige Sache, um damit herum-
zuspielen.

*Cindy:* Hmmm, gut. Ich meine – sicher, ich würde es gerne
lernen.

*Kathlyn:* Also gut. Übernehmen Sie die volle Verantwortung
für die augenblickliche Situation.

*Cindy:* Wie meinen Sie das?

*Kathlyn:* Übernehmen Sie die volle Verantwortung für den
Konflikt mit Ihrer Mutter und all die Gefühle, die Sie
haben. Sehen Sie sie als einen Teil Ihrer selbst.

*Cindy: (wird wütend)* So als wäre das alles mein Fehler?

*Gay:* Nein, überhaupt nicht!

*Cindy:* Jetzt verstehe ich gar nichts mehr. Wenn es nicht mein Fehler ist, ist es ihr Fehler, oder nicht?

*Gay:* Versuchen Sie einmal, es ganz anders zu betrachten. Angenommen, Sie wären hundertprozentig dafür verantwortlich und Ihre Mutter wäre auch hundertprozentig dafür verantwortlich.

*Cindy:* Hmmm. Ich weiß nicht.

*Kathlyn:* Das gibt Ihnen die volle Kraft, und es gibt auch Ihrer Mutter Kraft. So können Sie das Problem wie zwei Erwachsene lösen.

*Cindy:* Das ist interessant.

*Gay:* Warum also glauben Sie, daß Sie diese ganze Situation schaffen?

*Cindy:* Mein Gott, ich habe keine Ahnung.

*Gay:* Das ist schon einmal ein Anfang. Denken Sie weiter nach, suchen Sie weiter.

*Cindy:* Ich habe ein paarmal von meinem Vater geträumt. Meinem richtigen Vater, meine ich.

*Kathlyn:* Wo ist Ihr richtiger Vater?

*Cindy:* Er lebt in ... (ein Staat im Süden der USA). Ich glaube es zumindest.

*Kathlyn:* Sie haben ihn schon länger nicht gesehen?

*Cindy: (verächtlich)* Nein.

*Gay:* Es hört sich so an, als seien Sie wütend auf ihn.

*Cindy:* Nicht wirklich. Er ist mir sch...egal.

*Gay:* Das klingt so, als seien Sie wütend und verletzt, würden aber versuchen, das mit Gleichgültigkeit zuzudecken.

*Cindy: (bricht in Tränen aus)* Er hat mir seit drei Jahren nicht einmal mehr eine Geburtstagskarte geschickt. Zuletzt, als ich elf war!

*Kathlyn:* Das tut sicher sehr weh.

*Cindy: (nickt und weint)* Ja.

*Gay:* Bleiben Sie bei diesem Verletztsein in Ihrem Körper. Schicken Sie Ihren Atem hinein.

*(Cindy weint etwa eine Minute lang.)*

*Cindy:* Glauben Sie, ich habe mich deshalb so unmöglich benommen? Weil ich all das in mir fühle und nicht gewußt habe, was mit mir los ist?

*Kathlyn:* Was glauben Sie selbst?

*Cindy:* Ich denke schon. Irgendwie dumm, oder?

*Gay:* Können Sie sich selbst jetzt, in diesem Augenblick, für all das lieben?

*Cindy:* Wie meinen Sie das?

*Gay:* Nun, Sie haben sich selbst ziemlich hart beurteilt, als Sie gesagt haben, es wäre irgendwie dumm. Da haben Sie sich nicht sehr gut behandelt. Ich würde mir wünschen, daß Sie sich lieben, anstatt hart zu sich zu sein.

*Cindy:* Ich weiß nicht, wie Sie das meinen.

*Gay:* Haben Sie jemals Liebe empfunden.

*Cindy:* Also ... Ich liebe meine Mutter. Und ich liebe meine kleine Schwester, wenn Sie einem nicht auf die Nerven geht.

*Gay:* Stimmen Sie sich auf die Liebe ein, die Sie für Ihre Mutter und Ihre Schwester empfinden. Können Sie die in Ihrem Körper fühlen?

*Cindy:* Hmmm. Es ist so eine Wärme.

*Gay:* Ja. Geben Sie sich selbst dieses gleiche Gefühl. Jetzt im Moment. Lieben Sie sich selbst, auch wenn Sie sich unmöglich benehmen.

*Cindy:* Ahhh. Darauf wäre ich nie gekommen!

*Kathlyn:* Sie leuchten jetzt richtig. Das steht Ihnen gut.

*Cindy:* Ich fühle mich auch gut.

*Gay:* Super. Dann belassen wir es dabei.

Teenager sind bekannt dafür, anderen die Schuld für ihre Probleme zuzuschieben. Schon seit je beschweren sich die

Menschen über diesen Aspekt pubertärer Verhaltensweisen. Doch wie Cindys Beispiel zeigt, ist es selbst Heranwachsenden möglich, die Prinzipien der Liebe und Verantwortung anzunehmen. Einer unserer Kollegen hat einmal eine Woche intensiv mit einer Gruppe von etwa hundert Jugendlichen gearbeitet. Auf unsere Frage, was er aus dieser Erfahrung gelernt habe, sagte er: »Die gute Nachricht ist, daß sie auch Menschen sind. Die schlechte Nachricht ist, daß wir auf bestimmten Ebenen selbst noch Teenager sind.« Er hat recht. Ganz gleich, wie alt wir sind – Liebe und Verantwortung hat so gut wie niemand voll entfaltet und verwirklicht.

In unserem eigenen Leben begegnen uns diese Probleme weiterhin Tag für Tag, obwohl wir schon so viele Jahre daran gearbeitet haben. Es gibt immer noch Teile von uns, die wir nur schwerlich lieben können, und Aspekte in unserem Leben, wo wir in unserem Bemühen stocken, die Verantwortung zu übernehmen. Vielleicht werden uns diese Probleme niemals ganz verlassen. Womöglich können wir bestenfalls von uns erwarten, daß wir weiterhin bewußt mit Liebe und Verantwortung umgehen und das Leben als eine Aufeinanderfolge von Wachstumschancen betrachten. Wir Therapeuten spüren echtes Sicherheitsgefühl nur, wenn wir Tag für Tag die kleinen Schritte des Wachstums in uns selbst und in unseren Klienten beobachten. Wenn wir das Leben als eine Schule und Liebe und Verantwortung als Hauptfächer auf dem Stundenplan betrachten, kann schon allein das Aufwachen am Morgen ungeheuer spannend sein.

# Epilog

## Den Weg der Integrität wählen

Drei Dinge braucht der Therapeut, um erfolgreich zu sein: Integrität, effektive Strategien und Liebe. Die in diesem Buch vorgestellten Strategien sind die effektivsten, die uns in unserer langjährigen therapeutischen Arbeit begegnet sind. Dennoch kann selbst die wirksamste Strategie keine verläßlich guten Ergebnisse liefern, wenn sie von einem Menschen angewandt wird, der selbst nicht in Integrität und Liebe verankert ist. Aus diesem Grunde verbringen wir bei unseren Fortbildungsseminaren ebensoviel Zeit damit, unseren Studenten die Liebe und die Integrität nahezubringen, wie wir für das Einüben der Techniken zu den neun Strategien aufwenden.

Weder Liebe noch Integrität sind leicht zu verstehen, geschweige denn erfolgreich zu verwirklichen. Therapeuten sind normalerweise in ihrer Liebe eher zu nachgiebig als zu unnachgiebig, obschon unserer Erfahrung nach ein ausgewogenes Verhältnis zwischen beiden für eine erfolgreiche Heilung unabdingbar ist. Nachgiebige Liebe versteht alles, akzeptiert alles und verzeiht alles; unnachgiebige Liebe setzt Maßstäbe, zieht Grenzen, sagt nein und steht dazu. Um diese Eigenschaften in unserer Rolle als Therapeuten effektiv vertreten zu können, müssen wir sie zunächst in uns selbst verwirklichen. Wie wir alle wissen, haben wir zumeist erhebliche Schwierigkeiten, uns selbst vorbehaltlos anzunehmen und gleichzeitig in unserem Inneren gesunde Grenzen zu ziehen. Wer sich selbst bejahen kann, sagt oft nein, und wem es leichtfällt, zu sich selbst nein zu sagen, kann nicht ja sagen. Dennoch ist sowohl ja als auch nein wichtig in unserem Leben: Ersteres öffnet die Tür, und letzteres erlaubt uns hindurchzugehen, ohne anzuecken.

In der Therapie vergeht keine Woche, in der wir nicht ja sagen müssen. Ein Klient nach dem anderen kommt in die Praxis mit etwas, das es zu akzeptieren gilt. Es fällt ihnen schwer, ein Gefühl anzunehmen oder sich mit etwas anzufreunden, das sie an sich selbst hassen. Wir helfen ihnen, ja dazu sagen und es als Teil ihrer ureigenen Ganzheit willkommen zu heißen. In anderen Fällen gilt es, nein zu sagen. Wir müssen dem Klienten fest in die Augen sehen und sagen: »Fangen Sie nicht wieder an zu trinken« oder »Bringe. Sie sich nicht um« oder »Kehren Sie nicht in diese von Mißbrauch oder Mißhandlung gezeichnete Beziehung zurück«. Therapeuten, die nicht ja sagen können, weil ihre Haltung dazu zu starr ist oder es in ihrem Inneren noch zuviel unerforschtes Territorium gibt, haben nur sehr geringe Erfolgschancen in diesem Beruf. Genauso geht es solchen, die nicht nein sagen können, weil sie keine klaren Grenzen abstecken können oder es ihnen an Disziplin mangelt. Nur ein ausgewogenes Gleichgewicht zwischen nachgiebiger und unnachgiebiger Liebe bringt uns sowohl in der therapeutischen Praxis als auch in unserer eigenen Entwicklung weiter.

Was nun die Integrität betrifft, so sind unzählige Bücher über die Notwendigkeit eines absolut ethischen Verhaltens in den Heilberufen geschrieben worden. Jedes Jahr hält Gay an der Universität von Colorado einen Kurs zu diesem Thema. Er meint, innerhalb seiner annähernd 20jährigen Lehrtätigkeit an verschiedenen Universitäten habe sich das Interesse an der Ethik von praktisch null auf beinahe zwanghaft gesteigert – und dies mit gutem Grunde. Im gleichen Zeitraum schnellten die Gebühren für Versicherungen gegen ärztliches Versagen um 1200 Prozent in die Höhe, nicht zuletzt wegen der besorgniserregenden Statistik, daß etwa einer von zehn Therapeuten ein sexuelles Verhältnis mit seinen Klienten eingeht. Sex, Betrug und Vertrauensbruch sind derzeit die Hauptgründe für ein gerichtliches Vorgehen seitens der Klientenschaft, doch darüber hinaus gibt es mindestens ein Dutzend weiterer ethischer Vergehen, derer Therapeuten für schuldig befunden wurden. Bei der Ausbildung neuer Therapeuten verwenden wir heute ebensoviel Zeit damit, ethische Grundsätze zu vermitteln, wie mit der eigentlichen klinischen Lehre, denn unsere Erfahrung hat gezeigt, daß es nicht am mangelnden Fachwissen liegt, wenn Therapeuten versagen und Klienten zu Schaden kommen – es liegt an mangelnder Integrität. Zur Integrität gehören im wesentlichen drei Komponenten, von denen die ersten beiden vollkommen eindeutig sind: Wir tun das, wovon wir sagen, daß wir es tun werden. Wir unterlassen das, wovon wir sagen, daß wir es unterlassen werden. Die Beachtung beider Grundsätze ist äußerst wichtig für den Therapeuten, und zwar so wichtig, daß fast überall in den Vereinigten Staaten Gesetze erlassen wurden, die die Besprechung bestimmter Dinge in der ersten Sitzung eines Klienten zwingend vorschreiben. So gibt es beispielsweise im US-Bundesstaat Colorado ein Gesetz, das den Therapeuten auferlegt, jedem Klienten vor der Behandlung folgendes mitzuteilen: 1. daß sexuelle Vertraulichkeiten auf jeden Fall unzulässig sind und bei den Behörden zur Anzeige gebracht werden sollten; 2. daß zu jeder Zeit die Möglichkeit besteht, einen zweiten Therapeuten hinzuziehen; 3. wie lange die Therapie dauern und was sie kosten wird, soweit zu dem Zeitpunkt bereits absehbar; 4. die im Rahmen der Therapie vorgesehenen Techniken; 5. daß alle Informationen von Rechts wegen vertraulich behandelt werden, außer in bestimmten Ausnahmesituationen (beispielsweise bei Gefahr für den Klienten selbst oder für andere); 6. daß die Therapie auf Wunsch jederzeit abgebrochen werden kann.

Die genannten Punkte wurden nicht ohne Grund in den Katalog der Aufklärungspflichten aufgenommen. Die Notwendigkeit hierzu hat sich in jedem einzelnen Fall dadurch ergeben, daß Therapeuten wiederholt vor Gericht der Verletzung

ebendieser Grundsätze für schuldig befunden wurden. Es besteht kein Zweifel darüber, daß sich aus den zu erwartenden
künftigen Nachbesserungen des Gesetzes eine noch weiter
führende Informationspflicht für den Therapeuten ableiten
wird. Wir persönlich begrüßen Gesetze wie das oben beschriebene in hohem Maße, denn wir wissen aus Erfahrung, welch
ungeheuren praktischen Nutzen sie haben. Während wir dieses
Buch schreiben, sind bei uns verschiedene Psychologen und
Psychotherapeuten in Behandlung, die zu uns kamen, weil sie
selbst das Gefühl hatten, bei ihrer praktischen Arbeit auf einen
Bruch ethischer Grundsätze gegenüber ihrer Klientenschaft
hinzusteuern. Wir glauben, daß die heutige strikte Gesetzge-
bung dazu beiträgt, daß Therapeuten nicht vom geraden und
schmalen Pfad ethischer Tugenden abkommen.

Die dritte Komponente des Integritätsbegriffes birgt womöglich den Schlüssel zu den ersten beiden Grundsätzen. Im
Lateinischen bedeutet *integritas* »Unversehrtheit«, und genau
das ist es, wovon wir hier sprechen. Integrität ist das Maß für
unsere innere Ganzheit. Wie gut passen unsere Absichten zu
unseren Handlungen? Stehen unsere Gefühle in Einklang mit
unseren Gedanken, so daß wir in uns selbst unversehrt und
ganz sind? Inwieweit bringen wir das, was in uns vorgeht,
ehrlich zum Ausdruck? Ohne innere Ganzheit kann es letztendlich keine Integrität geben.

Gesetze können zur Abschreckung vor unethischem Verhalten beitragen, doch eigentlich wäre es besser, wenn sich in der
Menschheit insgesamt auf grundlegendere Weise ein Wechsel
hin zu ethischen Grundsätzen vollzöge. Wir alle kennen die
negative Seite der Ethik: Wer sich dagegen vergeht, wird
bestraft. Doch wer weiß schon um ihre positive Seite: Wenn
wir Integrität besitzen, fühlen wir uns lebendiger. Vereinbarungen nicht einzuhalten kostet Lebendigkeit. In unseren
Kursen weisen wir stets auf die unangenehmen Folgen hin,
die unethisches Verhalten nach sich ziehen kann. In der Tat

kommt es nicht selten vor, daß wir Therapeuten, die aufgrund von Vergehen gegen ethische Grundsätze verurteilt wurden, als Gastredner zu unseren Kursen einladen. Doch wir versäumen auch nicht, darauf hinzuweisen, welche Energie und Kreativität jenen zuteil wird, die ihr Leben und ihre Arbeit integer gestalten. So haben wir in den Anfangsjahren unserer Ehe beispielsweise die Erfahrung gemacht, daß durch das Nichteinhalten von Zusagen und Vereinbarungen Nähe verlorenging. Wenn einer von uns nicht tat, was er gesagt hatte (und dabei handelte es sich meistens um ganz triviale Dinge), ging viel Zeit damit verloren, den entstandenen Schaden zu beheben – Zeit, in der wir einander hätten nahe sein können. Schon bald wurde offensichtlich, daß ein Leben nach den Grundsätzen der Integrität dazu geeignet war, uns einander näher zu bringen und uns dabei zu helfen, mehr Kreativität im Umgang miteinander zu entwickeln. In dem Maße, wie wir die daraus fließende Lebendigkeit zu schätzen lernten, gingen wir immer öfter den Weg der Integrität; wir entschieden uns ganz bewußt für die damit verbundenen Vorteile und gegen das durch die Nichteinhaltung von Zusagen und Vereinbarungen entstehende Leid.

Wie schön wäre es, wenn alle Menschen jenes Maß an Lebendigkeit kosten könnten, das man immer dann erreicht, wenn Liebe, Integrität und effiziente Techniken in einem harmonischen Ganzen gelebt werden. Es gibt in der Tat nichts Heilsameres! Für den Klienten lohnt sich die Mühe insofern, als sie ihm erlaubt, sein gestecktes Ziel auf schnellstem Wege zu erreichen. Und auf uns Therapeuten wartet die einzigartige und unbezahlbare Erfahrung der totalen Lebendigkeit und Handlungsbereitschaft in jedem Augenblick unserer Tätigkeit. Als Therapeuten und Menschen empfinden wir es als eine Gnade und ein Privileg, unsere Stunden und Tage in diesem beglückenden Zustand zubringen und uns im Fluß des Lebens bewegen zu können.

# Unser Werdegang:
# Wie wir zur körperzentrierten Therapie fanden

Über Generationen hinweg hat sich die Körpertherapie in viele verschiedene Strömungen verzweigt. Da unsere Arbeit auf einer ganz spezifischen Kombination von Quellen aufbaut, möchten wir an dieser Stelle eine ausführliche Beschreibung der Ursprünge liefern.

## Gays Geschichte

Ich begann meine Laufbahn mit der traditionellen Psychologenausbildung und näherte mich erst später dem körperzentrierten Ansatz durch sorgfältige Beobachtung dessen, was meinen Klienten half und was nicht. Viele meiner anfänglichen Erkenntnisse in der körperzentrierten Therapie erlangte ich durch Ausprobieren. Im nachhinein wünsche ich mir manchmal, ich hätte damals einen Lehrer gehabt oder gleich zu Beginn eine formelle Ausbildung in der einen oder anderen körpertherapeutischen Methode gemacht; andererseits aber bin ich dankbar, daß ich Gelegenheit hatte, ganz neu anzufangen und die Welt nicht durch den Filter eines anderen betrachten zu müssen. Vielleicht habe ich im Laufe der Zeit ein paarmal das Rad neu erfunden, doch immerhin kann ich jetzt sicher sein, daß meine Arbeit auf persönlichen Erfahrungen und nicht auf Glauben beruht.

Meine Entscheidung für die Atem- und Körperarbeit als einen der Wege zur Transzendenz war möglicherweise durch zwei Faktoren in meiner Kindheit vorgezeichnet. Zum einen hat meine Mutter ihr ganzes Leben über stark geraucht, bis sie schließlich an den Folgen dieser Sucht gestorben ist. Ich weiß

noch genau, wie sie an ihrem Schreibtisch saß, eingehüllt in
Schwaden von bläulichem Camel-Dunst, und wie wild auf die
Tasten ihrer Schreibmaschine hämmerte, um nur ja einen
bestimmten Termin zu halten. Sie war Journalistin und
Schriftstellerin und hat oft Kaffee und Zigaretten als die zwei
unerläßlichen Hilfsmittel des Autorenstandes bezeichnet.
Rauchen war ihr wichtigstes Mittel, um sich gegen ihre
Mutter aufzulehnen, die zeit ihres Lebens nebenan gewohnt
hatte. Meine Großmutter haßte Tabak, doch sowohl ihr
Mann als auch ihre Kinder waren starke Raucher. Mein
Großvater qualmte die übelriechendsten Zigarren, die man
sich vorstellen konnte. Vor das Ultimatum gestellt, das Zigar-
renrauchen aufzugeben oder aus dem Schlafzimmer meiner
Großmutter auszuziehen, entschied er sich für seine Zigarren.
Er zog in die mit Insektengittern geschlossene Veranda hinter
dem Haus (sie wohnten in den tropischen Breiten Zentralflo-
ridas) und schlief die letzten 30 Jahre seines Lebens allein in
seinem Bett. Es ist schon eine ganz besondere Ironie des
Schicksals, daß eine Familie von derart eingefleischten Rau-
chern in der nächsten Generation einen Spezialisten für heilende Atemarbeit hervorbringt!
Der zweite Punkt ist, daß ich als Kind zu dick war. Mein Vater
starb, während meine Mutter mit mir schwanger war; daraufhin aß sie nicht mehr und wandte sich noch stärker als zuvor
dem Kaffee und den Zigaretten zu. Vielleicht hatte dies
Auswirkungen auf meinen »Hungersensor«, denn ich war von
Anfang an kaum satt zu bekommen. Am Ende meines ersten
Lebensjahres war ich ein Fettkloß, und ich blieb meine ganze
Kindheit über zu dick. Für meine Mutter wurde das zu einem
Riesenproblem. Es war für sie gewissermaßen ein Symbol für
mangelnde mütterliche Fürsorglichkeit. Vielleicht habe ich
aus alledem gelernt, daß mein Körper, wenn er mir einerseits
solche Schwierigkeiten bereiten konnte, gleichfalls in der
Lage sein müßte, mir große Freude zu bringen. Interessan-

terweise habe ich mich nie mit meinem Gewichtsproblem auseinandergesetzt, bis ich von zu Hause wegzog. Erst als ich Mitte 20 war, machte ich eine Therapie und änderte meine Ernährungs- und Bewegungsgewohnheiten. Ich wurde zu einem jener medizinischen Ausnahmefälle, denen es gelungen ist, stark abzunehmen und nicht wieder zuzunehmen. Heute betreibe ich täglich eine Stunde Sport und ernähre mich gesund, so daß mein Körper zu einer nie versiegenden Quelle der Freude geworden ist.

Als ich 24 Jahre alt war, sah ich infolge eines dramatischen Ereignisses plötzlich für den Bruchteil einer Sekunde meinen zukünftigen Weg und die in diesem Buch beschriebene Arbeit vor mir liegen. Es geschah in Neuengland im Jahr 1968, und ich ging eine verschneite Landstraße entlang. Jener Winter hatte mir bittere Enttäuschungen gebracht. Ich wog immer noch viel zuviel, haßte meine Arbeit, und meine Ehe war zu einem wahren Schlachtfeld geworden. Die einzigen Lichtblicke waren meine kleine Tochter, die damals gerade zu laufen anfing, und das Studium, das ich an der Universität von New Hampshire aufgenommen hatte. Seit etwa einem Jahr arbeitete ich neben meinem Beruf an meiner Diplomarbeit in der Fachrichtung Psychotherapie. Das Hauptaugenmerk galt dabei den menschlichen Entwicklungsmöglichkeiten, und dies stand in krassem Gegensatz zu jenem ungesunden Gefühl des Festgefahrenseins, das ich in meinem Alltag empfand. Mein Unterbewußtsein sollte schon bald eine Lernerfahrung für mich arrangieren, durch die sich alles ändern würde.

Wie ich so die Straße entlangging und über meine scheinbar ausweglosen Probleme nachgrübelte, trat ich auf eine vereiste Stelle, die vom Schnee verdeckt gewesen war. Ich rutschte aus und landete auf meinem Hinterkopf (die Beule ist noch heute zu fühlen). In Zeichentrickfilmen sieht jemand, der k.o. geschlagen wird, Sterne. Ich weiß seit damals, daß dies auch im realen Leben durchaus so geschehen kann. Ich verlor aber nicht völlig das Bewußtsein, oder wenn ja, so nur für kurze Zeit. Das nächste, was mir bewußt wurde, war ein weiter, klarer offener Raum in meinem Geist und meinem Körper – ein Bewußtseinszustand, den ich nie zuvor erlebt hatte. Seit meiner Kindheit war dies das erstemal, daß ich mit dem in Berührung kam, was wir in diesem Buch als *Essenz* bezeichnen.

Wie ich in jenem Raum schwebte, konnte ich durch all die Schichten von Verzerrungen in mir selbst hindurchsehen. Ich fühlte all das Fett an meinem Körper und die schrecklich verspannten Muskeln, die darunter lagen. Ich sah, wie ich bisher meine Kreativität unterdrückt hatte, um den Anforderungen des Mittelklasselebens und der Ehe gerecht zu werden, die ich etwa zwei Jahre zuvor eingegangen war. Ich konnte sogar sehen, warum ich jene Frau geheiratet hatte, die mir immer noch so fremd war. Als ich ihr begegnete, war ich noch erschüttert und voll Trauer über den kürzlichen Tod meiner Großmutter. Ich hatte sie über alles geliebt und mich Hals über Kopf in diese Beziehung gestürzt, um der Leere zu entkommen, die durch den Tod meiner Großmutter entstanden war. Kein Wunder, daß die Ehe nicht gut lief. Ich forderte etwas von meiner Frau, das sie mir niemals geben konnte. Ich erkannte auch, daß es ihr nicht anders ergangen war als mir. Sie versuchte, über den Verlust ihres Vaters hinwegzukommen, indem sie all das, was sie von ihm nie bekommen konnte, auf mich projizierte.

Wie ich langsam aus der Friedlichkeit jenes weiten, offenen Raumes in die Schmerzen meines zitternden Körpers zurückkehrte, erschien vor mir die eine Frage: Warum? Warum hatte ich mir das alles so geschaffen? Und wie ein Blitz kam mir der Gedanke, daß ich unbewußt das Skript meines Vaters nachspielte. Er war zu dick gewesen, seine Ehe war unglücklich verlaufen, und er war früh gestorben. Mit mir würde es genauso bergab gehen wie mit ihm! Dann kehrte ich in mein Alltagsbewußtsein zurück und stand mühsam wieder auf. Doch wer da aufstand, war ein ganz anderer Mensch. Die Dinge schienen sich von jenem Zeitpunkt an auf magische Weise zu entfalten. Eine Woche später fielen mir beim Einkaufen in einem Supermarkt zwei Bücher auf, die mich spontan ansprachen. Das eine war ein Diätbuch, in dem eine eiweißreiche Reduktionskost beschrieben wurde; das Besondere daran war, daß man täglich acht Gläser Wasser trinken sollte. Das zweite war ein Yogabuch. Es enthielt ein Kapitel über Meditation, von dem ich so fasziniert war, daß ich das Buch an jenem Abend erst gegen Mitternacht aus der Hand legte. Eine der beschriebenen Meditationen sah vor, daß man die Augen schließen und eine halbe Stunde lang still für sich immer wieder »om« sagen solle. Ich versuchte es, und zu meiner Überraschung tauchte ich mühelos wieder in jenen weiten, offenen Raum der Essenzverbundenheit ein und verweilte dort für etwa zwei Stunden. Festzustellen, daß ich auch auf sanfte Art und Weise dorthin gelangen konnte, war eine freudige Überraschung, und so gelobte ich mir, bei meinem Veränderungsprozeß so behutsam wie möglich mit mir umzugehen. Ein paar Jahre später erlernte ich die transzendentale Meditation und deren fortgeschrittene Techniken, die ich nun seit über 20 Jahren täglich praktiziere. Ich bin heute überzeugt, daß wir keine »Unfälle« oder leidvolle Erfahrungen brauchen, wenn wir es uns zur Regel werden lassen, täglich in Kontakt zu unserem tieferen Selbst zu treten.

Auch das Diätbuch setzte ich unmittelbar in die Praxis um und nahm bereits im ersten Monat etwa zehn Kilo ab. Aufgrund der schnellen Gewichtsabnahme wurde ich allerdings krank und mußte meine Diät modifizieren. Ich stellte fest, daß ich bei abwechselnder Ernährung mit eiweißreicher Reduktionskost an manchen Tagen und ausschließlich Obst und Gemüse an anderen meine Gesundheit erhalten und dennoch ständig abnehmen konnte. Über das folgende Jahr hinweg

verlor ich rund 45 Kilo und kam auf ein Gewicht von etwa 90
Kilo, das ich bis heute gehalten habe (ich bin 1,85 m groß).
Auch heute noch ernähre ich mich überwiegend von Obst und
Gemüse und schaffe es so, mein Gewicht unter Kontrolle zu
halten. Dennoch muß ich immer noch recht vorsichtig sein.
Wenn ich eine Woche auf Seminar- oder Vortragsreise gehe,
nehme ich schon einmal fünf bis zehn Pfund zu, weil meine
Gastgeber mich mit allzu reichhaltigem Essen verwöhnen.
Außerdem habe ich mit einem thermostatischen Problem zu
kämpfen: Meine Körpertemperatur liegt etwa ein Grad unter
der üblichen Normaltemperatur. 37 Grad erreiche ich nur,
wenn ich Fieber habe. Die Ärzte, die ich deswegen konsultierte,
verschrieben mir eine Reihe verschiedener Schilddrüsenmedi-
kamente, die ich ohne viel Erfolg ausprobiert habe. Ein Spe-
zialist meinte, das oben beschriebene pränatale Trauma habe
vielleicht meinen Stoffwechsel verlangsamt und so dazu geführt, daß ich schneller Fett anlagere als andere Menschen.
Ich weiß nicht, ob all diese Erlebnisse letztendlich das Motiv
für mich waren, eine körperzentrierte Therapie zu entwickeln;
der eigentliche Auslöser war jedoch ein ganz bestimmter
Augenblick, an den ich mich auch heute noch lebhaft erinnern
kann. Es handelte sich dabei um eines der prägendsten Erlebnisse meines Lebens, das sich auf jeden Bereich meines Daseins ausgewirkt hat. Im August 1974 wohnte ich in einem
wunderschönen, abgelegenen Haus in Green Mountain Falls
im US-Bundesstaat Colorado. Green Mountain Falls ist ein
kleiner Ort, etwa 20 Autominuten von Colorado Springs
entfernt, wo ich Anfang des Monats an der Universität von
Colorado eine Professur für Psychotherapie angenommen
hatte. 1973 hatte ich in Stanford promoviert und anschließend dort als Psychologe in der Forschung gearbeitet.
Nach etwa einem Jahr stand die Stelle finanziell auf wackeli-
gen Füßen, und so hielt ich Ausschau nach einer langfristigen
Anstellung an einer anderen Universität. Das Leben im

Großraum von San Francisco gefiel mir ohnedies nicht mehr, und ich sehnte mich nach einem weniger überlaufenen Fleckchen Erde mit reinerer Luft. Ich mochte zwar Kalifornien, doch ich fühlte mich dort einfach nicht zu Hause. San Francisco ist mit Hinblick auf das intellektuelle und kulturelle Angebot unbestritten sehr attraktiv, doch die hektische Atmosphäre erschien mir eher zum Suchen geeignet als zum Finden. Ich wußte irgendwie, daß ich dort nicht die Gelassenheit und Integration finden konnte, nach der ich suchte.

Eines Tages malte ich auf einer Landkarte einen Kreis um Montana, Colorado und Chapel Hill in North Carolina und schickte Bewerbungsschreiben an die dortigen Universitäten. Wenn ich auch nie zuvor in Montana oder Colorado gewesen war, zog mich doch irgend etwas dorthin. Ich bekam Antwort von der Universität von Montana und von der Universität von Colorado in Colorado Springs, und dorthin flog ich schon kurz darauf zu einem Vorstellungsgespräch. Als ich in Colorado Springs aus dem Flugzeug ausstieg, wußte ich, daß ich zu Hause angekommen war. Die trockene Luft, das gemäßigte Klima und die herrliche Berglandschaft begeisterten mich, wenn ich auch zunächst gewisse Vorbehalte der Universität gegenüber hatte. Die Räumlichkeiten waren beengt, Geld war knapp und offensichtlich mangelte es an Interesse für jene Art innovativer Forschung, wie ich sie durchführen wollte. Dennoch gab es an der Fakultät einige kreative Kollegen, bei denen ich eine gewisse Resonanz verspürte, und so unterschrieb ich im Juli 1974 meinen Vertrag. Diese Entscheidung zwar zweifellos die richtige, und ich habe mich seitdem dort sehr wohl gefühlt. Immer noch denke ich, daß es sich nirgends auf der Welt so gut leben läßt wie in Colorado Springs.

Wenn auch die Dinge nach außen hin höchst zufriedenstellend erschienen, war ich innerlich aufgewühlt. Als der Tag meiner ersten Vorlesung näher rückte, hatte sich meine mentale Dissonanz zu einem beinahe hörbaren Klappern ausgeweitet. Ich kannte die Literatur auf dem Gebiet der Psychologie und Psychotherapie in- und auswendig, doch es gab nichts in mir selbst, das mir mit unverrückbarer Gewißheit hätte sagen können, wie der Mensch sich eigentlich ändern kann. Das Fehlen eines solchen »Kerns« innerer Überzeugung machte mir schwer zu schaffen. Bei meinem Eintritt in die Universität hatte man mich beinahe wie einen Rock-Star behandelt. Man hatte gewissermaßen den roten Teppich für mich ausgerollt; doch es fiel mir schwer, dieses Willkommen anzunehmen, weil ich tief im Inneren erkannt hatte, daß ich eigentlich nichts wußte, was wirklich wissenswert war.

Eines Tages kurz vor Aufnahme meiner Lehrtätigkeit stand ich morgens früh auf und machte einen Spaziergang unter den hohen Fichten, die bis an mein Haus heranreichten. Es war ein sonniger, frischer Tag, der sich irgendwie besonders anfühlte. Nach etwa einer Stunde ließ ich mich unter einem Baum zur Rast nieder. In meinem Kopf brodelte es auf geradezu unangenehme Weise. Es kam mir der Gedanke, daß ich meinen Geist vielleicht zur Ruhe bringen könne, indem ich mich auf die Fragen konzentrierte, deren Beantwortung mir am dringlichsten schien. Schon bald tauchte eine (für mich) entscheidende Frage auf. Ich war völlig allein, und so rief ich sie mit erhobener Stimme in die Landschaft hinein: Was genau muß ich wissen oder erfahren, um in mir selbst oder anderen Menschen Veränderungen zu bewirken? Und eine zweite Frage folgte: Welchen Fehler gilt es im menschlichen Verhalten zu beseitigen, um Glück und Zufriedenheit an die Stelle von Konflikten treten zu lassen? Sobald ich diese Fragen formuliert hatte, wurde mein Geist ruhig. Ich erkannte, daß ich schon seit Jahren außerhalb meiner selbst nach einer Antwort auf ebendiese Fragen gesucht hatte, jedoch nie auf die Idee gekommen war, sie mir selbst zu stellen. Ich übergab meine Fragen sowohl meinen eigenen Zellen als auch einer höheren Macht, die mir vielleicht helfen könnte.

In diesem Augenblick geschah etwas Bemerkenswertes und völlig Unerwartetes. Von irgendwo tief in meinem Inneren ergoß sich ein Schwall positiver Energie und Licht durch meinen ganzen Körper. Er strömte hinauf, von den Beinen in die Brust, in die Arme und schließlich in den Kopf. Er verband mich mit der Erde unten und dem Universum oben. Ich fühlte, daß die Energie in mir identisch war mit der Energie, die die Welt um mich herum erfüllte. Sie war zugleich die Erde, der Himmel und ich selbst.

Die Energie war so stark, daß ich meine gesamte Aufmerksamkeit darauf konzentrieren mußte, um bei ihr zu bleiben. Würde ich ihr Widerstand leisten, so wußte ich, würde sie sich gegen mich wenden, doch wenn ich mich ihr völlig öffnete, würden daraus Wogen der Glückseligkeit. Der Gedanke, den diese Energie zum Ausdruck brachte, war der folgende: Was du die ganze Zeit über falsch gemacht hast, war, dich deinem Erleben zu widersetzen. Du bringst deinen Gefühlen Widerstand entgegen, und dieser Widerstand bringt dich in einen Zustand des Gespaltenseins. Öffne dich dem, was bereits in dir ist – was *wirklich* ist –, fühle es tief in deinem Inneren und lerne, es zu lieben. Das war die Botschaft. Sie schien mir derart klar, daß ich nicht zögerte. Ich öffnete mich all meinen Gefühlen und allem, was ich seit Jahren in mir begraben hatte. Ich erbebte mit all meinen Ängsten, schrie auf mit all meiner Wut und schluchzte mit meiner Trauer. Eine Gefühlswelle nach der anderen schwappte über mich, und ich begegnete ihnen mit vollkommener Offenheit. Ich atmete immer tiefer und voller, und es war so, als ob jeder Atemzug Sauerstoff in jede einzelne Zelle meines Körpers transportierte. Nachdem ich etwa eine halbe Stunde lang Emotionen wie Angst und Wut gefühlt hatte (was so lange nicht unangenehm war, wie ich mich nicht widersetzte), änderte sich die Art der Gefühle. Ich spürte nun, wie strahlende Wellen der Freude alle Zellen meines Körpers durchfluteten. Ich bewegte mich unter den

Bäumen in einer Art langsamem Tanz von ausdrucksvollen Bewegungen, die jene Energie zu fordern schien. Darüber verging noch einmal etwa eine halbe Stunde, bis ich langsam wieder aus diesem Erlebnis zurückkehrte. Dann machte ich mich – zwar etwas müde, doch mit dem Gefühl, voll an die Kraftquelle des Universums angeschlossen zu sein – auf den Heimweg. Zu Hause angelangt, setzte ich mich gleich hin und brachte meine Erfahrung zu Papier. Es waren am Ende 53 Schreibmaschinenseiten.

Schon am nächsten Tag probierte ich meine neugewonnenen Erkenntnisse in der Therapie aus. Die Frau eines Fakultätskollegen hatte mich wegen eines psychologischen Problems um Hilfe gebeten. Dies sollte meine erste körperzentrierte Therapiesitzung werden, wenn dieser Begriff auch damals noch nicht geprägt war. Die Klientin litt unter verschiedenen Ängsten, aus denen sie sich nicht lösen konnte, ganz gleich, wie sehr sie sich auch bemühte, diese zu verscheuchen. Im Laufe der Jahre hatte sie verschiedene Therapien gemacht – darunter erst kurz zuvor eine Transaktionsanalyse –, doch nichts, was sie versucht hatte, konnte sie von ihrer Angst befreien. Ich hörte mir ihre Schilderung an und gab ihr dann zu verstehen, daß all ihre Strategien zum Umgang mit dieser Angst auf Widerstand basierten.

»Sie versuchen, wegzulaufen vor dem, was Sie fühlen«, sagte ich. »Der Versuch, sich von sich selbst zu distanzieren, schafft in Ihnen einen inneren Zwiespalt.« Angesichts dessen, was ich am Tag zuvor dort draußen unter den Bäumen gelernt hatte, legte ich ihr nahe, einmal etwas völlig Neues auszuprobieren. »Bleiben Sie einfach bei Ihrer Angst«, sagte ich. »Setzen Sie sich zu ihr, und fühlen Sie, was Sie dabei empfinden.« Dies ist es, was wir heute als »Gegenwärtigung« bezeichnen – die erste der neun Strategien, die wir als einen fundamentalen Bestandteil der körperzentrierten Therapie betrachten. Sie war überrascht über diese (für sie) neue Idee und fragte, wie sie dies tun solle. Ich gab ihr folgende Anleitung: »Lassen Sie Ihre Aufmerksamkeit auf Ihrer Angst ruhen. Spüren Sie in Ihre Empfindungen hinein, anstatt zu versuchen, sie wegzujagen.« Sie schloß ihre Augen und wandte ihre Aufmerksamkeit nach innen. Nach wenigen Sekunden schon war sie voll konzentriert. Die Streßlinien verschwanden aus ihrem Gesicht, und die vorher zur Faust geballten Hände öffneten sich. Doch dann geschah etwas völlig Überraschendes. Ihre Atmung verlagerte sich vom oberen Brustraum tief nach unten in den unteren Bauchraum. Ich erinnerte mich daran, wie sich auch meine Atmung am Tag zuvor gewandelt hatte. Ich bat sie, ihre Aufmerksamkeit auch auf ihre Atmung zu richten, und die Veränderungen und das Spiel des Atems einfach zuzulassen. »Setzen Sie den Veränderungen Ihrer Atmung keinen Widerstand entgegen«, bat ich sie.

Sie atmete nun in tiefen Zügen. Dann wurde ihre Atmung schneller – es hörte sich so an wie bei einem Güterzug, der auf Touren kommt. Ich war etwas beunruhigt, doch es sah so aus, als sei ein organischer, natürlicher Prozeß in Gang gekommen, und so griff ich nicht ein. Ihre Atmung beschleunigte sich weiter; sie streckte ihre Arme zur Decke aus. Ihre Augen öffneten sich weit und blickten in die Ferne, so als stünde sie im Bann einer höheren Macht. In diesem Augenblick erreichte ihre Atmung den Höhepunkt und wurde dann wieder langsamer. Die Veränderung in ihrem Gesichtsausdruck war frappierend. Alle Sorgenfalten waren verschwunden, und an ihre Stelle war strahlende Gelassenheit getreten. »Ich fühle mich großartig«, sagte sie. »Was ist geschehen?« Ich murmelte irgendeine Erklärung vor mich hin, und versicherte ihr (und mir selbst), daß dies ein völlig natürliches und wohltuendes Erlebnis sei. Spontan fielen ihr mehrere kreative Lösungen für ihre Probleme ein, und nachdem wir besprochen hatten, wie sie einige praktische Änderungen in ihrem Leben vornehmen konnte, verließ sie mein Sprechzimmer in

bester Stimmung. Doch damit nicht genug: Ein paar Tage
später rief sie mich an und teilte mir mit, daß ihre Ängste
vollkommen verschwunden seien. Ich freute mich und war
dankbar, aber nicht wirklich überrascht. Denn ich wußte in
jeder Zelle meines Körpers, daß sie in dem Augenblick Los-
lösung und Freiheit erfahren würde, in dem sie sich öffnete
und voll darauf einließ, was in ihrem Inneren vorging. Darüber hinaus hatte ich gesehen, wie sich ihr Gesichtsausdruck
gewandelt hatte, als sie sich dazu entschied, »bei« ihrer Angst
zu sein, anstatt sich ihr zu widersetzen. Ein besseres Indiz als
dieses kann sich der Therapeut nicht wünschen. Selbst heute,
nachdem ich viele Tausende von tiefgreifenden und spontanen Veränderungen erlebt habe, bin ich immer noch tief
bewegt von den Geschehnissen jener ersten Sitzung.
Im Laufe der darauffolgenden zwei Jahre befaßte ich mich
eingehend mit der Frage, welche Rolle der Atmung im Rahmen einer Therapie zukommt. Ich beobachtete die Atmungs-
muster meiner Klienten während der Sitzung und identifizierte dabei die am häufigsten vorkommenden Störungen im
Atemprozeß. Manche Menschen, so stellte ich fest, neigen
dazu, den Atem anzuhalten. Steigen in ihnen Gefühle auf, so
beschneiden sie ihre Atmung, um auf diese Weise ihre Emotionen unter Kontrolle zu bekommen. Andere Menschen
atmen verkehrt herum. Bei der gesunden Atmung hebt sich
die entspannte Bauchdecke mit dem Einatmen. Menschen,
die verkehrt herum atmen, spannen ihre Bauchmuskulatur
beim Einatmen an und drücken damit ihren Atem hoch in
den oberen Brustraum hinauf. Dieses Muster ist bei Asthmapatienten besonders deutlich wahrzunehmen, kann aber auch
sonst in abgeschwächter Form häufig beobachtet werden.
Andere Menschen sind chronische Flachatmer. Sie scheinen
niemals einen tiefen Atemzug zu machen und müssen von
Zeit zu Zeit tief seufzen, um genug Luft zu bekommen.
Schon bald lernte ich, daß sich mit der Atmung in der

Therapie zweierlei erreichen läßt. Kam ein Klient zu mir, der vor Aufregung und Unruhe zitterte, wurde dieser schon nach kurzer Zeit gelassen, wenn ich ihm zeigte, wohin er atmen sollte (in den Bauch und nicht in die Brust), und ihm geholfen hatte, seine Atmung auf acht bis zwölf Atemzüge pro Minute zu verlangsamen. Diese Vorgehensweise war auch bei depressiven Klienten erfolgreich. Das langsame, tiefe Atmen in den Bauch führte manchmal schon nach wenigen Minuten zu einer Linderung der Depression und brachte dem Klienten mehr Energie. In jenen Anfangsjahren verwandte ich viel Zeit darauf herauszufinden, wie man den Menschen beibringt, richtig zu atmen. Auch heute noch ist die Atmung einer der Schwerpunkte unserer Therapie.

Die zweite Anwendungsmöglichkeit für die Atmung lag in der *Katharsis*, dem griechischen Wort für »Reinigung«. Der einfache Prozeß, den ich für kathartische Atmung entwickelte, bestand darin, den Klienten schneller statt langsamer atmen zu lassen. Hielt der Betreffende beispielsweise den Atem an, um seine Trauer unter Kontrolle zu halten, forderte ich ihn auf, schneller zu atmen, um so durch das Gefühl »hindurchzuatmen«. Wenn ich alles richtig machte (und zudem das Glück hatte, auf einen bereitwilligen Klienten zu treffen!), gelang es so, die unterdrückte Emotion zutage treten zu lassen. Der Klient weinte dann für gewöhnlich oder wurde wütend; die aufgestaute Emotion löste sich dabei relativ schnell auf, und an ihre Stelle trat ein Zustand der Gelassenheit.

Etwa um diese Zeit sah ich einen Film über den verstorbenen Gestalttherapeuten Fritz Perls. Was mir besonders an seiner Arbeit ins Auge stach, war seine Art, wie er während der Schilderungen eines Klienten durch Bemerkungen zu dessen Körpersprache unter die verbale Ebene vorzudringen vermochte. Er sagte beispielsweise: »Schauen Sie einmal, wie Sie an Ihrem Fingernagel zupfen« oder »Tapp, tapp, tapp macht der Fuß«, während sein Klient über etwas Abstraktes sprach. Oftmals tat er dies mit stichelnden Worten, so daß der Klient wütend auf ihn wurde, doch auf diese Weise brachte er zusätzliche Energie in die Sitzung ein. So fing auch ich an, mich ernsthaft mit der Körpersprache zu befassen, und dies sollte sich schon bald auszahlen. Ich stellte fest, daß meine Klienten oft mit ihrem Körper genau zu erkennen gaben, wo sie ihr jeweiliges Problem erlebten. So signalisierte ein Augenzucken beispielsweise selbst dann Trauer, wenn der Klient sein Bestes tat, um diese zu verbergen. Eine Hand, die unbewußt zum Bauch wanderte, ließ darauf schließen, daß der Klient Angst hatte.

Zu jener Zeit waren viele Bücher über Körpersprache auf dem Markt, die sich in lächerlichen Verallgemeinerungen ergingen. Wenn ein Mensch seine Beine auf diese oder jene Weise übereinanderschlug, so stand darin zu lesen, hatte es etwas Bestimmtes zu bedeuten, kreuzte er sie dagegen an den Fußgelenken, dann hieß das etwas anderes. Wegen solcher Bücher hatte ich das ganze Thema verworfen, doch nun mußte ich meine Ansicht revidieren. Bewegungsmuster hatten tatsächlich eine Bedeutung, und es waren sogar gewisse Verallgemeinerungen möglich, sofern man die individuellen Unterschiede der Körpersprache sorgfältig studierte. So arbeitete ich schließlich selbst mit einer ständigen Beobachtung der Körpersprache, war dabei jedoch stets auf der Hut, diese nicht zu interpretieren, sondern als Mittel einzusetzen, meine Klienten in Kontakt mit ihren verborgenen Gefühlen zu bringen.

Nachdem ich ein bis zwei Jahre eigene Erfahrungen gesammelt hatte, begann ich, mich nach anderen Systemen der Körpertherapie umzusehen. Ich hatte so gut wie nichts mitbekommen von den neuen Körpertherapien der sechziger Jahre wie Rolfing und Bioenergetik. Dies lag zum Teil an der traditionellen Ausrichtung meines Studiums an den Universitäten von New Hampshire und Stanford. Doch selbst wenn ich solche Techniken gern ausprobiert hätte, wäre dies angesichts meines knapp bemessenen Studentenbudgets sehr schwierig gewesen. Selbst nachdem ich meine Lehrtätigkeit in Colorado aufgenommen hatte, konnte ich nur wenig Geld für mein persönliches Wachstum erübrigen, denn die Tilgung der Studentendarlehen aus meiner Zeit in Stanford schlugen damals noch ziemlich zu Buche. Doch Lesen kostet nichts, und so las ich alles, was ich über dieses Thema finden konnte. Es kamen an die 200 Bücher zusammen, nicht zuletzt dank der entgegenkommenden Hilfe seitens der Angestellten der Universitätsbibliothek, die mir im Rahmen des Bibliothekenaustauschprogramms Werke von überall her – selbst aus Schottland – beschafften. Ich befaßte mich so eingehend mit der Literatur über die Körpersprache zum einen, weil ich das Rad nicht neu erfinden wollte, und zum anderen, weil ich Bestätigung für meine eigenen neugewonnenen Ideen suchte. Was ich als allererstes feststellte, war, daß Körpertherapeuten so ziemlich die schlechtesten Schriftsteller sind, die die Welt zu bieten hat. Was begnadete Therapeuten wie Moshe Feldenkrais, Wilhelm Reich, Ida Rolf und John Pierrakos zu Papier brachten, war faszinierend, doch oft unklar in der Formulierung und mühsam zu lesen. Reich war zugleich der brillanteste und schlechteste Autor. Auf ein und derselben Seite wechselte er gelegentlich von brillanter klinischer Einsicht zu eifernden Ergüssen, die sich anhörten wie die Worte eines paranoiden Straßenpropheten. Nach dem Studium der einschlägigen Literatur gelangte ich zu dem Schluß, daß die wichtigsten Erkenntnisse auf diesem Gebiet wohl mündlich überliefert wurden.

So machte ich es mir zum Ziel, alle Pioniere auf diesem Gebiet, die ich ausfindig machen konnte, aufzusuchen, um persönlich von ihnen zu lernen. Mit diesem Entschluß traf ich genau ins Schwarze. Mein Verstand ist außerordentlich gut darin, aus direkter Beobachtung Prinzipien abzuleiten. Ich kann dabei zusehen, wie jemand etwas tut, und sofort das dahinterstehende Prinzip erklären. Ich besuchte also eine Reihe körperorientierter Therapeuten, sah ihnen bei ihrer Arbeit genau »auf die Finger« und faßte das, was sie taten, in einleuchtenden Prinzipien zusammen. Ich hatte mehrmals Gelegenheit, zu illustren Persönlichkeiten, wie etwa Alexander Lowen, zu sagen: »Ich würde gerne Ihre Meinung zu folgendem Gedanken hören. Es sieht so aus, als stünde die folgende Theorie hinter Ihrer Vorgehensweise ...« und dann die Antwort zu erhalten: »Unter diesem Aspekt habe ich das eigentlich nie betrachtet, doch genau darum geht es mir dabei.« Diese Art der Rückbestätigung lernte ich aus Filmaufnahmen von Größen unseres Fachs wie Fritz Perls, den ich nur bei wenigen Gelegenheiten »live« erleben durfte, und lebenden Meistern wie John Pierrakos, Alexander Lowen und Virginia Satir.

Während ich mich eingehend mit der einschlägigen Fachliteratur befaßte und alle begnadeten Therapeuten aufsuchte, die ich ausfindig machen konnte, erforschte ich gleichzeitig die Welt meines eigenen Körpers. Mein Hauptaugenmerk galt dabei in jenen Tagen meinem Atem. Ich verbrachte Stunden damit, mich auf dem Boden liegend durch viele Schichten von Gefühlen »hindurchzuatmen«. Ich lenkte meinen Atem in die lebendige Hölle der Einsamkeit, der Wut und der Eifersucht; und ich gelangte über den Atem in exaltierte Bewußtseinszustände strahlender Ekstase. Ich beobachtete Dutzende von Säuglingen beim Atmen, um das Atmen von Grund auf zu studieren. Bei der Arbeit mit meinen Klienten ging ich in fast jeder Sitzung auf die Atmung ein. Ich ließ sie hauptsächlich ihren Atem dorthin lenken, wo ihre Gefühle in körperlichen Empfindungen zum Ausdruck kamen. Manchmal dauerte dies nur wenige Atemzüge lang, und dann wieder nahm die Atemarbeit einen Großteil der Sitzung in Anspruch.

Ich war zunehmend fasziniert von der Arbeit Wilhelm Reichs. Ich verschlang sein aus etwa einem Dutzend teilweise schwer beschaffbarer Bände bestehendes Gesamtwerk. Er war ein Pionier, was den Einsatz von Atemarbeit in der Therapie anbelangt – zumindest in diesem Jahrhundert. Es ist schon erstaunlich, daß er sich bereits in den zwanziger Jahren damit befaßt hat, zu einer Zeit also, da man noch sehr viel konservativer dachte. Er machte auch eine klinische Entdeckung, die sich prägend auf die künftige Therapiearbeit auswirken sollte, ihm selbst jedoch wenig oder gar keinen Ruhm einbrachte. Er sagte, man solle sorgfältig auf die Körpersprache des Klienten achten, denn es käme nicht darauf an, *was* ein Mensch sagte, sondern *wie* er es sagte. Entschuldigt sich ein Klient beispielsweise mit den Worten »Entschuldigen Sie meine Verspätung« und setzt dabei ein verlegenes Grinsen auf, so sollte uns vor allem ebendieses Grinsen auffallen und unsere weitere Vorgehensweise dem Klienten gegenüber bestimmen. Heute weiß dies natürlich jeder gute Therapeut, doch damals war dieser Schritt etwas so radikal Neues, daß sich Freud und Reich deswegen überwarfen. Freud vertrat den Standpunkt, daß ein Therapeut, der sich mit dem Prozeß anstatt mit dem Inhalt auseinandersetze, mit dem Feuer spiele. Er zog es vor, auf Nummer Sicher zu gehen, selbst wenn dies der langsamere Weg war. Dieser Standpunkt führte dazu, daß die orthodoxe Freudsche Psychoanalyse heute zum Museumsstück geworden ist.

Im Rahmen der Erkundung meines eigenen Körpers ließ ich mich rolfen, nahm Yogaunterricht, machte bei afrikanischen Tanzgruppen mit und befaßte mich aktiv mit Tanztherapien. In den siebziger Jahren wohnte ich jahrelang in einer winzigen Wohnung und fuhr einen VW-Käfer, weil ich jeden Pfennig in mein persönliches Wachstum investierte. Während all dieser Zeit arbeitete ich weiter an der Erforschung meines eigenen Atems. Mit der Zeit wurde mir bewußt, daß ich dabei

allein nur bis zu einem bestimmten Punkt gelangen konnte,
und so wandte ich mich nach längerem Suchen schließlich an
eine Reichsche Therapeutin, die man mir als eine der besten
auf diesem Gebiet empfohlen hatte. Die erste Sitzung mit ihr
ist es wert, an dieser Stelle eingehend erwähnt zu werden.
Dr. Miller war damals Ende 30. Ich war zunächst wie vor den
Kopf gestoßen von ihrer zwischen Schroffheit und übertrie-
bener Zuvorkommenheit pendelnden Art. Von einem Augenblick zum nächsten wechselte sie zwischen »Oh, Sie Ärm-
ster« zu »Wie konnten Sie nur so ein Idiot sein?!« Ich weiß
noch immer nicht, ob dies ihre Technik war, um bei ihren
Klienten Emotionen in Gang zu bringen, oder ob es sich
dabei um einen besonderen Charakterzug handelte. Ich glaube, es war letzteres, denn auch ihr Privatleben schien eine
ziemliche Katastrophe zu sein.

Nachdem ich ihr meine Gedanken und Ziele beschrieben
hatte, forderte sie mich auf, mich auf einer dicken Schaum-
stoffmatte hinzulegen. Sie bat mich, tief durch den offenen
Mund zu atmen. Während ich atmete, klopfte sie verschiedene Stellen meines Körpers ab. Sie klopfte, und ich atmete.
Nach etwa 20 Minuten fühlte ich, wie sich durch das Atmen
ein Kribbeln in meinen Armen und Beinen ausbreitete. Sie
wanderte mit ihrer Hand nun in die Gegend des Solarplexus
und streichelte ihn sanft (ich hatte mein Hemd ausgezogen),
während ich weiter atmete. Plötzlich fühlte ich in mir eine
Welle von Energie, ähnlich wie sie einem Orgasmus voraus-
geht, wenn auch diesmal keine sexuellen Empfindungen damit einhergingen. Es war nichts als reine Energie. »Machen
Sie irgendeinen Ton«, sagte sie. Ich öffnete den Mund und
fing an zu schreien. Auf einmal überwältigten mich Ton und
Atem, und ich fing an, unkontrolliert und noch lauter zu
schreien. Welle um Welle durchströmte mich die Energie und
brachte jedesmal einen Schrei mit sich. Ich hatte keine Ahnung, warum ich so schrie, und es waren keine Gedanken

damit verknüpft. Es war ein ganz sonderbares Gefühl, denn ich hatte den Eindruck, daß mein Körper es von ganz allein tat, ohne daß ich irgendeinen bewußten Anteil daran hatte. Nach ein paar Minuten hörten das Schreien und der Energiestrom unvermittelt auf. Dr. Miller ließ mich etwa zehn Minuten lang ruhen und bat mich dann, wieder aufzustehen. Wir beendeten die Sitzung, indem wir uns gegenüber standen und Augenkontakt aufnahmen.

Ich arbeitete nur kurz mit Dr. Miller, weil sie schon bald in einen anderen Teil der Vereinigten Staaten zog. Später hörte ich, sie sei nach Indien gegangen, um Schülerin des berühmten Gurus und Rolls-Royce-Besitzers Rajneesh zu werden. Jene erste Sitzung aber werde ich nie vergessen, denn nie wieder habe ich etwas Vergleichbares erlebt. Mitte der siebziger Jahre suchte ich über ein oder zwei Jahre hinweg mehrere andere Therapeuten auf, die mit Reichschen Techniken oder auf dem Gebiet der Bioenergetik arbeiteten. Ich nahm an Seminaren und Trainingskursen mit Leuten wie John Pierrakos teil, der bei Reich selbst in Therapie gewesen war. Meine Erfahrungen mit Reichianern der zweiten Generation ließen mich zu der Überzeugung gelangen, daß Reich einer der ganz großen kreativen Pioniere unseres Faches ist. Ich finde es erstaunlich, daß Reich bei der traditionellen Schule auf so wenig Gegenliebe stößt. Es liegt wohl zum einen daran, daß sich viele klassisch ausgerichtete Fachkollegen vor einer Auseinandersetzung mit dem Körper scheuen, zum anderen wohl aber auch an Reich selbst. Er hatte eine Vorliebe dafür, Menschen vor den Kopf zu stoßen, gepaart mit einem paranoiden Hang, den ich auch bei manchen seiner Schüler beobachtet habe. Daß er kein gutes Ende nehmen würde, war angesichts der massiven blinden Flecken in seinem Charakter unvermeidbar. Heute ist die orthodoxe Reichsche Therapieschule zu einer Kultbewegung voller Spaltungen, gegenseitiger Verunglimpfungen, Querelen und »Wahrheitsapostel« geworden. In den siebziger Jahren gab es einmal eine Zeit, da es auf dem Buchmarkt der Vereinigten Staaten ganze zwei Bücher über Reichs Therapie gab, wobei das eine zum überwiegenden Teil aus beißender Kritik gegen das andere bestand. Dies hört sich mehr nach einem Religionskrieg als nach einem therapeutischen Ansatz an. Leider wurde diese wirksame und potentiell sehr nützliche Lehre von einer Anhängerschaft in Mißkredit gebracht, die mehr Wert auf persönliche Querelen legte als darauf, der Fachwelt und der breiten Öffentlichkeit zu zeigen, welches Genie Reich war.

Ich hatte mich auf den Weg gemacht in der naiven Illusion, ein großer Therapeut müsse auch in seinem Privatleben das Glück gepachtet und in sich selbst ein hohes Maß an persönlicher Integrität verwirklicht haben. Doch schon wenige Besuche bei verschiedenen Größen unseres Fachs beraubten mich dieser Idealvorstellung. Ich bin ein wenig traurig, dies zu schreiben, vor allem wenn ich an Virginia Satir denke, die sicherlich zu den einfühlsamsten und begnadetsten Therapeuten meiner Zeit gehörte. Gleichzeitig war sie jedoch nie in der Lage, Liebe in dem Maße anzunehmen, wie sie sie zu geben bereit war. Als sie schließlich ihrem Krebsleiden erlag, war sie völlig vereinsamt. Es war verwirrend zu erleben, wie ein Mensch wie Moshe Feldenkrais wahre Wunder an einem Klienten verbrachte und sich anschließend in stundenlangen gereizten oder gar zornigen Tiraden gegen einen Kollegen erging, der eine seiner Ansicht nach dumme Frage gestellt hatte.

Noch schlimmer aber war es um die Integrität bestellt. Viele, wenn nicht gar die meisten der genialen Therapeuten, die ich in den siebziger Jahren aufsuchte, hatten enorme blinde Flecken in bezug auf ihre Integrität. Sie ließen sich auf krumme Finanztransaktionen ein, schliefen mit ihren (Klient(inn)en und Student(inn)en, und in einem Fall wurde gar ein Kollege in der Hitze einer Auseinandersetzung erschossen. Befragte ich die »Jünger« jener Therapeuten über ein derartiges Fehlverhalten, erhielt ich so gut wie immer bedenkliche Antworten, etwa nach folgendem Schema: »Na klar, er ist ein Dieb – oder ein Schwein oder ein Alkoholiker –, doch darüber muß man hinwegsehen, um den wahren Genius in ihm zu erkennen.« Ich fragte mich: Warum muß man darüber hinwegsehen? Taugt das System wirklich, sollte es dann nicht auf Integrität fußen? Wir leben in einer Zeit, in der wir eigentlich von unseren Leitfiguren erwarten sollten, daß sie in ihrem Leben das verwirklichen, was sie ihren Klienten predigen. Aus diesem Grunde widmen wir bei Fachausbildungen ein Drittel der uns zur Verfügung stehenden Zeit dem Thema Integrität, damit unsere Studenten auch ganz sicher lernen, daß die Grundvoraussetzung für die Arbeit mit den hocheffektiven Techniken der körperzentrierten Therapie ein hohes Maß an persönlichem Verantwortungsbewußtsein ist.

1975 entdeckte ich eine weitere Atemtechnik, die schon bald darauf in New-Age-Kreisen populär werden sollte. Das Jahrestreffen der Gesellschaft für Humanistische Psychologie fand in jenem Jahr in Colorado statt; ich nahm daran teil, um einen Vortrag und ein Seminar über einen therapeutischen Ansatz zu halten, den ich in jener Zeit gerade entwickelte. Das Treffen war hochkarätig. Es kamen viele interessante Menschen, und das Programm bot viel Raum für Kreativität. Werner Erhard war da und sprach über seine damals neue Methode, und auch andere Vorreiter wie Ida Rolf, Rollo May und Virginia Satir waren mit dabei. Ein Mann etwa in meinem Alter hielt einen Vortrag über etwas, das er Rebirthing nannte. Ich hatte noch nie davon gehört, doch irgend jemand sagte mir, es habe mit Atmen zu tun und käme aus Kalifornien – das war sicher interessant für mich! Ich stand ganz hinten im Saal und hörte mir einen Teil des Vortrages von Leonard Orr an. Seine Art, zu sprechen und seine Äußerungen mit tiefen, hörbaren Seufzern zu untermalen, erschien mir recht sonder-

bar, doch was er sagte, war in der Tat hochinteressant. Er
meinte, er habe Rebirthing entdeckt, als er in der Badewanne
saß und atmete. Mit Hilfe der Atmung habe er seine Geburt
noch einmal durchlebt, und dies habe sich stark auf sein
gegenwärtiges Leben ausgewirkt. Er war eigentlich Ge-
schäftsmann und kein Therapeut, doch seine Einsichten
stimmten weitgehend mit meinen eigenen überein.
Kurz nach jenem Treffen kam mir zu Ohren, daß Leonard
Orr im Hause eines meiner Freunde zu Besuch war. Ich
suchte ihn auf und nahm an einem Rebirthing-Kurs teil, um
ihn bei seiner Arbeit zu beobachten. Ich machte eine Einzel-
und zwei Gruppensitzungen, die zwar angenehm verliefen,
jedoch keine Geburtserfahrungen zutage förderten. Dies war
das einzige Mal, daß ich mit Rebirthing in Berührung kam.
Während es für mich selbst wie gesagt durchaus angenehm,
aber wenig tiefschürfend war, berichteten andere von Geburtserfahrungen und anderen starken Energieerlebnissen,
die das Ganze lohnenswert für sie gemacht hätten.
Kurze Zeit später begegnete ich einem weiteren Fachkollegen, der sich mit der Atmung befaßte: Stanislaf Grof, der
Tausende von LSD-Therapiesitzungen durchgeführt hatte.
Er hatte offensichtlich in den siebziger Jahren ebenfalls sein
Interesse für das Transformationspotential des Atems entdeckt. Mehrere Teilnehmer meiner damaligen Atemseminare
berichteten von Grofs Seminaren und davon, daß dieser mit
tiefer Atmung arbeitete. Stan und ich verglichen unsere Ansätze auf verschiedenen Konferenzen, bei denen wir beide
Vorträge hielten. Er war der Ansicht, Atmung sei ebenso
effektiv wie LSD, wenn es darum ginge, das Bewußtsein zu
verändern oder zu erweitern. Er ließ seine Klienten etwa zwei
Stunden tief atmen und setzte zusätzlich zwei Techniken ein,
die seiner Ansicht nach die mit der Atemarbeit einhergehende
Erfahrung weiter vertieften. Zum einen handelte es sich dabei
um extrem laute Musik während des Atmens und zum ande-

ren um das Malen von Bildern mit Wachsmalkreiden nach der Sitzung. Ich berichtete ihm, daß wir nicht mit lauter, sondern mit sanfterer »Space«-Musik arbeiteten und daß wir nach der Sitzung zur Integration und Erdung afrikanischen Tanz und expressive Bewegung einsetzten. Ferner sagte ich ihm, daß wir unsere Klienten nur eine Stunde lang atmen ließen, weil längere Sitzungen zwar stimulierend, jedoch schwieriger in den Alltag zu integrieren seien.

Auch heute – nach 20jähriger Erfahrung mit Atemsitzungen – sind wir der Ansicht, daß eine Stunde atmen genügt. Bei unserem Institut gehen immer wieder Anrufe von Menschen ein, die kurz zuvor an einem Wochenendseminar in Rebirthing oder irgendeiner anderen Atemtechnik teilgenommen haben und sich im Anschluß daran unausgewogen fühlten. Das Problem ist dabei in der Regel zu langes und zu tiefes Atmen. Es ist einfach, jemanden sehr »high« zu machen, indem man ihn ein paar Stunden hintereinander tief atmen läßt, doch es ist alles andere als leicht, ihn anschließend wieder zur Erde, zur Realität, zurückzubringen und die Erfahrungen zu integrieren. Ich bin sehr fasziniert von Grofs schriftlichen Arbeiten, besonders von zwei Büchern zu seiner LSD-Forschung. Da ich jedoch seine Atemarbeit weder an mir selbst erlebt habe noch bei irgendeiner seiner Sitzungen als Zeuge zugegen war, kann ich aus persönlicher Erfahrung nichts darüber sagen.

Abgesehen von dem, was ich bei all meinen Experimenten am eigenen Leib erfahren habe, verdanke ich das meiste Wissen meinen vielen Klienten. Am besten lerne ich durch das Beobachten und die praktische Arbeit, und so schulde ich ihnen den größten Dank. Ich verbrachte einen Großteil der achtziger Jahre mit der Verfeinerung unserer Techniken, indem ich genau analysierte, was bei meinen Klienten funktionierte und was nicht. Erst nachdem wir die Daten von mehreren tausend Teilnehmern in der körperzentrierten Gruppen- und Einzeltherapie zusammengetragen hatten, setzten wir uns hin, um dieses Buch zu schreiben, wenn uns auch die Gedanken und Ideen selbst schon seit vielen Jahren beschäftigten.

Es gab Zeiten, in denen ich die Atmung für *das* Instrument der körperzentrierten Therapie hielt, bis ich 1980 Kathlyn kennenlernte. Ihre inspirierende Gegenwart und ihre unglaubliche Feinfühligkeit für die Bedeutung von Bewegungen bewirkte bemerkenswerte Transformationsprozesse bei den Klienten, mit denen sie arbeitete. Beim Beobachten ihrer Arbeit wurde mir klar, daß Bewegung ein ebenso effektives Mittel zur Veränderung ist wie das Atmen.

## Kathlyns Geschichte

Wie bei Gay wurden womöglich auch bei mir sehr früh die Weichen für meine spätere Arbeit als Körpertherapeutin gestellt. Vor einigen Jahren gab mir meine Mutter mein Babytagebuch, das sie für mich aufbewahrt hatte. Beim Lesen des ersten Eintrags mußte ich lachen: »Kathy liebt es, ihr Haar zu bürsten und sich in ihrem Bettchen hochzuziehen, um zu tanzen.« Ich hätte also auch Friseuse werden können, doch ich bin froh, daß mich mein Weg zur Erkundung der Bewegung geführt hat. Als Kind faszinierte es mich, das Verhalten von Menschen zu beobachten. Die unendliche Vielfalt von Rhythmus und Haltung, Impuls und Spannung waren der Morsekode eines Mysteriums, das ich unbedingt erforschen wollte. Es schien eine Art Schlüssel dafür zu geben, wie das Leben in den stillen Zwischenräumen zwischen den Worten, in den Nuancen des Ausdrucks, funktioniert. Oft fragte ich mich: Warum ist der Ausdruck dieses Menschen so ganz anders als das, was er uns mit seinen Worten vermittelt? Wenn der Anführer unter uns Kindern mit dem Kopf schüttelte – so fiel mir auf –, taten fünf oder sechs andere es ihm gleich, fast wie bei Dominosteinen, die alle umfallen, wenn der erste fällt. Ich befaßte mich besonders eingehend mit den Diskrepanzen zwischen dem, was die Menschen sagten, und dem, was sie taten. Mir fiel auf, daß die meisten sich ihrer Manierismen, Ticks und charakteristischen Reaktionsweisen nicht bewußt waren. Als Ergebnis intensiver »Studien« führten mein jüngerer Bruder und ich meiner Mutter ausgefeilte Imitationen ihrer Freunde und gelegentlich – wenn wir besonders mutig waren – ihrer eigenen Seufzer und entnervten Ausrufe vor. Am meisten interessierte mich das, was unter der Oberfläche lag, die Bedeutung, die hinter allem stand. Es mag vielleicht ein wenig zu ernst für eine Neunjährige klingen, doch bereits damals war ich entschlossen, mein Leben frei von jenen unbewußten Mustern zu gestalten, die offensichtlich von Großmüttern und Müttern, vom Fernsehen und von Klassenkameraden weitervermittelt wurden. Wenn ich es auch damals sicher noch nicht so formuliert hätte, hatte ich den Entschluß gefaßt aufzuwachen, um das Leben in all seiner Vielfalt von Bedeutung und Ausdruck zu erfahren.

Heute ist mir bewußt, daß die Spiele, die ich mir damals ausdachte – vor allem gemeinsam mit meiner besten Freundin Linda –, oftmals dazu dienten, andere Bewußtseinsdimensionen zu erkunden. So spielten wir einen ganzen Sommer lang immer wieder ein und dasselbe Spiel, bei dem eine von uns mit geschlossenen Augen im Zimmer saß und sich die andere mucksmäuschenstill versteckte. Dann versuchten wir, immer noch mit geschlossenen Augen, das Versteck zu erraten. Dabei interessierte uns vor allem, wie schnell wir einander im Raum lokalisieren konnten. Wir riefen uns auch oft an und fragten als erstes: »Wolltest du mich auch gerade anrufen?« Und es machte uns großen Spaß, wenn die Antwort ja lautete. Linda war eine geniale Schauspielerin, und so verbrachten wir auch viel Zeit damit zu raten, welchen Lehrer oder Klassenkameraden sie imitierte. Ich war damals eher schüchtern, doch sie brachte mich dazu, aus mir herauszugehen, auf und ab zu stolzieren und dabei die sonderbarsten Laute von mir zu geben, bis wir uns beide vor Lachen auf dem Boden wälzten. Wie viele andere Mädchen versuchte auch ich, die Schwerkraft mit Hilfe des Mediums Ballett zu überwinden. Leider – oder glücklicherweise – war ich mit einem eher kräftigen (gelegentlich auch »molligen«) Körper gesegnet; außerdem hatte ich Probleme mit den Füßen, so daß ich jahrelang Spezialschuhe tragen mußte, und solche X-Beine, daß mir die Kniescheiben in regelmäßigen Abständen heraussprangen und ich ungraziös auf den Boden plumpste. Doch ich tanzte sehr gerne, und so suchte ich nach anderen Möglichkeiten, meine Freude an der Bewegung zum Ausdruck zu bringen. Ich nahm an einer Step- und Volkstanzgruppe teil und besuchte die von der Schule angebotenen Tanzkurse. An der High-School hatte ich eine wundervolle Lehrerin, die meine Augen für den kreativen Fluß zwischen Ausdruck und Bewegung öffnete. Höhepunkt meiner Schultanzkarriere war die Aufführung eines Stückes, das ich »Der Nieser« nannte.

Meine formale Ausbildung zur Bewegungstherapeutin begann Ende der sechziger Jahre mit der in Kapitel 11 beschriebenen »zufälligen« Begegnung mit Joan Chodorow (die damals noch Smallwood hieß). Joan war über ihre intensive Zusammenarbeit mit Trudi Schoop und Mary Whitehouse, zwei Pionieren auf diesem Gebiet, vom Tanz zur Tanztherapie gekommen. Heute ist Joan darüber hinaus Jungsche Analytikerin. Gleich als ich das erstemal bei einer Tanztherapiesitzung zusah, wußte ich, daß dies *der* Beruf für mich war, und ich stellte mein Leben völlig auf den Kopf, um dem Rechnung zu tragen. Ich schrieb die englische Literatur und meine geplante Karriere als Professorin in den Wind und belegte ein damals völlig neues, unabhängiges Hauptstudienfach – kinetische emotionale Kommunikation. Ich glaubte, hiermit mein gesamtes Interessengebiet der Transformation durch Bewegung abdecken zu können. Ich organisierte meinen Tagesablauf so, daß ich während meiner Ausbildung soviel Zeit wie möglich mit meinem kleinen Sohn verbringen konnte, und erlegte mir einen strikten Zeitplan auf.

Als meine Diplomarbeit – eine Untersuchung der Bewegungstherapie aus verschiedenen Blickwinkeln der Psychologie – fertig war, zeigte Joan sie ihrem Chef. Ich erhielt daraufhin eine Einladung von der Klinik, an der Joan arbeitete. Es handelte sich hier um eine echte therapeutische Gemeinschaft im experimentellen Stil der sechziger Jahre. Die Patienten führten in einem separaten Haus auf dem Klinikgelände in eigener Regie den Haushalt, nahmen an Therapiebesprechungen teil, wo sie Einsicht in all ihre Unterlagen nehmen konnten, und beteiligten sich neben einer eher traditionell orientierten Einzel- und Gruppentherapie an Kunst-, Tanz- und Schreibtherapien. Diese Politik der offenen Tür spiegelte den Höhepunkt der sozialliberalen Welle der damaligen Zeit ebenso wider wie das chaotische Prinzip des »Kreierens im Prozeß«, dem viele alte Paradigmen zum Opfer fielen. Anstatt Medikamente zu verordnen, verbrachten die Klinikmitarbeiter bei psychotischen Anfällen 24 Stunden am Tag mit ihren Patienten. Für den Speisesaal im Patientenhaus mußten einmal sogar neue Möbel gekauft werden, nachdem einer der Patienten dort in einem Wutanfall randaliert und alles kurz und klein geschlagen hatte. Meistens überwanden die Patienten jedoch in dieser ästhetisch sehr ansprechenden und offenen Umgebung in relativ kurzer Zeit Krankheiten, die normalerweise nur schwer in den Griff zu bekommen sind. Was mir besonders an der Klinik gefiel, war das klinikeigene Tanz- und Bewegungsstudio mit Holzfußboden, Orffschen Instrumenten und einer der ersten Videoanlagen, die auf dem Markt erhältlich war. Nachdem ich einige Wochen lang an den Therapiebesprechungen teilgenommen hatte, bat man mich um meine Mitarbeit im Tagesbehandlungspro-

gramm. Die Betreuung der Tanztherapiegruppe, ein paar
Einzelpatienten und Krankenhausbesuche kamen hinzu.
Nach etwa einem Monat erkannte ich halb mit Angst, halb
mit freudiger Erregung, daß ich mich mitten in der Ausbildung als Joans erste Studentin befand. Das war 1969–1970.
Zu jener Zeit gab es noch keinen akademischen Studiengang
mit der Möglichkeit eines Abschlusses in Bewegungstherapie,
obgleich das Fachgebiet bereits in den vierziger Jahren einge-
führt worden war. Heute laufen verschiedene Doktoranden-
programme mit festgelegten Curricula und Lehrsequenzen.
Es haben sich mittlerweile sogar konkurrierende Lehrmei-
nungen darüber herausgebildet, wie man sich in der Tanztherapie richtig verhält und wieviel oder wie wenig der Therapeut
während einer Sitzung sprechen sollte. Wir waren damals
noch damit befaßt, geeignete Lehrmethoden zur Vermittlung
einer so diffizilen Kunst zu entwickeln.

Die Gesprächstherapie erfordert eine ganze Reihe komplexer
Fähigkeiten und Kenntnisse, stellt jedoch nur geringe Anforderungen an den Körper. Bei der Bewegungstherapie ist der
gesamte Körper das Medium des In-Beziehung-Tretens. Der
Therapeut teilt sich über die Intelligenz und unter Einbeziehung von Verstand *und* Bewegung mit und fordert den
Klienten so zur Selbsterkundung auf. Dies hat sich in meiner
Erfahrung als wesentlich schwieriger dargestellt als die *Theorie*
des Heilens durch gemeinsame Bewegung. Meine eigenen
unbearbeiteten Gefühle traten zutage, es meldeten sich Kör-
perbereiche, die ich mir nicht zu eigen gemacht hatte, und
ich neigte dazu, meine eigenen inneren Konflikte in die Arbeit
mit meinen Patienten hineinzutragen. Ständige fachliche
Kontrolle, weiterer Unterricht in Bewegungstechniken und
die Therapiebesprechungen halfen mir dabei, mit der Zeit
reifer zu werden. Jahrelang hatte ich aber immer wieder
Phasen, in denen ich mir sagte: »Ich schmeiße alles hin und
werde Sekretärin. Da weiß ich wenigstens, was ich tue!«

An Joans Vorbild und unter ihrer Anleitung lernte ich das Alphabet der Bewegungsmöglichkeiten. Zu diesem Rüstzeug gehörten die Formen und Eigenschaften, die ein gesunder Körper zum Ausdruck bringen kann, ebenso wie optimale Entwicklungssequenzen. In der Tanztherapiegruppe konzentrierten wir uns in der Regel auf die Erkundung einer bestimmten Bewegungsdynamik, wie das Dehnen und Sichzusammenziehen, oder auf das Zusammenspiel mehrerer Teilnehmer in einer »menschlichen Bewegungsmaschine«. Manchmal zeigte uns Joan einen Volkstanzschritt, den jeder leicht lernen konnte, oder sie drückte uns einfache Instrumente in die Hand, auf denen wir spielten, während wir uns bewegten. Durch das gemeinsame Erleben solcher einfachen Rhythmen und Formen wurden neue Patienten sehr schnell in die Gruppe aufgenommen und die oftmals chaotische innere Welt der Patienten mit einer Art sicheren Struktur versehen.

Bereits 20 Jahre zuvor hatte der Bereich des Unbewußten – die Welt der Träume und Bilder – großen Einfluß auf Joans Therapiestil. Erzählte ein Patient in der Gruppe von einem Traum, erkundeten wir dessen Bilder und Klänge in der Bewegung und wurden so zu Wolken und Gewehren, zu Häusern und tosenden Flüssen. Immer wieder erlebte ich, daß ein Durchbruch in der Gesprächstherapie sich im voraus in der Bewegungsarbeit abzeichnete. Mit der Zeit konnte ich aufgrund dessen, wie sich ein Patient in der Bewegungsgruppe verhielt, Fortschritte im Heilungsprozeß vorhersagen. Aus der Arbeit mit Joans Kollegen und der monatelangen Teilhabe an Erfahrungen im Rahmen der Bewegungstherapie lernte ich, zwischen therapeutisch-sozialisierender und transformativer Bewegung zu unterscheiden. Transformative Bewegung hat eher etwas mit Gefühl als mit Form zu tun. Sie stellt so etwas wie einen elektrisierenden Einklang zwischen innerer Erfahrung und Ausdruck her. Durch diese Authentizität wird

Heilung zu etwas Sichtbarem. Wann immer es zu dieser Art
von Bewegung kam, war ein jeder von uns gefesselt von ihrer
Kraft und Kohärenz.

Patienten, denen es gelang, sich auf diese Weise der Bewegung zu öffnen, konnten auch in ihrem Leben sehr schnell
Beziehungen und Querverbindungen herstellen. Ich machte
mich daran, die Umstände zu erforschen, unter denen dieses
Wunder der Bewegung möglich wurde, denn es war weder
vorhersehbar, noch schien es ein bestimmtes Rezept dafür zu
geben. Wann immer ich mich *bemühte*, es geschehen zu
lassen, endete dies mit einer jämmerlichen Blamage. Die
Patienten mit ihrer feinfühligen Antenne für Manipulation
und Unsicherheit spiegelten meine Handlungen sofort und
stellten diese in Frage. Ich arbeitete damals mit Karteikarten,
auf denen ich die verschiedensten Bewegungsspiele und -ab-
läufe vermerkt hatte und die ich immer dann zu Rate zog,
wenn mir die Ideen ausgingen. Erst als ich endlich aufhörte,
immer im voraus genau wissen zu müssen, was zu tun sei, und
mich den Patienten als ganz normaler Mensch näherte, faßten
diese Vertrauen zu dieser »unerfahrenen Neunmalklugen«
und trauten sich, mir gegenüber ihre Gefühle, Bedürfnisse
und Wahrheiten offen zu zeigen. Die Sitzungen wurden
improvisierter, experimenteller. Durch wiederholtes Vordringen auf unbekanntes Terrain gelang es mir zunehmend, die
innere Dynamik in einer Bewegung zu erkennen – jene
wichtige Geste, die das Tor zu einer alten Wunde oder
Erinnerung öffnen kann.

In den Anfangsjahren meiner Entwicklung war Mary Whitehouse meine Mentorin und Quelle größter Inspiration. Wenn
ich auch mit vielen großartigen Bewegungstherapeuten gearbeitet und mich eingehend mit der einschlägigen Literatur
befaßt habe, hat mich doch Marys Arbeit am meisten beeindruckt. An der Westküste der Vereinigten Staaten wurde sie
zur Legende; mit ihrer praktischen und theoretischen Arbeit

brach sie eine Lanze für die Kraft der Bewegung und inspirierte zahlreiche Therapeuten. Multiple Sklerose hatte ihr jahrelang jede praktische Arbeit unmöglich gemacht, und so hatte ich nicht viel von ihr gehört, bis ich 1975 nach San Francisco zog. Schon bald stellte ich fest, daß Mary nicht nur in meine Nähe gezogen war, sondern sich auch gesundheitlich auf dem Wege der Besserung befand und ihre Lehrtätigkeit wieder aufgenommen hatte. Drei Jahre verbrachte ich mit Mary – zunächst als ihre Studentin, später als ihre Freundin –, und in dieser Zeit hat sich mein Verständnis der transformativen Bewegung weiter vertieft. In den letzten Jahren ihres Lebens zeigte Mary großes Interesse an den Zusammenhängen zwischen Geist und Bewegung, am kreativen Fluß hin zur Ganzheit, ausgehend von einer lebenslangen Beschäftigung mit den Theorien Jungs und Pionierarbeiten auf dem Gebiet der Bewegungstherapie. Marys oftmals unvorhersehbare physische Bewegungen steigerten ihre Fähigkeit, den sich Bewegenden zu beobachten und zu spiegeln. Während unseres Zusammenseins sprach ich manchmal über ein bestimmtes Thema oder einen Traum. Ich bewegte mich dazu, und dann sprachen wir darüber.

Nachdem ich mich ein paar Monate Tag für Tag die steilen Straßen des San Francisco Hill hinaufgemüht hatte, um sie in ihrer hübschen, freundlichen Wohnung aufzusuchen, wurde mir klar, wo die eigentlichen Wurzeln auch von Joans Arbeit lagen. Sie erzählte bisweilen davon, wie sie vom Tanzunterricht zum neuentdeckten Phänomen der Bewegungstherapie gekommen war. In jener Zeit lernte ich, daß der authentische Bewegungsimpuls – der Impuls also, der aus den Gefühlen kommt – in jeder Sitzung neu geschaffen werden muß, und zwar sowohl im Klienten als auch in mir selbst. Einmal erklärte mir Mary: »Es gab eine Zeit, da ging ich ganz langsam und vorsichtig, Schritt für Schritt – seinerzeit aus einem anderen Grunde als heute. Damals war das schockierend und neu, und die Menschen hatten solche Angst davor. ... Jetzt muß man sie wieder dorthin zurückzuführen und genau das gleiche noch einmal tun, weil sie denken, sie könnten es nun.« Mary unterschied ganz klar zwischen der echten Selbsterkundung und dem traditionellen medizinischen Modell. Bei einer unserer Begegnungen sagte sie: »Der Respekt vor dem spirituellen Ausdruck, der *niemals* in medizinische Theorie verkehrt werden kann, läßt sich in ein paar einfachen Sätzen zusammenfassen: »Seht her, die Welt besteht nicht aus dem, was *falsch* ist. Sie besteht aus dem, was *richtig* ist. Und die Erfahrung dessen, was verfügbar und richtig ist und was wir aus uns herauslassen können, ist *genauso* wichtig wie die andere Hälfte. Das medizinische Modell befaßt sich nämlich mit dem, was falsch ist, und macht *das* zur Therapie. Es muß daneben noch etwas anderes geben.«

Mary, die mehr im Studio als im Krankenhaus und mit ihren Patienten meist in Einzelsitzungen arbeitete, predigte Respekt vor der Einzigartigkeit des individuellen Weges. Heute bin ich völlig davon überzeugt, daß jeder Mensch alle Mittel der Heilung in sich selbst hat und daß man das, »was richtig ist«, wie Mary sagte, nur herausbringen muß.

Was ich von Mary gelernt habe, bildet das Fundament meiner heutigen Arbeit. Marys Gegenwart war unbelastet von jeglichen Erwartungen und Annahmen und damit an sich schon beeindruckend. Ihre Gelassenheit und ihr aktives Warten ließen mich mein inneres Selbst sehr viel schneller entdecken, als ich je für möglich gehalten hätte. Sie hatte stets einen Blick für die Wahrheit, für das, was hinter den Masken geschah, und die Wahrheit verletzte sie nie. Authentizität war für sie Anlaß zur Freude, und oft klatschte sie in die Hände und rief: »Oh! Oh!« oder brachte ihren Überschwang sonstwie zum Ausdruck. Einer ihrer Wahlsprüche war: »Kein Lob, kein Tadel.« Es *ist* einfach, wie es *ist*. Sie sagte auch Dinge wie: »Das brauchst du nicht zu wissen. Du mußt nur dazu stehen, wo du bist.« Mary ist die Urheberin dessen, was wir als authentische Bewegung bezeichnen. Nach ihr haben viele Bewegungstherapeuten den Gedanken der »Bewegung aus einem inneren Impuls heraus« aufgegriffen und zu verschiedenen Therapieansätzen weiterentwickelt. Was Mary am meisten interessierte, waren die Erfahrungen des sich Bewegenden. Ich glaube, gegen Ende ihres Lebens war sie sich zunehmend darüber bewußt, wie sehr es am Beobachter lag, dem sich Bewegenden ein sicheres, offenes Umfeld zu schaffen, damit dieser den Schritt ins Unbekannte wagen konnte. Wie viele andere Pioniere war jedoch auch sie voll von der praktischen Arbeit in Anspruch genommen. Andere besorgten den theoretischen Teil und schufen Organisationen, die darauf aufbauten. Im Anschluß an einen ihrer letzten öffentlichen Auftritte bei einem Kongreß der American Dance Therapy Association in Seattle sagte sie, nach heutigem Standard dürfe sie sich selbst gar nicht als Tanztherapeutin bezeichnen. Was sie am meisten interessierte, war das Mysterium der Bewegung. 1978 formulierte sie es einmal so:

»Es scheint mir, daß ... die Bewegung an sich etwas ist, das den Menschen dabei hilft, sich zu ändern. ... Doch außer daß wir das Wie, Was und Warum herausfinden und all die Bewegungen und Gesten machen, muß ein Weg gefunden werden, um das miteinzubeziehen, was dabei im Menschen vorgeht. ... Das ist es, was mir wichtig ist – die schockierende Erkenntnis, daß man es nie unter Kontrolle zu halten vermag. ... Es geht gerade darum, es nicht unter Kontrolle zu halten. An einem Tag mag es uns gut und an einem anderen Tag schlecht gehen. An einem Tag wissen wir vielleicht, was wir tun, und am nächsten Tag wissen wir es nicht. Wir sind keine guten Therapeuten, wenn wir nicht mit beiden Seiten arbeiten.«

Mary war ein ausgezeichneter »Reflektor« und konnte eine Bewegungssequenz genau beobachten und zu einer nicht abgeschlossenen Geste aus der vorhergegangenen Sitzung oder einem bestimmten Bild oder Zitat von Jung in Beziehung setzen. Sie scheute sich nicht davor, ihr eigenes inneres Erleben in Form von Bildern oder Zitaten aus irgendeinem kürzlich erschienenen Buch in die Sitzungen einzubringen. Sie machte kaum einen Unterschied darin, wessen Material zutage trat, und ich glaube, daß dieser Mangel an Grenzen, wenn auch hilfreich für die Therapie, so doch die Quelle für viele Projektionen und Beziehungsprobleme in ihrem Leben war. Die Erkenntnis, wie immens wertvoll es ist, alles einzubeziehen, sich in der Sitzung alles zunutze zu machen, hat mein eigenes Vertrauen darin bestärkt, daß der *Prozeß* zur Heilung führen wird. Ich verfüge nicht über magische Fähigkeiten, doch der Vorgang des Loslassens und Sich-treiben-Lassens auf dem Strom dessen, was geschehen will, ist magisch.

Mary gab allen endlosen Freiraum. »Möchtest du?« war eine ihrer vielbenutzten Fragen. Von ihrem Vorbild habe ich gelernt, auf den Bewegungsimpuls zu warten, der hinter der Muskelspannung und hinter den Plänen des mentalen Kritikers entsteht. Ich habe gelernt, mich mit der Essenz zu verbinden und auf ihre Stimme zu hören. Ich habe Gefallen an Momenten der Stille gefunden, in denen ich einen dynamischen Prozeß innerer Sammlung erfahre. Ich habe beobachtet, wie ich mich selbst – ebenso wie Mary seinerzeit – frage: Was will da geschehen? Wie will sich dieser Finger bewegen? Welchen Impuls gibt es im Augenblick in meinem Magen? Mary entwickelte Intuition zu einer hohen Kunst, und aus ihrer Jungschen Vorbildung heraus wußte sie, daß das Wichtigste an einer Sache oftmals an der Peripherie zu finden ist. Sie lehrte mich, mein Augenmerk zu weiten und auf die kleinen Gesten, den kurzen Blick, die kleine Verschiebung am Rande meines Gesichtskreises zu achten. Dort war die Aktion zu finden, dort lag das Tor zum Unbewußten. Heute finde ich in fast jeder Sitzung den Kern der Wahrheit in den Bewegungsnuancen und weiß, daß selbst der kleinste Impuls die gesamte Geschichte in sich trägt.

Wenn Sie an weiteren Informationen über die Arbeit von Gay und Kathlyn Hendricks und an Seminaren dazu in Deutschland interessiert sind, wenden Sie sich bitte an:

Esther Staewen
Diplompsychologin
Uhlandstr. 130
10717 Berlin
Tel. 0 30/8 61 57 22

# ALTERNATIV HEILEN

**Knaur®** Kim da Silva
**Kinesiologie**
Die Wissenschaft der Bewegungsabläufe in unserem Körper
*ALTERNATIV HEILEN*

(76021)

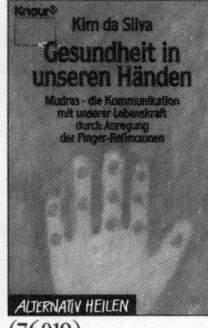

**Knaur®** Kim da Silva
**Gesundheit in unseren Händen**
Mudras - die Kommunikation mit unserer Lebenskraft durch Anregung der Finger-Reflexzonen
*ALTERNATIV HEILEN*

(76019)

**Knaur®** Kim da Silva
**Richtig essen zur richtigen Zeit**
Ernährung und Kinesiologie
*ALTERNATIV HEILEN*

(76020)

**Knaur®** Deane Juhan
**Körperarbeit**
Die Soma-Psyche-Verbindung Ein Lehrbuch
*ALTERNATIV HEILEN*

(76004)

**Knaur®** Heilen
Joan Borysenko
**GESUNDHEIT IST LERNBAR**
Hilfe zur Selbsthilfe

(4259)

**Knaur®** Harald Kinadeter
**Heilung**
Dimensionen einer neuen Medizin
*ALTERNATIV HEILEN*

(76003)

Knaur ®

# ALTERNATIV HEILEN

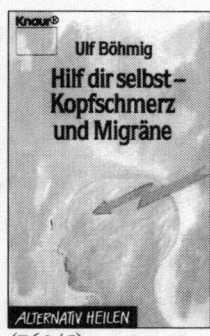

Ulf Böhmig
**Hilf dir selbst –
Kopfschmerz
und Migräne**

ALTERNATIV HEILEN

(76045)

Deepak Chopra
**Die Körperseele**
Grundlagen
und praktische Übungen
der indischen Medizin

ALTERNATIV HEILEN

(76009)

Benno Werner
**Das Krebszeitalter**
Die verschiedenen Ebenen
der Krebserkrankung

ALTERNATIV HEILEN

(76040)

Heinz Schiegl
**Colortherapie**
Heilung durch die Kraft
der Farben
mit 6 Farbfiltern

ALTERNATIV HEILEN

(76041)

Anette Frankenberger
**Die kalifornischen
Blütenessenzen**
Energien zur
Entfaltung der Persönlichkeit
Mit 72 Farbkarten

ALTERNATIV HEILEN

(76036)

Anne Maguire
**Hauterkrankungen
als Botschaften
der Seele**

ALTERNATIV HEILEN

(76039)

# ALTERNATIV HEILEN

(76018)

(76002)

(76017)

(76016)

(76008)

(76015)

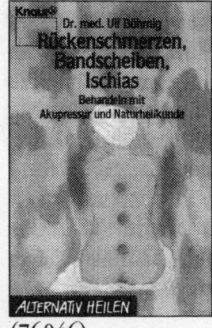